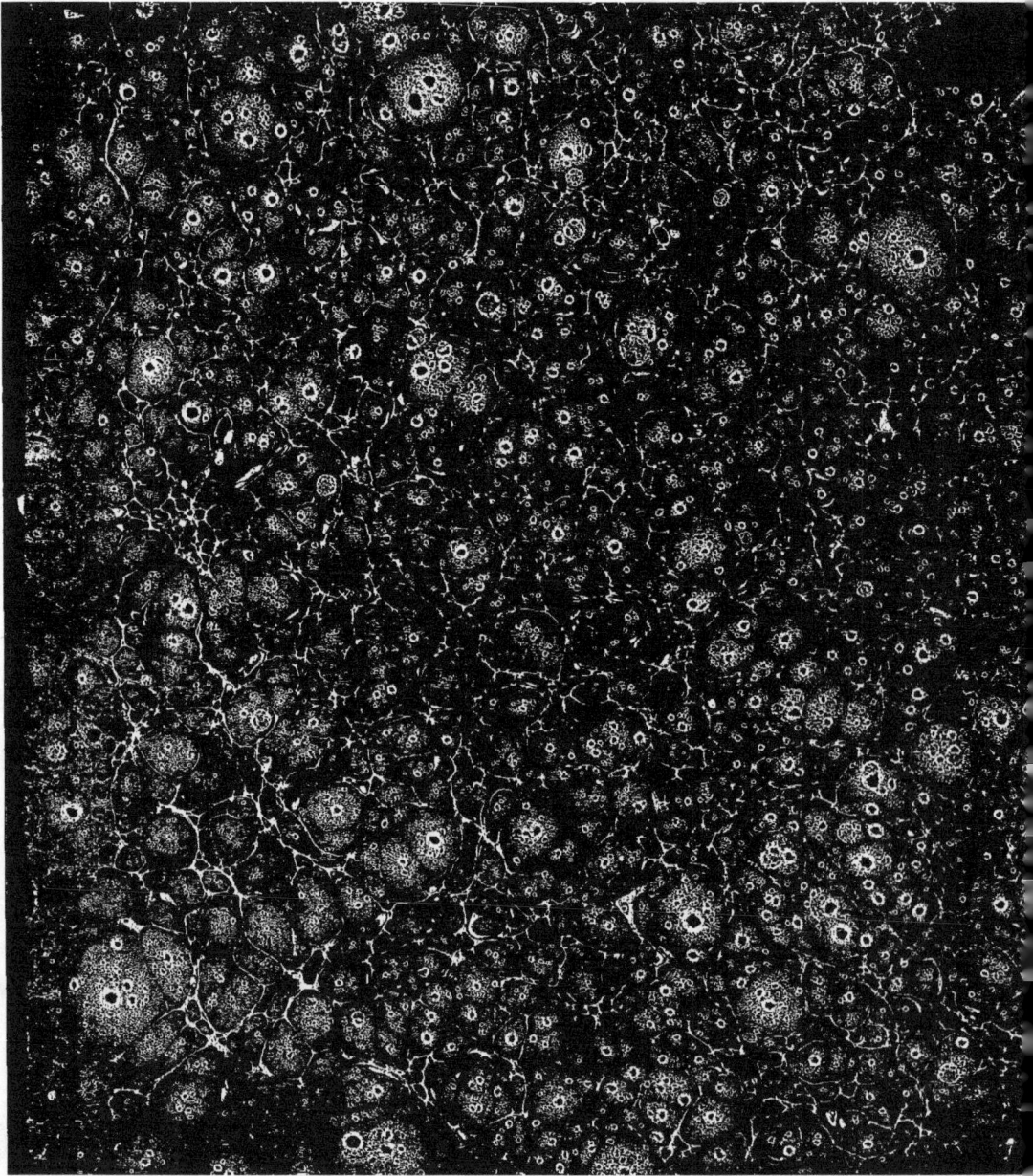

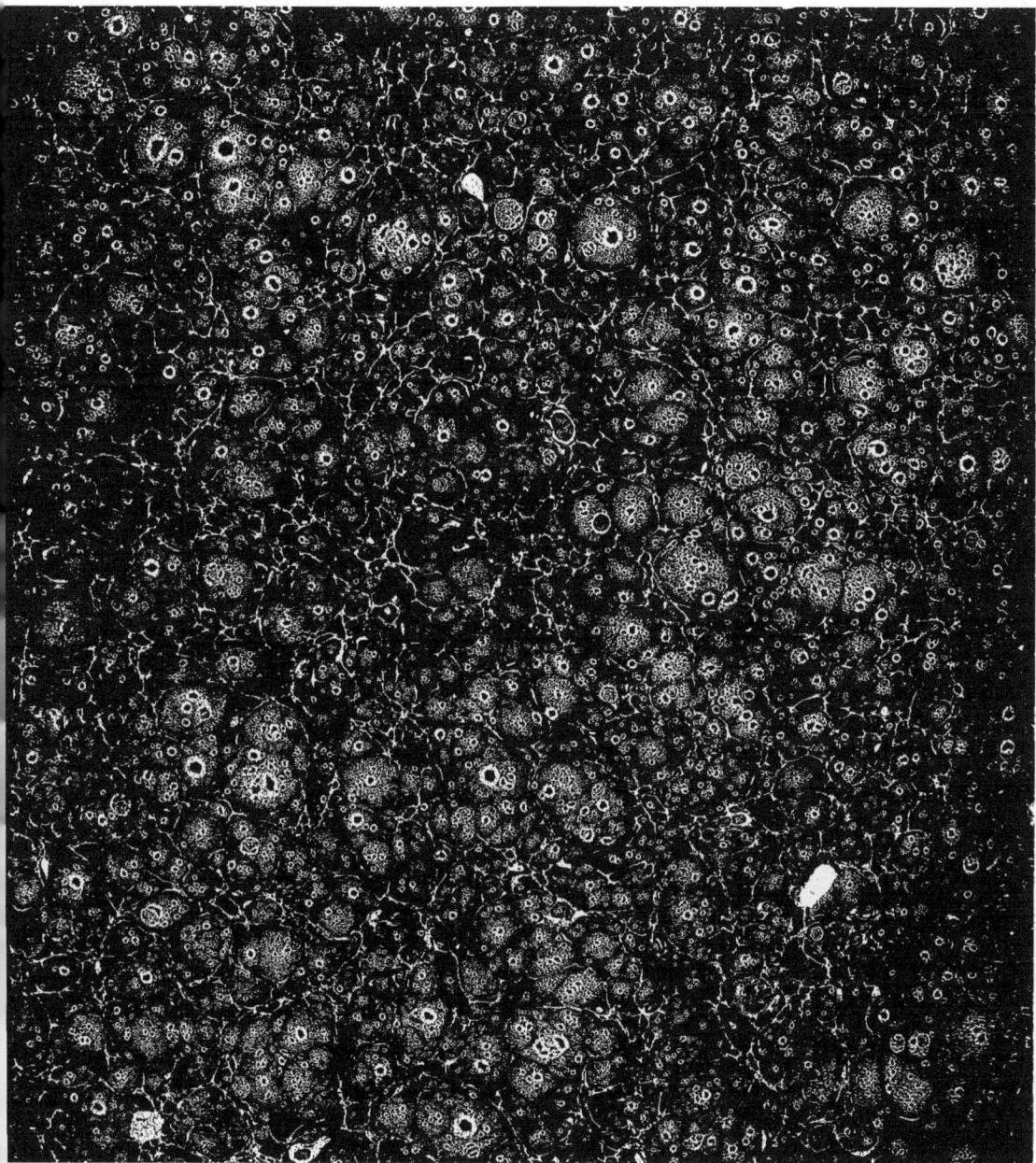

RÉSUMÉ ANALYTIQUE

DES

LOIS ET RÉGLEMENTS

DES DOUANES.

PARIS, IMPRIMERIE DE PAUL DUPONT ET Cᵉ,
Rue de Grenelle-S.-Honoré, 55.

RÉSUMÉ ANALYTIQUE

DES

LOIS ET RÉGLEMENTS

DES DOUANES,

PAR

M. FASQUEL,

ANCIEN EMPLOYÉ SUPÉRIEUR DES DOUANES, INSPECTEUR DES FINANCES, CHEVALIER
DE LA LÉGION D'HONNEUR.

PRIX : 8 FRANCS.

A PARIS,

Chez { RENARD, à la librairie du Commerce, rue Sainte-Anne, 71,
Paul DUPONT et Cⁱᵉ, rue de Grenelle-Saint-Honoré, 55 ;

A BORDEAUX,
Chez LAWALLE neveu, libraire, allée de Tourny, 20 ;

A BREST,
Chez LE FOURNIER, libraire, rue Royale, 86.

—

1836

OBSERVATIONS PRÉLIMINAIRES.

En l'absence d'un code des douanes, il y a utilité à publier une analyse rapide des dispositions considérées comme non abrogées, et à présenter ainsi, dans un cadre resserré, l'état actuel de chaque branche de la législation. Les commerçants en connaîtront mieux les obligations que leur imposent les réglements. Le service ne pourra lui-même qu'y gagner.

D'honorables témoignages se réunissent en faveur de ce *Résumé*.

Il ne fera pas autorité sans doute ; la collection générale, seule, contient les textes qu'il est permis d'invoquer ; mais ce sera un guide à l'aide duquel les recherches, dans les dix-neuf volumes formant cette collection, deviendront plus faciles et plus sûres.

La pensée de cet ouvrage n'est pas nouvelle. La difficulté de suivre la législation des douanes au milieu des nombreux documents dont elle se compose m'avait porté, dès 1823, à rédiger un *Abrégé pratique* du recueil général imprimé à Lille. Cet Abrégé allait paraître, quand sa publication dut être arrêtée.

Je ne fais donc que réaliser en 1836 ce que j'avais projeté il y a douze ans.

Ma position administrative m'ayant mis à même d'améliorer ce travail, je puis l'offrir aujourd'hui avec plus de confiance.

Deux parties composent le *Résumé analytique*. La première comprend les *dispositions législatives et réglementaires*, sous les titres suivants :

1. Organisation de l'administration à Paris et dans les départements ;	10. Transit ;
2. Placement des postes et bureaux ;	11. Cabotage ;
3. Établissement des droits et perception ;	12. Exportations et primes ;
4. Police des côtes et frontières ;	13. Navigation ;
5. Importations par mer ;	14. Localités et marchandises soumises à un régime exceptionnel ;
6. Importations par terre ;	15. Colonies et commerce de l'Inde ;
7. Réimportations ;	16. Sels ;
8. Acquittement des droits ;	17. Constatation des délits et contraventions.
9. Entrepôts ;	

La seconde partie est relative au *service administratif et intérieur*. Les divisions qui ont été adoptées sont celles-ci :

18. Admission dans les bureaux et dans les brigades ;	22. Service dans les départements (brigades) ;
19. Obligations des employés et avantages dont ils jouissent ;	23. Agents de surveillance ;
20. Matériel ;	24. Directeurs,
21. Service dans les départements (bureaux) ;	25. Inspection générale ;
	26. Douanes établies hors d'Europe.

Divers détails essentiels dans la pratique, et qu'un ouvrage officiel de législation ne pourrait offrir, ont été donnés dans cette seconde partie qu'on a mise en rapport avec la première, par des numéros de renvoi. A chaque article on a cité la loi, le décret, l'arrêté, l'ordonnance, la décision ou la circulaire, afin de pouvoir recourir au texte si on le désire.

Le Résumé a été conduit jusqu'au 1er janvier 1836.

Deux tables, l'une par matières, l'autre dans l'ordre alphabétique, sont placées à la fin du livre pour faciliter les recherches.

Dans un travail de cette importance, fait en dehors de fonctions actives qu'on ne pouvait négliger, il a dû se glisser plus d'une erreur ; quelques omissions seront nécessairement aperçues. Il sera aisé de faire les rectifications et additions jugées nécessaires. Le supplément qui paraîtra chaque année indiquera, au reste, les inexactitudes qui auront été reconnues ; de cette manière, l'ouvrage pourra devenir, avec le temps, aussi complet qu'il est susceptible de l'être.

ERRATA.

Une erreur commise lors de l'impression a exigé le changement de quelques numéros de renvoi. Voir, page 89, les numéros à rectifier.

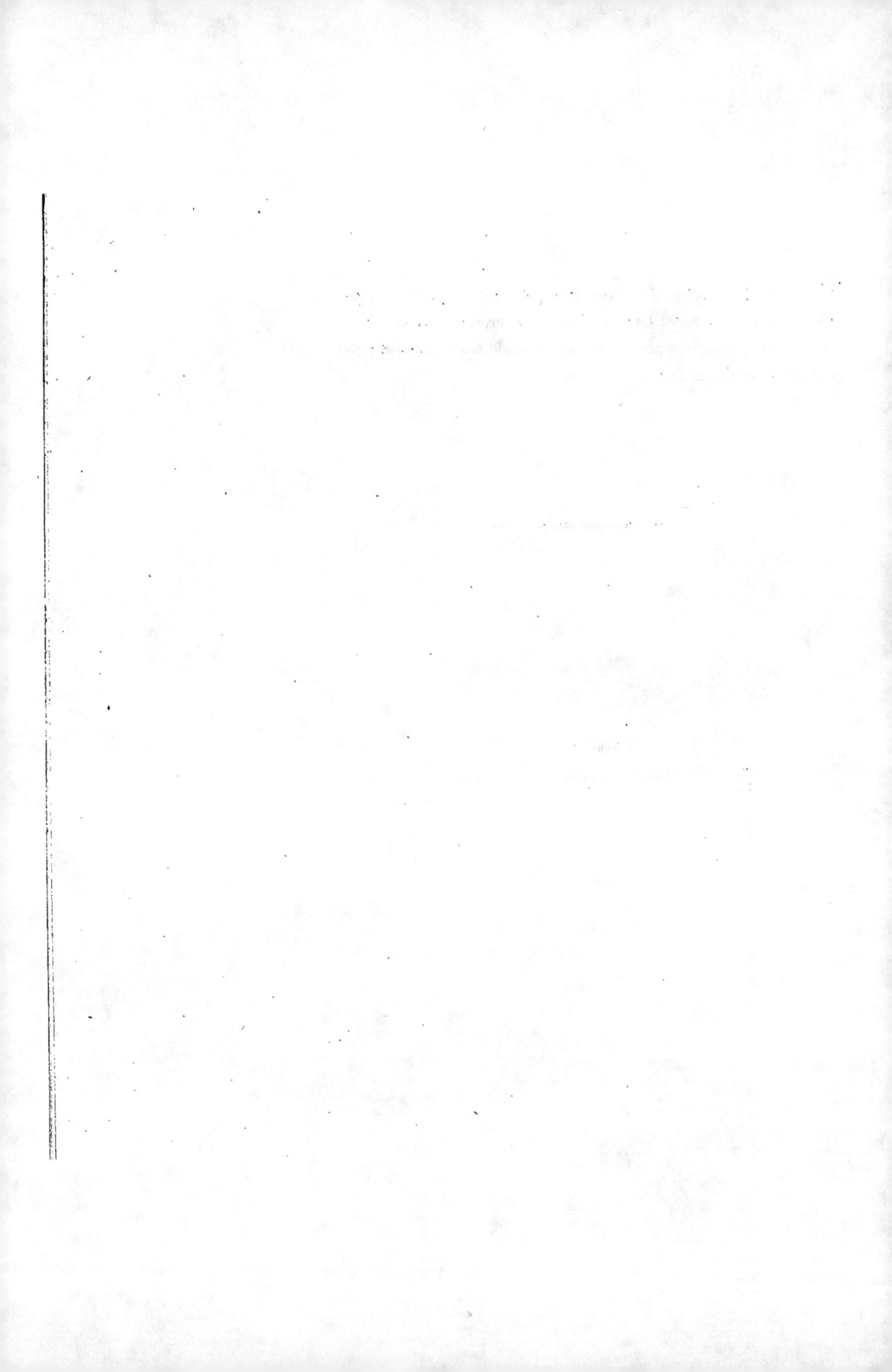

RÉSUMÉ ANALYTIQUE,

PAR ORDRE DE MATIÈRES,

DES

LOIS ET RÉGLEMENTS

DES DOUANES.

PREMIÈRE PARTIE.

—

TITRE Ier.

ORGANISATION DE L'ADMINISTRATION A PARIS ET DANS LES DÉPARTEMENTS.

—

CHAPITRE Ier. — ADMINISTRATION SUPÉRIEURE.

1. L'administration des douanes est dirigée, sous l'autorité du ministre des finances, par un directeur assisté de quatre sous-directeurs, formant avec lui le conseil d'administration qu'il préside. (*Ordonnance du* 15 *janvier* **1831**.)

2. Le ministre des finances détermine les attributions du directeur et celles du conseil d'administration. (*Idem.*)

3. Le conseil est appelé à délibérer, 1° sur la formation du budget de l'administration ; 2° sur toutes les affaires contentieuses, 3° sur les débets des receveurs et leur responsabilité en matière de crédits ; 4° sur les contraintes à décerner contre des redevables sur les demandes en remboursement de droits, allocations de primes, etc. ; 5° sur toutes les questions d'application des lois et réglements ; 6° sur les marchés, baux et adjudications donnant lieu à une dépense excédant 500 francs ; 7° sur les créations et déplacements de bureaux; 8° sur les suppressions, divisions et créations d'emplois; 9° sur les nominations, dégradations, révocations, mises à la retraite et réadmissions d'employés. (*Ordonnance du* 30 *janvier* **1822**, *art.* 5.)

4. Les chefs et sous-chefs de bureau de l'administration centrale sont au nombre de 25.

5. Le travail de l'administration est partagé en quatre divisions, comme il suit :

1re DIVISION. — *Contentieux et sels.*

1er Bureau. On y traite ce qui est relatif à la suite des saisies et contraventions, les affaires concernant les crédits en souffrance, et toutes les questions relatives à l'application des lois en matière contentieuse.

2e Bureau. Il comprend ce qui a rapport à la perception du droit sur les sels ; les affaires relatives aux entrepôts, aux salaisons, aux fabriques de soudes et autres immunités.

6. 2e DIVISION. — *Colonies.* — *Entrepôts.* — *Navigation.* — *Cabotage.*

1er Bureau. Il réunit ce qui est relatif au commerce des colonies françaises, à la perception des droits de navigation, au mouvement des entrepôts, aux opérations de transit, au cabotage, aux traités de commerce, etc.

2e Bureau. Il a dans ses attributions les impressions, les instruments de perception et tout le matériel qui s'y rapporte.

7. 3e DIVISION. — *Service général.* — *Établissements.* — *Dépenses et retraites.*

1er Bureau. Il comprend ce qui se rattache à l'exécution et à la surveillance du service; le mouvement des brigades ; la police des frontières ; les créations et suppressions de bureaux, etc.

2e Bureau. Ses attributions sont : les devis, les marchés, baux, adjudications relatifs au service, et l'ordonnancement des dépenses.

3e Bureau. Il est chargé des retraites des employés, des congés, de la masse d'équipement, etc.

8. 4e DIVISION. — *Application du tarif.* — *Primes.* — *Crédits.* — *Exceptions au régime général, états de commerce.*

1er Bureau. Il réunit tout ce qui a rapport au tarif.

2e Bureau. Il a pour attributions : la vérification et la liquidation des primes, la suite des crédits, etc.

CHAPITRE II. — ORGANISATION DANS LES DÉPARTEMENTS.

DIRECTIONS.

9. Les côtes et frontières sont partagées en vingt-six directions, dont les chefs-lieux sont : Dunkerque, Valenciennes, Charleville, Thionville, Strasbourg, Besançon, Belley, Grenoble, Digne, Toulon, Marseille, Montpellier, Perpignan, St-Gaudens, Bayonne, Bordeaux, La Rochelle, Nantes, Lorient, Brest, St-Malo, Cherbourg, Rouen, Abbeville, Boulogne, Bastia. Dans chaque direction il y a un directeur chargé de correspondre avec l'administration sur toutes les parties du service. (*Loi du* 1er *mai* 1791, *instruction générale du* 30 *janvier* 1817.)

10. Des commis payés par l'état sont placés auprès des directeurs. Ils sont au nombre de 139.

11. Le directeur est responsable du service de sa direction. Les chefs sous ses ordres lui rendent compte de tout ce qui intéresse l'administration, sous le double rapport du travail des agens de tous grades et de leur conduite. (*Idem.*)

12. Dans les douanes de l'intérieur, il existe un inspecteur chef de service chargé de

diriger toutes les opérations qui ont lieu dans la localité. Il correspond directement avec l'administration.

Les douanes rangées dans cette classe sont : Lyon, Orléans., Toulouse, Paris. (*Arrêté du 25 ventose an 8.*)

13. Le service des douanes se partage en deux branches distinctes : le service *sédentaire,* ou de bureau, établi pour opérer les vérifications, assurer la perception des droits d'importation et d'exportation et délivrer tous les actes propres à garantir les intérêts du fisc ; et le service des *brigades,* destiné à empêcher, par une surveillance permanente des côtes et frontières, les introductions et les expéditions faites en fraude des droits ou au mépris des prohibitions. (*Loi du 1er mai 1791.*)

SERVICE SÉDENTAIRE.

14. Les employés attachés au service sédentaire sont tous à la nomination du chef de l'administration. On les désigne sous les titres suivans :

Receveurs principaux ; leur nombre est de 122.

Contrôleurs aux entrepôts, contrôleurs aux liquidations et aux déclarations ; il y en a 36.

Commis principaux à la navigation et commis principaux à la balance du commerce ; ils sont au nombre de 37.

Liquidateurs, vérificateurs et visiteurs ; leur nombre est de 649.

Receveurs aux déclarations ;	id.	131.
Receveurs particuliers ,	id.	747.
Contrôleurs des sels ;	id.	28.
Commis aux expéditions ;	id.	381.
Commis de recette, commis à la balance du commerce, etc. ;	id.	126.
Aides-vérificateurs ;	id.	82.
Contrôleurs commissaires dans le pays de Gex, et agens près des tribunaux intérieurs ;	id.	6.
Contrôleurs des soudes ;	id.	32.
Employes placés près des entrepôts intérieurs.	id.	84.

SERVICE DES BRIGADES.

15. Les agens attachés au service des brigades sont à la nomination du directeur de l'administration à partir du grade de lieutenant d'ordre ; voici leurs dénominations :

Contrôleurs et capitaines de brigades ; leur nombre est de 260.

Lieutenants principaux ;	id.	133.
Lieutenants d'ordre;	id.	339.
Commandants de brigades ;	id.	2.
Brigadiers Sous-brigadiers } des brigades à cheval ;	id.	41.
Préposés à cheval ,	id.	192.

Préposés des brigades mobiles et ambu-
   lantes ;   leur nombre est de   591.
Brigadiers et sous-brigadiers des briga-
   des à pied ;   id.   4890.
Préposés à pied, peseurs, emballeurs,
   garde-magasins et concierges ;   id.   15,289.

MARINE.

16. Le personnel attaché à la marine des douanes se compose comme il suit :

Capitaines de pataches } au nombre de   24.
Lieutenants de pataches }
Pâtrons, sous-patrons ;   id.   355.
Matelots ;   id.   1074.
Mousses ;   id.   28.
Employés attachés aux en-
   trepôts intérieurs ;   id.   52.

AGENTS SURVEILLANTS.

17. La surveillance des agents du service sédentaire et de ceux attachés au service des brigades est exercée par des inspecteurs principaux et particuliers divisionnaires et sédentaires, et par des sous-inspecteurs, également divisionnaires et sédentaires, suivant les règles et dans les limites indiquées aux titres : *Agens de surveillance et directions.*

Les inspecteurs principaux sont ceux placés dans les douanes de premier ordre, telles que *Marseille, Bordeaux, Nantes,* le *Havre* et *Rouen.*

Les inspecteurs divisionnaires et sédentaires occupent dans chaque direction les points qui leur sont désignés. Leur nombre est de 84.

Les sous-inspecteurs divisionnaires et sédentaires sont au nombre de 86.

TITRE II.

PLACEMENT DES POSTES ET BUREAUX.

————

L'établissement dans les ports et sur les frontières du royaume de bureaux et brigades, pour assurer le maintien des prohibitions et opérer le recouvrement des droits, a été autorisé par la loi du 1er mai 1791.

Les bureaux existants, comme ceux à créer, doivent être placés de manière à répondre à la fois aux besoins du commerce, à ceux des habitans des communes limitrophes, et aux convenances du service.

CHAPITRE Ier.— BUREAUX CRÉÉS OU SUPPRIMÉS.

18. Aucun bureau ne peut être établi ou supprimé, ses attributions étendues ou restreintes, qu'autant qu'il en a été délibéré en conseil d'administration, et que la délibération a été déférée au ministre des finances. (*Ordonnance du* 30 *décembre* 1829, *art.* 18.)

19. Lorsqu'un bureau doit être établi ou supprimé à la frontière, l'arrêté pris à ce sujet est publié dans les quatre communes voisines, et des affiches sont apposées dans celle de l'établissement. (*Loi du* 22 *août* 1791, *titre XIII, art.* 1er.)

20. Un délai est fixé pour faire connaître la création d'un bureau de douanes. La confiscation pour n'avoir pas conduit les marchandises au bureau nouvellement créé n'est encourue que deux mois après la publication que prescrit la loi. (*Mêmes loi et titre, art.* 2.)

21. Il est fait exception à la règle qui précède pour les marchandises prohibées. (*Arrêt de la Cour de cassation du* 18 *décembre* 1811.)

22. Le commerce devant connaître les lieux où se trouvent les établissements de douane, l'administration est tenue de faire apposer des tableaux indiquant l'existence des bureaux.

Toute saisie faite pour avoir dépassé un bureau où l'on n'aurait pas apposé un tableau indicatif serait nulle. (*Loi du* 22 *août* 1791, *titre XIII, art.* 3; *arrêt de la Cour de cassation du* 16 *février* 1818.)

CHAPITRE II. — LIGNES FRONTIÈRES.

23. La zone dans laquelle s'exerce l'action des douanes, sur les frontières, est déterminée par la loi. Le territoire limitrophe de l'étranger soumis à cette action est fixé à deux myriamètres en prenant la mesure la plus droite à vol d'oiseau. (*Lois du* 22 *août* 1791, *titre XIII, art.* 42, *et* 8 *floréal an* 2, *art.* 84.)

24. Le gouvernement a le droit, en outre, pour faciliter la répression de la fraude sur toutes les parties des frontières, d'étendre le rayon des douanes jusqu'à la distance de deux myriamètres et demi de l'extrême frontière. (*Loi du* 28 *avril* 1816, *art.* 36.)

25. Le rayon étant fixé, les réglements deviennent obligatoires sur toutes les parties du territoire qui s'y trouvent comprises, quinze jours après que le tableau de fixation adressé au préfet a été publié. (*Lois des 22 août* 1791, *titre XIII, art.* 43, *et 28 avril* 1816, *art.* 36.)

CHAPITRE III. — DOUANES INTÉRIEURES.

26. Le gouvernement, indépendamment des entrepôts intérieurs autorisés par la loi du 9 février 1832 (voir n° 694), a le droit d'établir, dans les villes de France qui en sont susceptibles, des bureaux d'où sont expédiées les marchandises destinées pour l'étranger. (*Arrêté du 25 ventose an* 8.)

CHAPITRE IV. — MAISONS ET TERRAINS NÉCESSAIRES AU SERVICE.

27. Les postes et bureaux de douanes peuvent être placés dans les maisons les plus convenables, pourvu qu'elles ne soient pas occupées par les propriétaires. Le loyer est déterminé par les baux ou à dire d'experts.

Une indemnité est accordée au locataire qu'il faut déplacer avant l'expiration de son bail. (*Loi du 22 août* 1791, *titre XIII, art.* 4.)

Le bail passé par l'administration pour jouir de ces établissements est enregistré gratis. (*Décision du* 17 *septembre* 1822.)

28. Lorsque des difficultés se présentent pour loger les employés, les maires doivent faire toutes les diligences convenables pour procurer des habitations à ces agens. (*Loi du 5 novembre* 1790, *art.* 4; *loi du* 22 *août* 1791, *titre XIII, art.* 4; *arrêté du* 9 *décembre* 1797.)

29. L'administration peut placer les bureaux ou postes nécessaires à son service sur les terrains qui lui paraissent les plus favorables, à charge de payer aux propriétaires la valeur du terrain fixée de gré à gré. (*Loi du* 22 *août* 1791, *titre XIII, art.* 4.)

30. En cas de déplacement ou de suppression de postes ou bureaux, les maisons qu'occupaient les employés des douanes sont remises aux propriétaires moyennant indemnité. (*Idem.*)

31. Dès que l'acquisition d'un immeuble a été autorisée par le ministre des finances, tout ce qui concerne l'achat et la passation du contrat se fait par les soins des agens de l'administration des domaines; ils se concertent, pour cet objet, avec les employés des douanes. (*Arrêté ministériel du* 11 *octobre* 1824; *circulaire du* 12 *novembre suivant.*)

32. Si l'administration reconnaît que des immeubles qui ont été affectés à son service ne lui sont plus nécessaires, elle les remet à l'administration des domaines. (*Idem.*)

33. Les bâtiments employés au service des douanes ne sont soumis à aucune contribution. (*Lois des 3 et 4 frimaire an* 7.) (Voir la circulaire n° 1511.)

34. Il est tenu registre dans chaque direction, 1° des maisons, corps-de-garde et autres bâtimens appartenant en propre à l'administration; 2° des mêmes propriétés possédées précairement; 3° des édifices tenus à bail. Sur ce registre sont indiqués les réparations et remplacements successivement effectués, la date et le montant des dépenses, etc. (*Circulaire du* 29 *février* 1846.)

35. Des feuilles disposées à cet effet (série E, n°s 91 et 92) donnent sur chacune des propriétés tous les renseignemens propres à faire connaître leur situation, leur origine, leur usage, les dépenses qu'elles ont occasionnées, etc. Ces feuilles sont déposées dans chaque bureau principal; la minute en est conservée à la direction. (*Circulaire du 10 janvier 1817.*)

36. Afin de mettre l'administration à même de connaître la situation des propriétés immobilières, affectées au service, les directeurs lui fournissent chaque année, au 1er avril, un état général de celles qui se trouvent dans leur direction. (*Circulaire du 10 janvier 1817.*)

CHAPITRE V. — POLICE DES BUREAUX.

37. A moins d'arrangements particuliers entre la chambre de commerce et la douane, approuvés par l'administration, les bureaux sont ouverts du 1er avril au 30 septembre, depuis sept heures du matin jusqu'à midi, et de deux heures après midi jusqu'à sept heures; du 1er octobre au 31 mars, depuis huit heures du matin jusqu'à midi, et de deux heures à cinq heures du soir. (*Loi du 22 août 1791, titre III, art. 5.*)

38. Il est prescrit aux employés d'être à leur poste aux heures fixées. Ils sont responsables des dommages qu'ils occasionnent aux redevables par leurs retards, soit à délivrer les expéditions demandées, soit à faire les vérifications auxquelles ils sont appelés. (*Idem.*)

39. La police des bureaux de perception appartient au receveur principal qui en est le premier chef. Celle des bureaux de visite appartient au sous-inspecteur sédentaire. Dans les grandes douanes, le service intérieur, sauf ce qui a rapport à la caisse, à la comptabilité et au contentieux, est confié à l'inspecteur sédentaire. (*Circulaire du 30 janvier 1817.*)

CHAPITRE VI. — RESPONSABILITÉ DES COMMUNES.

40. L'autorité des maires et adjoints protège les propriétés publiques. Les communes dans lesquelles des rassemblements se seraient portés au pillage des postes ou des bureaux seraient responsables de ces délits et des dommages auxquels ils donneraient lieu. (*Loi du 10 vendémiaire an IV; arrêtés du 8 nivose an VI, et du 4e complémentaire an XI.*)

41. Lorsqu'un délit de cette nature a été commis, un procès-verbal en est dressé dans les vingt-quatre heures par les soins du maire pour le constater. Cette pièce est transmise au préfet du département chargé des poursuites. (*Idem.*)

42. Le procès-verbal du maire n'est pas de rigueur absolue. Celui des préposés des douanes et l'instruction du ministère public suffisent pour réclamer justice. (*Arrêt de la Cour de cassation du 28 prairial an XIII.*)

TITRE III.

ÉTABLISSEMENT DES DROITS ET PERCEPTION.

CHAPITRE Ier. — RÈGLES GÉNÉRALES SUR L'ÉTABLISSEMENT DES DROITS.

Les droits dits *de traites*, qui existaient autrefois, ont été abolis par la loi du 5 novembre 1790. Le premier tarif, d'après lequel la perception eut lieu aux entrées et aux sorties du royaume, à la suite de cette suppression, est du 15 mars 1791.

43. Les droits dus à l'importation ou à l'exportation sont acquittés sans aucune exemption ; seulement des mesures de réciprocité sont concertées avec les puissances étrangères, pour la jouissance du privilége accordé aux ambassadeurs.

Les consuls n'ont droit à aucune franchise. (*Loi du 22 août* 1791, *titre* Ier, *art.* 1er.)

44. Les droits sont perçus d'après le tarif officiel en vigueur. L'administration ne reconnaît aucun autre document pour leur application, le classement et l'assimilation des marchandises. (*Arrêté du ministre des finances, du* 1er *octobre* 1822.)

45. Le receveur de chaque bureau est tenu d'avoir son tarif constamment au courant. Il est obligé de le représenter aux redevables s'ils le requièrent. (*Loi du 22 août* 1791, *titre XIII, art.* 29.)

46. Le roi a le droit de modifier les réglemens et tarifs ; il peut, par ordonnances,

1° Prohiber l'entrée des marchandises de fabrication étrangère, ou augmenter, à leur importation, les droits de douanes ;

2° Diminuer les droits sur les matières premières nécessaires aux manufactures,

3° Permettre ou suspendre l'exportation des produits du sol,

4° Limiter à divers bureaux l'importation ou l'exportation de certaines marchandises, dont l'entrée ou la sortie n'est pas défendue ;

5° Lever certaines prohibitions de sortie (*Loi du 7 juin* 1820) ;

A charge de présenter ces dispositions aux deux Chambres, avant la fin de leur session si elles sont assemblées, ou dans leur prochaine session si elles ne le sont pas. (*Loi du 17 décembre* 1814, *art.* 34.)

47. Le roi peut, également par ordonnances,

1° Modifier les règlements de police sur l'emploi et la forme des passavants, et ceux ayant pour objet la justification de l'origine des marchandises prohibées ;

2° Déterminer, d'après la population des lieux compris dans le rayon des quatre lieues frontières dans lequel s'exerce la surveillance des préposés, les communes où il est permis de recevoir et de réexpédier des marchandises prohibées, ou dont l'admission n'est permise que par certains bureaux ;

3° Régler ce qui a rapport soit à l'établissement des fabriques établies dans le rayon frontière, soit à la surveillance des magasins où leurs produits sont déposés. (*Loi du 28 avril* 1816, *art.* 37.)

48. Le roi a aussi le droit de prescrire les mesures de police propres à empêcher la

fraude que les établissements ruraux situés dans la demi-lieue de l'étranger pourraient favoriser relativement aux bestiaux. (Voir le titre relatif à la police des côtes et frontières.) (*Loi du 27 juillet* 1822, *art.* 10.)

49. La perception des droits a lieu, en certains cas, d'après le poids du tonneau de mer. Ce mode de perception est facultatif pour la douane, qui y renonce lorsqu'à raison de la structure d'un navire elle reconnaît qu'il y a avantage, pour le trésor, à percevoir l'impôt sur le poids réel de la marchandise. (*Circulaire du 30 novembre* 1816.)

50. L'obligation d'acquitter les droits est absolue. Les marchandises étrangères importées pour le service de la guerre, pour celui de la marine et pour tous les autres établissements publics, sont assujéties, sans exception, à l'impôt. (*Décret du 6 juin* 1807, *art.* 1ᵉʳ.)

51. Sur les frontières de terre, les droits d'*entrée* sont acquittés dans les bureaux les plus voisins de l'étranger, et ceux de *sortie* dans les bureaux placés sur les lignes intérieures, à moins que ces derniers ne soient plus éloignés du lieu de chargement que les bureaux d'entrée. (*Lois des* 22 *août* 1791 , *titre* Iᵉʳ, *art.* 2 ; *et* 4 *germinal an* 11 , *titre III, art.* 1ᵉʳ.)

52. En cas de changements apportés au tarif, le droit nouvellement établi est perçu sur toute marchandise pour laquelle la déclaration n'avait pas été déposée en douane. La diminution n'est admise, s'il en existe, qu'autant que la marchandise est de fait arrivée dans le port, ou présentée au bureau. (*Circulaire du* 3 *avril* 1822.)

53. Il y a défense, pour les préposés, de ne rien exiger qui ne soit légalement accordé. Ils sont réputés concussionnaires s'ils perçoivent d'autres et plus forts droits que ceux fixés par la loi. (*Loi du* 22 *août* 1791, *titre* Iᵉʳ, *art.* 5.)

54. Ils ne doivent réclamer pour les actes qu'ils délivrent, excepté pour les expéditions des rapports de mer (voir nᵒ 166), que le prix du timbre. Ce prix est fixé comme suit :

Acquits-à-caution, certificats relatifs à la navigation, commissions d'emploi. . . . 75 •
Quittances au-dessus de 10 fr. 25
Pour les autres expéditions. 05

55. Les réclamations de l'administration , comme celles du commerce, doivent être présentées en temps utile. Aucune demande en paiement de droits ne peut être formée par l'administration *un an* après que ces droits ont dû être payés, à moins qu'il n'y ait eu, avant ce terme, contrainte signifiée, promesse ou convention concernant l'objet répété. (*Loi du* 22 *août* 1791, *titre XIII, art.* 25.)

56. Les demandes en restitution de droits ou de marchandises, paiement de loyers, appointements, ne peuvent être faites *deux ans* après l'époque du paiement desdits droits, dépôts de marchandises, etc. (*Loi du* 22 *août* 1791, *titre XIII, art.* 25.)

CHAPITRE II. — PROMULGATION DES LOIS ET ORDONNANCES.

57. Les lois et ordonnances sont exécutoires du moment où la promulgation en est connue par l'insertion au bulletin officiel. (*Ordonnance du 27 novembre* 1816, *et Code civil art.* 1ᵉʳ).

58. La loi est réputée connue, dans le département de la Seine, un jour après que le bulletin a été reçu au ministère de la justice. Ce délai, pour les autres départements

2

est augmenté d'autant de jours qu'il y a de fois 10 myriamètres entre la capitale et le chef-lieu de chaque département. (*Ordonnance du* 27 *novembre* 1816; *avis du conseil d'état, et décision ministérielle du* 24 *février* 1817.) (Voir le tableau joint à l'arrêté du 13 août 1803.)

59. Le gouvernement peut hâter, quand les circonstances l'exigent, l'exécution des lois et ordonnances. Dans ce cas, le préfet, à qui ces lois sont envoyées par voie extraordinaire, prend un arrêté. C'est à partir du jour de la publication de cet arrêté que les lois et ordonnances sont exécutées. (*Ordonnances des* 27 *novembre* 1816 *et* 18 *janvier* 1817.)

60. Lorsque des ordonnances du roi modifient le tarif, elles déterminent, suivant les provenances, l'époque à laquelle doivent être appliquées les augmentations de droits, les diminutions ou les prohibitions. (*Loi du* 7 *juin* 1820, *art.* 2.)

CHAPITRE III. — DISPOSITIONS SUR L'EXÉCUTION DES LOIS ET RÉGLEMENTS.

61. L'exécution des lois et ordonnances sur les douanes est exclusivement attribuée au ministre des finances. Les agents du gouvernement, préfets et autres, ne peuvent donner aucune décision, ni prendre aucun arrêté contraires aux lois et tarifs en vigueur. (*Arrêté du* 9 *germinal an* 4.)

62. Les tribunaux ne péuvent connaître des actes d'administration, de quelque nature qu'ils soient. (*Loi du* 16 *fructidor an* 3.)

63. Il n'est pas permis aux juges de modérer les droits de douanes ni les confiscations ou amendes encourues. Il leur est interdit également d'excuser les contrevenants sur l'intention. (*Loi du* 4 *germinal an* 2, *titre VI* ; *loi du* 9 *floréal an* 7, *titre IV, art.* 16.)

64. L'administration a le droit d'affaiblir par des transactions le montant des amendes prononcées en matières de saisies. (Voir n° 1991.) (*Arrêté du* 14 *fructidor an* 4, *et arrêté du* 27 *novembre* 1816.)

65. L'administration est responsable du fait de ses préposés à raison de leurs fonctions. (*Loi du* 22 *août, titre XIII, art.* 19.)

66. La responsabilité affecte également les propriétaires de marchandises. Ces derniers sont garants du fait de leurs facteurs, agents, serviteurs et domestiques en ce qui concerne les droits, confiscations, amendes et dépens. (*Loi du* 22 *août* 1791, *titre XIII, art.* 20 ; *Code civil, art.* 1584.)

67. Dans toutes les réclamations formées par le gouvernement pour droits, confiscations, amendes et restitutions, l'état est préféré à tous créanciers. (*Loi du* 4 *germinal an* 11, *titre VI, art.* 4 , *avis du conseil d'état du* 7 *fructidor an* 12.)

68. Le privilége de l'administration est défini par la loi ; l'état a la préférence sur tous les biens meubles des redevables pour droits, à l'exception des articles privilégiés qu'énoncent les articles 2101 et 2102 du Code civil, et sauf aussi la revendication légale des propriétaires de marchandises. (*Loi du* 22 *août* 1791, *titre XIII, art.* 22.)

69. Les registres de déclarations et de paiement de droits se continuent jusqu'à leur épuisement ; ceux de soumission des redevables sont cotés et paraphés par le juge de paix. (*Loi du* 22 *août* 1791, *titre XIII, art.* 26 ; *circulaire du* 8 *décembre* 1817.)

70. Les receveurs n'ont pas le droit de délivrer des duplicata de leurs actes ; aucun extrait des registres, aucun duplicata d'expéditions de douanes n'est délivré sans un

jugement ou sans un ordre de l'administration ou du directeur. (*Circulaire du 5 prairial an 6, et 17 messidor an 8.*)

71. Les registres de chaque année sont conservés pendant trois ans seulement pour y avoir recours en cas de besoin ; après ce délai, l'administration est déchargée de leur garde, et ne peut être tenue de les représenter aux redevables. (*Loi du 22 août 1791, titre XIII, art. 25.*)

72. Les pétitions et mémoires adressés à l'administration et aux directeurs, dans les départements, doivent être rédigés sur papier timbré. (*Loi du 13 brumaire an 7, circulaire du 9 juin 1829.*)

73. Les déclarations d'importation de marchandises à remettre par les négociants aux receveurs des douanes sont exemptes de timbre. (*Ordonnance du 8 juillet 1834, art. 16.*)

TITRE IV.

POLICE DES CÔTES ET FRONTIÈRES.

CHAPITRE Iᵉʳ.—POLICE DANS LES QUATRE LIEUES DES COTES.

On entend par *côtes maritimes* les endroits baignés par les eaux de la mer à marée basse. (*Arrêt de la Cour de cassation du 27 juin* 1799.)

C'est à partir de ce point jusqu'à quatre lieues en mer, que s'exerce la *police* des préposés des douanes.

74. Le capitaine de tout navire arrivé dans l'étendue de deux myriamètres des côtes est tenu, lorsqu'il en est requis, de remettre une copie de son manifeste aux préposés des douanes se rendant à son bord; ceux-ci en visent l'original. (*Loi du 4 germinal an 11, titre II, art.* 7 *et* 8; *circulaire du 13 février* 1832.) (1).

75. Si le manifeste n'est point exhibé, le capitaine est tenu de payer une somme égale à la valeur des marchandises composant sa cargaison, plus une amende de 1,000 francs. (*Loi du 4 germinal an* 11, *titre II.*)

76. Un bâtiment *au dessous de* 100 *tonneaux, à l'ancre ou louvoyant* dans les deux myriamètres des côtes, hors le cas de force majeure, peut être visité, et s'il porte des marchandises prohibées, qu'elles soient ou non inscrites au manifeste, ces marchandises et le navire sont saisis avec amende de cinq cents francs. (*Idem et Cⁱᵉ du 13 février* 1832.)

77. L'exception de *relâche forcée* n'est pas appliquée à un bâtiment qui, se trouvant, par ce motif, à l'ancre ou louvoyant, profite de sa position pour opérer ou tenter un versement frauduleux. (*Arrêt de cassation du 2 décembre* 1824.)

78. Les tabacs en feuilles, venant de l'étranger, trouvés sur un navire au dessous de 100 tonneaux, excepté ceux destinés pour *Marseille* et *Cette*, que l'on peut charger sur des bâtimens de 50 tonneaux, sont réputés marchandises prohibées. (*Loi du 29 floréal an* 10, *art.* 2.) (2).

CHAPITRE II.—POLICE EN DEÇA DES CÔTES.

79. Il n'y a pas de seconde ligne pour les douanes maritimes. Toutefois, l'exercice des préposés est autorisé dans les deux lieues des côtes ou des fleuves qui aboutissent à la mer, pour empêcher la circulation, *pendant la nuit*, des tissus de toute espèce, des fils de coton, des poissons salés, des tabacs et des denrées coloniales. Le transport de ces objets pendant la nuit est puni de la confiscation et de 500 francs d'amende. (*Loi du 8 floréal an* 11, *art.* 85.)

_____

(1) La visite à bord ne peut avoir lieu qu'autant que le navire est en rade, ou qu'étant au dessous de 100 tonneaux il est à *l'ancre ou louvoyant* dans les quatre lieues.

(2) Il existe, quand aux navires de 100 *tonneaux et au dessus*, et ceux au dessous de 100 tonneaux, qui entrent accidentellement dans un port avec des marchandises prohibées à leur bord, des dispositions particulières; les voir n° 152.

80. La circulation *pendant le jour* des marchandises désignées en l'article précédent est permise. C'est seulement à l'égard des *sels*, des *tabacs*, des *drilles*, etc. (voir le titre XIV), qu'il existe une police spéciale de surveillance. La circulation de ces marchandises doit être assurée par une expédition de douanes.

81. En cas de poursuite de la contrebande, les préposés ont le droit de la saisir, même en deçà des côtes, pourvu qu'ils l'aient vue pénétrer sur le territoire et qu'ils l'aient suivie sans interruption. Ils peuvent aussi, après avoir poursuivi les contrebandiers, revenir au lieu du débarquement pour y saisir le navire. (*Loi du 22 août 1791, titre XIII, art. 35, et arrêt de la Cour de cassation du 23 octobre 1807.*)

CHAPITRE III. — VISITE DES BATIMENTS DANS LES PORTS ET RADES.

Visites à l'entrée.

82. Les navires chargés, ou sur lest, qui entrent dans un port ou dans une rade, comme ceux qui montent un fleuve, sont, dès ce moment, sous la police des douanes. Les capitaines ont à représenter aux préposés qui viennent à leur bord le manifeste dont ils sont porteurs. (*Loi du 4 germinal an 11.*)

83. Le droit d'aller à bord de tous bâtiments, même de ceux de guerre, entrant dans les ports et rades, ou en sortant, montant ou descendant les rivières, pour les visiter, est accordé aux préposés des douanes; ils peuvent y rester et ouvrir les chambres, écoutilles, caisses et ballots. Les capitaines, sous peine de 500 francs d'amende et de déchéance de leur grade, sont tenus de les recevoir. (*Loi du 22 août 1791, titre XIII, art. 8 et 10, loi du 4 germinal an 11, titre II, art. 8.*) (1).

84. Si des marchandises prohibées, trouvées à bord des navires *de tout tonnage*, ne sont pas inscrites au manifeste, elles sont confisquées, ainsi que le navire, avec amende de 500 francs. (*Loi du 22 août 1791, titre V, art. 1er.*)

85. La visite *sommaire*, à faire à bord des bâtiments, concerne le *service actif* seul; cependant, si des colis doivent être ouverts, la présence d'un vérificateur est nécessaire. Cette visite, toutefois, ne peut être faite avant le lever et après le coucher du soleil. *Loi précitée, et arrêts de cassation des 4 juin 1802 et 7 novembre 1822.*)

86. Les vaisseaux de guerre français n'étant pas visités à leur arrivée dans les ports de la Grande-Bretagne, la douane française, par réciprocité, s'abstient de monter à bord des vaisseaux anglais. (*Circulaire du 13 juillet 1814.*)

87. Le capitaine ou conducteur d'un navire *au dessous de 100 tonneaux*, qui entre dans un port autre que ceux désignés par l'article 17 de la loi du 9 février 1832 (*Marseille, Bordeaux, Bayonne, Nantes*, le *Havre, Dunkerque, Calais et Boulogne*), avec des marchandises prohibées, *sauf le cas de relâche forcée valablement établi*, est passible, quoique ces marchandises soient comprises au manifeste, d'une amende de 1,000 francs pour sûreté de laquelle le navire et toute la cargaison peuvent être retenus. (*Loi du 9 février 1832, art. 22 et 23.*)

88. Les navires *de tout tonnage*, entrant accidentellement dans les ports avec des

---

(1) Quand les préposés se rendent à bord d'un bâtiment de la marine royale, ils doivent inviter les commandants ou les capitaines à les accompagner.

marchandises prohibées, inscrites au manifeste, sont soumis à des règles particulières, selon leur capacité et l'importance de leur chargement. (Voir n° 152 et suivants.)

Visite à la sortie.

89. Les préposés ont également à visiter les bâtimens sortant des ports et rivières. Les marchandises prohibées qui sont trouvées à bord de ces navires sont saisies avec amende de 500 francs contre le capitaine. (*Loi du 22 août 1791, titre V, art. 2, et loi du 4 germinal an 11.*)

CHAPITRE IV.—POLICE DES FRONTIÈRES.

90. La police des douanes s'exerce, à la frontière, sur le territoire compris entre la ligne de démarcation qui sépare la France de l'étranger et la ligne parallèle établie dans l'intérieur. La distance qui existe entre ces deux lignes forme le *rayon des douanes.* (*Loi du 8 floréal an 11, art. 84.*) (Voir n° 23.)

91. Dans les localités où la mesure fixe de deux myriamètres n'offre pas, pour le service, une position convenable, la ligne des douanes est étendue jusqu'à deux myriamètres et demi, et la police s'exerce jusqu'à cette distance. (*Loi du 28 avril 1816, art. 36; circulaire du 1er mai 1816, n° 149.*)

POLICE PARTICULIÈRE A EXERCER DANS LES DEUX KILOMÈTRES ET DEMI DE LA FRONTIÈRE.

La portion de territoire ainsi rapprochée de l'étranger est soumise aux mesures particulières suivantes :

92. Dans les communes au dessous de 2,000 ames, situées dans les deux kilomètres et demi de la frontière, les marchands détenteurs de marchandises sont tenus de faire inscrire, à un compte qui est ouvert à chacun d'eux au bureau des douanes, celles de ces marchandises qu'ils ont en magasin ou boutique. (*Arrêté du 22 thermidor an 10, art. 1er.*) (1).

93. Le receveur ne peut inscrire sur ses registres que les marchandises pour lesquelles le déclarant dépose des acquits de paiement des droits d'entrée, ou des expéditions qui justifient que ces marchandises viennent de l'intérieur. (*Idem art. 2.*)

94. Les expéditions produites au receveur restent entre ses mains pour appuyer les comptes, et pour que l'on puisse y avoir recours en cas de vérification. (*Idem.*)

95. S'il n'y a pas de bureau de douane dans le lieu où la marchandise est en dépôt, l'inscription est faite au bureau le plus voisin. C'est là que l'on dépose les pièces justificatives. (*Idem art. 3.*)

96. Le receveur ne délivre d'expédition que pour les quantités inscrites au compte ouvert. Tout excédant est réputé provenir d'une introduction frauduleuse et devient saisissable. (*Arrêté du 22 thermidor an 10, et loi du 28 avril 1816.*)

Pour les *déclarations* et *passavants*, voir numéros 123 et 127.

Pour les bestiaux qui se trouvent dans cette zone frontière voir le titre XIV, chapitre IV.

---

(1) On applique ordinairement cette disposition aux *étoffes de laine*, aux *velours piqués*, *bazins* et *autres objets prohibés* et à ceux *assujettis au droit d'entrée de 20 fr. par quintal* et plus, ou de 10 p. 0/0 de la valeur. (*Circulaires du 20 août 1802; ordonnance du 27 juin 1814.*)

CHAPITRE V. — FABRIQUES ET USINES.

L'établissement des fabriques et usines est soumis aux règles spéciales ci-après :

97. Dans les deux myriamètres frontières, excepté dans les villes de 2,000 ames et plus, aucune usine, fabrique ou manufacture, ne peut être établie sans une autorisation du ministre des finances délivrée d'après l'avis du préfet et celui du directeur des douanes. (*Lois des 22 août 1791, titre XIII, art. 41 ; 30 avril 1806, art. 75, et arrêt de la cour de cassation du 14 décembre 1832.*)

98. S'il est prouvé par jugement que ces établissements ont favorisé la contrebande, leur déplacement, les moulins exceptés, peut être ordonné par l'autorité supérieure. Il est accordé au moins un an pour effectuer le déplacement. (*Loi du 21 ventôse an 11, art. 1er et 2.*)

99. Lorsque les moulins à eau ou à vent sont situés dans la demi-lieue frontière, il suffit qu'il ait été constaté, par un procès-verbal, qu'ils ont servi à la contrebande, pour qu'ils puissent être frappés d'interdiction, sauf recours devant qui de droit. (*Loi du 30 avril 1806, art. 76 en 77.*)

100. Les propriétaires d'établissements industriels, qui mettent en circulation des marchandises provenant de leurs manufactures, certifient sur leurs déclarations que ces marchandises sont les produits de leur industrie, et ils le font attester par l'autorité locale. (*Ordonnance du 27 juin 1814.*)

101. Si les matières premières prohibées à la sortie sont déclarées pour des fabriques situées dans des communes placées sur l'extrême frontière, l'expédition n'a lieu qu'autant qu'il est notoirement connu qu'il y a une fabrique dans le lieu où elles sont conduites. (*Circulaires des 17 juin 1815 et 26 août 1817.*)

CHAPITRE VI. — DÉPOTS ET ENTREPOTS.

102. Les marchandises *prohibées à la sortie*, celles *assujéties à des droits de sortie* et celles *prohibées à l'entrée* ou qui sont assujéties à un droit d'importation de 20 francs par cent kilogrammes, ne peuvent être mises en magasin, dépôt ou entrepôt, dans les communes comprises dans la ligne des douanes qui n'ont pas une population agglomérée de deux mille ames. (*Loi du 22 août 1791, titre XIII, art. 37 ; décret du 1er vendémiaire an 4.*)

103. Qu'elles soient ou non emballées, les marchandises sont réputées en entrepôt, si on ne représente pas une expédition de douane, délivrée *dans le jour*, autorisant leur transport dans le lieu où elles se trouvent. Il y a exception, toutefois, pour les denrées du cru du pays. On entend, par denrées *du cru*, les produits des terres dépendantes de la commune où est le dépôt. (*Loi précitée, titre XIII, art. 38 ; loi du 28 avril 1816, art. 38 ; circulaire du 1er mai 1816 ; lettre du 12 ventôse an 8 ; arrêt de cassation du 8 novembre 1817.*)

104. Pour rendre la surveillance des douanes plus efficace, des ordonnances du roi peuvent désigner les communes au dessus ou au dessous de deux milles ames, où il sera permis d'entreposer des marchandises prohibées ou assujéties à des droits d'entrée de plus de 20 francs par quintal métrique, et soumettre les entrepôts autorisés à l'exercice des préposés. (Voir n° 47.)

105. Les préposés des douanes effectuent leurs recherches, mais de jour seulement, dans les maisons où ils présument que sont formés des dépôts illicites. Ils se font assister dans ces visites par un officier public, et, à son défaut, par un officier militaire.

Ils n'ont pas, dans ce cas, à déclarer qu'ils ont *suivi à vue* la marchandise; ils la saisissent, quelle que soit la qualité du détenteur. (*Loi du 22 août 1791, titre XIII, art. 39; arrêté du 6 décembre 1801 et arrêts de cassation.*)

106. S'ils ont vainement requis un officier public, ils cernent le lieu où est le dépôt et ils attendent que l'autorité, à qui ils dénoncent cet officier, ait statué. Ils n'ont aucune assistance à réclamer pour pénétrer dans les maisons, s'ils ont *suivi la fraude à vue*. (*Circulaire du 27 avril 1822.*)

107. La responsabilité des détenteurs est absolue. Le propriétaire de tout local, même non habité et non fermé à clef, répond des condamnations auxquelles donne lieu la saisie des marchandises opérées dans ce local. (*Arrêts de cassation des 20 août 1818 et 15 novembre 1833, circulaire nº 1413.*)

108. Les marchandises trouvées dans les dépôts sont saisies, et le prévenu est passible d'une amende égale à leur valeur, au *minimun* de 500 francs, si elles sont prohibées ou sujettes à un droit de plus 20 francs p.. cent kilogrammes. L'amende est seulement de 100 francs, s'il s'agit d'autres marchandises. (*Loi du 22 août 1791, titre XIII.*)

109. Il n'y a plus lieu à l'indemnité de 24 francs, qui avait été précédemment établie en faveur de la personne chez laquelle les recherches avaient eu lieu, lorsque la saisie n'était pas fondée. (*Induction tirée de la loi du 28 avril 1816.*)

CHAPITRE VII. — CIRCULATION DANS LES DEUX MYRIAMÈTRES FORMANT LA LIGNE DES DOUANES.

Expéditions à représenter.

110. Les agents des douanes ont à s'assurer que les marchandises mises en circulation dans le rayon frontière n'ont pas été importées en fraude, ou qu'elles ne sont pas destinées à une exportation clandestine; à cet effet, toute marchandise transportée dans les deux myriamètres des frontières doit être accompagnée d'un passavant. Cette pièce n'est délivrée que sur la représentation de l'acquit des droits d'entrée s'il s'agit d'objets importés, ou de l'expédition du premier bureau de la ligne, si la marchandise vient de l'intérieur. (*Loi du 22 août 1791, titre III, art. 15 et 16; arrêt du 22 thermidor an 10, art. 4.*)

111. Si l'expédition de douane, en vertu de laquelle un passavant est demandé, a plus d'un an de date, le passavant ne doit pas être accordé. (*Collection de Lille, tome VIII, page 39.*)

112. Les préposés doivent se faire présenter les lettres de voitures des conducteurs, afin de s'assurer qu'elles sont timbrées. La moitié de l'amende, en cas de contravention, appartient aux agents des douanes. (*Décrets des 16 messidor an 13 et 3 janvier 1809, circulaire du 27 mai 1815.*)

113. L'acquit de paiement des droits d'entrée tient lieu de passavant; cette expédition désigne la route à suivre, le bureau, vers l'intérieur, où l'acquit sera contrôlé, et le délai dans lequel la marchandise doit y être présentée. (*Loi du 28 avril 1816, art. 35.*)

114. Tiennent également lieu du passavant, 1° les acquits-à-caution de transit; 2° les acquits de paiement de sortie délivrés par les douanes de l'intérieur; 3° les expéditions délivrées pour des marchandises exportées avec primes. (*Arrêté du 25 ventôse an 8, loi du 17 décembre 1814, ordonnance du 23 septembre 1818, circulaire du 27 octobre 1821.*)

115. Tout individu venant de l'intérieur, non muni de l'une des expéditions indiquées ci-dessus, doit conduire ses marchandises au premier bureau frontière; il y reçoit, après déclaration, un passavant si la marchandise reste dans la ligne, ou un acquit de paiement si elle doit passer à l'étranger. (*Loi du 22 août 1791, titre III, art 15.*)

116. Si des marchandises circulent dans les deux myriamètres sans passavant ou avec une expédition irrégulière, elles sont saisies avec amende de 100 francs. (*Idem.*)

117. Lorsqu'il s'agit de marchandises prohibées, ou de celles dont l'entrée est réservée à certains bureaux, l'absence d'expédition les fait considérer comme introduites en fraude. L'amende, dans ce cas, est de la valeur de l'objet saisi, et au *minimum* de 500 fr. (*Loi du 22 août 1791, titre III, art. 15; arrêté du 22 thermidor an 10, art. 7.*)

Expéditions irrégulières.

118. L'expédition est irrégulière, 1° s'il y a défaut d'identité entre les énonciations du passavant et les objets transportés;

2° Si les colis transportés ne sont pas de l'espèce annoncée;

3° Quand les numéros et les poids des colis sont différents de ceux énoncés au passavant, etc. (*Arrêts de cassation des 5 messidor an 8 et 24 août 1808.*)

119. Les marchandises sont encore réputées *introduites en fraude*, si, chargées dans la ligne des douanes et amenées au bureau pour être mises avec passavant en circulation vers l'intérieur, on ne produit pas la preuve de leur extraction légale, soit de l'étranger, soit de l'intérieur, ou de leur fabrication dans le rayon frontière; ou si l'expédition n'est pas valable à défaut de visa ou autrement, et que, valable même, elle n'ait pas été produite au moment où le transport a été surpris. (*Loi du 28 avril 1816, art 38 et 39, et circulaire du 1ᵉʳ mai suivant.*)

120. Il y a également *introduction frauduleuse*, lorsque les préposés constatant que des marchandises non accompagnées d'expéditions régulières ayant franchi la ligne frontière vers l'intérieur, ils les ont poursuivies sans que le transport ni leurs poursuites aient été interrompus jusqu'au moment où ils ont atteint ce transport, soit sur la route, soit en pleine campagne, soit dans une maison où ils ont pénétré. (*Même loi, art. 39, et loi du 22 août 1791.*)

121. La représentation immédiate d'une expédition de douane justifiant l'existence des marchandises dans le rayon, peut seule détruire la présomption d'identité entre les marchandises trouvées dans une maison et celles qu'on y a vu introduire. (*Arrêts de cassation des 5 janvier 1810 et 12 août 1833, et circulaire du 8 septembre 1833.*)

122. Les peines que prononce la loi du 28 avril 1816 sont encourues, si le transport s'effectue entre le coucher et le lever du soleil, sans que le passavant en porte la permission expresse. (*Arrêté du 22 thermidor an 10, et arrêt de la Cour de cassation.*)

123. Les receveurs ont à veiller à ce que les déclarations à faire pour obtenir des

3

passavants de circulation contiennent les mêmes indications que celles relatives à l'acquittement des droits, et qu'on y mentionne, en outre, la maison où les marchandises sont déposées. (*Lois des 22 août 1791 et 19 vendémiaire an 6.*)

124. Si les marchandises à mettre en circulation existent dans une commune située à plus de *deux kilomètres et demi* de l'étranger, ou dans une commune de ce rayon ayant plus de 2,000 ames, elles sont présentées au bureau avec les pièces justifiant leur origine, en même temps qu'on souscrit la déclaration d'enlèvement. (*Arrêté du 22 thermidor an 10.*)

Vérification des marchandises.

125. Il doit être procédé avec soin à la vérification de l'objet présenté. Si on découvre que cet objet n'est qu'un simple simulacre, il y a contre le déclarant une amende de 500 fr. Le prévenu, s'il n'a pas de domicile connu, ni de caution, peut être arrêté pour garantie de cette amende (*Loi du 7 juin 1820, art. 15.*)

126. Lorsque les marchandises à mettre en circulation se trouvent dans les deux kilomètres et demi de la frontière, et sous la foi d'un compte ouvert (voir n° 192), elles ne peuvent être enlevées, pour venir au bureau, avant que la déclaration n'ait été reçue et le passavant obtenu. Les préposés, avant que le passavant ne soit délivré, s'assurent que les objets existent, au dépôt, dans les espèces et quantités énoncées aux inscriptions. En cas d'excédant ou substitution, la saisie est constatée. (*Arrêté du 22 thermidor an 10, art. 2 et 3; et circulaire du 3 fructidor an 10.*)

Passavants.

127. Le passavant indique le lieu et l'heure du départ; celui de la destination, les qualités, quantités, poids, mesures, ou nombre des marchandises ou denrées; il fixe, en *toutes lettres*, le temps nécessaire pour le transport et la route à parcourir; il porte l'obligation de le représenter aux préposés des bureaux qui se trouvent sur la route pour y être visé, et, à toute réquisition, aux employés des différens postes. (*Arrêté du 22 thermidor an 10, art. 6.*)

128. Un passavant, pour être valable, doit être délivré dans le jour où s'effectue le transport. Une marchandise rencontrée vingt-quatre heures après la délivrance de l'expédition est réputée introduite frauduleusement. (*Loi du 22 août 1791, titre XIII, art. 37 et 38; circulaire du 17 juin 1815.*)

129. Les passavants délivrés aux *colporteurs* doivent faire mention d'une *destination unique*, et du délai rigoureusement nécessaire pour se rendre à cette destination. (*Circulaire du 14 octobre 1816.*)

130. L'obligation du passavant n'existe pas pour toute espèce de transport.

Il y a exemption, 1° pour les personnes qui se rendent dans les villes les jours de foires et marchés, portant du poisson, pain, vin, cidre, bière, viande, volaille, fruits, beurre, légumes et objets de jardinage; 2° pour les consommateurs qui, pour leur usage, ont acheté et transporté de jour à leur domicile, les jours de foires et marchés, des coupons n'excédant pas cinq mètres étoffes de laine, huit mètres étoffes de soie, toile de coton ou autres, et trois kilogrammes de sucre, de café, etc. (*Arrêté du 22 thermidor an 10.*)

Pour les *fromageries*, voir le titre XIV, chapitre XIX.

TITRE V.

IMPORTATIONS PAR MER.

RÈGLES GÉNÉRALES D'IMPORTATION.

L'ordre du 19 avril 1814 a dégagé l'importation des marchandises des entraves que la législation précédente avait établies.

Plusieurs restrictions, néanmoins, existent encore.

Outre qu'il n'est pas loisible aux négociants d'importer toutes les marchandises qu'ils veulent faire venir de l'étranger, il ne leur est pas permis non plus d'introduire celles qu'ils peuvent recevoir, par *tous les ports et bureaux*, et par *toute espèce de navires* : l'importation reste soumise, dans l'intérêt public, aux conditions suivantes :

1° La prohibition absolue des articles que la loi juge être nuisibles à l'intérêt des manufactures et fabriques françaises (le tarif les indique),

2° L'admission par les ports d'entrepôt seulement, des denrées coloniales, et de certaines marchandises que la loi désigne (voir *Restrictions aux importations*);

3° L'admission, par les seuls bureaux à qui le droit de les recevoir est réservé, des marchandises tarifées à plus de 20 francs par 100 kilogrammes, et de celles omises au tarif,

4° L'obligation de se servir de navires d'un tonnage déterminé, pour importer certaines marchandises.

L'importation, lorsqu'elle est autorisée, est ensuite soumise a des formalités que remplissent séparément les capitaines des navires et les consignataires des marchandises. Ces obligations sont celles suivantes.

CHAPITRE Iᵉʳ. — OBLIGATIONS IMPOSÉES AUX CAPITAINES.

MANIFESTE.

131. Aucune marchandise ne peut être importée par mer, sans être inscrite sur un manifeste ou état général de chargement, signé du capitaine, exprimant la *nature* de la cargaison, avec les marques et numéros en toutes lettres des colis. (*Loi du 4 germinal an 11, titre II, art.* 1ᵉʳ.) (1).

132. Une différence dans l'espèce (s'il ne s'agit pas de marchandises prohibées) n'est pas un motif de saisie. (*Arrêt de la Cour de cassation du 17 pluviose an 8.*)

133. Le capitaine de tout navire, arrivé dans les deux myriamètres des côtes, est tenu d'exhiber son manifeste aux préposés qui vont à son bord. Ceux-ci en visent l'original. (*Loi du 4 germinal an 11, et circulaire du 22 octobre 1829.*)

---

(1) Pour les marchandises prohibées, il ne suffit pas d'indiquer la *nature* il faut désigner l'*espèce* et la *qualité.* (Voir plus loin, n° 149.)

134. Le manifeste des navires est affranchi du timbre. (*Ordonnance du 8 juillet* 1834, *art.* 16.)

135. Le manifeste est obligatoire :

Pour les capitaines des navires qui sont sur leur lest (*loi du 4 germinal an* 11) ;

Pour les capitaines des navires neutres en temps de guerre (*arrêté du 27 thermidor an* 5) ;

Pour les capitaines des navires venant des colonies, malgré les pièces qui prouvent l'origine des marchandises (*décision du 14 avril* 1817) ;

Pour les capitaines des bâtiments de la marine royale qui transportent des marchandises. (*Loi du 22 août* 1791, *titre II, art.* 7.)

136. Le manifeste doit comprendre les vivres et provisions des navires. Lorsque cette pièce est déposée en douane, le capitaine est tenu d'y énoncer l'espèce et la qualité des objets qui composent ces provisions. (*Loi du 22 août* 1791, *titre VIII, art.* 1er.)

137. A l'égard des bâtiments faisant le *cabotage*, l'acquit-à-caution ou le passavant peut, s'il comprend toute la cargaison, remplacer le manifeste. Dans ce cas, il porte cette mention : *Le présent remis par moi capitaine, comme manifeste complet de mon chargement.* (*Circulaire du 6 juin* 1817.)

138. Les petites barques qui transportent des denrées entre les lieux les plus rapprochés de la côte ou du continent aux îles du littoral sont dispensées du manifeste. (*Idem.*)

139. Il est défendu de présenter comme unité, dans les manifestes, plusieurs ballots ou autres colis réunis de quelque manière que ce soit, à peine de confiscation et d'une amende de 100 francs. (*Loi du 27 juillet* 1822, *art.* 16.)

140. Les objets non enliassés, qui sont de même forme ou espèce, comme les *grosses barres de fer,* le *plomb en saumons,* les *pièces de bois,* et autres articles analogues, ne sont pas réputés *colis.* Il ne peut conséquemment y avoir à leur égard ni excédant, ni déficit de nombre. (*Circulaire du 20 octobre* 1817.)

141 Le manifeste des capitaines arrivant des colonies doit présenter séparément les marchandises qui ont été chargées sous voiles. (*Loi du 17 juillet* 1791.)

142. Le dépôt du manifeste à la douane et sa transcription au registre (série M, n° 3, 4 ou 5) forment la *déclaration en gros.* Ce dépôt doit être effectué dans les vingt-quatre heures de l'arrivée du navire. Le capitaine, ou son courtier, signe le manifeste déposé. (*Loi du 4 germinal an* 11; *loi du 27 vendémiaire an* 11, *art.* 38.)

143. Les manifestes des capitaines étrangers sont traduits par un courtier ayant qualité à cet effet; l'original demeure joint à la traduction. (*Circulaire du 18 mars* 1817.)

144. Il n'y a pas lieu au dépôt du manifeste, si le bâtiment est seulement ancré sur rade. (*Lettre du 21 vendémiaire an* 10.)

Pénalité.

145. Si le manifeste n'est pas déposé dans les vingt-quatre heures, ou s'il y a différence entre les marchandises et le manifeste, le capitaine, qui ne cesse pas d'être garant jusqu'à la fin du déchargement, est condamné au paiement d'une somme égale à la valeur des marchandises omises ou différentes, et à une amende de 1,000 francs. (*Loi du 4 germinal an* 11.)

146. Si les colis se trouvent en moindre nombre que celui porté au manifeste, le capitaine encourt une amende de 300 francs pour chaque colis manquant. (*Loi du 4 germinal an 11.*)

147. Quand il y a contravention, le bâtiment et les marchandises peuvent être retenus pour sûreté des condamnations encourues. (*Loi du 22 août 1791, titre II, art. 4, arrêt de la Cour de cassation du 11 floréal an 9.*)

148. En cas de naufrage ou de vol après le manifeste remis, aucune poursuite n'a lieu contre le capitaine, s'il est justifié légalement de l'événement qui s'est opposé à la représentation des colis. (*Loi du 22 août 1791, titre II.*)

149. Lorsqu'il s'agit d'importer des marchandises prohibées dont le transit ou l'admission en entrepôt est autorisé, le manifeste doit les indiquer par *nature, espèce* et *qualité*. (*Loi du 9 février 1832, art. 4.*)

150. En cas de déficit de colis, quand il s'agit de *prohibé*, le capitaine encourt une amende de 1,000 francs par colis ; s'il n'y a pas consignation ou caution, le bâtiment peut être retenu en garantie. (*Idem.*)

151. S'il y a excédant de colis, ou fausse dénomination d'*espèce* ou de *qualité*, l'objet est confisqué avec amende du triple de sa valeur. (*Idem.*) (1).

CHAPITRE II. — MARCHANDISES PROHIBÉES IMPORTÉES ACCIDENTELLEMENT DANS UN PORT NON AUTORISÉ A LES RECEVOIR.

152. Lorsque des marchandises prohibées, inscrites au manifeste, sont accidentellement importées dans un port autre que ceux désignés par l'article 7 de la loi du 9 février 1832 (voir n° 515), les règles ci-après sont observées, savoir :

DANS LES PORTS D'ENTREPÔT RÉEL.

Bâtiments de 100 tonneaux et au dessus.

153. Si le bâtiment est de 100 tonneaux et au-dessus, si les marchandises prohibées chargées à bord sont portées au manifeste sous leur véritable dénomination, par *nature, espèce* et *qualité*, et si elles n'excèdent pas le dixième de la valeur du chargement, elles sont mises en dépôt sous la seule clef de la douane, à charge par le capitaine, ou le consignataire, de les réexporter dans le délai de quatre mois. (*Loi du 9 février 1832, art. 22.*)

154. Si, n'excédant pas le dixième, elles ne sont indiquées au manifeste que par *nature*, elles sont déposées en douane, pour être réexportées par le même navire, s'il retourne à l'étranger, ou, s'il n'y retourne pas, par le premier bâtiment du tonnage requis, sortant du port ; et ce dans un délai qui ne peut excéder un mois. (*Idem.*)

Bâtimens au-dessous de 100 tonneaux.

155. La disposition formant l'article précédent est appliquée aux bâtiments au-dessous de 100 tonneaux qui ont moins du *dixième* de leur chargement en marchandises prohibées, même lorsque ces marchandises ont été portées au manifeste par *nature, espèce* et *qualité*. (*Idem.*)

---

(1) Les marchandises prohibées ne peuvent être importées que par bâtiments de 100 tonneaux et plus. (Voir n° 254.)

Bâtiments de tout tonnage.

156. Quel que soit le tonnage du navire, et de quelque manière que les marchandises prohibées aient été déclarées, si elles excèdent le dixième, le bâtiment est contraint à reprendre la mer immédiatement et sans avoir fait aucune opération. (*Loi du 9 février* 1832, *art.* 22.)

DANS LES PORTS OU IL N'Y A PAS D'ENTREPÔTS.

157. La disposition qui précède doit être appliquée, sauf le cas de relâche forcée valablement établi, aux bâtiments de tout tonnage, et quelle que soit la proportion des marchandises prohibées qu'ils ont à bord. (*Idem.*)

158. Dans tous les cas prévus par l'article 22 de la loi du 9 février 1832, le capitaine ou conducteur d'un navire au dessous de 100 tonneaux, entré dans un port quelconque avec des marchandises prohibées, sauf le cas de relâche forcée valablement établi, est passible d'une amende de 1,000 francs, pour sûreté de laquelle le navire et sa cargaison sont retenus. (*Loi du 9 février* 1832, *art.* 23.)

Courtiers.

159. Les courtiers interprètes servent seuls de truchement aux capitaines étrangers. Ils agissent pour ces capitaines sans pouvoir spécial. Les capitaines peuvent néanmoins agir par eux-mêmes quand ils parlent et écrivent le français, mais les courtiers ont seuls qualité pour traduire les pièces. (*Code de commerce art.* 80; *circulaires des* 13 *mars* 1812, 12 *novembre* 1817, 13 *juin* 1818, 6 *octobre* 1819.)

160. Les courtiers interprètes ne sont pas admis à servir d'interprètes pour toutes les langues; ils n'ont de titre légal à en remplir les fonctions que pour les langues mentionnées dans leurs commissions. (*Décision du ministre du commerce du* 6 *janvier* 1834, *lettre du ministre des finances* 11 *février suivant.*)

CHAPITRE III. — RAPPORT DE MER.

161. Les capitaines font un rapport de mer à la douane,

1° Pour justifier la nécessité de leur relâche dans tel ou tel port, ou pour faire connaître la cause des retards qu'ils ont éprouvés dans leur voyage (*Loi du* 22 *août* 1791, *titre VI, et loi du* 4 *germinal an* 11);

2° Pour établir la preuve d'avaries survenues en mer, et obtenir les immunités accordées en pareil cas (*Loi du* 21 *avril* 1818, *art.* 51; *réglement du* 11 *juin* 1806, *concernant les sels*);

3° Pour obtenir les franchises attachées à la pêche nationale (*Ordonnance du* 20 *février* 1822);

4° Afin de prouver, si l'application du privilége colonial est réclamée, que le navire vient *en droiture* des colonies.

Quoique les déclarations des capitaines doivent, aux termes de l'article 242 et suivants du Code de commerce, être faites devant les tribunaux de commerce, et, à leur défaut, devant le juge de paix, cette obligation n'exclut pas le rapport à faire au bureau des douanes, ces deux actes se font simultanément. (*Circulaires des* 5 *mars et* 11 *mai* 1808.)

162. Le rapport de mer est fait dans les vingt-quatre heures de l'entrée du bâtiment;

il indique le lieu et le temps du départ, les désordres arrivés dans le navire, et toutes les circonstances du voyage. (*Circulaires des 5 mars et 11 mai 1808.*)

163. Le capitaine, quand il en est requis, est tenu de présenter son livre de bord. Ce livre lui est rendu dès que la douane cesse d'en faire usage. (*Idem.*)

164. L'exactitude du rapport est affirmée par les gens de l'équipage. (*Code de commerce, 242 à 247 ; circulaire du 16 décembre 1818.*)

165. Afin que les priviléges et immunités accordés par l'état ne soient alloués que dans les seuls cas où ils sont dus, les receveurs s'assurent, en recevant les rapports, de la vérité des faits allégués. (*Circulaires des 25 juin 1806 et 16 décembre 1818.*)

166. Le receveur a droit, pour les expéditions de rapports que réclament les capitaines ou autres personnes intéressées, à une rétribution de 1 fr. 50 cent. par rôle de vingt lignes à la page et sept syllabes à la ligne. (*Décret du 16 février 1807.*)

CHAPITRE IV. — DÉCLARATIONS DES CONSIGNATAIRES.

REMISE DE LA DÉCLARATION.

Une garantie qu'il n'est jamais permis d'abandonner, la base de la perception et de toutes les opérations, est la déclaration détaillée que remet chaque armateur ou consignataire, pour les marchandises qui lui sont expédiées et pour lesquelles il devra acquitter les droits ou fournir sa soumission. (*Circulaire du 17 décembre 1817.*)

167. La déclaration en détail est fournie dans les trois jours de l'arrivée du bâtiment ; elle est signée de celui à qui appartient la marchandise, ou de la personne qui le représente légalement. (*Loi du 4 germinal an 2 ; circulaire du 23 octobre 1810.*)

168. Elle est affranchie du timbre. (*Ordonnance du 8 juillet 1834, art. 16.*)

169. Elle contient l'espèce, la qualité, le poids ou le nombre des marchandises qui doivent les droits au poids, au nombre ou à la mesure, et la valeur lorsque les marchandises acquittent à la valeur. En marge sont indiqués les numéros et marques des colis. (*Loi du 22 août 1791, titre II, art. 9.*)

170. Il est défendu de présenter comme unité, dans une déclaration, plusieurs colis réunis de quelque manière que ce soit, à peine de confiscation et de 100 fr. d'amende. (*Loi du 27 juillet 1822, art. 16.*)

Indications particulières à diverses marchandises.

171. Si des soies grèges et moulinées sont présentées à l'importation, le consignataire est tenu d'indiquer dans sa déclaration *l'origine* de chaque espèce. (*Circulaire du 16 décembre 1820.*)

172. La déclaration relative à des cotons filés doit spécifier *le n°* de ces cotons. (*Loi du 22 août 1791, titre II, art. 9 ; circulaire n° 1442.*)

173. A l'égard des châles connus sous la dénomination générique de *cachemires de l'Inde* (les seuls admis en payant les droits), la déclaration de valeur doit exprimer une somme de 400 fr. au moins. La perception a lieu sur ce *minimum* si la valeur assignée par la déclaration est inférieure à cette somme. La valeur doit être déclarée pour chaque châle séparément. (*Ordonnance du 10 octobre 1835 ; circulaire du 17.*)

174. Quand il s'agit de machines mécaniques importées, le déclarant en donne *la*

description, et il joint à sa déclaration des dessins sur échelle ; ces dessins sont confrontés avec les pièces détachées présentées à la visite. (*Circulaire du* 21 *novembre* 1826.)

175. Si les capitaines désirent faire entrer en France une portion de leurs provisions de bord, ils en remettent la déclaration détaillée. (Voir n°s 271 et 277.)

176. La déclaration en détail est obligatoire pour les passagers qui ont avec eux des marchandises. La douane, avant le débarquement, les avertit qu'ils ont à retirer de leurs malles les objets prohibés sans excepter les tissus coupés ou faufilés. Cet avis est renouvelé à la douane avant la visite. Les marchandises sujettes aux droits sont vérifiées et supportent la taxe. (*Circulaire du* 11 *septembre* 1817.)

177. Les dénominations adoptées dans le tarif officiel sont les seules que les employés soient autorisés à admettre dans les déclarations en détail. Ils doivent s'attacher à obtenir du commerce des indications explicites sur *l'espèce* et *la qualité* des marchandises. (*Circulaires du* 17 *décembre* 1817; 10 *novembre et* 16 *décembre* 1820.)

178. Le poids des marchandises est déclaré au brut ou au net, selon que la perception a lieu, d'après le tarif, sur l'un ou l'autre poids. Toutefois, s'il s'agit de marchandises taxées à plus de 40 fr. les 100 kilogrammes, le consignataire est tenu de déclarer le poids net pour que le droit soit perçu d'après le net effectif. (*Circulaire du* 23 *juin* 1818.)

179. Si la marchandise importée acquitte les droits *à la valeur,* au lieu de les payer *au poids,* on exige que la facture faite par l'envoyeur étranger soit jointe à l'évaluation donnée par le déclarant. (*Loi du* 4 *germinal an* 2, *titre VI, art.* 5 ; *réglement du* 25 *juin* 1827.)

180. Lorsque des laines sont importées, la déclaration doit indiquer, pour chaque balle, ou partie de laine qu'elle comprend *la valeur* de la laine par kilogramme. (*Ordonnance du* 26 *juillet* 1826, *art* 3.)

181. Aucun minimum de valeur n'est exigé dans les déclarations concernant les laines; cette valeur est établie d'après l'état et la qualité, selon que les laines sont *brutes* ou *lavées,* que le lavage a été opéré à *chaud* ou à *froid,* et qu'elles sont classées parmi les laines *communes, fines* ou *surfines.* (*Circulaire du* 15 *juillet* 1834.)

182. Il y a dispense d'exiger l'indication du *poids* si la marchandise est sujette à coulage. La déclaration énonce seulement le *nombre de futailles,* leurs marques et numéros; la perception a lieu sur la contenance réelle reconnue.

Les marchandises sujettes à coulage sont les fluides renfermés dans des futailles, et les sucres bruts de l'Inde en balles ou sacs. (*Loi du* 22 *août* 1791, *titre II, art.* 19; *circulaires des* 23 *juin* 1818, 30 *juin* 1825.)

183. A l'égard des marchandises prohibées destinées au transit ou arrivant dans des ports où elles peuvent être reçues en entrepôt, la déclaration doit les désigner par *espèce, qualité, nombre, mesure, poids brut, poids net et valeur.* (*Loi du* 9 *février* 1832, *circulaire du* 13.)

Déclarations à modifier.

184. Il est défendu, la déclaration faite, d'y rien changer. Seulement si, dans le jour et avant la visite, le consignataire reconnaît une erreur quant *au poids, au nombre, à la mesure ou à la valeur,* il peut opérer la rectification, mais en représentant le même

nombre de colis. (*Loi du 22 août* 1791, *titre II; arrêt de cassation du 12 vendémiaire an* 9.)

185. Un consignataire de marchandises taxées à des quotités différentes en raison de leur qualité, qui cherche à compléter sa déclaration, peut examiner l'objet importé et en prélever des échantillons. La même facilité de faire décharger les marchandises et de reconnaître le contenu des colis est accordée pour le *prohibé.* Toutefois, la visite ne doit commencer qu'après que la déclaration *complète* a été fournie à la douane. (*Circulaires des* 17 *décembre* 1817, 6 *octobre* 1831 (manuscrite), *et* 13 *février* 1832.)

186. Les déclarations produites par les consignataires sont enregistrées à leur date et signées au registre (formules n°s 6 à 11). Lorsque les déclarans ne savent pas écrire, le receveur en fait mention et il signe. (*Loi du 4 germinal an* 2, *titre III, art.* 6.)

187. Si, par suite de changemens apportés au tarif, il est question d'appliquer de nouveaux droits, le moment où la déclaration a été déposée en douane pour les marchandises arrivées dans le port, est celui qui détermine le nouveau droit à appliquer. On constate, en pareil cas, quelles sont les déclarations *reçues* et *non transcrites.* (*Circulaire du* 3 *août* 1832, *n°* 473.)

Déclaration non remise.

188. Si la déclaration n'est pas fournie dans le délai fixé, les marchandises sont déposées dans les magasins de la douane pendant deux mois, et le propriétaire est tenu de payer 1 pour 0/0 de droit de magasinage. Lorsqu'à l'expiration de ce délai il n'y a pas réclamation, ou déclaration, l'objet est vendu pour le compte de l'État. (*Loi du 4 germinal an* 2.)

189. Les objets ainsi retenus sont inscrits, dans la huitaine, au registre n° 23, avec mention des marques et numéros. Chaque inscription doit être signée du receveur et d'un vérificateur. (*Loi du 22 août* 1791, *titre IX.*)

190. C'est du jour de cette inscription que court le délai après lequel on peut disposer de la marchandise. Le fait de l'emmagasinement donne lieu à la perception du droit de magasinage. (*Idem.*)

CHAPITRE. V. — DÉBARQUEMENT.

Mise à terre des marchandises.

191. Le déchargement des navires, c'est-à-dire l'opération de la mise à terre des marchandises, est suivi exclusivement par les employés de brigades sous la direction de leur chef immédiat et la surveillance du sous-inspecteur sédentaire. (*Délibération du* 21 *septembre* 1800.)

192. Les hommes de peine employés et rétribués par le commerce pour le mouvement des colis sur le port ou dans les magasins, sont commissionnés par le directeur des douanes, et révocables à sa volonté. (*Décision ministérielle du* 24 *novembre* 1807; *circulaire du* 3 *décembre suivant.*)

193. Aucune marchandise ne peut être débarquée des navires qu'entre le lever et le coucher du soleil; qu'avec un permis que délivre le receveur ou l'employé qui le supplée, et qu'autant que les préposés sont présents. (*Loi du 22 août* 1791, *titre II; loi du 4 germinal an* 2)

4

194. La contravention à l'article précédent donne lieu aux peines suivantes:

Amende de 500 francs, confiscation de la marchandise et des moyens de transport, si la marchandise est prohibée à l'entrée. (*Loi du 22 août* 1791, *titre V, art.* 1ᵉʳ.)

Amende de 100 fr. et confiscation, si les droits dus par la marchandise s'élèvent à 2 francs et plus. (*Même loi, titre II; loi du* 21 *avril* 1818, *art.* 35.)

195. Il n'y a lieu qu'à l'amende de 50 francs, si la marchandise est exempte de droits. (*Idem.*)

196. Le débarquement des marchandises transportées par les bateaux naviguant dans la partie de l'intérieur des rivières soumise à la police des douanes est assujéti à la formalité des permis, quoique le droit de permis ne soit pas dû. (*Circulaire du* 10 *juin* 1829.)

197. Le permis doit donner toutes les indications portées à la déclaration en détail ; il est délivré autant de permis qu'il y a de déclarations et quelle que soit d'ailleurs la durée du déchargement. (*Décision du* 16 *ventôse an* 4.)

198. Un employé du service actif est coté au débarquement; le permis le désigne. Ce préposé assiste, sous la surveillance de ses chefs, à l'opération, jusqu'à ce qu'elle soit entièrement terminée. Il prend le compte exact des objets débarqués ; il certifie ensuite au dos du permis le résultat de son opération. (*Arrêté du* 4 *complémentaire an* 8; *circulaire du* 30 *janvier* 1817.)

199. Excepté dans le cas de force majeure dûment justifiée, les déchargements de navires ont lieu dans l'enceinte des ports; ils sont suivis, à moins de nécessité, à tour de rôle; il est procédé à un aussi grand nombre d'opérations que le personnel des ports le permet. (*Loi du* 22 *août* 1791, *titre XIII, art.* 19, *et titre II, art.* 13; *arrêt de cassation du* 29 *janvier* 1834, *circulaire du* 14 *mars.*)

200. Les employés qui ne se rendent pas au lieu indiqué pour le déchargement après en avoir été requis répondent des événemens résultant de leur refus ou de leur retard. (*Loi précitée, titre II, art.* 13.)

201. Les préposés du service actif ont à veiller à ce qu'aucune marchandise ne soit déplacée du quai avant la vérification et l'acquittement des droits, et à s'assurer que, dans le trajet du bâtiment au lieu de visite, aucun colis n'est détourné. (*Loi du* 4 *germinal an* 2, *lettre du* 25 *avril* 1806.)

202. Si, après le débarquement des marchandises, des soustractions sont commises, l'administration n'est pas responsable, à l'égard des tiers, de cette soustraction. (*Arrêt de cassation du* 22 *mars* 1831, *circulaire du* 22 *mai suivant.*)

DÉBARQUEMENT PAR ALLÉGES.

Une allège est la barque employée au déchargement des navires qui ne peuvent entrer dans les ports, ou remonter les rivières pour conduire les marchandises à leur destination. C'est dans ce cas seulement, et après que les capitaines ont déposé à la douane leur manifeste, que le transbordement des marchandises est autorisé. Les versemens *d'un navire* sur *un autre navire* n'ont lieu, à moins d'autorisation spéciale, que dans les cas de *relâche forcée.*

203. Un débarquement par allèges n'a lieu qu'en vertu d'un permis du bureau. La délivrance de ce permis est précédée d'une déclaration que fait le patron de chaque allège. Les versements de bord à bord et les déchargements doivent s'effectuer en présence des employés, qui les constatent, sous peine de confiscation des marchandises et de 100 fr. d'amende. (*Loi du 22 août* 1791, *titre XIII, art.* 11.) (1).

204. Le permis, énonçant la quantité de colis et la nature des marchandises embarquées sur l'allège, suffit pour assurer le transport, lorsque ce transport a lieu dans l'arrondissement du bureau; si au contraire l'objet part d'un arrondissement où il y a un bureau, pour se rendre dans un autre arrondissement où se trouve également un bureau, c'est un cabotage, et dans ce cas, une expédition est délivrée. (*Loi du* 22 *août* 1791, *titre XIII, art.* 11.)

CHAPITRE VI. — VÉRIFICATION DES MARCHANDISES.

205. La douane, si elle le juge convenable, peut se dispenser de vérifier l'objet importé, et s'en tenir à la déclaration du consignataire. (*Loi du* 22 *août* 1791, *titre II.*)

206. Les marchandises sont vérifiées par celui des vérificateurs que le sous-inspecteur sédentaire, ou l'inspecteur, et à leur défaut le receveur a désigné sur le permis pour suivre l'opération.

Les droits sont payés sur les quantités reconnues par le vérificateur. (*Loi du* 22 *août* 1791, *titre II, art.* 14 *et* 17, *loi du* 4 *germinal, titre II; circulaire du* 17 *décembre* 1817.)

207. Il est procédé à la vérification, dans les magasins de la douane ou dans tel lieu convenu avec le commerce, ou sur les quais s'il s'agit d'objets d'encombrement, mais non dans les magasins des négociants. (*Même loi du* 22 *août, lettre du* 27 *novembre* 1818.)

208. La visite se fait en présence des déclarants. S'ils refusent d'y assister, la douane peut faire mettre les marchandises en dépôt, et les traiter comme marchandises abandonnées. (*Loi du* 22 *août* 1791, *titre II, art.* 16.)

209. Les frais de transport, de déballage, de pesage, de remballage des marchandises, sont à la charge des propriétaires. (*Lois des* 22 *août* 1791, *titre II, art.* 15; *et* 4 *germinal an* 2, *titre III, art.* 9.)

210. Lorsqu'il s'agit de produits tarifés au *net* (2), le net effectif s'établit par la vérification *réelle*, et non autrement; il faut, dans ce cas, que le consignataire ait préalablement indiqué, par sa déclaration, le poids net de sa marchandise. (*Loi du* 27 *mars* 1817, *art.* 7.)

211. Les passagers sur les navires ne sont pas exempts de la visite. La douane, au moment de vérifier leurs effets, leur renouvelle l'avis qu'ils ont reçu au moment du débarquement, de présenter les objets qui leur appartiennent. (*Circulaire du* 11 *septembre* 1817.)

212. En cas de tentative de fraude on ne doit conclure à la confiscation du navire

---

(1) Les transbordements de navires en *re'âche forcée* sont soumis à d'autres règles. Voir n° 287.

(2) Ce sont les objets payant 40 fr. et plus par 100 kilogrammes, excepté toutefois les ouvrages d'o et d'argent, les huiles et les laines. (Voir le tarif.)

qu'autant que le capitaine est évidemment complice de l'introduction frauduleuse. (*Instruction au directeur de Nantes*, 1er *juillet* 1834.)

213. Les objets soumis à la vérification restent sur les quais, ou autres lieux de décharge, jusqu'à ce que l'opération du vérificateur soit terminée, et que les droits soient acquittés. On traite comme marchandises débarquées sans permis celles qui, dans ce cas, sont enlevées du quai. (*Loi du 4 germinal an 2*, *titre VI*; *lettre des 21 septembre et 23 octobre* 1800.)

214. La sûreté des vérifications veut qu'au coucher du soleil, les employés qui assistent à un déchargement de marchandises fassent fermer les écoutilles des bâtimens, pour n'être ouvertes que le lendemain en leur présence. Ils usent de ce droit quand ils le jugent convenable. (*Loi du 4 germinal an 2*, *titre II*, *art.* 5.)

215. Lorsqu'un vérificateur procède à la visite des marchandises qui paient au poids net effectif, la vérification peut n'être que partielle si les colis présentés sont tous de même forme et de même poids; s'il y a exagération (1) dans le poids net reconnu, le déballage de tous les colis doit être exigé. (*Circulaire du* 10 *octobre* 1822.)

216. La pesée partielle, autorisée par l'article précédent, peut avoir lieu pour d'autres marchandises mises dans des colis ayant aussi la même forme et le même poids; mais s'il y a excédant passible d'amende, cette amende n'est exigée qu'après qu'il a été procédé à une pesée totale. (*Circulaire du* 3 *mai* 1793.)

Objets à diriger sur Paris.

217. Si des objets d'art sont envoyés aux ministres du roi, les caisses qui les renferment ne sont pas soumises à la visite; le receveur les dirige, avec acquit-à-caution, sur la douane de Paris où elles sont vérifiées. (*Circulaire manuscrite du* 30 *août* 1822.)

218. Sont aussi expédiés sur la douane de Paris, sous acquit-à-caution, pour être soumis à une visite ultérieure, les objets qui, ayant une destination toute spéciale, sont jugés de nature à comporter une exception aux règles établies. (*Décision administrative.*)

219. Le chef de l'administration autorise, seul, les expéditions, des ports ou frontières sur Paris; elles ont lieu sous la garantie d'une soumission. La valeur à exprimer dans l'expédition à délivrer se calcule à raison de 1,000 francs par cinquante kilogrammes.

Les colis sont soumis au double plombage. (*Circulaire du* 12 *frimaire an* 10, *et instructions postérieures.*)

Jury spécial d'examen.

220. S'il s'élève des doutes, lors de la vérification des marchandises, sur l'espèce, la qualité ou l'origine des produits, soit pour l'application des droits, soit pour la jouissance du privilège colonial, ces doutes sont soumis aux commissaires-experts placés près du ministre du commerce. Des échantillons leur sont transmis par l'intermédiaire de l'administration, pour reconnaître la réalité des espèces et qualités déclarées. (*Loi du* 27 *juillet* 1822 *art.* 19.)

221. Les échantillons destinés à l'administration pour faire déterminer l'application

---

(1) C'est-à-dire excédant de plus *d'un dixième* à la déclaration.

des droits, doivent lui être adressés en double; l'un est ouvert, l'autre est scellé du cachet du déclarant et de celui du receveur. (*Circulaire du 10 juillet 1816.*)

S'il est question des marchandises dont il faut fixer l'assimilation, l'échantillon doit être assez fort pour que l'espèce puisse être aisément reconnue. Quand il s'agit de plantes, il faut y joindre les tiges, feuilles, fleurs et semences. (Voir le tarif.)

222. Les échantillons que lève le commerce, dans ses intérêts, sont soumis aux droits sans exception. (*Circulaire du 24 août 1818.*)

Constatation de la visite.

223. Au moment même de la visite, le vérificateur en inscrit les détails sur un portatif, après y avoir préalablement rapporté les énonciations du permis; il y établit aussi les résultats de son opération pour chaque partie de marchandises. Son acte au portatif est daté et signé. (*Délibération du 22 septembre 1800, circulaire du 30 janvier 1817.*)

224. Si les colis étant de même forme et de même poids la vérification n'a été que *partielle*, le vérificateur se borne à indiquer le poids des caisses ou futailles soumises à sa visite; il établit ensuite, d'après ce poids partiel, le poids total du chargement, de manière à toujours offrir le tableau vrai de son opération.

225. Aussitôt les résultats de la vérification établis au portatif et les droits liquidés, le vérificateur rédige et remet au receveur son certificat de visite, sur lequel il rappelle et la quotité du droit et la loi qui a établi cette quotité. (*Loi du 22 août 1791, titre XIII; lettre du 28 juillet 1792; circulaire du 25 avril 1806.*)

226. Chaque vérification est inscrite à sa date et sans retard au registre de visite et liquidation, là où ce registre existe. (*Circulaire du 25 septembre 1833, lithographiée.*)

Fausses déclarations.

227. Les déclarations reconnues inexactes par la visite sont passibles d'amendes réglées suivant les cas, comme suit :

Pour excédant de colis : Amende de 500 fr. et confiscation si la marchandise est prohibée. (*Loi du 22 août 1791, titre V.*) Amende de 100 fr. et confiscation s'il n'y a pas prohibition. (*Même loi, titre II.*)

Pour excédant de marchandises : Paiement du double droit à moins que l'excédant ne soit moindre du 20e pour les métaux et du 10e pour les autres marchandises. Dans ce cas, le simple droit est seul acquitté. (*Loi du 22 août 1791, titre II.*)

Pour déficit de colis . Amende de 300 fr. par colis manquant, sauf s'il y a vol ou naufrage. (*Idem.*)

Pour déficit de marchandises : On acquitte les droits sur les quantités reconnues.

Différence en qualité ou espèce : confiscation des marchandises déclarées, avec amende de 500 fr. si les objets sont prohibés, ou de 100 fr. seulement s'ils sont tarifés. Il n'y a lieu qu'à l'amende de 100 fr. si le droit que l'on voulait soustraire ne s'élève pas à 12 fr. (*Loi du 22 août 1791, titre II.*)

Différence dans les marchandises prohibées déclarées pour l'entrepôt ou pour le transit : confiscation des marchandises avec amende du triple de la valeur. (*Loi du 9 février 1832, circulaire du 13.*)

La fausse déclaration n'est punie qu'autant qu'elle cause une perte au trésor. (*Circulaire du 4 fructidor an 2.*)

CHAPITRE VII.—DROIT DE PRÉEMPTION.

Exercer le droit de préemption, c'est retenir pour le compte des employés, ou pour celui du trésor public, une marchandise imposée à la valeur, lorsque l'on suppose que le prix porté dans la déclaration est inférieur à la valeur réelle de l'objet déclaré.

La préemption a lieu aussi sur les marchandises avariées mises en adjudication (voir n° 237.)

Ce qui a rapport à l'exercice de ce droit est rappelé dans un arrêté du ministre des finances, du 25 juin 1827, dont voici les principales dispositions.

Préemption pour le compte des employés.

228. Les employés des douanes peuvent retenir pour leur compte les marchandises imposées à la valeur, qu'ils jugent être faussement déclarées, en payant la valeur portée en la déclaration, et *le dixième* en sus, dans les quinze jours qui suivent la notification de leur procès-verbal. (*Loi du 4 floréal an 4.*)

Ils ont le droit d'exiger que la facture de l'envoyeur soit jointe à la déclaration comme renseignement. (*Circulaire du 28 juillet 1822.*)

La préemption n'a pas lieu sur les marchandises qui ne paient que 1/4 pour 0/0 de la valeur (*Circulaire du 6 septembre 1823, n° 818.*)

229. La retenue n'est soumise à aucune autre formalité qu'à celle de l'offre souscrite par le receveur, signifiée au propriétaire. Le procès-verbal, rédigé par deux employés, est affirmé et enregistré. (*Arrêté ministériel du 25 juin 1827.*)

230. La préemption n'est déclarée qu'après avoir pris l'avis et réclamé le concours du receveur. Si ce dernier n'est pas d'avis de retenir l'objet supposé mésestimé, il n'avance les fonds qu'au moyen de garanties qui lui sont données par les vérificateurs. (*Idem.*)

231. Les marchandises sont vendues par les employés ou gardées par eux. Ils agissent à cet égard comme bon leur semble. Le bénéfice, s'il y en a, leur appartient en entier; il se partage par portions égales. (*Idem.*)

Préemption pour le compte de l'état.

232. Lorsque des laines sont importées dans le royaume, les agents de l'administration peuvent exercer la préemption au compte de l'état. (*Loi du 27 juillet 1822.*) (1).

233. Il n'est accordé que trois jours à partir de la remise de la déclaration, pour opérer la retenue des laines, soit au compte du trésor, soit au compte des employés. (*Ordonnance du 8 juillet 1834.*)

234. Le directeur, ou l'inspecteur, doit toujours être préalablement consulté lorsque la préemption a lieu pour le compte de l'état. (*Réglement ministériel du 25 juin 1827.*)]

235. La retenue s'exerce par la douane sur telle balle qu'elle juge mésestimée, sans qu'elle soit tenue de préempter toutes les balles comprises en une même déclaration. (*Même réglement.*)

236. Les laines préemptées sont immédiatement vendues. Si, après le recouvrement des sommes avancées par l'état, il reste un bénéfice quelconque, la moitié de ce bénéfice appartient au receveur et aux employés du bureau. (*Même réglement.*)

---

(1) Les laines sont les seules marchandises dont la préemption peut avoir lieu pour le compte de l'état.

PRÉEMPTION EN CAS DE VENTE DE MARCHANDISES AVARIÉES.

237. Dans les cas prévus par les articles 51 et 52 de la loi du 21 avril 1818 (voir *réfactions de droits*), l'administration peut, dans les vingt-quatre heures de l'adjudication, déclarer qu'elle prend l'adjudication à son compte, pour un ou plusieurs lots, en payant en sus 5 p. 0/0 au dernier enchérisseur. (*Réglement du 25 juin* 1827.)

238. Le receveur n'exerce ce droit qu'après avoir consulté le directeur ou l'inspecteur. (*Idem.*)

239. Si le dernier enchérisseur refuse de souscrire à la préemption, des offres réelles lui sont faites. Un jugement de référé est sollicité, pour être autorisé à procéder à la revente des marchandises retenues. (*Idem.*)

CHAPITRE VIII. — TARE DES EMBALLAGES.

La loi du 22 août 1791 a imposé les marchandises d'après leur poids *brut ;* mais en même temps elle a accordé à celles soumises à des droits élevés des déductions pour les tonneaux et les enveloppes qui les recouvrent. L'évaluation donnée au poids de ces tonneaux et enveloppes, ou leur pesanteur effective résultant de la vérification, forme la *tare.*

La tare, telle que la fixe la loi pour les objets tarifés au net, est *légale :* elle est *réelle* quand on l'établit en séparant la marchandise des objets qui composent son emballage. Le net alors constaté est le *net effectif.*

TARE RÉELLE.

240. Les marchandises qui doivent acquitter les droits au poids *net effectif* sont celles qui, à l'entrée ou à la sortie, sont tarifées à plus de 40 francs par cent kilogrammes. (*Loi du 27 mars* 1817, *art.* 7.)

241. Si, en raison des provenances, la même marchandise est soumise à des droits différents, la quotité la plus élevée est celle à laquelle il faut s'arrêter. (Voir le tarif.)

242. Les consignataires ont la faculté de faire constater le poids net de leurs marchandises, ou de jouir de la tare légale que la loi leur accorde. (*Circulaires des 27 janvier* 1807 *et 14 décembre* 1831.)

243. Le poids net *effectif* s'établit par la vérification que font les agents des douanes. Pour le constater, le consignataire doit préalablement avoir énoncé ce poids dans sa déclaration. A défaut de cette énonciation la tare légale est allouée. (*Lois des 22 août* 1791 *et 27 mars* 1817, *art.* 7.)

TARE LÉGALE.

244. Les allocations accordées à titre de *tare légale,* pour les objets tarifés au net, sont, savoir :

1° 2 p. 0/0 pour les marchandises en balles, ballots, sacs, paniers, ou colis à claire-voie. (*Lois des 22 août* 1791 *et 27 mars* 1817.)

2° 12 p. 0/0 pour ce qui est en caisses ou futailles. (*Lois des 10 juillet* 1791, 22 *août* 1791 *et 27 mars* 1817.)

3° 3 p. 0/0 pour le café, le cacao et le poivre en balles, ballots ou sacs, revêtus de plusieurs enveloppes. (*Lois des 8 floréal an* 11 *et 17 décembre* 1814.)

4° 5 p. 0/0 pour les sucres bruts en balles ou sacs *revêtus de plusieurs enveloppes :* (*circulaire du* 14 *décembre* 1831, *et décision ministérielle des* 3 *février* 1835, *circulaire du* 13) ; la tare est de 2 p. 0/0 si les balles ou sacs renferment la marchandise à nu. (*Idem.*)

5° 5 p. 0/0 pour les soies écrues et le fleuret en balles. (*Décisions du* 2 *septembre* 1816 *et* 11 *janvier* 1826.)

6° 6 p. 0/0 pour les cotons en laines en ballots de cinquante kilogrammes et au-dessus, et 8 p. 0/0 pour les cotons en ballotins au-dessous de cinquante kilogrammes. (*Décision du* 9 *avril* 1806.)

7° 9 p. 0/0 pour l'*indigo* en surons ou sacs de peau. (*Loi du* 27 *mars* 1817.)

8° 10 p. 0/0 pour les cotons en laine venant de Turquie, en ballots ou ballottins ayant deux emballages. (*Décisions des* 30 *mai et* 23 *juillet* 1812.)

9° 12 p. 0/0 pour les potasses en futailles. (*Décision du* 7 *mars* 1811.)

10° 15 p. 0/0 pour le sucre brut en caisses ou futailles. (*Lois des* 8 *floréal an* 11, *et* 17 *décembre* 1814, *circulaire du* 14 *décembre* 1831.)

11° Le sixième du poids brut pour les anchois en petits barils. (*Circulaire du* 5 *décembre* 1817.)

RÈGLES PARTICULIÈRES SUR L'ALLOCATION DES TARES.

245. Les doubles futailles et les doubles emballages sont déduits du poids total pour les objets tarifés au brut ; on ajoute, au contraire, le poids de ces enveloppes au taux de la tare accordée, quand les marchandises sont tarifées au net. (*Loi du* 1ᵉʳ *août* 1792.)

246. Lorsqu'un colis contient des marchandises taxées *au brut*, mais assujéties à des droits différents, la tare est répartie sur chaque espèce de marchandise dans la proportion de son poids. S'il renferme à la fois des marchandises tarifées au brut et au net, les droits sont liquidés au brut et la tare répartie comme ci-dessus. (*Lois des* 22 *août* 1791 *et* 1ᵉʳ *août* 1792.)

247. Si des marchandises importées en vrac sont taxées au *brut*, le poids des sacs et paniers servant à les apporter à la balance n'est pas déduit. La déduction a lieu, au contraire, si les marchandises sont taxées au *net*. (*Décision du* 3 *juin* 1826.)

248. Par soustraction matérielle de l'emballage, pour établir le poids *net effectif* d'une marchandise, on entend la distraction de l'enveloppe extérieure, et non les papiers, boîtes, ficelles, planchettes, épingles, etc., qui sont une partie intégrante de l'objet importé. (*Circulaire du* 15 *juillet* 1829.)

CHAPITRE IX.—RESTRICTIONS AUX IMPORTATIONS.

Les restrictions établies par la loi portent sur *le tonnage des navires*, sur *les ports et bureaux d'importation* et sur *le poids des colis.*

TONNAGE DE RIGUEUR POUR IMPORTER CERTAINES MARCHANDISES.

Denrées coloniales.

249. Les marchandises ci-après dénommées ne peuvent être importées que sur des navires de 60 tonneaux au moins pour l'Océan, et 40 tonneaux au moins pour la Méditerranée.

Sucre brut,
Café,
Cacao,
Indigo,
Thé,
Poivre et piment blanc ou
   autre,

Girofle,
Cannelle et cassia-lignea,
Muscade et macis,
Cochenille et orseille,
Rocou,
Bois exotique de teinture et
   d'ébénisterie,

Cotons en laine,
Gommes et résines autres que
   d'Europe,
Ivoire, caret et nacre de perle,
Nankins des Indes.
   (*Lois des* 28 *avril* 1816,
     art. 22, *et* 21 *avril* 1818.)

250. Il y a, néanmoins, exception dans les cas suivants :

1° Pour Bayonne. Ce port est autorisé à recevoir les bâtiments de 25 à 60 tonneaux, venant des côtes d'Espagne et de Portugal. (*Mêmes lois.*)

2 Pour les ports de la Méditerranée, ayant entrepôt. Les bâtimens espagnols de 24 à 40 tonneaux, chargés de sucre, café, cacao, indigo, cochenille, bois de teinture et cotons en laines, y sont reçus. (*Loi du* 27 *mars* 1817.)

251. La condition du tonnage cesse d'exister, lorsque les marchandises sont importées par suite de naufrage, ou qu'elles proviennent de saisies, ou qu'il s'agit de provisions apportées par des passagers. (*Circulaires des* 23 *mai* 1816 *et* 18 *août* 1818.)

252. Le tonnage, tel que l'établit pour les navires français l'acte de francisation, et pour les bâtimens étrangers l'opération de la jauge faite par le vérificateur, détermine le renvoi ou l'admission des marchandises que ces bâtiments transportent. (*Circulaire du* 14 *mars* 1817.)

253. Le capitaine d'un navire au-dessous du tonnage déterminé, qui aborde, hors le cas de relâche forcée, avec les denrées et marchandises désignées par l'article 22 de la loi du 28 avril 1816 (voir n° 249), encourt une amende de 500 francs. (*Loi du* 21 *avril* 1818.)

Marchandises prohibées.

254. Les marchandises prohibées, dont l'admission en entrepôt, dans certains ports, est autorisée (voir n° 515), ou celles importées pour être ensuite expédiées en transit, ne peuvent arriver dans les ports de France que par navires *de* 100 *tonneaux et plus.* (*Loi du* 9 *février* 1832, *art.* 18.)

255. Le capitaine ou conducteur d'un navire au-dessous de 100 tonneaux, entré, *sauf le cas de relâche forcée*, dans un port quelconque, avec des marchandises prohibées, quoique comprises à son manifeste, est passible d'une amende de 1,000 francs. (*Loi du* 9 *février* 1832, *art.* 23.)

BUREAUX OUVERTS A L'IMPORTATION DE CERTAINES MARCHANDISES.

Denrées et autres marchandises coloniales.

256. Les marchandises désignées en l'article 22 de la loi du 28 avril 1816 (voir n° 249) ne peuvent être importées que par mer, et par les seuls ports d'entrepôt. (*Loi du* 28 *avril* 1816, *circulaire du* 1er *mai suivant.*)

257. Il y a exception à cette règle, 1° en faveur des marchandises provenant de *saisies :* elles peuvent être vendues dans tous les ports en payant les droits dus pour importation *par navire étranger;*

2° Pour celles *naufragées;*

3° Pour les petites quantités formant les restes de provisions de voyage des passagers

5

lorsque les directeurs jugent à propos de les admettre sous paiement des droits. (*Circulaires du 23 mai 1816 et 18 août 1818.*)

Autres marchandises.

258. Les marchandises frappées d'un droit *de plus de 20 francs par 100 kilogrammes*, non compris le décime et la surtaxe, ne sont admises que par les bureaux autorisés à les recevoir. Le tarif indique ces bureaux. (*Lois des 20 avril 1816, 27 mars 1817, 21 avril 1818 et 7 juin 1820.*)

259. Les cotons filés écrus, du n° 143 métrique et au-dessus, ne sont admissibles que par les seuls bureaux du *Hâvre*, de *Calais* et de *Dunkerque*.

Le commerce est tenu de les présenter en paquets de dix, cinq ou deux livres anglaises au moins (1).

Il jouit de la faculté de les diriger des ports d'importation sur les bureaux d'entrepôt réel, sous les conditions du transit. (*Ordonnances des 2 juin 1834 et 22 août 1834, circulaires des 28 août et 15 septembre 1834.*)

260. Les cotons filés pour lesquels les droits sont acquittés reçoivent une marque distinctive; les paquets sont dépouillés de leur première enveloppe, et sur les deux feuilles de carton qui forment la seconde, il est placé une corde en croix dont les deux bouts effilés sont recouverts d'une vignette. (*Ordonnance du 2 juin 1834; circulaire du 15 septembre suivant, et ordonnance du 22 août 1834; circulaire du 28.*)

261. Les marchandises imposées à plusieurs droits *gradués*, quoique taxées à moins de 20 francs, n'acquittent les droits que dans les bureaux ouverts aux objets taxés à 20 francs et plus par 100 kilogrammes. (Tarif.)

262. Les marchandises *omises au tarif*, les *laines*, le *ferblanc*, sont admissibles seulement par les bureaux principaux. (*Lois des 7 juin 1820 et 28 avril 1816, ordonnance du 26 juillet 1826.*) (2).

Pénalité.

263. Les peines encourues en cas d'infraction sont celles suivantes : A moins que les marchandises n'aient été déclarées sous leur véritable dénomination, celles que l'on cherche à introduire par d'autres bureaux que ceux que le tarif désigne, sont confisquées avec amende de 100 francs. (*Loi du 22 août 1761, titre IV.*)

PRODUITS DE L'ASIE, DE L'AFRIQUE ET DE L'AMÉRIQUE.

264. Les produits de l'Asie, de l'Afrique et de l'Amérique, importés de quelque pays que ce soit par navires britanniques, ou bien chargés par navires français ou tous autres, dans un port de la domination britannique en Europe sont repoussés de la consommation en France. (*Traité avec l'Angleterre du 26 janvier 1826; ordonnance du 8 février suivant; circulaire du 15 juillet 1834.*)

---

(1) Le rapport de la livre anglaise au kilogramme est exprimé par la fraction décimale 0,4535.

(2) Les ordonnances des 26 juillet 1826 et 3 mars 1833 indiquent les bureaux ouverts à l'importation des laines. La nomenclature en est donnée au tableau des droits d'entrée et de sortie publié par l'administration en 1825, page 74.

265. Cette restriction est levée, quant aux marchandises ci-après, admises, dans tous les cas, pour la consommation :

Soies grèges,
Foulards écrus,
Rhum, rack et tafia,
Châles de cachemire de l'Inde.

Ces objets ne peuvent être importés que par les bureaux ouverts au transit des marchandises prohibées (Voir n° 707.) (*Circulaire du* 15 *juillet* 1834.)

266. Les marchandises désignées à l'article 265 ci-dessus peuvent être dirigées, sous les conditions du transit, sur les entrepôts de l'intérieur ou des frontières. (*Ordonnance du 8 juillet* 1834, *circulaire du* 15 *juillet suivant.*)

Horlogerie.

267. Les ouvrages d'horlogerie montés, admis moyennant les droits fixés par le tarif, ne peuvent être importés que par les seuls bureaux ouverts au transit des marchandises prohibées. (Voir n° 707.)

Les montres ainsi introduites, celles des voyageurs exceptées, sont dirigées, sous acquit-à-caution et sous plomb, sur l'un des cinq bureaux de garantie suivants : *Paris, Lyon, Besançon, Montbéliard* ou *Lons-le-Saulnier.* (*Ordonnance du 2 juin* 1834 ; *circulaires* 1442 *et* 1459.)

RESTRICTIONS QUANT AUX COLIS.

268. Les marchandises ci-après, arrivant dans les ports de France, doivent être présentées en colis formés du poids suivant, savoir :

Les outils, en colis de cinquante kilogrammes et au-dessus, sans mélange d'espèces soumises à des droits différents.

Les toiles, en colis de 100 kilogrammes et au-dessus, aussi sans mélange d'espèces différemment tarifées. (*Loi du* 17 *décembre* 1814.)

CHAPITRE X. — PROVISIONS DE BORD.

Une instruction du 22 octobre 1829 a réglé ce qui a trait à l'embarquement des provisions de toute espèce nécessaires aux bâtiments pendant la durée de la navigation, et au débarquement de ces provisions au retour des navires.

Il n'est ici question que des navires *arrivants.* On a distingué ce qui s'applique aux bâtiments *français* de ce qui concerne les bâtiments *étrangers.*

NAVIRES FRANÇAIS ARRIVANTS.

269. Aucun objet, qualifié marchandise, ne peut exister à bord sans être inscrit au manifeste. (*Lois des* 22 août 1791, *titre VIII, et germinal an* 2, *titre II.*)

270. Si le bâtiment vient de l'étranger, les vivres et provisions sont soumis aux droits pour toute quantité qui excède le *nécessaire;* on considère comme excédant le nécessaire ce qui, après la mise à terre de la cargaison, reste à bord en vivres et provisions pris à l'étranger. (*Idem.*)

271. Les restes de provisions sont déclarés en détail, soit pour être reçus en dépôt s'ils

sont prohibés, soit pour être mis en entrepôt, ou soumis au paiement des droits, si l'importation en est permise. A défaut de déclaration, on doit retenir la marchandise (*Instruction du 22 octobre 1829.*)

272. Les provisions peuvent être laissées à bord, ou être réembarquées si le navire retourne prochainement à l'étranger ou aux colonies. (*Idem.*)

273. Si les vivres et provisions ont été embarqués au départ sur bâtiments français, la réintroduction en franchise en est permise à charge de déclaration, et en justifiant, par la représentation du permis, qu'ils proviennent réellement de France. (*Idem.*)

274. Il y a exception pour les viandes salées; comme il y a eu remboursement du droit imposé sur le sel qui a été employé à les préparer, elles ne sont débarquées que sous le paiement des droits d'importation. (*Idem.*)

Houilles.

275. La portion de houille *étrangère* qu'un bâtiment français à vapeur n'a pas consommée lorsqu'il rentre dans un port de France est traitée, dans ce port, comme si elle arrivait de l'étranger. Elle doit être mise en entrepôt, ou en dépôt, ou être soumise aux droits, à moins qu'elle ne reste à bord, si le bâtiment est destiné à reprendre incessamment la mer. (*Ordonnance du 8 juillet 1834, circulaire du 15.*)

276. Si le navire, au lieu de houille *étrangère*, prend à son départ de la houille *indigène*, l'embarquement et la réadmission des combustibles sont soumis aux règles générales concernant les provisions de bord prises en France (voir n° 173). (*Circulaire du 15 juillet 1834.*)

NAVIRES ÉTRANGERS ARRIVANTS.

177. Le manifeste doit comprendre tout ce qui, sous le titre de provisions, est réputé *marchandises;* ces provisions sont déclarées comme les autres marchandises composant le chargement.

C'est en déposant le manifeste que le capitaine donne les désignations de *quantités, espèce* et *qualité* qui sont exigées par la loi pour effectuer la perception des droits.

Celles des provisions non prohibées que l'on veut introduire dans le royaume acquittent les droits d'entrée fixés par le tarif.

Ce qui reste à bord pour être réexporté n'est soumis à aucun impôt. (*Lois des 22 août 1791, titre VIII, et 4 germinal an 2; réglement du 22 octobre 1829, titre II.*)

Tabacs.

278. Les employés du service actif ont à recenser ce qui existe réellement à bord, et à prendre, notamment pour les tabacs, les précautions propres à prévenir les versements en fraude. (*Circulaire n° 760.*) (*Voir le titre XIV chapitre XIII.*)

CHAPITRE XI. — RELACHES.

Quand un capitaine aborde, sans y être obligé par force majeure, dans un port qui n'est pas celui de sa destination, le navire est en relâche *volontaire.* La relâche *forcée* est celle déterminée par des avaries éprouvées en mer, par des poursuites d'ennemis, ou tout autre cas fortuit.

RELACHE VOLONTAIRE.

279. Si un navire entre dans un port par l'effet d'une relâche volontaire, le capitaine, qui doit être porteur d'un manifeste, en dépose copie à la douane dans les vingt-quatre heures, et il indique la destination ultérieure du bâtiment. (*Loi du 22 août 1791, titre II.*)

280. A défaut de satisfaire à cette obligation, le capitaine encourt une amende de 500 francs, pour sûreté de laquelle le bâtiment et les marchandises peuvent être retenus. (*Idem.*)

281. Un navire chargé de marchandises soumises aux droits ne peut rester plus de trois jours en relâche volontaire sans que les déclarations en détail ne soient fournies. S'il est chargé de marchandises prohibées, on lui applique les dispositions de la loi du 9 février 1832. (*Voir n°s 149 et 151.*) (*Lois des 22 août 1791, titre II, et 4 germinal an 11.*)

282. Lorsque le navire en relâche se trouve chargé de marchandises de cabotage, les acquits-à-caution sont visés tant à l'abord du bâtiment qu'à son départ. (*Circulaires des 4 juin 1811 et 30 août 1816.*)

283. Si le navire est chargé de sel, le visa de l'acquit-à-caution doit relater toutes les différences reconnues entre l'état actuel du bâtiment, quant à son tirant d'eau, aux vides de la cale, etc., et les indications que donne l'expédition. (*Circulaires des 19 août 1816, 19 janvier 1817 et 14 août 1819.*)

RELACHE FORCÉE.

284. Le capitaine entrant avec son navire en relâche forcée doit être porteur de son manifeste régulier, et, dans les vingt-quatre heures de son arrivée, justifier, par un rapport fait simultanément à la douane et au tribunal de commerce, des causes qui l'ont obligé à relâcher. (*Lois des 22 août 1791, art. 1er, titre VI, et 4 germinal an 2.*)

285. Il est tenu de fournir au receveur, dans le même délai, sous peine de 500 francs d'amende, une copie de son manifeste; cette copie tient lieu de la déclaration sommaire de son chargement. (*Idem et circulaire manuscrite 6 septembre 1833.*)

286. La relâche par détresse étant justifiée, le receveur, si le navire a besoin de réparations, permet le débarquement de la cargaison et la mise en magasin des marchandises, sous la double clé de la douane et du capitaine, jusqu'au départ du bâtiment. (*Idem.*)

Déchargement des navires.

287. Le capitaine peut opérer la décharge de son navire de deux manières : faire verser les marchandises de bord à bord, sur un autre bâtiment destiné à les conduire à leur destination, ou bien les faire placer dans les alléges qui les amènent au port de relâche où elles doivent être débarquées.

Les transbordements sur alléges, pour venir dans le port, ont lieu avec un permis du receveur, en présence des préposés, après qu'il a été fourni une déclaration en détail. (*Circulaire du 7 février 1829.*)

288. Lorsqu'il s'agit de transbordement sur des navires chargés du transport ultérieur au lieu de destination, on se borne à exiger la copie du manifeste et à placer
des préposés a bord pour vérifier l'exactitude des indications données par cette pièce.
(*Circulaire du 7 février* 1829.)

289. Si, à cause de leur nature, ou pour payer des frais de radoub, quelques articles
mis à terre sont vendus, ils supportent les droits d'entrée. (*Loi du 22 août* 1791,
titre IV.)

290. Le navire réparé et les marchandises rechargées, le bâtiment peut reprendre la
mer, à la condition de payer 1 p. 0/0 de la valeur des objets réexpédiés, pour droit de
magasinage. (*Idem.*)

291. Le droit de magasinage n'est pas dû si la douane ne fournit pas les magasins.
(*Circulaire du 6 brumaire an* 2.)

292. Si les marchandises débarquées à la suite d'une relâche forcée sont avariées et
si le commerce doit les bénéficier, il opère ce bénéficiement comme il l'entend ; seulement l'opération ne peut avoir lieu qu'en présence des préposés. (*Loi du 22 août* 1791,
titre II.)

293. Quand le navire en relâche vient primitivement de France, et qu'il se trouve
chargé de marchandises *réexportées* ou exportées avec *primes*, les employés, s'il y a
déchargement, ont à s'assurer que ces marchandises sont bien effectivement réembarquées.

294. S'il s'agit d'un bâtiment français venant d'Angleterre qui ait été forcé d'entrer en
relâche dans un de nos ports, une mention est établie sur son congé afin d'assurer le
paiement des droits de navigation au port de destination. (*Circulaire manuscrite* 14
avril 1835.)

CHAPITRE XII. — NAUFRAGES ET ÉPAVES.

Lorsque par l'effet de la violence des vents un bâtiment est jeté à la côte, ou que des
marchandises recueillies par les flots sont par eux déposées sur la plage, les agents des
douanes, dans l'intérêt de l'État comme dans celui des propriétaires absents, concourent à l'opération du sauvetage, à la garde et à l'emmagasinement des objets sauvés, à
leur vente ou à leur réexportation.

SAUVETAGE.

295. Les préposés des douanes se rendent sans délai sur le lieu du naufrage ; le brigadier s'empresse d'informer le sous-commissaire de la marine, ou ses syndics, de l'événement survenu ; il en donne également avis à l'agent sanitaire. Les marchandises, placées d'abord en dépôt provisoire et examinées par les agents de la santé, sont ensuite
mises en magasin sous la clé des douanes et de la marine. (*Loi du 22 août* 1791, *art.* 1ᵉʳ,
titre VII ; *arrêté du* 17 *floréal an* 9 ; *circulaire du* 19 *mai* 1815.)

296. Que les marchandises soient étrangères ou non, et quelle que soit d'ailleurs la
qualité des intervenants, le concours des agents des douanes au sauvetage et à la mise en
magasin des marchandises est toujours indispensable. Si ces derniers éprouvaient quel

que difficulté, ils auraient à le constater par un procès-verbal. (*Circulaires des* 28 *pluviose an* 2, 27 *germinal an* 10, 27 *juillet* 1812, 19 *mai* 1815 *et* 3 *novembre* 1820.)

297. L'obligation d'avertir le commissaire des classes et l'agent sanitaire existe à l'égard des marchandises épaves, c'est-à-dire des objets que la mer dépose sur le rivage, comme pour les naufrages. (*Ordonnance du* 19 *mai* 1815.)

298. Les poissons à lard et autres cétacés appartiennent à l'État pour deux tiers, et pour l'autre tiers aux personnes qui les ont retirés de la mer. Il est recommandé de prendre toutes les précautions propres à empêcher le dépècement de ces poissons, et surtout celui des animaux marins qui peuvent intéresser la science. (*Circulaires des* 27 *février* 1812 *et* 26 *janvier* 1829.)

299. Les consuls étrangers, lorsqu'il y a réciprocité de convention avec les puissances auxquelles ils appartiennent, sont admis, s'ils agissent en personne, à représenter les propriétaires absents. Ce droit existe :

    1° Pour les consuls espagnols (*loi du* 13 *août* 1791);

    2° Pour les consuls portugais (*décision du* 24 *février* 1818);

    3° Pour les consuls prussiens (*circulaire du* 10 *novembre* 1816);

    4° Pour les consuls sardes (*décision du* 25 *mai* 1818);

    5° Pour les consuls suédois (*décision du* 15 *février* 1820);

    6° Pour les consuls hanovriens (*décision du* 16 *avril* 1823);

    7° Pour les consuls toscans (*décision du* 28 *juillet* 1825);

    8° Pour les consuls des Pays-Bas (*circulaire du* 24 *décembre* 1827);

    9° Pour les consuls brésiliens (*circulaire du* 19 *octobre* 1826).

300. Les préposés des douanes sont considérés comme sauveteurs d'une marchandise épave, si le sauvetage a eu lieu en pleine mer. Ils ont droit, dans ce cas, au tiers de la valeur de l'objet sauvé, ou aux deux tiers s'il s'agit de propriétés ennemies. (*Ordonnance de la marine de* 1681, *et loi du* 25 *ventôse an* 6.)

301. Lorsqu'à la suite d'un naufrage il est trouvé des cadavres à la côte, le brigadier doit en donner avis au maire du lieu, afin que ce dernier puisse faire procéder à l'inhumation (*Circulaire du* 28 *janvier* 1793.)

302. Le capitaine, le subrécargue, ou autre qui a échappé à un naufrage, est tenu de faire son rapport à la douane, au bureau le plus voisin, et au tribunal de commerce. (Voir *Rapports de mer, titre V, chap. III.*)

GARDE DES OBJETS SAUVÉS ET DÉPÔT PROVISOIRE.

303. L'employé supérieur, ou le chef de la partie active, qui a été averti, dirige le service de manière à assurer la garde des objets sauvés; il ne doit envoyer sur le lieu du naufrage que le nombre de préposés strictement nécessaire; il se soumet à toute revue de présence que l'officier de la marine jugerait à propos de passer. (*Circulaire du* 7 *janvier* 1806; *circulaire du* 19 *février* 1810.)

304. Les effets des marins morts en mer sont déposés au magasin général de la marine. Les préposés veillent à ce qu'on ne confonde pas avec ces hardes des objets qui devraient être soumis aux droits. (*Décision du* 23 *juillet* 1817.)

305. La loi distingue le *dépôt provisoire* des marchandises, de la *mise en magasin définitive.* Le dépôt provisoire a lieu à la côte même, à la sortie des marchandises du bâti-

ment. Il est surveillé par les agents du service actif qui tiennent note exacte de tout ce qui se débarque, et préparent ainsi l'opération de l'emmagasinement. (*Loi du 22 août 1791, titre VII; circulaire du 27 juillet* 1811.) (1).

306. En cas de vol des marchandises naufragées, les auteurs du vol sont arrêtés et remis entre les mains du maire ou du procureur du roi, chargé de les poursuivre. Les marchandises détournées sont réunies à celles du chargement. La commune pourrait être rendue responsable s'il s'agissait de pillage avec violence. (*Loi du 22 août* 1791, *titre VII; arrêté du 27 thermidor an* 7 ; *circulaire du* 10 *avril* 1812.)

EMMAGASINEMENT DES MARCHANDISES.

307. Après la mise à terre des marchandises sauvées du naufrage, ces marchandises sont conduites dans un magasin fermé sous la double clé de la marine et de la douane. Le receveur assiste à la reconnaissance et à la description des objets; il signe les actes dont il lui est remis expédition. (*Loi du 22 août* 1791, *titre VII.*)

308. Si les marchandises emmagasinées ont besoin d'être bénéficiées, le bénéficiement est autorisé; il a lieu en présence des préposés des douanes. Ces derniers assistent à l'opération, à la première réquisition qui leur en est faite. (*Idem.*)

VENTE OU REMISE DES MARCHANDISES ET SUITES DU NAUFRAGE.

309. Le commissaire des classes, ou les propriétaires s'ils sont présents, décident si les marchandises seront vendues. Lorsque la vente a lieu, le receveur des douanes en est averti officiellement; il y assiste et veille à ce que les droits, s'il en est dû, soient perçus, ou que la réexportation du prohibé soit assurée. (*Loi du 22 août* 1791, *titre VII.*)

310. Les marchandises épaves sont présumées étrangères et traitées comme telles si leur origine française n'est pas légalement établie. Cette origine n'est recherchée que lorsque, par la forme des emballages, il y a lieu de croire que le navire venait d'un port de France, et dans ce cas une expertise est réclamée. (*Circulaire du* 30 *juin* 1825.)

Dans le cas où l'origine doit être justifiée, il est prélevé des échantillons qui sont soumis à la décision des experts du gouvernement. La douane se conforme à cette décision. (*Idem.*)

311. S'il s'agit de liquides sujets à dépérissement dont les droits ne s'élèvent pas à plus de 300 francs, ou si, pour une quantité plus forte, le dépérissement est imminent, la vérification de l'origine a lieu par deux experts que nomme le receveur. (*Circulaire du* 5 *août* 1825.)

312. Quand l'état d'avarie d'une marchandise présumée d'origine française exige qu'elle soit immédiatement vendue, la marine peut la faire vendre *franche des droits*, en s'engageant, si l'objet est reconnu étranger, à payer les droits d'entrée. (*Circulaire du* 3 *novembre* 1820.)

---

(1) L'intervention rétribuée du service actif à un naufrage se termine à l'emmagasinement. Alors commence ce qu'on nomme *les suites du naufrage* ; c'est le receveur qui, pour cet objet, est appelé ; c'est lui qui signe les actes, etc. (*Circulaire du* 19 *septembre* 1820.)

313. Il n'est dû aucun droit pour les marchandises dont l'origine française est reconnue ; elles jouissent d'une immunité entière. Elles sont remises à leur propriétaire ou réexpédiées.

314. Les marchandises étrangères prohibées, mises en vente, ne sont vendues qu'à charge de renvoi à l'étranger. Elles sont transportées par terre au port le plus voisin ; là elles sont placées sous la clef de la douane, jusqu'à leur réexportation qui doit s'effectuer dans un délai de trois mois, sous peine de confiscation. (*Loi du 22 août* 1791, *titre VII.*)

315. L'administration permet d'employer des bâtimens de tout tonnage pour diriger des marchandises prohibées naufragées, sur un port d'entrepôt réel ; leur réexportation peut avoir lieu ensuite, par navires de 60 tonneaux et plus. (*Circulaire du* 19 *juin* 1822.)

316. Il est loisible à un acquéreur de marchandises étrangères tarifées de les importer avec paiement de droits, ou d'en effectuer la réexportation.

Lorsqu'elles sont avariées, elles obtiennent la réduction de droits accordée par les réglemens (voir le titre VII, ch. V.) (*Lois des* 4 *germinal an* 2, *titre II, et* 21 *avril* 1818, *et circulaire du* 18 *août* 1818.)

317. Avant de procéder à la vente de denrées avariées destinées à être livrées à la consommation, on doit obtenir la preuve qu'elles sont sans danger pour la santé publique. (*Loi du* 21 *avril* 1818.)

318. Les marchandises naufragées, quoique passibles d'un droit excédant 20 francs par cent kilogrammes (*voir n^{os}* 256 *et suiv.*), et celles avariées, peuvent être vendues au bureau le plus voisin du lieu du naufrage, encore bien que ce bureau ne soit pas ouvert à leur admission. (*Circulaires des* 8 *août* 1818 *et* 19 *juin* 1822.)

319. Les procès-verbaux de recensement et de vente que signent les receveurs, et dont ils reçoivent expédition, tiennent lieu de déclaration d'entrée ; c'est seulement pour les effets trouvés à la côte, par des particuliers, qu'une déclaration doit être exigée. (*Circulaire du* 27 *germinal an* 10.)

320. Les bâtimens de mer étrangers que la marine fait vendre à la suite d'un naufrage sont assimilés, pour la francisation, à ceux vendus par suite de confiscation, mais seulement lorsque le sauvetage a eu lieu *en pleine mer.* (*Décisions administratives des* 6 *juin* 1834 *et* 4 *septembre* 1824. *Lettre du* 13 *décembre* 1822.)

321. Si le bâtiment est français, et si, étant jugé hors de service, il est démoli, toutes les pièces propres à constater cet événement sont réunies par les intéressés, afin de provoquer l'annulation de la soumission de francisation. (Voir le titre XIII.)

322. Les marchandises prohibées qui sont remises à leurs propriétaires sont réexportées, en observant ce qui est indiqué aux articles 314 et 315. Celles tarifées supportent les droits d'importation fixés par la loi. Quant aux marchandises d'origine française, elles sont remises par la douane dès que cette origine est légalement justifiée. (*Circulaire du* 30 *juin* 1825.)

INDEMNITÉS DE SAUVETAGE.

323. Les employés des douanes qui assistent au sauvetage des bâtiments échoués ou des marchandises naufragées reçoivent, en vacations et frais de route, les mêmes indemnités que les officiers et employés de la marine. (*Arrêté du* 20 *floréal an* 13.)

6

324. L'inspecteur, s'il dirige le service, est traité comme le commissaire des classes. S'il est suppléé par un contrôleur de brigades ou lieutenant d'ordre, celui-ci jouit de ce qui est alloué au commis de marine. Les préposés jouissent de l'indemnité accordée aux gendarmes de la marine. (*Même arrêté.*)

325. Le taux des indemnités est fixé comme suit :

A l'inspecteur, savoir : vacations (par jour) 7 fr. 00 c.; frais de voyage 4 fr. 00 c., par myriamètre (1);

Au sous-inspecteur (2), savoir : vacations (par jour) 5 fr. 50 c.; frais de voyage 3 fr. 00 c. par myriamètre ;

Au receveur principal, savoir : vacations (par jour) 7 fr. 00 c., frais de voyage 4 fr. 00 c. par myriamètre ;

Au receveur subordonné (3), savoir : vacations (par jour) 4 fr. 00 c.; frais de voyage 2 fr. 50 c. par myriamètre ;

Au contrôleur de brigades, savoir : vacations (par jour) 4 fr. 00 c.; frais de voyage 2 fr. 50 c. par myriamètre ;

Au lieutenant d'ordre, savoir : vacations (par jour) 4 fr. 00 c.; frais de voyage 2 fr. 50 c. par myriamètre ;

Au brigadier, sous-brigadier et préposés, savoir : vacations (par jour) 1 fr. 50; frais de voyage 2 fr. 50 c. par myriamètre.   (*Arrêté du 29 pluviôse an 9.*)

326. Chacune des administrations de la marine et des douanes ne peut envoyer qu'un seul chef sur le lieu du naufrage. (*Arrêté du 20 floréal an 13.*)

327. L'inspecteur et le sous-inspecteur ne reçoivent leurs vacations que pour la durée effective du sauvetage. L'opération se termine pour eux à l'entrée des marchandises en magasin. Les vacations allouées pour le bénéficiement et pour la vente appartiennent au receveur. (*Circulaire du 19 septembre 1820.*)

328. Il n'est rien dû aux chefs ni employés, lorsqu'ils opèrent dans la banlieue de leur résidence. Cette banlieue est fixée à 2,000 toises.

Pour prévenir toute erreur, les demandes d'indemnités sont adressées par le chef local au directeur qui, après examen, les transmet à l'agent supérieur de la marine. (*Arrêté du 20 floréal an 13 ; circulaire du 19 septembre 1820.*)

329. Le relèvement à la côte, et la vente de quelques effets, débris ou pièces de bois, ne donnent lieu à aucune vacation. (*Arrêté précité.*)

330. La douane, dans aucun cas, ne fait d'avances. Que la valeur des effets sauvés excède ou non les frais de sauvetage, ces frais sont supportés par la caisse des invalides de la marine. (*Décision ministérielle du 17 juillet 1813.*)

CHAPITRE XIII. — INTRODUCTIONS EN FRAUDE ET EN CONTREBANDE.

La loi du 28 avril 1816, en établissant des peines nouvelles à l'égard des marchandises

---

(1) Les frais de voyage se paient pour l'aller et le retour.

(2) *Décision ministérielle* transmise par *la circulaire du 19 septembre 1820, n° 602.*

(3) *Circulaire du 22 mars 1826; n° 970.*

prohibées et de celles taxées à plus de 20 francs par cent kilogrammes, importées en contravention aux lois, distingue les introductions faites *en passant par les ports et bureaux*, ce qu'en douane on nomme *fraudes*, de celles qui ont lieu *sur les cotes, dans les anses et généralement dans les endroits autres que ceux destinés au commerce*, ce qui est qualifié *contrebande*.

Voici les peines établies pour les introductions *en évitant les ports et bureaux.*

CONTREBANDE SANS ARMES.

331. Les marchandises prohibées ou tarifées à plus de 20 francs par 100 kil., introduites hors des bureaux, sont confisquées ainsi que les moyens de transport, avec amende de 500 francs si la valeur de l'objet saisi n'excède pas cette somme, et dans le cas contraire, à une amende égale à cette valeur. Les prévenus encourent, en outre, la peine de l'emprisonnement. (*Lois des 28 avril 1816, art. 41; 21 avril 1818, art. 34.*)

332. Si l'introduction est tentée par moins de trois individus, l'emprisonnement est d'un mois au plus. (*Mêmes lois.*)

Si elle a été commise par des individus à pied, au nombre de trois à six, l'emprisonnement est d'un an au plus, et de trois mois au moins. (*Mêmes lois.*)

333. L'emprisonnement est de six mois au moins et de trois ans au plus, si les prévenus sont au nombre de trois et plus, à cheval, ou de plus de six à pied. L'amende est de 1,000 francs, si la valeur de l'objet de contrebande n'excède pas cette somme, et du double de sa valeur s'il vaut plus de 1,000 francs. (*Mêmes lois.*)

334. Le ministère public est tenu de faire toutes les poursuites propres à découvrir les entrepreneurs de contrebande, assureurs et intéressés, ceux-ci deviennent solidaires de l'amende, et sont passibles de l'emprisonnement que la loi prononce. (*Idem.*)

335. Tout individu qui participe comme assureur, entrepreneur ou intéressé à un fait de contrebande, est déclaré incapable de se présenter à la bourse, d'exercer les fonctions d'agent de change, de courtier, etc. (*Lois des 28 avril 1816, art. 53; 21 avril 1818, art. 37.*)

336. Est réputée *entreprise de contrebande* toute spéculation pour laquelle un individu est obligé d'avoir recours à des agents secondaires. (*Arrêt de la cour de cassation du 21 février 1812.*)

337. Les négociants ou commissionnaires convaincus d'avoir fait la contrebande peuvent être privés par le gouvernement de la faculté du transit; toute espèce de crédits de droits leur sont refusés. (*Loi du 8 floréal an 11, art. 83.*)

338. Sont assimilés aux faits de contrebande, savoir :

1° La circulation dans la ligne des douanes des marchandises prohibées ou tarifées à plus de 20 francs par cent kilogrammes, lorsqu'elles vont de l'étranger vers l'intérieur, sans passavant ou acquit en tenant lieu. (*Loi du 28 avril 1816, art. 38.*)

2° Le non visa, au bureau des douanes désigné, de l'expédition qui accompagne une marchandise en circulation, lorsque le bureau est dépassé. (*Idem.*)

339. Les faits de contrebande sans armes sont de la compétence des tribunaux correctionnels; ces tribunaux sont investis du droit de prononcer les condamnations civiles et les peines corporelles. (Voir le titre XVII.)

CONTREBANDE ARMÉE.

340. La contrebande armée (c'est-à-dire toute tentative d'introduction, faite avec armes, de marchandises quelle qu'en soit l'espèce) est définie par l'article 3 de la loi du 13 floréal an 11. Les condamnations civiles auxquelles elles donnent lieu sont celles encourues pour la contrebande simple ; les peines corporelles sont appliquées d'après le Code pénal, suivant la gravité des circonstances ; l'application en est requise par le ministère public, et faite par les cours d'assises.

INTRODUCTIONS EN PASSANT PAR LES PORTS ET BUREAUX.

341. Les faits de fraudes ne donnent lieu qu'à l'action civile. Les peines encourues se déterminent selon les circonstances où la violation de la loi a été découverte.

La connaissance des affaires de douanes relatives aux délits et contraventions commis en passant par les bureaux appartient aux juges de paix. (*Lois des 28 avril* 1816, *art.* 41 ; *et 21 avril* 1818, *art.* 37.)

TITRE VI.

IMPORTATIONS PAR TERRE.

L'importation *par terre* a, comme les importations *par mer,* ses restrictions quant aux marchandises à introduire dans le royaume et quant aux bureaux par lesquels ces marchandises peuvent être reçues en acquittant les droits.

Ces restrictions sont :

1° La prohibition absolue de diverses fabrications, dans l'intérêt des manufactures ;

2° L'admission, par les seuls bureaux désignés, des marchandises taxées à plus de 20 fr. par cent kilogrammes ;

3° L'entrée, par les bureaux principaux seulement, des marchandises omises au tarif ;

4° La défense de faire entrer *par les frontières* les denrées coloniales et autres marchandises énoncées en l'article 22 de la loi du 28 avril 1816. (Voir n° 249.)

L'importation par terre est d'ailleurs soumise aux règles suivantes :

CHAPITRE Ier. — OBLIGATIONS IMPOSÉES AUX CONDUCTEURS DE MARCHANDISES.

PRÉSENTATION AU PREMIER BUREAU.

342. Les marchandises destinées à être importées dans le royaume doivent être conduites par la route la plus directe au premier bureau d'entrée placé à la frontière. Les conducteurs sont tenus de combiner leur marche en conséquence, à peine de confiscation et d'une amende de 200 fr. (*Loi du 22 août* 1791, *titre II; arrêt de cassation du 19 juillet* 1831.)

343. La même peine est applicable si le bureau est dépassé, ou si la marchandise, avant d'y avoir été présentée, a été introduite dans une auberge ou dans une maison. (*Idem.*)

344. Il y a également contravention si le conducteur a contourné ou dépassé le premier bureau, quoiqu'il soit porteur d'une expédition, lorsque cette expédition n'a pas été soumise au visa comme elle en portait l'obligation. (*Loi des 22 août* 1791 *et 4 germinal an* 2 ; *arrêt de cassation du 19 juillet* 1831 ; *circulaire du 23 février* 1834.)

345. L'obligation de conduire les objets à la douane n'existe pas s'il s'agit de produits ruraux non tarifés, importés par des routes sur lesquelles il n'y a pas de bureau. (*Idem.*)

346. Si les marchandises arrivent après la fermeture du bureau, elles sont déposées, sans frais, sous les hangars de la douane. (*Idem.*)

347. Lorsque des conducteurs de marchandises ayant évité le bureau d'entrée, cherchent à pénétrer dans l'intérieur, les préposés peuvent saisir, au delà des deux myria-

mètres formant le rayon, les objets introduits, pourvu qu'ils les aient vus pénétrer et qu'ils les aient suivis sans interruption. (*Loi du 22 août 1791, titre XIII; loi du 8 floréal an 2, art. 84.*)

CHAPITRE II. — DÉCLARATION DES MARCHANDISES.

348. Les conducteurs, à leur arrivée en France, ont à fournir une déclaration sommaire, soit que la vérification détaillée ait lieu immédiatement, soit qu'à raison de ce que la marchandise étant imposée à plus de 20 fr. par 100 kilogrammes, cette vérification se fasse, comme on l'indiquera plus loin, dans le second bureau d'entrée. (Voir n° 387.)

La déclaration est établie sur une formule (n° 1) que la douane délivre gratis au conducteur ou au redevable; elle est ensuite inscrite au registre n° 2. (*Lois des 4 germinal an 2, titre II, art. 9; et 9 février 1832, art. 4.*)

349. La déclaration détaillée est immédiatement fournie. Elle est inscrite, s'il s'agit d'objets tarifés à plus de 20 francs, sur le registre n° 4; elle contient, avec l'indication des marques et numéros des colis, l'*espèce*, la *qualité*, le *poids*, ou le *nombre des marchandises* qui doivent les droits, au *poids*, au *nombre*, ou à la *mesure*, et la *valeur*, si le droit est perceptible à la *valeur*. Elle fait connaître, en outre, les nom, état et domicile du destinataire, et le lieu, hors de France, où les marchandises ont été chargées. (*Lois des 22 août 1791, titre II; et 28 avril 1816, art. 25 et 33.*)

350. Les déclarations de marchandises que les conducteurs ont à remettre aux douanes sont exemptes de timbre. (*Ordonnance du 8 juillet 1834, art. 15.*)

351. Le receveur enregistre, sur le registre à ce destiné, la déclaration qu'a fournie le conducteur de la marchandise, et il fait signer le déclarant; il signe pour lui, s'il ne sait écrire. (*Loi du 22 août 1771, titre II.*)

Indications particulières à diverses marchandises.

352. La déclaration, s'il s'agit de marchandises acquittant moins de 20 francs par cent kilogrammes, est faite sur le registre n° 6, portant à la fois la déclaration, la visite et la recette. (*Circulaire lithographiée du 25 septembre 1833.*)

353. Si des laines sont importées, la déclaration du redevable doit indiquer, pour chaque balle, ou partie de laine qu'elle comprend, la valeur par kilogramme. (*Ordonnance du 26 juillet 1820.*)

Aucun minimum de valeur n'est exigé; cette valeur est établie selon l'état et la qualité, c'est-à-dire que les laines sont *brutes* ou *lavées;* que le lavage a été opéré à chaud ou à froid et qu'elles sont classées parmi les laines *communes, fines* ou *surfines.* (*Circulaire du 15 juillet 1834.*)

354. A l'égard des soies grèges ou moulinées, l'importateur est tenu de faire connaître l'origine de chaque espèce. (*Circulaire du 16 décembre 1820.*)

355. Si des châles, connus sous la dénomination de cachemires de l'Inde, les seuls qui soient admis, sont importés, la déclaration de valeur doit exprimer une somme de 400 francs au moins. La perception a lieu sur ce minimum, si la valeur assignée par la déclaration est inférieure à cette somme. (*Ordonnance du 10 octobre 1835.*)

356. La valeur doit être déclarée pour chaque châle séparément. (*Circulaire du 17 octobre 1835.*)

357. Lorsque des machines ou mécaniques sont présentées, le déclarant en donne la description, il y joint, en outre, des dessins sur échelle. Ces dessins sont confrontés avec les pièces détachées présentées à la visite (*Circulaire du 21 novembre 1826.*)

358. La déclaration est obligatoire pour les voyageurs qui ont avec eux des marchandises prohibées ou autres. (Voir *importations par mer, n° 176.*)

359. Les dénominations adoptées dans le tarif officiel sont les seules que les employés puissent admettre dans les déclarations qui leur sont fournies. Les receveurs doivent s'attacher à obtenir du commerce des indications complètes sur l'espèce et la qualité des marchandises. (*Circulaires des 17 décembre 1817, 10 novembre et 16 décembre 1820.*)

360. Il est défendu aux marchands et conducteurs de présenter, comme unité dans leurs déclarations, plusieurs colis réunis, de quelque manière que ce soit, à peine de confiscation et d'une amende de 100 francs, indépendamment des condamnations encourues, si l'on découvrait des marchandises prohibées dans ces colis. (*Loi du 27 juillet 1822.*)

361. Le poids des marchandises est déclaré au *brut* ou au *net*, selon que la perception a lieu sur l'un ou l'autre poids. S'il s'agit de marchandises tarifées à plus de 40 francs par cent kilogrammes, le consignataire est tenu de déclarer le poids *net*, pour que le droit puisse être perçu d'après le net effectif. (*Circulaire du 23 juin 1818.*)

362. Si la marchandise importée acquitte les droits à la valeur, on doit exiger que la facture de l'envoyeur étranger soit jointe à l'évaluation donnée par le déclarant. (*Loi du 4 germinal an 11, titre V.*)

363. La douane n'a pas à demander la déclaration du *poids*, lorsqu'il s'agit de marchandises en futailles qui sont sujettes à coulage. (Voir *importations par mer, n° 182.*)

364. Sauf l'exception établie par la loi (voir n° 184), la déclaration une fois remise, il n'est plus permis d'y rien changer.

365. Un conducteur de marchandises taxées à des droits différens, qui désire compléter les indications à donner par sa déclaration, peut examiner sa marchandise au moment où il la présente, et en prélever des échantillons, etc. (Voir *importations par mer, n° 185.*)

366. Lorsque, par suite de changements dans le tarif, de nouveaux droits doivent être perçus, c'est le moment où la déclaration est déposée en douane qui détermine la quotité du droit à appliquer (Voir *importations par mer, n° 187.*)

367. Si la déclaration détaillée n'est pas fournie au receveur, les marchandises sont retenues et déposées dans les magasins de la douane, pendant deux mois. (Voir n° 188.)

S'il s'agit d'importations de *voitures* et effets des voyageurs, de *chevaux*, d'*ouvrages d'or et d'argent*, de *librairie*, de *tabacs*, diverses règles spéciales sont appliquées (voir le titre XIV.)

CHAPITRE III. — VÉRIFICATION.

368. La vérification à faire par la douane cesse d'être facultative quand il s'agit de marchandises importées *par terre*. La visite est obligée. (*Loi du 28 avril 1816, art. 26.*)

369. Les objets présentés à l'importation, et pour lesquels une déclaration complète

a été fournie, sont vérifiés par celui des vérificateurs désignés pour cette opération ; les droits sont payés sur les quantités reconnues. (*Lois des 22 août 1791, titre II, et 28 avril 1816, art. 26.*)

370. Il est procédé à la vérification dans le lieu qu'indique la douane, de manière à ce que les employés opèrent toujours sous les yeux de leurs chefs ; la visite, excepté en cas de recensement dans un dépôt, ne peut être faite dans les magasins du commerce. (*Loi du 22 août 1791, titre II ; lettre du 27 novembre 1810.*)

371. La présence des déclarants à la visite est indispensable ; s'ils refusent d'y assister, la douane peut faire mettre les marchandises en dépôt, et les traiter comme objets abandonnés. (*Loi du 22 août 1791, titre II.*)

372. Lorsqu'il s'agit d'objets tarifés au net, le net *effectif* ne peut s'établir que par la vérification et non autrement. Il faut, dans ce cas, que le propriétaire ou conducteur ait préalablement indiqué le poids net de sa marchandise dans la déclaration qu'il a fournie. (*Loi du 27 mars 1817.*)

373. La vérification des marchandises payant les droits au poids net, peut n'être que partielle si tous les colis présentés sont de même forme et de même poids. (Voir *importations par mer, n° 215.*)

Objets à diriger sur Paris.

374. Si des objets d'art sont envoyés aux ministres du roi, les caisses qui les renferment ne sont pas soumises à la visite ; le receveur les dirige avec acquit-à-caution sur la douane de Paris, où elles sont ouvertes et vérifiées. (*Circulaire manuscrite du 30 août 1822.*)

375. On expédie aussi sur la douane de Paris, sous la garantie d'un acquit-à-caution, sans les soumettre à une visite préalable, les objets ayant une destination toute spéciale, de nature à comporter une exception aux règles générales. (Voir n°ˢ 218 et 219.)

Jury spécial d'examen.

376. S'il s'élève des doutes, lors de la vérification des marchandises, sur l'espèce ou la qualité des produits, et sur la quotité des droits à appliquer, ces doutes sont soumis aux experts du gouvernement placés près du ministre du commerce. (*Loi du 27 juillet 1822.*) (Voir n° 220.)

377. Les échantillons destinés à l'administration chargée de les faire parvenir au ministère du commerce, doivent lui être adressés en double ; l'un est ouvert, l'autre est scellé du cachet du déclarant et de celui du receveur. (Voir n° 221.)

Les échantillons que lève le commerce dans ses intérêts sont soumis aux droits sans exception. (*Circulaire du 24 août 1818.*)

Constatation de la visite.

378. Au moment même où se fait la vérification, le vérificateur en rapporte les détails et les résultats sur son portatif. Il donne ensuite son certificat de visite au dos de la déclaration n° 1, s'il s'agit de marchandises tarifées à plus de 20 francs. Pour les autres marchandises, le résultat de la visite est inscrit au registre de déclaration et de recette, n° 6. (*Délibération du 21 septembre 1800 ; circulaires des 30 janvier 1817, et 25 septembre 1833 : cette dernière est lithographiée.*)

379. Si les colis étant de même forme et de même poids, la vérification n'est que partielle, le vérificateur se borne à indiquer le poids des caisses et futailles soumises à la balance. Il établit ensuite, d'après ce poids partiel, le poids total, de manière à toujours offrir le tableau vrai de son opération. (Voir, en cas d'excédant, n° 216.)

Fausses déclarations.

380. Lorsque la vérification fait reconnaître que la déclaration est inexacte, il y a lieu, suivant les cas, à l'application des peines ci-après :

Pour déficit de colis : Amende de 300 fr. par colis manquant, à moins qu'il n'y ait vol. (*Loi du 22 août 1791, titre II.*)

Pour déficit de marchandises : Les droits sont acquittés sur les quantités reconnues. (*Idem.*)

Excédant de colis : Amende de 100 fr. et confiscation. (*Lois des 22 août 1791, titre II, et 27 mars 1817.*) L'amende est de 500 fr. avec confiscation, si les colis trouvés en excédant renferment des marchandises prohibées. (*Loi du 22 août 1791, titre III.*) L'amende est de 100 fr. avec confiscation, s'il s'agit de marchandises dont l'entrée était défendue par le bureau importateur. (*Loi du 22 août 1791, titre IV.*)

Excédant de marchandises : Paiement du double droit, à moins que l'excédant ne soit moindre du vingtième pour les métaux, et du dixième pour les autres marchandises. Dans ce cas le simple droit est seulement acquitté. (*Loi du 22 août 1791, titre II.*)

Différence en qualité ou espèce : Confiscation avec amende de 500 fr. si les objets déclarés sont prohibés. Confiscation et amende de 100 fr. si la marchandise est tarifée. Il y a lieu seulement à l'amende de 100 fr. si le droit que l'on voulait soustraire ne s'élève pas à 12 fr. (*Loi du 22 août 1791, titre II.*)

381. La fausse déclaration n'est passible d'amende, qu'autant qu'elle cause une perte au trésor. (*Circulaire du 4 fructidor an XI.*)

382. Les marchandises prohibées, déclarées sous leur véritable dénomination ne sont pas saisies; elles sont immédiatement renvoyées à l'étranger. (*Loi du 22 août 1791, titre V.*)

Tares.

383. Les déductions à accorder au commerce pour tare des emballages, sont celles indiquées au titre des *importations par mer*, n° 244.

Mouvement ultérieur des marchandises.

384. L'accomplissement des formalités de douane précède toute mise en mouvement de la marchandise; aucun objet importé ne peut être retiré du premier bureau d'entrée qu'après qu'il a été déclaré; que la vérification a été faite; que les droits ont été portés en recette, et que le conducteur est muni de son expédition pour circuler. (*Loi du 28 avril 1816, art. 26.*)

385. Il y a obligation pour les voituriers de charger leurs marchandises *dans les cours et dépendances du bureau,* et non ailleurs; les acquits de paiement ne leur sont remis qu'au moment où ils se mettent en route; les préposés placés près le bureau apposent un visa sur leurs expéditions pour constater leur départ. (*Même loi, art. 32.*)

386. Dans aucun cas, l'administration n'a à supporter des frais de déballage, embal-

lage, etc. Ces frais sont à la charge des conducteurs. (*Lois des 22 août 1791, et 4 germinal an 2.*)

387. Tout transport rétrograde et emmagasinage est interdit. Dès que l'acquit de paiement des droits d'entrée est délivré, les marchandises doivent être introduites dans le royaume. (*Loi du 4 germinal an 2, titre III.*)

CHAPITRE IV.—DROIT DE PRÉEMPTION.

388. Le droit de préemption est la faculté donnée aux employés de la douane de retenir pour leur compte une marchandise imposée à la valeur, lorsqu'ils supposent que le prix porté dans la déclaration est inférieur à la valeur réelle de l'objet. Ils paient, dans ce cas, la valeur déclarée et le dixième en sus. (*Loi du 4 floréal an 4.*)

L'administration peut elle-même user du droit de préemption à l'égard des laines. (*Loi du 27 juillet 1822.*)

Les règles à suivre, lorsqu'il s'agit d'appliquer la loi, sont rapportées au titre IMPORTATIONS PAR MER, nᵒˢ 228 et suivants.

CHAPITRE V.—DÉCLARATIONS ET VISITES FAITES A DEUX BUREAUX.

L'administration a été autorisée, par l'article 27 de la loi du 28 avril 1816, à déterminer les localités, où, pour la facilité du commerce, la déclaration en détail et la visite complète au premier bureau d'entrée, ne seraient pas exigées. Le tarif indique les lieux où ce régime est établi; on observe alors les règles suivantes :

FORMALITÉS A REMPLIR AU PREMIER BUREAU D'ENTRÉE.

389. Dans le cas prévu ci-dessus, les négociants ou voituriers qui présentent des marchandises au premier bureau frontière, y déclarent seulement le nombre de colis destinés à l'importation; ils produisent les lettres de voiture du lieu d'expédition à l'étranger, indiquant l'*espèce* des marchandises et les marques, numéros et poids séparés de chaque colis. (*Loi du 28 avril 1816, art. 28.*)

390. Les lettres de voiture, dont la déclaration a relaté le nombre, sont numérotées et visées par le receveur; elles doivent être timbrées. (Voir nᵒ 112.)

391. A défaut de ces pièces, ou si elles sont informes, la marchandise ne peut suivre sa route qu'autant qu'il a été fait une déclaration en détail complète, ainsi qu'il est prescrit dans les cas ordinaires. (*Circulaire du 1ᵉʳ mai 1816.*)

392. Les employés du premier bureau procèdent à la vérification du *nombre*, de l'*espèce* et du *poids* des colis déclarés; ils expédient ensuite le tout sous plomb, et sous acquit-à-caution, pour le bureau chargé d'opérer la vérification en détail. (*Loi du 28 avril 1816, art. 28.*)

393. Si, par suite de la vérification, des différences sont reconnues sur le *nombre*, l'*espèce*, ou le *poids* des colis, elles sont mentionnées dans l'acquit-à-caution auquel on joint, par une ligature cachetée, les lettres de voiture. (*Même loi.*)

394. On exige seulement le plombage, par capacité, des voitures dont le chargement, enveloppé d'une toile, peut être renfermé par l'apposition de deux plombs. Les bateaux sont également plombés par capacité. (*Même loi, art. 29.*)

395. Les marchandises ainsi expédiées sont escortées, dans le trajet du premier au second bureau, par deux préposés des douanes. (*Loi du 28 avril 1816.*)

ARRIVÉE AU DEUXIÈME BUREAU D'ENTRÉE.

396. Dès que les marchandises sont arrivées au second bureau, la déclaration en détail complète est fournie au receveur. (Voir pour son contenu et son enregistrement, nᵒˢ 349 et suiv.)

397. La déclaration en détail ne peut rectifier la déclaration sommaire faite au premier bureau, que pour la distinction des marchandises imposées à différents droits, suivant leur qualité, dont l'espèce a été indiquée sans fraude, et pour l'indication du poids des colis, dans le cas seulement où il n'a pas été constaté au premier bureau un excédant de poids au-dessus du vingtième pour les métaux, et du dixième pour les autres marchandises. (*Loi du 28 avril 1816, art. 30.*)

398. La déclaration en détail fournie et enregistrée, il est procédé à la vérification, en observant, pour cette opération et pour la constatation de ses résultats, les règles ordinaires. (Voir nᵒˢ 367 et 377.)

399. Le poids indiqué par les lettres de voiture est réputé celui en usage dans les lieux où ces pièces ont été délivrées, à moins, toutefois, qu'elles ne portent expressément que le poids est en kilogrammes. (*Loi du 28 avril 1816, art. 30.*)

400. Si au second bureau il y a déficit de colis, ou substitution de marchandises, le voiturier ou batelier est condamné à 2,000 francs d'amende pour chaque colis manquant ou reconnu contenir une marchandise différente. Les voitures, chevaux et bateaux sont retenus pour sûreté de l'amende. (*Idem, art. 31.*)

401. Si, dans le transport du premier au second bureau, il y avait déchargement, ou échange de colis, le colis déchargé ou échangé serait saisi avec amende de 500 francs. (*Idem, et loi du 8 floréal an II, art. 42.*)

402. Il est prescrit aux employés de libeller avec soin les acquits de paiement. Ces expéditions doivent offrir les indications suivantes :

Marques et numéros des colis;

Lieu où les marchandises ont été chargées hors de France;

Nom et domicile de celui qui a payé les droits;

Lieu de destination ;

Nom, état de la personne à qui les objets sont adressés;

Bureau où l'acquit sera contrôlé; route à suivre pour se rendre à ce bureau. (*Loi du 28 avril 1816, art. 33 et 35; circulaire du 1ᵉʳ mai 1816.*)

403. Si la marchandise est destinée pour le lieu où se trouve le bureau, l'acquit de paiement accorde seulement la faculté de la conduire au domicile du destinataire; il ne peut servir à aucun autre transport. (*Même loi, art. 34.*)

CHAPITRE VI. — BUREAU DE CONTROLE.

404. Après avoir été soumises, au premier bureau frontière, à une visite détaillée, et y avoir acquitté les droits, les marchandises dirigées vers l'intérieur sont assujéties, au bureau de seconde ligne, à une contre-vérification pour justifier la régularité de l'expédition d'entrée. (*Loi du 22 août 1791, titre Iᵉʳ, art. 2.*)

405. Pour tout objet importé ayant une destination autre que le lieu où les droits ont été payés, l'acquit de paiement sert à assurer le transport ultérieur ; il désigne à cet effet la route à suivre par le voiturier, le bureau de seconde ligne où la marchandise devra être reconnue et l'acquit contrôlé, ainsi que le délai dans lequel le chargement devra être présenté. (*Loi du 28 avril 1816, art. 34 et 35, et même circulaire.*)

406. La vérification au bureau de contrôle est sommaire mais réelle, elle consiste à reconnaître si le nombre, la marque et le numéro des colis sont identiques avec les énonciations de l'acquit de paiement. On procède ensuite à la pesée de quelques-uns de ces colis, pour s'assurer si le poids total du chargement est en conformité avec celui exprimé sur l'expédition. (*Circulaires des 1er mai 1816 et 20 juillet 1818.*)

407. Les acquits de paiement sont enregistrés sur le registre de visa n° 27 ; les détails et les résultats de chaque vérification sont établis par le vérificateur sur son portatif. Les inspecteurs reconnaissent dans leurs tournées, au moyen de ces renseignements, les fraudes ou les erreurs qui auraient pu avoir lieu dans la délivrance des acquits de paiement. (*Mêmes circulaires.*)

CHAPITRE VII. — RESTRICTIONS AUX IMPORTATIONS PAR TERRE.

Denrées et autres Marchandises coloniales.

408. Il y a défense d'importer par terre les denrées coloniales et marchandises désignées par l'article 22 de la loi du 28 avril 1816. Ces marchandises sont celles suivantes :

Sucres bruts et terrés,	Muscade et macis,
Café,	Cochenille et orseille,
Cacao,	Rocou,
Indigo,	Bois exotiques de teintures et d'ébénisterie,
Thé,	Coton en laine,
Poivre et piment,	Gommes et résines autres que d'Europe,
Girofle,	Ivoire, caret et nacre de perle,
Cannelle et cassia-lignea,	Nankin des Indes.

409. Il y a exception à cette règle, 1° pour les objets provenant de saisie ;

2° Pour les petites quantités de denrées ou de marchandises qu'un voyageur de bonne foi apporte avec lui pour sa consommation journalière (*circulaire du 23 mai 1816*) ;

3° Pour la cochenille importée par les bureaux de *Perthus*, *Bourg-Madame*, *Ainhoa* et *Behobie.* (*Loi du 21 avril 1818.*)

Autres Marchandises.

410. Dans les douanes de terre, comme dans les douanes maritimes, les marchandises frappées d'un droit de plus de 20 francs par cent kilogrammes, non compris le décime et la surtaxe, ne sont admissibles que par les bureaux que désigne le tarif. (*Loi du 28 avril 1816, art. 20.*)

411. Si des marchandises ont, en raison de leurs espèces diverses, des taxes graduées dont une dépasse 20 francs, la règle qui précède leur est applicable. (*Loi du 27 mars 1827, art. 8.*)

412. Les marchandises omises au tarif et le fer-blanc, présentés à l'entrée, ne sont reçus que dans les bureaux principaux. (*Lois des* 28 *avril* 1816, *art.* 16, *et* 7 *juin* 1820.)

413. Les laines étrangères ne sont admises dans le royaume, qu'autant qu'elles sont importées par les bureaux principaux de première ligne frontière, et par les autres bureaux ci-après : (1)

Lille, par Bousbeck Halluin, ou Baisieux;

Turcoing, par Riscontout;

Valenciennes, par Blanc-Misseron, Marchipont ou Sebourg;

Maubeuge, par Bettignies, Villers-sur-Nicole, Jeumont ou Coursolre;

Sédan, par Saint-Menges ou la Chapelle,

Strasbourg, par la Vantzenau et le Pont-du-Rhin;

Châtillon de Michaille, par Bellegarde,

Bedous, par Urdos. (*Ordonnance du* 26 *juillet* 1826, *art.* 1ᵉʳ.)

Lauterbourg.

414. Les fabriques voisines de la frontière, qui, en raison de leur éloignement des bureaux désignés en l'article précédent, ne reçoivent leur approvisionnement qu'au moyen d'un circuit onéreux, peuvent être autorisées à recevoir les matières dont elles ont besoin, par le bureau de la route directe. (*Même ordonnance, art.* 2.)

415. L'admission des châles de cachemire en acquittant les droits est restreinte aux seuls bureaux ouverts au transit des marchandises prohibées. (Voir n° 707.) (*Ordonnance du* 2 *juin* 1834; *circulaire du* 5.)

416. Les ouvrages d'horlogerie montés, admis à l'importation en acquittant les droits fixés par le tarif, ne peuvent entrer en France que par les seuls bureaux ouverts au transit des marchandises prohibées. (Voir n° 707.)

Les montres ainsi introduites, celles des voyageurs exceptées, sont dirigées, sous acquit-à-caution et sous plomb, sur l'un des cinq bureaux de garantie de *Paris, Lyon, Besancon, Montbéliard* et *Lons-le-Saulnier.* (*Ordonnance du* 2 *juin* 1824; *circulaires* 1442 *et* 1459.)

417. L'importation des cotons filés écrus du n° 143 (métrique) et au-dessus, n'est permise que par les bureaux du *Havre,* de *Calais* et de *Dunkerque.* Le commerce est tenu de les présenter en paquets de *dix, cinq* ou *deux* livres anglaises. (Voir n° 259.)

Les paquets, lorsqu'il y a acquittement de droits, reçoivent une marque distinctive; ils sont dépouillés de leur première enveloppe, et, sur les deux feuilles de carton qui forment la seconde, il est placé une corde en croix dont les deux bouts effilés sont recouverts d'une vignette. (*Ordonnance du* 2 *juin* 1834; *circulaire du* 5; *ordonnance du* 22 *août* 1834; *circulaire du* 28.)

418. On peut recevoir par tous les bureaux, savoir :

1° Jusqu'à concurrence de cinq kilogrammes de fil à l'usage des ménages, de toutes sortes de rubans et d'ouvrages de passementerie;

---

(1) Voir la nomenclature jointe au tableau des droits d'entrée et de sortie qu'a publié l'administration en 1835.

2° Vingt-cinq kilogrammes de fil, de toile de lin, de chanvre ou étoupe;

3°. Cinquante kilogrammes de fer, d'outils de fer ou de fer rechargé d'acier.

419. Lorsque la position des fabriques exige des exceptions locales, elles sont solli-citées, et l'autorité supérieure examine s'il y a lieu de les accorder. (*Loi du 28 avril 1816.*)

Pénalité.

420. Il y a contravention si on introduit des marchandises par des bureaux autres que ceux désignés pour leur admission; ces marchandises, a moins qu'elles n'aient été présentées sous leur véritable dénomination, sont confisquées avec amende de 100 fr. (*Loi du 22 août 1791, titre IV.*)

CHAPITRE VIII. — INTRODUCTIONS EN FRAUDE ET EN CONTREBANDE.

La loi du 22 avril 1816, en établissant des peines particulières à l'égard des marchandises *prohibées* et de celles *taxées à plus de 20 fr.* par cent kilogrammes, importées en contravention aux lois, a distingué les introductions faites *en passant par les bureaux (la fraude)* de celles qui ont lieu *en évitant les bureaux (la contrebande).*

Les dispositions qui se rapportent aux faits de fraude sont indiquées dans le présent titre pour chaque circonstance où la douane découvre qu'on l'a trompée. S'il s'agit d'introductions en évitant les bureaux, on suit les règles rappelées aux articles 331 et suiv.

TITRE VII.

RÉIMPORTATIONS.

———

421. Les marchandises nationales qui, expédiées pour l'étranger, n'y ont pas été vendues, peuvent être réintroduites dans le royaume en franchise de droits, lorsque leur origine française a été reconnue, soit par des marques de fabrique, soit par tels autres signes ou caractères qui ne permettent pas de douter de leur nationalité. (*Décision ministérielle du 27 août 1791.*)

422. Si ce sont des étoffes ou autres articles analogues, on ne peut les réintroduire qu'autant qu'à leur exportation elles ont été vérifiées au bureau de sortie et que le fabricant a joint aux échantillons de chaque pièce un double de la facture. (*Décision ministérielle du 24 juillet 1812; circulaire du 27.*)

423. Les préposés des douanes du bureau de sortie s'assurent de la conformité des échantillons fournis avec les pièces présentées. Ils conservent ces échantillons ainsi que le double de la facture. (*Idem.*)

424. Les échantillons ainsi déposés sont revêtus d'un plomb ou cachet. Le prix de ce plomb est fixé à cinq centimes. (*Circulaire 15 juin 1823.*)

425. La réimportation des marchandises françaises n'a lieu qu'autant que l'administration l'a autorisée. (Tarif officiel.)

426. Les marchandises nationales revenant de l'étranger, qui sont admises, dans les formes requises, au privilège de leur origine, acquittent le droit de 51 centimes par 100 kil. brut, ou de 15 centimes par 100 francs de valeur. (*Loi du 28 avril 1816; circulaire 16 juin 1816*, n° 168.)

Pour la réimportation des *chevaux et bêtes de somme,* voir titre XIV, chapitre V.
—— des *voitures,* titre XIV, chapitre XII.
—— de l'*argenterie,* titre XIV, chapitre XX.
— des marchandises *invendues aux colonies,* titre XV, chapitre V.

TITRE VIII.

ACQUITTEMENT DES DROITS.

———

Le mode de paiement des droits de douanes est réglé par les lois des 17 juillet 1791, 22 ventôse an 12, 22 août 1791, 4 germinal an 2, et 24 avril 1806.

Les dispositions sur cette partie sont présentées comme suit :

Règles générales d'acquittement ;

Paiement en effets de crédits ;

Escompte sur les droits payés comptant ;

Abandon des marchandises, pour ne pas payer les droits ;

Réfaction des droits, pour cause d'avaries ;

Remboursement des droits mal perçus.

CHAPITRE Iᵉʳ. — RÈGLES D'ACQUITTEMENT.

427. Les droits de douane sont perçus à toutes les entrées et sorties du royaume. Les marchandises ne peuvent être retirées des bureaux qu'après le paiement de ces droits, à moins que la marchandise introduite ne soit mise en entrepôt, ou que l'objet ne soit expédié en transit ou abandonné (voir nᵒ 477). (*Loi du 22 août* 1791, *titre XIII, art.* 30, *et 4 germinal an* 2, *art.* 2.)

428. Le receveur peut néanmoins autoriser l'enlèvement des marchandises aussitôt qu'elles ont subi la visite, si le consignataire a préalablement consigné les droits à percevoir, ou s'il a fourni une soumission cautionnée qui en garantisse le paiement. Le redevable, dans ce cas, est tenu de venir régler avec la douane, dans un délai qui ne peut excéder vingt jours. (*Décision ministérielle du* 8 *ventôse an* 9, *et circulaire du* 15.)

429. Dans le cas où la somme consignée ne couvre pas le montant des droits dus, le receveur qui a laissé enlever la marchandise doit verser de ses deniers la portion de droits qu'il n'a pas exigée.

Il est fait dépense au compte des consignations, des sommes remboursées. (*Circulaire de la comptabilité générale du* 26 *août* 1834.)

430. Les droits dus dans les bureaux de douanes sont perçus sur les quantités de marchandises constatées par la vérification.

Ils sont acquittés comptant, ou en effets de crédits, et non autrement. (*Loi du* 4 *germinal an* 2.)

431. Les marchandises destinées pour l'administration de la guerre, pour celle de la marine ou pour quelque agent que ce soit, sont soumises aux droits sans aucune exception. (*Décret du* 6 *juin* 1807 ; *circulaire du* 25 *avril* 1809.)

432. La marine est autorisée à se libérer à la fin de chaque trimestre ; un état, formé par la douane, indique les droits qui ont été liquidés, et le ministre alloue les fonds nécessaires pour le paiement de ces droits. (*Idem.*)

433 En cas de changement de tarif, l'application de l'ancien ou du nouveau droit se détermine par le moment où la déclaration en détail a été déposée au bureau. (*Circulaire du 3 août* 1822.)

434. Relativement aux marchandises *en entrepôt*, elles sont passibles des droits existant au moment où elles sont déclarées pour la consommation. (*Circulaires des* 29 *mars* 1800, 15 *avril* 1800 *et* 19 *juillet* 1825.)

435. Les droits de douane à percevoir sur les marchandises abandonnées faute de déclaration, ou sur celles laissées dans les entrepôts, sont prélevés, par privilége, sur le produit des ventes, avant les frais de magasinage ou autres. (*Circulaire du* 28 *octobre* 1828.)

436. Les receveurs n'admettent dans leur caisse que les pièces d'argent ayant une empreinte légale. Celles remises en paquets doivent être comptées pour s'assurer qu'elles ont conservé l'empreinte des monnaies ayant cours en France. (*Décision du* 26 *messidor an* 11; *circulaire du* 4 *thermidor suivant.*)

437. La monnaie de cuivre et de billon n'est reçue que pour l'appoint de la pièce de 5 francs. (*Décret du* 18 *août* 1812.)

Le cuivre et le billon de fabrique étrangère doivent être refusés. (*Décret du* 11 *mai* 1807.)

438. Le receveur est tenu de remettre, sans aucun retard, pour toutes les sommes qui lui sont versées, une quittance extraite d'un registre à souche (1). Ce registre est celui où la recette est établie. La quittance énonce la loi en vertu de laquelle a eu lieu la perception. (*Loi du* 22 *août* 1791, *titre XIII, et* 28 *avril* 1816, *art.* 23.)

439. L'acquit de paiement délivré au recevable n'est soumis à aucun autre droit que celui de timbre fixé, savoir :

Pour les quittances au-dessus de 10 francs. . . . . 25 cᵗˢ
Pour toutes autres expéditions. 5
(*Mêmes lois.*)

440. Les droits de timbre sont portés en recette, à la fin de chaque journée, sur le livre-journal. (*Circulaire du* 9 *mai* 1834.) (2).

441. Toute perception, soit pour droits de douane et autres, soit pour timbre d'expéditions, d'une somme supérieure à celle fixée par la loi, est réputée concussion. (*Loi du* 22 *août* 1791, *titre XIII, art.* 29.)

442. Les droits dus à l'administration ne peuvent plus être réclamés après le terme d'un an, à partir de l'époque où ces droits devaient être payés. Passé ce délai, aucune demande ne peut être formée par un receveur. (*Loi du* 22 *août* 1791, *titre XIII, art.* 25.)

CHAPITRE II. — PAIEMENT EN EFFETS DE CRÉDIT.

Conditions du crédit.

443. Un crédit est accordé par les receveurs, sous leur responsabilité, aux redevables de droits pour marchandises *importées* et pour la taxe du sel, lorsque ces droits s'élèvent

---

(1) Nᵒ 40 ou 43 pour les douanes maritimes, nᵒˢ 5, 6 ou 12 pour les bureaux frontières.

(2) On a donné au titre XXI, chap. Iᵉʳ, l'indication des expéditions pour lesquelles le droit du timbre est perçu.

à 600 francs et plus. (*Loi du 17 juillet* 1791 , *circulaire du 27 mai* 1820 ; *arrêté ministériel du 9 décembre* 1822 ; *circulaire du 16 décembre* 1822.)

444. Le crédit est facultatif pour le receveur qui peut le refuser pour cause légitime, sans avoir à déduire les motifs de son refus. (*Circulaire du 27 mai* 1820.)

445. On ne peut accorder le crédit qu'à ceux qui font le commerce, et non à des tiers étrangers. Il doit être le résultat d'une déclaration d'importation ou d'acquittement de la taxe du sel , qu'a dû faire préalablement le redevable. (*Arrêt de la cour de cassation du 14 mai* 1816 , *circulaire du 22 février* 1817.)

446. La durée du crédit est fixée comme suit :

Quatre mois pour les droits de douanes (*Loi du 22 ventôse an* 12 , *décision du 18 juin* 1816 , *circulaire du 24 décembre*) ;

Trois, six et neuf mois (en divisant la somme due en trois termes) pour la taxe des sels provenant des salins ou marais salants (*Loi du 24 avril* 1806) ;

Six mois pour le plomb destiné aux fabriques de céruse et de litharge, lorsqu'il est justifié que la fabrique pour laquelle ce plomb est destiné est en activité. (*Décision du 26 février* 1819 , *circulaire du 20 mars* 1819).

447. A raison de la longueur du crédit de trois, six et neuf mois accordé pour les sels, le receveur peut réduire les termes du paiement à *six mois*. La somme due est alors payable en deux termes ; l'escompte est bonifié pour la portion qui aurait pu être créditée à neuf mois. (*Arrêté du 9 décembre* 1822 ; *circulaire n° 785.*)

Effets admissibles.

448. Les effets de crédit que la douane peut admettre sont : 1° des obligations directes créées par les débiteurs dans la forme prescrite (voir la circulaire n° 621) ; 2° des lettres de change, ou des billets à ordre, revêtus de la signature de plusieurs endosseurs, et libellés ainsi que le veut l'article 187 du Code de commerce. (*Circulaire du 27 mai* 1820 , *décision du 1ᵉʳ juillet* 1820.)

449. Les obligations directes sont souscrites par le principal débiteur ; elles sont garanties par une ou plusieurs cautions engagées au même titre. (*Idem.*)

450. De quelque nature que soient les effets , ils doivent être :

Sur papier timbré,

A termes fixes ,

Transmissibles par l'endossement ,

Renfermés dans le délai fixé pour le crédit,

Sans fractions de franc (sauf le papier fait),

De sommes n'excédant pas 10,000 francs ,

Payables chez un receveur général ou particulier, ou à Paris. (*Circulaires des 27 mai* 1820, 7 *décembre* 1820, 17 *octobre* 1826.)

451. Le receveur n'admet comme principal obligé , comme cautions ou endosseurs , que des personnes notoirement solvables, non en communauté de biens, et non associées. Les effets doivent porter la signature de deux personnes habitant la résidence du receveur principal, à moins que l'une d'elles ne réside près du receveur subordonné qui a liquidé les droits. (*Circulaire du 27 mai* 1820, *décisions des* 10 *août* 1822 *et* 21 *mai* 1823).

Responsabilité.

452. L'omission de l'une des conditions indiquées laisse à la charge du receveur les sommes créditées non payées à l'échéance. Il est également responsable du non paiement des effets, s'il n'est pas reconnu que l'insolvabilité résulte de causes postérieures à l'époque de la dispensation du crédit. (*Circulaire du 27 mai 1820*, *décisions des 10 août 1822 et 21 mai 1823.*)

453. La responsabilité ne peut affecter un receveur subordonné, le crédit ne s'accordant qu'avec l'autorisation du receveur principal et qu'après lui avoir soumis préalablement les effets donnés en paiement. (*Idem.*)

454. L'inspecteur et le directeur peuvent encourir une responsabilité morale lorsqu'ils n'ont pas appelé l'attention de l'administration sur des négligences, erreurs ou infractions aux réglemens en matière de crédit, ou qu'ils n'ont pas signalé la perception, faite par un receveur, d'une remise plus forte que celle qui lui est accordée. (*Idem.*)

455. Sont exclus de la faculté de payer à terme, les négociants qui, ayant été convaincus de s'être livrés à la fraude, ont été déclarés, par l'administration supérieure, non recevables au crédit. (*Loi du 8 floréal an 11, art. 83.*)

456. Excepté dans les douanes de premier ordre (1), les receveurs principaux forment, chaque trimestre, un tableau, qu'ils soumettent à l'examen de l'inspecteur, des personnes dont la signature peut être reçue, et de la somme à admettre au crédit. Le directeur approuve ou réduit ces fixations; le receveur peut de son côté les restreindre; il ne pourrait les dépasser. (*Arrêté du 9 décembre 1822, circulaire du 16.*)

Registres à tenir par les receveurs.

457. Les receveurs tiennent, 1° un sommier de crédits (n° 55), sur lequel ils inscrivent, dans l'ordre de réception, les effets de diverse nature qu'ils ont reçus; 2° un registre de comptes ouverts (n° 56) où ils enregistrent ces effets au compte de chaque redevable, soit comme principal obligé, soit comme caution. L'extinction des engagements a lieu au fur et à mesure des échéances; une balance est établie chaque mois pour présenter la situation des engagés. (*Idem.*)

458. Chaque mois, le receveur principal remet à l'administration, par l'intermédiaire du directeur, un état général de toutes les personnes admises directement ou indirectement au crédit; le directeur et l'inspecteur apposent leur visa sur ce tableau et font connaître la régularité ou l'irrégularité des crédits accordés. (*Idem.*)

Remise allouée.

459. Le receveur principal, à raison de la responsabilité qu'il encourt, est autorisé à exiger des redevables une remise d'un tiers p. 0/0 sur les droits dont il a fait crédit. (*Ordonnance 30 septembre 1829, circulaire du 17 mars 1830.*)

Effets non payés.

460. Si des effets non acquittés sont rapportés protestés, le receveur en opère le remboursement au nom du trésor; ensuite, pour obtenir la rentrée de la somme remboursée,

---

(1) Ces douanes sont : *Marseille, Bayonne, Bordeaux, Nantes, Rouen,* le *Havre, Dunkerque, Lille* et *Strasbourg.*

il décerne contrainte contre les souscripteurs, en transcrivant, en tête de cet acte, la déclaration en vertu de laquelle les droits étaient dus. Il poursuit également le débiteur pour le paiement des intérêts. (*Circulaire du 27 mai 1820; loi du 22 août 1791, titre XIII; circulaire du 15 octobre 1808; art. 1153 du Code civil.*)

461. Le receveur donne immédiatement avis de ces remboursemens au directeur chargé de faire vérifier par l'inspecteur si le comptable doit être tenu de solder de suite, de ses deniers, les sommes non recouvrées. (*Circulaire du 27 mai 1820.*)

462. La contrainte visée par le juge de paix est exécutoire même par corps; aucune opposition n'en peut suspendre l'effet. (*Arrêt de cassation du 4 février 1807.*)

463. La contrainte qu'a décernée le receveur suffit pour prendre inscription au bureau des hypothèques sur les biens des redevables. (*Loi du 22 août 1791, titre XIII; décision ministérielle du 28 pluviôse an 10; avis du conseil d'état du 16 thermidor an 12; circulaire du 12 juillet 1810; Code civil, art. 2090.*)

464. La contrainte elle-même n'est pas soumise à l'enregistrement; le droit d'enregistrement n'est dû qu'après la notification de cette pièce au débiteur. (*Circulaire du 22 février 1817.*)

465. A raison des diverses formalités à remplir lorsqu'il s'agit d'exécuter une contrainte par corps, le receveur poursuivant doit, pour éviter les nullités, se servir du ministère d'un huissier. (*Circulaire du 25 juillet 1818.*)

Privilége de l'administration.

466. L'administration exerce sur les négocians et autres, qui n'ont pas satisfait à leurs engagemens en matière de crédit, le privilége qui est accordé à l'État sur tout autre créancier. (Voir n° 68.)

467. Dans les instances relatives à la revendication, par des tiers, d'objets trouvés chez un failli, l'administration n'est pas justiciable des tribunaux de commerce; c'est aux tribunaux civils qu'appartient la connaissance de ces instances. (*Arrêt du 23 août 1821.*)

468. Lorsqu'un receveur est compris dans une faillite, les syndics lui doivent compte des recettes et dépenses qui ont été effectuées; il agit en son propre nom, fait saisir, vendre les effets mobiliers, etc. (*Jugement du 21 février 1822.*)

469. Si un débiteur obtenait un sauf-conduit du tribunal de commerce, ce sauf-conduit n'arrêterait pas l'effet d'une contrainte qui serait décernée contre lui par le receveur des douanes. (*Arrêt du 12 janvier 1821.*)

470. Le privilége de l'administration ne peut être primé par celui d'un prêteur à la grosse qui aurait fourni des fonds pour l'armement d'un bâtiment. (*Jugement du tribunal de Marseille.*)

CHAPITRE III.—ESCOMPTE.

471. Les redevables de droits de douanes à l'entrée sont admis à jouir d'un escompte pour les droits qu'ils acquittent au comptant. (*Arrêté du ministre des finances, du 11 janvier 1831; circulaire du 17.*)

472. Cet escompte est calculé pour quatre mois, à partir du jour de la liquidation, à raison de 4 p. 0/0 par an. Les redevables n'en jouissent qu'autant qu'il s'agit de déclarations donnant ouverture à une perception de plus de 600 francs. (*Même arrête.*)

473. Le cumul des faibles perceptions pour atteindre le minimum de 600 francs n'est permis qu'autant que les perceptions ont été opérées et les liquidations faites dans le même jour. (*Lettre de l'administration du 21 février 1834.*)

474. Si le taux de 4 p. 0/0 devait être réduit, le changement devrait être annoncé au commerce six mois à l'avance. (*Arrêté du ministre des finances du 11 janvier 1831.*)

475. La douane accorde par tolérance un délai de deux ou trois jours au plus, après que les liquidations ont été opérées, pour acquitter les droits avec jouissance de l'escompte. (*Lettre de la comptabilité générale du 9 novembre 1832.*)

476. L'escompte pour droit de consommation sur les sels est réglé sur le taux de 6 p. 0/0 par an. Le bénéfice en est étendu aux perceptions de 300 francs et plus, résultant d'une même déclaration. (*Loi du 26 avril 1833; circulaire du 30, n° 1381; circulaire du 29 août 1806.*)

477. Il est également accordé une bonification de 6 p. 0/0 par an aux redevables qui, pouvant jouir d'un crédit de trois, six ou neuf mois, n'ont obtenu que six mois pour se libérer. Ils ne jouissent de ce bénéfice d'anticipation qu'après l'acquittement de leurs effets. (*Circulaires des 16 décembre 1822 et 31 janvier 1823.*)

478. Lorsqu'il a été reconnu des erreurs dans les liquidations elles sont au compte des receveurs qui les ont commises. (*Idem.*)

CHAPITRE IV.—MARCHANDISES ABANDONNÉES.

Il n'est question ici que des marchandises *abandonnées* volontairement par leur possesseur pour n'être pas contraint d'acquitter les droits qui les frappent, et de celles délaissées en douane par divers cas imprévus.

ABANDON POUR NE PAS PAYER LES DROITS.

479. Ceux à qui des marchandises sont adressées ne peuvent être tenus d'en payer les droits s'ils en font, par écrit, l'abandon dans les douanes. (*Loi du 22 août 1791, titre Iᵉʳ, art. 4.*)

480. Les objets ainsi abandonnés sont mis en dépôt dans les magasins de la douane, et inscrits au registre n° 23. Il est procédé ensuite à leur vente, après apposition d'affiches, ainsi qu'on en agit pour les objets confisqués. (*Loi du 22 août 1791, titre II, art. 17 et 16; circulaire du 6 septembre 1827.*)

MARCHANDISES DÉLAISSÉES EN DOUANES.

481. Les marchandises laissées accidentellement entre les mains de la douane, par quelque motif que ce soit, sont mises immédiatement en dépôt dans ses magasins. (*Loi du 22 août 1791, titre II, art. 10 et 16; circulaire du 16 septembre 1827.*)

482. Dans la huitaine de ce dépôt, les marchandises sont inscrites sur le registre spécial n° 23, avec mention des marques, numéros et adresses des colis. L'acte de dépôt est signé du receveur et d'un vérificateur. (*Même loi, titre IX, art. 1ᵉʳ; même circulaire.*)

483. Si, pendant l'année à partir de l'inscription, aucune réclamation n'a été faite, une autorisation judiciaire est sollicitée pour qu'il soit procédé à la vente des objets déposés. Ils sont soumis aux droits s'ils sont tarifés, ou renvoyés à l'étranger s'ils sont prohibés.

Le dépôt donne lieu au paiement des droits de magasinage. (*Loi du 22 août 1791, titre IX, art.* 1ᵉʳ, *même circulaire.*)

484. Les frais de magasinage ne sont perçus qu'après que les droits de douanes ont été d'abord prélevés. (*Circulaire du 28 octobre 1828.*)

485. Dans l'année de la vente, le prix des objets vendus peut être réclamé, si la propriété est justifiée, autrement le montant de la vente demeure acquis à l'État. (*Idem.*)

486. L'autorisation judiciaire et le délai d'une année cesseraient d'être nécessaires, s'il existait un abandon légal qui substituât l'administration aux droits du véritable propriétaire.

CHAPITRE V. — RÉFACTIONS POUR CAUSES D'AVARIES.

Conditions de la réfaction.

Une réduction de droits n'est jamais accordée sur le motif qu'un objet importé est de qualité inférieure. Il n'y a lieu à réfaction que pour les marchandises arrivant *par mer* qui se trouvent avariées par *suite de naufrages, voie d'eau ou tout autre événement de force majeure* survenu, comme l'explique l'article 397 du Code de commerce, *depuis le chargement et le départ des marchandises, jusqu'à leur déchargement au port d'arrivée.*

487. L'avarie ne donne lieu à la réduction des droits, qu'autant que, par l'effet de l'événement de mer, les marchandises ne conservent plus la valeur fixée par le prix courant des mêmes espèces; la réduction des droits est proportionnelle à leur dépréciation résultant d'une vente publique. (*Loi du 21 avril 1818, art.* 51.)

488. Si la douane a quelques motifs de suspecter l'exactitude du prix courant, elle a recours à la chambre syndicale, ou à la chambre de commerce, pour s'éclairer sur le véritable prix des marchandises. (*Circulaire du 10 novembre 1829.*)

489. Le prix courant à consulter par la douane est le dernier publié avant la vente pour les mêmes marchandises. A défaut de prix courant dans le lieu où se fait l'adjudication, on a recours à celui du port voisin. (*Circulaire du 23 avril 1818.*)

490. La preuve résultant du prix courant n'est pas exigée, lorsqu'il s'agit de *fontes* et de *fers*. (*Circulaire manuscrite du 15 avril 1822.*)

491. Le fait de l'événement de mer, ou d'accident majeur, survenu pendant la navigation, s'établit par le rapport de mer que fait le capitaine du navire dans les vingt-quatre heures de son arrivée. (Voir n° 161.) Le receveur vérifie l'exactitude de ce rapport par l'interrogatoire et l'affirmation des gens de l'équipage. (*Circulaire du 10 novembre* 1829.)

492. Dans les *trois jours* au plus tard qui suivent la visite faite, soit pour acquittement, soit pour mise en entrepôt (1), le propriétaire ou consignataire d'une marchandise avariée est tenu de remettre une déclaration indiquant, par marques et numéros, les marchandises altérées qu'il entend mettre en vente publique. Cette déclaration est inscrite à un registre spécial que tient le commis principal à la navigation. (*Circulaire du 10 novembre* 1829.)

493. Lorsqu'une avarie est déclarée tardivement, elle est considérée comme antérieure

---

(1) Ce délai est porté à un mois, si la marchandise est mise en entrepôt.

à la traversée ou comme étant postérieure à la mise en entrepôt ; dans ce cas, l'application du bénéfice de la loi doit lui être refusée. (*Circulaire du 10 novembre 1829.*)

494. Le droit de juger de l'existence de l'avarie et de sa cause appartient au receveur et aux vérificateurs. Ils s'appliquent à discerner les marchandises saines de celles avariées ; à ne pas confondre avec celles-ci des marchandises de qualité inférieure ou altérées par l'effet d'un vice qui leur est propre (1). Ils constatent cette première vérification par un certificat apposé sur la déclaration du propriétaire. (*Même circulaire, et circulaire du 15 mai 1816.*)

495. Si le receveur et les vérificateurs ont recours à des courtiers ou autres personnes, ce ne peut être qu'à titre de *conseils ;* lorsque leur décision est contestée par le redevable, les commissaires experts du gouvernement sont seuls appelés comme arbitres. (*Circulaire du 10 novembre 1829.*)

496. La réfaction de droits est refusée à des denrées de qualité *non marchande,* c'est-à-dire qui, altérées antérieurement à leur embarquement, se trouveraient n'avoir pas d'analogues parmi celles dont le prix courant est établi. (*Circulaire du 10 novembre 1829.*)

497. Avant la vente, le receveur et deux vérificateurs constatent, après examen attentif, par un second rapport, la valeur de la marchandise dans son état d'avarie, afin que l'on puisse juger, à l'instant où l'adjudication aura lieu, s'il doit être usé du droit de préemption. (*Circulaires des 15 mars 1816 et 10 novembre 1829.*)

498. Le receveur et deux vérificateurs établissent, en outre, par un acte qu'ils rédigent séparément et contradictoirement avec le redevable, l'*origine,* l'*espèce* et la *qualité* de la marchandise qui leur a été déclarée être en état d'avarie, afin de déterminer le prix courant à lui appliquer. En cas de dissentiment avec le redevable, le jugement des experts du gouvernement est réclamé, et des échantillons leur sont adressés. (*Idem.*)

Vente publique des marchandises.

499. La vente des marchandises avariées a lieu par courtiers de commerce, par tous autres officiers publics, ou par les agens de la marine, sous la surveillance et avec le concours du receveur des douanes. Ce dernier agent intervient dans tous les actes préparatoires à l'adjudication, et donne à ces actes toute la publicité possible. (*Loi du 21 avril 1818, art. 52 ; circulaire du 23 avril.*)

500. S'il s'agit d'oranges avariées, retirées d'un navire où elles étaient en grenier, la vente peut se faire par simple criée, en présence des préposés et d'un chef de la douane. Ceux-ci en certifient le résultat, d'après lequel ensuite la réfaction a lieu. (*Tarif.*)

501. Dans aucun cas le propriétaire des marchandises ne doit se réserver de payer lui-même le droit proportionnel. La vente a lieu à l'*acquitté,* et l'application du prix du cours est faite en conséquence. (*Circulaire du 10 novembre 1829.*)

502. Dans les vingt-quatre heures de l'adjudication, et après avoir consulté le direc-

---

(1) Les cafés d'Haïti sont désignés comme présentant toujours quelques traces d'altération provenant de ce qu'ils sont mal récoltés, ou de ce qu'ils n'ont pas été triés avant l'embarquement ; la réfaction, conséquemment, ne peut leur être accordée. (*Circulaire du 10 novembre 1829.*)

teur (ou l'inspecteur si la direction est trop éloignée), le receveur peut déclarer que l'administration prend l'adjudication à son compte en payant 5 p. 0/0 au dernier enchérisseur. (*Loi du 21 avril 1818, art.* 53; *circulaire du* 23; *circulaire du 10 novembre* 1829.) Voir, pour le mode de préemption , nᵒ 228.

503. Les marchandises devenues la propriété de l'État restent à la garde du receveur ; celui-ci pourvoit à leur conservation, cherche à prévenir l'aggravation de l'avarie , et , de concert avec les chefs locaux, il avise à leur revente qu'il doit constater par un acte. (*Réglement du 25 juin* 1827.)

504. Si la revente, après remboursement des avances, offre un net produit quelconque, ceux qui ont concouru à la préemption ont droit au partage de la moitié de ce produit. (*Idem.*)

505. Les marchandises avariées étant vendues *acquittées ,* la mise en vente équivaut à une déclaration de mise en consommation ; il est dès-lors immédiatement procédé à la liquidation et au recouvrement des droits. (*Circulaire du 10 novembre* 1834.)

506. L'entrepôt ne peut être ni continué ni accordé à des marchandises avariées vendues publiquement. (*Même circulaire.*)

507. S'il ne convient pas à un consignataire de faire vendre des marchandises quoiqu'il les ait déclarées pour la consommation, il peut les réexporter; il a le droit aussi de séparer, dans une partie de marchandises que comprend une même déclaration , celles à réexporter, à vendre ou à détruire. (*Loi du 21 avril* 1818, *art.* 54 *et* 55.)

508. On peut à l'égard des marchandises en vrac, telles que *fromages, oranges,* etc., permettre que le propriétaire, ou consignataire, procède à leur triage sans être obligé de les détruire. Ces objets, si on le demande, sont vendus sous bénéfice de réfaction. (*Décision de l'administration.*)

509. Les denrées, comestibles ou substances médicinales, dont l'admission en réduction de droits a été réclamée, ne sont vendues ou livrées qu'après qu'il est établi qu'elles ne peuvent nuire à la santé publique. (*Loi du 21 avril* 1818 , *art.* 57.)

510. L'attestation à produire pour justifier qu'une denrée peut être mise en vente sans danger est délivrée par le chef de la police locale. (*Idem.*)

511. Excepté lorsqu'il s'agit de marchandises naufragées ou d'épaves, les réductions de droits pour cause d'avaries, autorisées par la loi du 21 avril 1818, ne sont accordées que dans les ports d'entrepôt. (*Même loi ,* et *circulaire du 18 août* 1818.)

512. L'accomplissement des formalités au moyen desquelles a lieu l'allocation des réfactions de droits pour causes d'avaries est recommandé à la sérieuse attention des inspecteurs et des sous-inspecteurs locaux (*Circulaires des 15 mars* 1816, *et 10 novembre* 1829.)

CHAPITRE VI. — REMBOURSEMENT DES DROITS.

513. Les droits faussement perçus au préjudice d'un redevable sont remboursés par le receveur des douanes, mais seulement sur l'autorisation préalablement obtenue de l'administration. (*Circulaires des 29 novembre* 1791, *et 11 juillet* 1800; *ordonnance du 30 janvier* 1822.)

514. Il est accordé , pour les réclamations de cette nature, un délai de deux années.

Passé ce terme, le remboursement est refusé, à moins cependant qu'il n'y ait eu commencement de demande légalement faite. (*Loi du 22 août* 1791, *titre XIII.*)

515. Avant d'autoriser le remboursement de droits mal perçus, l'administration fait établir, par l'employé qui a délivré la quittance, ou par celui qui a procédé à la visite, une nouvelle liquidation régulière. (*Circulaire du* 29 *novembre* 1791.)

516. Lorsque l'acquit de paiement original a été égaré, le remboursement s'effectue sur un duplicata de cette expédition. Le réclamant fournit caution de la somme remboursée, pour le cas où, en se prévalant de l'acquit original, on demanderait de nouveau la restitution. (*Même circulaire.*)

9

TITRE IX.

ENTREPOTS.

La loi du 8 floréal an 11 a créé deux espèces d'entrepôts dans les ports maritimes : l'*entrepôt réel*, c'est-à-dire le dépôt de la marchandise dans un magasin unique, placé sous la surveillance immédiate de la douane, fermant à deux clefs dont l'une est remise au commerce ;

Et l'*entrepôt fictif*, c'est-à-dire le dépôt dans les magasins mêmes du commerçant, et sous sa seule clef, des objets par lui importés, à charge de garantir le paiement des droits dont ils sont passibles s'ils entrent en consommation, ou de justifier de leur réexpédition légale.

Quelques villes ont ensuite obtenu l'entrepôt réel pour des marchandises appartenant à leur commerce local ; ce sont les entrepôts *spéciaux*.

Enfin, d'après la loi du 27 février 1832, toute ville de l'intérieur peut, moyennant certaines conditions, obtenir un entrepôt réel. Plusieurs villes, ayant satisfait à ces conditions, se trouvent dès à présent en possession de cet établissement.

Ce qui concerne ces quatre sortes d'entrepôts est présenté dans l'ordre suivant :

Entrepôts réels et dépôts,

Entrepôts fictifs,

Entrepôts spéciaux,

Entrepôts intérieurs.

CHAPITRE Ier. — ENTREPOTS RÉELS ET DÉPOTS.

On a distingué ici les dispositions qui régissent les marchandises *prohibées* de celles qui s'appliquent aux objets *tarifés*.

MARCHANDISES PROHIBÉES ADMISES EN ENTREPOT.

517. L'entrepôt des marchandises prohibées de toutes espèces est autorisé dans les ports ci-après :

Marseille, Bayonne, Bordeaux, Nantes, le Hàvre, Dunkerque. (*Loi du 9 février* 1832, *art.* 17.) Calais, Boulogne. (*Loi du 26 juin* 1835, *art.* 2.) (Voir, pour les objets destinés *aux colonies*, le titre XV.)

Conditions d'admission du prohibé.

518. Le commerce ne jouit de l'entrepôt du prohibé qu'après avoir fait disposer dans le bâtiment de l'entrepôt réel, et non ailleurs, des magasins spéciaux, isolés, fermés, comme l'entrée principale, sous les deux clefs du commerce et de la douane. (*Loi du 9 février* 1832, *circulaire du* 13.)

519. L'administration supérieure est en droit d'exiger, si l'arrivée du prohibé a de l'im-

portance, qu'un local séparé, offrant toute sûreté, et n'ayant d'ouverture que sur les quais, soit fourni par le commerce. (*Loi du 9 février* 1832.)

520. Les marchandises prohibées ne peuvent arriver dans les ports autorisés à les recevoir, que par navires de 100 *tonneaux* ou plus. A Bayonne, cependant, elles sont reçues sur bâtiments de 40 tonneaux. (*Même loi, art.* 18, *circulaire du* 13.) A Nantes on les admet sur bâtiments de 60 tonneaux. (*Circulaire manuscrite du 12 mai* 1831.)

521. Pour être admises en entrepôt, il faut que les marchandises soient portées au manifeste du capitaine, sous leur véritable dénomination, par *nature, espèce* et *qualité*, et que la déclaration en détail les présente par *espèce, qualité, nombre, mesure, poids brut, poids net* et *valeur.* (*Même loi, art.* 19, *circulaire du* 13.) (1).

522. Il est permis de prélever des échantillons des tissus prohibés entreposés, mais par fragments seulement, et en satisfaisant aux conditions établies pour prévenir les abus. (*Circulaire manuscrite du* 16 *avril* 1834.)

Durée de l'entrepôt.

523. La durée de l'entrepôt du prohibé est de *trois années*. Si, à l'expiration de ce délai, la réexportation n'a pas eu lieu, les marchandises sont vendues à charge de renvoi à l'étranger, en observant ce que prescrit l'article 14 de la loi du 17 mai 1826. (Voir n° 548.)

Sortie d'entrepôt.

524. Les marchandises prohibées reçues en entrepôt peuvent être dirigées par terre sur d'autres entrepôts du prohibé, ou réexportées en transit par les bureaux ouverts à ces sortes de réexportations. (*Loi du 26 juin* 1835, *circulaire du* 30.)

525. La réexportation par mer des marchandises prohibées reçues en entrepôt doit s'effectuer par bâtiments de 100 *tonneaux et plus*. (*Lois des 8 floréal an 2 et 9 février* 1832.)

526. Il y a exception à la règle qui précède, savoir :

1° Pour les marchandises *naufragées*. Elles sont réexpédiées sur navires de 60 tonneaux. (*Circulaire du 19 juin* 1822.)

2° Pour les marchandises destinées au *smoglage*. Elles se chargent sur bâtiments de tout tonnage. (Voir *Entrepôts spéciaux, chap. III du présent titre.*)

3° Pour ce qui est réexporté de Bayonne pour les côtes d'Espagne, depuis le port du Passage jusqu'à Vigo. On admet pour ces expéditions des navires de 40 tonneaux. (*Décision administrative du* 31 *octobre* 1815.)

4° Pour ce qui est expédié de Bordeaux pour l'Espagne. L'emploi des navires de 60 tonneaux est autorisé. (*Décision administrative du 10 septembre* 1817.)

5° Pour les tabacs en feuilles et les cigares en caisses d'un fort volume, expédiés de Bordeaux, Nantes et le Havre. (*Décisions des 22 décembre* 1818, 30 *juin*, 17 *novembre* 1819 *et 30 juin* 1820.)

6° Pour ce qui est expédié de *Cette*, à destination de l'Italie, ou des ports d'Es-

---

(1) On suit, pour la vérification, les règles ordinaires rappelées au titre *Importations par mer.* N° 205 et suiv.

pagne situés sur la Méditerranée. On admet des navires de 40 tonneaux. (*Décision du 20 janvier 1817.*)

527. Les marchandises dont la réexportation doit avoir lieu sont l'objet d'une décla ration spéciale remise à la douane; par cet acte le négociant s'engage à rapporter le cer- tificat des préposés constatant l'embarquement, sous peine d'être contraint au paiement de la valeur des marchandises, et de l'amende encourue pour leur introduction fraudu- leuse. En vertu de cette déclaration, transcrite au registre n° 34, le propriétaire obtient le permis d'embarquer. (*Formule 35 bis.*) (*Loi du 21 avril 1818, art. 61 et 62.*)

Vérification.

528. A leur sortie d'entrepôt, les marchandises sont vérifiées; les détails et les résul- tats de l'opération sont inscrits au portatif du vérificateur dans la forme usitée.

529. Si, à la vérification, il est reconnu un déficit de plus du vingtième des marchan- dises, le propriétaire est tenu de payer la valeur des quantités manquantes, et, de plus, une amende de 500 francs. (*Loi du 8 floréal an 11, art. 77.*)

Expédition à délivrer.

230. La réexportation des marchandises prohibées est assurée de la même manière que s'il s'agissait d'objets tarifés. Il est délivré un permis sur lequel les préposés du ser- vice actif certifient l'embarquement et le départ du navire. (Voir n° 576.) (*Loi du 9 février 1832, art. 21; circulaire du 13 dudit.*)

531. Dans les ports de *Bordeaux, Nantes, Rouen et Bayonne*, les permis suivent les marchandises sur le cours des rivières affluentes à la mer, jusqu'au point désigné pour en faire constater le départ. (*Lois des 21 avril 1818, art. 62; et 9 février 1832.*) (1).

Surveillance au départ des navires.

532. Quels que soient la contenance du navire de réexportation et le port où il est ex- pédié, son chargement devient, jusqu'au moment où il prend la mer, l'objet d'une sur- veillance toute spéciale. Ce bâtiment est signalé aux préposés des postes voisins, qui en suivent les mouvements pour empêcher qu'il ne cherche à effectuer un versement sur les côtes. (*Circulaire du 22 prairial an 7.*)

533. Les marchandises prohibées dites de *traite*, destinées pour le Sénégal et la côte d'Afrique, et les chaudières en cuivre destinées à des colonies françaises autres que la Martinique et la Guadeloupe, sont reçues dans tous les ports en entrepôt réel. (*Loi du 8 floréal an 11, art. 24 et 27; ordonnance du 5 février 1826.*)

Voir, pour les armes dites de *traites*, la circulaire du 4 décembre 1835, et pour les marchandises accidentellement importées, le n° 152 et suivants.

MARCHANDISES NON PROHIBÉES ENTREPOSÉES.

Ports d'entrepôt.

534. Les denrées coloniales et autres marchandises de toute espèce, non prohibées, sont reçues en entrepôt réel dans les ports et villes ci-après :

---

(1) Voir, pour les réexportations d'entrepôt qui ont lieu de Dunkerque par Zuidcootd, l'article 5 de l'or- donnance du 8 juillet 1834.

Marseille, Cette, Bayonne, Bordeaux, La Rochelle, Nantes, Rouen, Lorient, Saint-Malo, Cherbourg, Honfleur, le Havre, Dunkerque. (*Loi du* 8 *floréal an* 2.) Calais, Dieppe. (*Loi du* 17 *décembre* 1814, *art.* 4.) Boulogne. (*Loi du* 27 *mars* 1817, *art.* 10 *et* 11.) Le Légué. (*Loi du* 17 *mai* 1826.) Port-Vendre. (*Loi du* 9 *février* 1832, *art.* 27.) Arles. (*Loi du* 9 *février* 1832.) Toulon, Agde. (*Ordonnance du* 8 *juillet* 1834, *art.* 7.) Morlaix, Caen, Saint-Valery-sur Somme. (*Loi du* 28 *avril* 1816, *art.* 24.) Granville. (*Décision ministérielle du* 6 *avril* 1825.)

Nota. Les marchandises admises dans l'entrepôt d'Arles ne peuvent être réexportées par mer. On ne peut non plus diriger sur ce port des marchandises de transit, puisqu'elles n'en pourraient être réexportées. (*Circulaire du* 20 *Juillet* 1835.)

CHAPITRE II. — CONDITIONS GÉNÉRALES DE L'ENTREPÔT RÉEL.

535. Les villes ne jouissent de l'entrepôt réel qu'à la charge d'y affecter des magasins sûrs, réunis en un seul corps de bâtiment, situés sur le port ou à proximité du bureau. (*Loi du* 8 *floréal an* 11, *art.* 25.)

536. Lorsqu'il s'agit de construire un nouveau local, le plan de ce local doit être soumis à la sanction du gouvernement. (*Idem.*)

537. Les magasins sont entretenus par le commerce ; ils ferment à deux clefs ; l'une reste entre les mains du contrôleur aux entrepôts, l'autre est remise à l'agent délégué par les commerçants. (*Même loi, art.* 26.)

538. Le contrôleur chargé de la surveillance des magasins servant à l'entrepôt veille à ce que les fermetures de ces magasins offrent toute sûreté, et à ce que les clefs soient placées de manière à ce qu'il n'en puisse être abusivement disposé.

539. A l'égard des marchandises exhalant une mauvaise odeur, telles que les *viandes*, les *poissons salés*, *huiles de poisson*, *suif brut*, *pelleteries*, etc., le commerce peut demander qu'au moyen de divisions faites dans l'enceinte de l'entrepôt, ces marchandises soient placées isolément. Il a même l'option, en cas d'insuffisance des bâtiments, de fournir un local séparé situé hors de l'enceinte du bâtiment principal : la douane l'accepte si elle le trouve sûr et convenable. Ce local est fermé à deux clefs, dont l'une reste déposée à la douane. (*Ordonnance du* 9 *janvier* 1818, *art.* 1 *et* 2.)

540. Les objets désignés dans l'état annexé à l'ordonnance du 9 janvier 1818, ainsi que les houilles, qui arrivent de l'étranger dans les ports d'entrepôt réel, peuvent y être mis en entrepôt fictif. Le même mode d'entrepôt est étendu aux cotons. (*Même ordonnance, art.* 3 *et* 4, *et décision administrative du* 7 *novembre* 1834.)

541. Si l'entrepôt des marchandises exhalant une mauvaise odeur a lieu dans un local séparé de l'enceinte du bâtiment principal, l'entrepositaire est tenu de fournir une soumission cautionnée telle qu'elle est exigée pour l'entrepôt fictif. (*Décision administrative.*)

542. Les colis présentés pour être mis en entrepôt réel ne doivent renfermer qu'une même sorte de marchandises. C'est surtout si ces marchandises sont sujettes à des droits différents, que cette condition est de rigueur. (*Ordonnance du* 10 *septembre* 1817.)

543. La faculté de l'entrepôt peut être refusée à tout négociant ou commissionnaire qui aurait été convaincu d'avoir importé ou exporté des marchandises en fraude, ou

d'avoir, à la faveur de l'entrepôt, effectué des soustractions ou substitutions. (*Loi du 8 floréal an 11, art.* 83.)

544. Lorsque des marchandises autres que celles d'encombrement, au lieu d'être placées dans l'entrepôt réel régulièrement constitué, sont déposées dans les magasins du commerce, une soumission est exigée comme pour l'entrepôt fictif. (*Circulaires du 23 janvier 1824 et 23 mai 1826.*)

CHAPITRE III. — OPÉRATIONS D'ENTRÉE.

545. Après la déclaration faite au registre n° 6, et le débarquement opéré, les marchandises destinées à l'entrepôt sont soumises à la vérification. (On observe pour cette opération les règles ordinaires rappelées au titre *Importations par mer.*)

546. Si, à la visite des marchandises tarifées, il est reconnu un excédant de plus du vingtième pour les métaux, et du dixième pour les autres marchandises, cet excédant peut être mis immédiatement en consommation, après avoir été soumis au droit d'entrée, puis au double droit pour amende. (*Décisions des 30 prairial an 12 et 15 février 1822.*)

547. La vérification terminée (le permis, le certificat du vérificateur et le portatif de ce dernier en attestent les résultats), la marchandise devient l'objet d'un enregistrement au sommier balance n° 33; elle y est désignée par nature, espèce, qualité, provenance, etc. Cet enregistrement complète l'opération d'entrée. (*Circulaires des 15 février 1822 et 1ᵉʳ mars 1822 (1).*)

CHAPITRE IV. — DURÉE DE L'ENTREPOT.

548. Le délai d'entrepôt est ainsi fixé :

Trois années, si les marchandises sont placées dans l'entrepôt régulièrement constitué. (*Loi du 17 mai 1826, art.* 14.)

Une année, si les objets sont déposés hors de l'enceinte du bâtiment principal. (*Loi du 8 floréal an 2, art.* 23 ; *circulaire du 23 mai 1826 (2)* .)

Prolongations.

549. Si le délai d'entrepôt n'est pas suffisant, l'administration, sur la demande motivée de l'entrepositaire, qui lui est adressée par l'intermédiaire du directeur, accorde, s'il y a lieu, une prolongation. Dans le cas où la réponse de l'administration n'est pas parvenue à l'expiration du terme d'entrepôt, ce terme est prolongé jusqu'à la réception de la décision attendue. (*Circulaire du 15 octobre 1818.*)

550. Lorsqu'à l'expiration des délais fixés, il n'a pas été satisfait à l'obligation de payer les droits, ou d'effectuer la réexportation, les droits sont liquidés, et sommation est faite au propriétaire de les acquitter dans le mois, sinon le produit, déduction faite des droits

---

(1) Dans les douanes de premier ordre, il est ouvert un compte par négociant. La douane fait usage alors du registre n° 34 *ter.* (*Même circulaire et nomenclature de* 1834.)

(2) Ces délais ne sont pas applicables aux villes de Marseille et Saint-Martin, île de Ré, soumises à un régime d'exception, ni aux *tabacs,* aux *sels,* aux *grains,* régis par des dispositions spéciales.

et frais, est versé à la caisse des consignations. Il est accordé un an pour les réclamer; passé ce délai, il est acquis à l'État. (*Loi du* 17 *mai* 1826, *art.* 14; *circulaire du* 6 *septembre suivant.*)

CHAPITRE V. — TRANSFERTS.

551. Un entrepositaire qui a vendu l'objet entreposé ne cesse d'être garant envers la douane qu'autant qu'il a déclaré et justifié le transfert de la propriété à un tiers, et qu'il a fait intervenir celui-ci pour s'engager personnellement envers la douane. (*Circulaire du* 9 *août* 1791, *arrêt de cassation du* 27 *frimaire an* 13, *circulaire du* 8 *septembre* 1815, *arrêt de cassation du* 9 *mars* 1835, *circulaire du* 4 *mai suivant.*)

552. L'inscription des transferts sur les registres d'entrepôt n'a lieu qu'autant que le cessionnaire est domicilié dans le lieu d'entrepôt, et qu'il y a vente réelle attestée par le déplacement des marchandises, apposition de nouvelles marques, etc. (*Arrêt de la cour de cassation du* 27 *frimaire an* 13.)

553. La déclaration de transfert avec renouvellement de la soumission est inscrite au registre n° 34 *bis.* (*Circulaire du* 15 *février* 1822.)

CHAPITRE VI. — OPÉRATIONS DE SORTIE.

554. La destination à donner aux marchandises reçues en entrepôt réel est l'une de celles suivantes :

La consommation,
La réexportation par mer,
Le transit,
L'envoi dans un autre entrepôt.

SORTIE POUR LA CONSOMMATION.

555. Le négociant qui veut faire sortir sa marchandise de l'entrepôt l'annonce par sa déclaration, laquelle est transcrite au registre n° 34. Cette déclaration reproduit toutes les indications constatées à l'entrée. Le permis n° 35 est ensuite délivré pour opérer la sortie. (*Circulaires des* 12 *août,* 9 *novembre* 1802 *et* 1er *mars* 1832.)

556. La vérification à la sortie est *facultative* pour ce qui passe à la consommation, à moins que l'entrepositaire ne demande un nouveau pesage, en vue de faire constater un déchet; elle fait connaître si les marchandises sont identiquement les mêmes, et s'il n'y a eu aucune addition ou soustraction des objets entreposés. (*Circulaires des* 24 *août* 1818, 21 *janvier* 1819 *et* 1er *mars* 1832.)

557. Les différences en moins, résultant de la visite, donnent lieu au paiement des droits sur les quantités manquantes, à moins que le déficit ne provienne du déchet naturel supporté par l'objet entreposé. L'administration se réserve, *lorsque la marchandise a été repesée en totalité,* d'autoriser la remise des droits, s'il est avéré que le déchet est réel. (*Circulaire du* 24 *août* 1818 *et* 1er *mars* 1832.)

La vérification est constatée par le vérificateur dans la forme ordinaire.

558. Une marchandise placée en entrepôt est censée être à l'étranger; elle est passible des droits de douanes qui sont en vigueur au moment de sa sortie pour passer à la consommation. (*Arrêt de la cour de cassation du* 3 *octobre* 1810.)

559. S'il s'agit de boissons, le propriétaire est tenu de représenter l'expédition de la régie qui autorise leur mise en mouvement dans l'intérieur du royaume. (*Circulaire du 30 janvier 1815.*)

Bénéficiements.

560. Tout mélange, bénéficiement, transvasement, division ou réunion de colis sont défendus, si les entrepositaires n'ont préalablement obtenu l'autorisation de l'agent supérieur des douanes. Ces opérations, lorsqu'elles sont permises, ont lieu en présence des préposés. Le résultat en est inscrit au compte d'entrepôt. (*Circulaire du 1ᵉʳ mars 1832.*)

561. En cas de transvasement, de division ou de réunion, les colis à substituer aux colis primitifs sont pesés, et la différence entre le poids des uns et des autres est annotée au registre. (*Idem.*)

562. Les échantillons que le commerce est admis à prélever sur les objets entreposés sont soumis aux droits. Le compte de l'entrepositaire est déchargé pour la quantité enlevée, quand bien même l'échantillon aurait été levé au moment de la vérification. (*Circulaires des 24 août 1818 et 1ᵉʳ mars 1832.*)

Recensements.

563. Chaque année il est procédé à un recensement général des marchandises entreposées, pour reconnaître l'existence en magasin de tout ce qui se trouve porté au registre, ou les différences qui peuvent exister entre les écritures et la réalité. (*Circulaire du 1ᵉʳ mars 1832.*)

564. Les écritures inexactes qui ont occasioné des différences entre l'énoncé des registres et la situation effective de l'entrepôt ne peuvent être rectifiées qu'autant que l'administration, après avoir reçu des renseignements sur ces différences, a autorisé l'établissement de nouvelles écritures. (*Circulaire du 3 vendémiaire an 12.*)

565. Le contrôleur aux entrepôts est tenu de veiller à ce que les marchandises soient classées avec ordre dans les magasins, c'est-à-dire par espèces et par chacun des propriétaires ayant à la douane un compte ouvert. (*Circulaire du 1ᵉʳ mars 1832.*)

SORTIE POUR LA RÉEXPORTATION.

Marchandises prohibées.

566. La réexportation des marchandises prohibées s'effectue par mer et par navires de 100 tonneaux au moins ; elle a lieu également par le transit. Les marchandises peuvent aussi être dirigées par terre sur d'autres entrepôts du prohibé. (*Loi du 26 juin 1835, circulaire du 30.*)

Nota. Les formalités à observer pour la déclaration, la déclaration, la vérification, etc., sont indiquées n° 522 et suivants.

MARCHANDISES NON PROHIBÉES.

Déclaration et vérification.

567. La sortie d'entrepôt est justifiée par la déclaration inscrite et signée au registre n° 34. L'énonciation des objets à réexporter, telle qu'elle a été donnée à l'entrée, est répétée avec tous ses détails au permis n° 35 *bis,* que délivre le receveur aux déclarations. (*Circulaire du 9 novembre 1802.*)

568. Par sa déclaration, le négociant s'engage à rapporter le certificat des préposés constatant l'embarquement, sous peine d'être contraint au paiement de la valeur des marchandises et de l'amende encourue pour leur introduction frauduleuse. (*Loi du 21 avril* 1318, *art.* 61 *et* 62.)

569. Les marchandises sortant d'entrepôt pour la réexportation par mer doivent être exactement vérifiées ; tout doit être vu et pesé. Les détails et les résultats de cette opération sont inscrits au portatif du vérificateur dans la forme accoutumée. (*Circulaire du 21 janvier* 1819.)

Nota. On applique, pour les fraudes en matière d'entrepôt, les lois générales sur les importations frauduleuses. (*Circulaire du 8 février* 1831.)

570. L'opération de l'embarquement des marchandises de réexportation ne se fractionne pas ; elle ne peut être commencée qu'autant que tous les objets compris au permis sont réunis sur le quai et comptés par les préposés. (*Loi du 27 juillet* 1322, *art.* 13.)

571. Les bâtimens français à vapeur de la marine royale ou marchande peuvent se servir, à bord, de houille étrangère prise dans les entrepôts, en payant le droit de balance de 15 centimes par 100 francs de valeur. (*Ordonnance du 8 juillet* 1834, *art.* 3.)

La sortie d'entrepôt et le départ du combustible sont constatés comme s'il s'agissait d'une réexportation. (*Idem.*)

Pénalité.

572. Les déficits constatés par la vérification, sur les marchandises entreposées, donnent lieu au paiement des droits, sauf le cas cependant où ces déficits proviennent de déchet naturel. (Voir n° 555.)

573. Si, à l'embarquement des objets destinés à être réexportés, on reconnaît un déficit de plus du 20° entre la quantité présentée et celle retirée de l'entrepôt, le déclarant est tenu de payer la valeur des quantités manquantes, et, de plus, une amende de 500 fr. (*Loi du 8 floréal an* 11, *art.* 77.)

574. La valeur à payer, en cas de déficit à l'embarquement, est fixée d'après celle donnée à la marchandise, *droits compris.* (*Circulaire du 8 février* 1831.)

Tonnage de navires.

575. La réexportation, tant des denrées coloniales que des autres marchandises comprises dans l'article 22 de la loi du 28 avril 1816 (voir n° 249), et de celles imposées à plus de 10 p. 0/0 de la valeur, doit s'effectuer par bâtimens de 60 tonneaux et plus, pour les ports *de l'Océan,* et de 40 tonneaux et plus, pour ceux *de la Méditerranée.*

Dans le port de Bayonne, on peut, à défaut de bâtimens de 40 tonneaux, employer des navires de 25 tonneaux.

Les autres marchandises sont réexportées par bâtimens de tout tonnage. (*Lois des 28 avril* 1816, *et 21 avril* 1818; *circulaire du 6 septembre; décision ministérielle du 18 décembre* 1828; *circulaire du 13 février* 1832.)

Soumissions.

576. La douane peut exiger du déclarant un cautionnement en garantie de sa soumis-

10

sion, s'il ne réside pas au port d'expédition, ou lorsqu'elle ne juge pas ce déclarant suffisamment solvable. (*Loi du 21 avril* 1818, *art.* 61.)

Plombage et droits.

577. Quand la réexportation a lieu par l'un des ports de *Rouen, Bayonne, Nantes* ou *Bordeaux,* la douane peut éviter au commerce, en plombant les colis, une nouvelle visite dans les postes qui se trouvent au bas des rivières sur lesquelles les ports sont situés.

Le plombage n'a pas lieu quand le navire prend directement la mer. (*Circulaire des* 11 *août* 1817 *et* 14 *juin* 1822.)

Il est payé à la douane, pour chaque plomb apposé, 25 centimes. (*Ordonnance du* 8 *juillet* 1834, *art.* 17.)

578. Un droit de 51 centimes par cent kilogrammes, ou 15 centimes par 100 francs de valeur, au choix du redevable, est perçu sur les marchandises réexportées d'entrepôt. (*Loi du* 7 *décembre* 1815, *art.* 4.)

Départ des navires.

579. Le permis obtenu par le propriétaire ou consignataire, pour opérer l'embarquement, sert à constater la réalité de la réexportation. Il est revêtu de deux certificats attestant : l'un, la mise à bord des colis réexpédiés ; l'autre, le départ du navire pour l'étranger. (*Loi du 21 avril* 1818, *circulaire du* 13 *février* 1832.)

SORTIE POUR LE TRANSIT.

580. Les objets tarifés, admis par la loi au transit, et qui sortent de l'entrepôt réel pour cette destination, sont préalablement déclarés. La déclaration signée par le propriétaire est inscrite au registre n° 34. Un permis est ensuite délivré pour effectuer la sortie des marchandises.

581. La vérification, colis par colis, des marchandises destinées au transit est de rigueur ; elle a lieu en suivant les règles établies pour les visites en général. En cas de différence dans les quantités, il est procédé ainsi qu'il est expliqué n° 555. (*Loi du* 17 *décembre* 1814, *art.* 7.)

582. L'expédition se faisant sous les conditions prescrites pour le transit, il y a lieu à exiger le double emballage et le double plombage, si, pour le transit ordinaire, les marchandises sont soumises à cette formalité. (*Circulaire du* 9 *mai* 1821.)

583. Le transport de la marchandise, du lieu d'entrepôt à celui de la destination, est assuré par un acquit-à-caution. On observe toutes les formalités prescrites pour le transit. En cas de non rapport de l'acquit-à-caution, dûment déchargé, les peines que prononce la loi du 17 décembre 1814 sont appliquées. (Voir n° 770.)

MUTATION D'ENTREPÔT PAR MER.

Déclaration et vérification au port de départ.

584. Pendant la durée du délai d'entrepôt, le commerce, moyennant les garanties ordinaires exigées par les receveurs des douanes, peut expédier ses marchandises par mer, d'un entrepôt sur un autre. (*Loi du* 27 *juillet* 1822.)

585. Le négociant fournit sa déclaration, dans laquelle il reproduit toutes les indications d'entrée ; sur cette pièce, qui est inscrite au registre 34, il annonce son intention de diriger sa marchandise sur un autre entrepôt qu'il désigne ; un permis lui est délivré pour effectuer la sortie de ses marchandises, du lieu où elles sont entreposées.

586. À la sortie de l'entrepôt, le vérificateur constate le poids des colis, l'espèce et la qualité des marchandises. La vérification est établie dans ses détails comme dans ses résultats, en suivant les formes ordinaires. (Voir le titre : *Importations par mer.*) (*Circulaire du 21 janvier* 1819.)

587. Le compte d'entrepôt est définitivement apuré d'après l'opération du vérificateur. S'il y a déficit, il est soumis aux droits, à moins cependant qu'il ne provienne d'un déchet naturel propre à la marchandise, et qu'il y ait réclamation; dans ce cas, il en est référé à l'administration. (*Idem.*)

588 Les marchandises affranchies du plombage pour le transport par cabotage, jouissent de la même exemption lorsqu'elles sont expédiées par mutation d'entrepôt par mer. (Voir le tableau joint à la circulaire du 10 juillet 1833.) (*Arrêté ministériel du 3 juillet* 1833, *circulaire du* 10.)

589. Lorsque le plombage doit avoir lieu, il est payé savoir :

Pour les marchandises expédiées sur les entrepôts intérieurs, 25 centimes par plomb;

Pour celles dirigées sur les autres entrepôts, 50 centimes. (*Ordonnance du 8 juillet* 1834, *art.* 17.)

Expédition à délivrer.

590. Les mutations d'entrepôt ont lieu sous la garantie d'un acquit-à-caution (registre n° 47.) L'entrepositaire s'engage à réintégrer sa marchandise dans l'entrepôt qu'il a désigné, et cela aux conditions de sa première soumission. (*Circulaire du 9 mai* 1821.)

591. L'acquit-à-caution énonce que la marchandise est tirée d'un entrepôt pour passer dans un autre.

Il indique ensuite : l'espèce de mutation (par mer ou par terre),

Le numéro et la date de l'enregistrement des marchandises au sommier,

Le pavillon du navire importateur, et de quel pays ce bâtiment est venu.

Il donne, quant aux colonies et contrées privilégiées, les renseignements nécessaires à la perception. (*Circulaires des* 20 *vendémiaire an* 11, 25 *avril* 1811, *et* 6 *mars* 1824.)

592. Un extrait de l'acquit-à-caution délivré au départ est envoyé au bureau de la destination, par l'intermédiaire de l'administration, s'il s'agit du passage d'une direction dans une autre; par le directeur, si le transport s'effectue dans la même direction. (*Circulaire du* 19 *janvier* 1829.)

593. Le non rapport de cette expédition, dûment déchargée au bureau de destination, entraîne le paiement du double droit avec amende de 100 francs si l'objet est tarifé, ou s'il s'agit d'objets prohibés, de la valeur des marchandises, avec amende de 500 francs. (*Loi du* 17 *mai* 1826, *art.* 21.)

Dispositions diverses.

594. Avant de commencer l'embarquement des marchandises expédiées par mutation d'entrepôt, tous les objets compris au même permis doivent avoir été réunis sur le quai et avoir été comptés par les préposés. (*Loi du* 27 *juillet* 1822, *art.* 15.)

595. Il n'y a pas de tonnage de rigueur pour les navires qui effectuent les mutations d'entrepôt; elles ont lieu sous la garantie du plombage et de l'acquit-à-caution, par bâtiments d'une capacité quelconque. (*Circulaire du 21 octobre 1818.*)

596. Les navires espagnols sont assimilés aux bâtiments français pour ce genre de transports. (*Circulaire du 10 janvier 1827.*)

597. Lorsque la mutation concerne du *prohibé*, elle ne peut avoir lieu que de l'un des entrepôts désignés par l'article 17 de la loi du 9 février 1832 (voir n° 515), sur un autre de ces mêmes entrepôts. (*Circulaire du 13 février 1832.*)

Port d'arrivée.

598. A son arrivée dans le port où elle sera entreposée de nouveau, la marchandise est soumise à une exacte vérification. Tous les colis sont pesés et le poids effectif constaté. Les résultats de l'opération sont rapportés au portatif du vérificateur. (*Circulaire du 21 janvier 1819.*)

599. L'acquit-à-caution, représenté à la douane, est déchargé pour la quantité reconnue; cette quantité est prise en charge au registre du nouvel entrepôt. (*Circulaire du 21 janvier 1819.*)

600. Une marchandise expédiée par mutation d'un entrepôt sur un autre, peut, dès son arrivée, après vérification (qui dans cette circonstance peut être partielle), être admise à acquitter les droits sans qu'il soit nécessaire de simuler son entrée en entrepôt. L'acquit-à-caution, dans ce cas, mentionne l'acquittement des droits et le numéro de recette. (*Circulaire du 5 octobre 1832.*)

601. Lorsqu'en changeant d'entrepôt par la voie de mer, les marchandises ont éprouvé des avaries, elles jouissent, *si ces avaries proviennent d'un événement de mer* dûment justifié, du bénéfice de l'article 51 de la loi du 21 avril 1818. (Voir n° 485 et suiv.) (*Circulaire du 22 décembre 1832.*)

602. Les extraits d'acquit-à-caution envoyés au receveur du bureau de destination, pour le prémunir contre la falsification des fausses expéditions, restent au bureau. Les acquits sont adressés par ce receveur directement à l'administration, après avoir été régularisés. (*Circulaire du 19 janvier 1829.*)

MUTATIONS D'ENTREPÔT PAR TERRE.

603. Les marchandises admises au transit peuvent être expédiées en franchise de tous droits, par continuation d'entrepôt *par terre*, à charge par les propriétaires, ou consignataires, de remplir, suivant l'espèce de marchandises, les formalités prescrites pour le transit. (*Loi du 9 février 1832, circulaire du 13.*)

604. S'il s'agit de marchandises prohibées, l'expédition ne peut avoir lieu que de l'un des entrepôts désignés par l'article 17 de la loi du 13 février 1832, sur un autre de ces mêmes entrepôts. (Voir n° 515.)

605. Il est délivré, pour assurer la destination des objets expédiés par continuation d'entrepôt, un acquit-à-caution (registre n° 47 *bis* pour le non prohibé, et 47 *ter* pour le prohibé) qui rappelle l'objet de la soumission primitive.

(Voir pour les règles à observer l'article 587 et les suivants.)

Mouvement des entrepôts.

606. Les receveurs fournissent à l'administration, à l'expiration de chaque trimestre,

un état des marchandises reçues en entrepôt avec acquit-à-caution, et de celles réexpédiées sur d'autres entrepôts. (*Circulaire du 17 mai 1832.*)

CHAPITRE VII. — DÉPÔTS.

607. La douane reçoit en dépôt dans ses magasins :

1° Les marchandises prohibées, importées accidentellement dans les ports non autorisés à les recevoir;

2° Celles provenant de saisies (1).

CHAPITRE VIII.—MARCHANDISES PROHIBÉES IMPORTÉES ACCIDENTELLEMENT DANS LES PORTS.

608. Les objets prohibés arrivant dans les ports d'entrepôts réels autres que ceux désignés par l'article 17 de la loi du 9 février 1832 (voir n° 515), par bâtiment *de* 100 *tonneaux* et au-dessus, lorsqu'ils sont désignés au manifeste par *nature, espèce* et *qualité,* et qu'ils n'excèdent pas le dixième de la valeur du chargement, sont mis en dépôt sous la seule clé de la douane, à charge de les réexpédier dans le délai de *quatre mois.* (*Loi du 9 février* 1832, *art.* 22.)

Si, n'excédant pas le 10e, le manifeste les indique par *nature* seulement, ils sont également déposés en douane, pour être réexportés par le même navire s'il retourne à l'étranger, ou, s'il n'y retourne pas, par le premier navire sortant du port; et ce, dans un délai *d'un mois.* (*Même loi, art.* 22.)

609. La disposition qui précède est applicable aux navires *au-dessous de* 100 *tonneaux* ayant moins du 10e de leur chargement en objets prohibés, encore bien que le manifeste exprime la *nature,* l'*espèce* et la *qualité* des marchandises. (*Idem.*)

610. Dans les cas où le dépôt est autorisé, il est perçu un droit de magasinage de 1 p. 0/0 de la valeur des marchandises. (*Idem, art.* 24.)

611. Le receveur du port où les marchandises prohibées sont déposées fait immédiatement écriture de ce dépôt, au registre n° 23. (*Circulaire du 6 septembre* 1829.)

612. Si la réexportation ne s'effectue pas dans les délais fixés, il est disposé des marchandises. Dans ce cas, sommation est faite au propriétaire, et l'on procède comme s'il s'agissait d'objets restés en entrepôt réel. (*Idem.*) (Voir n° 548.)

Nota. Ce qui concerne la réexportation est rappelé au n° 561 et suiv.

CHAPITRE IX.—MARCHANDISES PROHIBÉES PROVENANT DE SAISIES (2).

613. Les objets prohibés, qui proviennent de saisies, sont déposés au plus prochain bureau et remis à la garde du receveur; celui-ci devient responsable de leur conservation,

---

(1) Elle reçoit aussi en dépôt :

1° Les marchandises non déclarées dans les délais (voir n° 188);

2° Celles abandonnées pour ne pas acquitter les droits dont elles sont passibles (voir n° 477);

3° Celles délaissées pour cas imprévus (voir n° 479).

(2) Voir pour celles *non prohibées* qui, n'ayant pas été remises sous caution, restent en dépôt à la douane, le titre XVII, Chap. III.

jusqu'à ce qu'il en puisse être légalement disposé. (*Délibération du 3 juin 1793 ; loi du 14 fructidor an 3; loi du 9 floréal an 7.*)

614. Les marchandises prohibées, provenant de saisies, sont placées sous la clé de la douane, pour être réexportées après leur vente. (*Circulaire du 12 mars 1816.*)

615. Le délai pour la réexportation est fixé, savoir : pour les douanes maritimes à trois mois, et pour les douanes de terre à un mois. Les marchandises ne sont réexportées par mer que par les ports d'entrepôt réel. (*Idem.*)

616. La réexportation par terre a lieu en prenant les mesures de service propres à empêcher les réintroductions. Elle s'effectue par le point de la frontière le plus rapproché du bureau, et après une reconnaissance exacte des objets à réexporter. (*Circulaire du 3 février 1825.*)

CHAPITRE X. — ENTREPOTS FICTIFS.

617. Le négociant qui obtient l'entrepôt fictif répond de la totalité des droits pour les quantités de marchandises qui ont été reconnues par la douane lors de l'entrée en magasin, à moins qu'il n'y ait réexpédition légale des objets entreposés. Aucune circonstance ne peut modifier cette condition.

MARCHANDISES ADMISES ET PORTS D'ENTREPOT.

618. Les denrées et marchandises importées de nos colonies par navires français, qui, à ce titre, jouissent d'une modération de droits (voir n° 616), peuvent être mises en entrepôt ficti f dans les ports ouverts au commerce des colonies françaises. (*Loi du 7 octobre 1815.*)

619. Les ports autorisés à recevoir ces marchandises sont :

Toulon, Cette, Bayonne, Bordeaux, Rochefort, La Rochelle, Nantes, Lorient, Brest, Morlaix, Grandville, Cherbourg, Rouen, le Havre, Honfleur, Fécamp, Saint-Valery, Boulogne, Calais, Dunkerque. (*Loi du 8 floréal an 2.*) Le Legué, Vannes, Saint-Brieux. (*Loi du 21 avril 1818.*) Caen. (*Loi du 28 avril 1816.*) Port-Vendre. (*Loi du 9 février 1832.*)

620. Les denrées coloniales auxquelles une modération de droits est accordée, et qui peuvent être mises en entrepôt, sont celles-ci :

Sucre, confitures, sirops et mélasse, rhums et tafias, miel, café, cacao, casse confite et canéfice, coton, bois de campêche, de toutes les colonies françaises.

Liqueurs de la Martinique seulement;

Girofle de la Guyanne française et de Bourbon ;

Cassia-lignea, poivre et piment, rocou, de la Guyanne française seulement ;

Bois d'ébénisterie de la Guyanne française et du Sénégal ;

Grandes peaux brutes et sèches, cire brune, dents d'éléphant, gomme pure, salsepareille du cru du Sénégal, follicule de séné, du Sénégal seulement.

(*Lois des 7 décembre 1815 et 17 mai 1826.*)

621. L'entrepôt fictif est également accordé, mais dans les ports d'entrepôt réel seulement, aux marchandises d'encombrement ci-après :

Importées par navire français et étrangers.

Cotons en laine,
Bois communs pour la construction,
Mâts, mâtereaux, espars et manches de gaffes,
Bois en perches, en échalas et en éclises,
Bois feuillards et bois merrains,
Osiers en bottes,
Futailles vides,
Balais communs,
Avirons et rames de bateaux,
Ardoises pour toiturer,
Briques, tuiles et carreaux de terre,
Meules à moudre et à aiguiser,
Marbres bruts,
Marbres ouvrés non dénommés aux tarifs,
Écorces de tilleul,

Importées par navires français.

Chanvre filé, peigné et étoupes de chanvre,
Sparte brut et autres joncs communs,
Cordages de tilleul, sparte, joncs et herbes,
Graines de prairie,
Peaux fraîches, grandes et petites,
Peaux sèches, petites,
Potasse importée des pays hors d'Europe seulement,
Soude et natrons,
Soufre brut ou épuré,
Pois, galipot, goudron et brai sec.

(*Ordonnance du 9 janvier* 1818, *art.* 3 *et* 4, *et circulaire du 23 janvier* 1818, *n°* 363.)

CHAPITRE XI. — CONDITIONS DE L'ENTREPÔT FICTIF.

622. Le négociant ou consignataire, qui veut placer ses marchandises en entrepôt fictif, l'annonce dans sa déclaration en détail, laquelle est inscrite au registre n° 9 *bis*. Il y désigne les magasins où les objets seront déposés. (*Loi du 8 floréal an* 11, *article* 15.)

623. L'entrepositaire fournit ensuite sa soumission cautionnée, de réexporter sa marchandise dans le délai accordé pour l'entrepôt (voir n° 631) ou d'en acquitter les droits. (*Même loi.*)

624. Il s'engage, en outre, à représenter les objets laissés à sa disposition, toutes les fois qu'il en sera requis. Il se soumet, s'il les change de magasin sans déclaration et sans la permission de la douane, à payer immédiatement les droits, ou le double droit avec l'amende prononcée par la loi, s'il y a soustraction absolue. (*Même loi et même art.*)

625. S'il y a changement de magasin, la déclaration qui en est fournie par l'entrepositaire indique le nouveau local servant d'entrepôt. Cette déclaration est inscrite sur le registre n° 37 *bis*. (*Loi précitée*, *et circulaire du 8 septembre* 1815.)

626. La douane n'admet en entrepôt fictif que des marchandises parfaitement conservées et franches de toute avarie. (*Loi du 27 juillet* 1822, *art.* 12, *circulaire du* 28.)

627. S'il s'agit de marchandises sujettes à coulage (1), l'entrepositaire est tenu, indépendamment de sa soumission, de les placer dans un magasin fermant à deux clefs, dont l'une reste en dépôt à la douane. (*Loi du 7 décembre* 1815.)

628. Lorsque la douane le juge convenable pour la perception, afin de rendre plus certaine à la sortie la reconnaissance d'identité, elle peut, au moment de l'entrée en

---

(1) Ce sont, dans l'état actuel de la législation, les *rhums, tafias, sirops, mélasses* et *miels des colonies françaises* et les *liqueurs de la Martinique.*

entrepôt fictif, prélever des échantillons qui sont conservés sous son cachet, et sous celui de l'entrepositaire: (*Circulaire du 23 vendémiaire an* 11.)

(Relativement aux échantillons prélevés par le commerce sur les objets entreposés, voir n° 560.)

629. Les déballages, divisions ou réunions de colis, mélanges ou bénéficiements sont interdits dans les entrepôts fictifs. Ils ne peuvent avoir lieu qu'avec l'autorisation expresse du contrôleur aux entrepôts, et en présence des préposés. (Voir *Entrepôt réel, n° 558.*)

630. Le déficit qui résulterait d'un remaniement autorisé, sur le poids constaté lors de la mise en entrepôt, devrait être immédiatement soumis aux droits. (*Décision administrative du 22 pluviose an* 11.)

Cotons.

631. Les cotons étrangers, reçus en entrepôt fictif en vertu de l'ordonnance du 9 janvier 1818, sont soumis aux conditions suivantes :

Le poids des cotons est constaté balle par balle, avec indication des marques et numéros;

Le vérificateur fait apposer sur chaque balle une estampille distinctive de la qualité du coton, du lieu de chargement et du mode de transport;

Le propriétaire renonce à la faculté de les déballer. Ils sont placés séparément en magasin. En cas de mélange, les droits peuvent être exigés immédiatement; à leur sortie, il est procédé à la reconnaissance de la qualité, du poids, des marques et des empreintes;

Les frais d'apposition d'estampilles sont remboursés à raison de 10 centimes par balle. (*Ordonnance du 9 janvier 1818; circulaire du 14 mars suivant.*)

CHAPITRE XII. — OPÉRATIONS D'ENTRÉE.

632. Après que le consignataire a fait connaître à la douane, par sa déclaration, les marchandises destinées à l'entrepôt fictif, ces marchandises sont soumises à la vérification en suivant les règles ordinaires. (Voir le titre *Importations par mer,* n°s 206 *et suiv.*)

633. Un excédant de plus du vingtième pour les métaux, et du dixième pour les autres marchandises, reconnu par la visite, doit être mis immédiatement en consommation après avoir acquitté le droit d'entrée, puis le double droit, pour amende. (*Décisions des* 30 *prairial an* 12 *et* 15 *février* 1822.)

634. La vérification terminée (le permis, le certificat du vérificateur et le carnet de ce dernier en attestent les résultats), la marchandise devient l'objet d'un enregistrement au sommier balance n° 37. Elle y est désignée par nature, espèce, qualité, provenance, etc.; cet enregistrement complète l'opération d'entrée. (*Circulaires des* 15 *février* 1822 *et* 1er *mars* 1832.)

Nota. Dans les douanes de premier ordre seulement, il est ouvert un compte par négociant. La douane se sert alors du registre n° 33 ter.

CHAPITRE XIII. — DURÉE DE L'ENTREPOT FICTIF.

635. La durée de l'entrepôt fictif ne peut excéder le terme d'*une année.* (*Loi du* 8 *floréal an* 11, *art.* 14.)

636. Cependant les propriétaires ou consignataires qui justifient de l'impossibilité de vendre ou de réexporter leurs marchandises obtiennent des prolongations. (On se conforme alors à ce qui est indiqué pour l'entrepôt *réel.* (Voir n° 547.) (*Circulaire du 15 décembre* 1818.)

637. Lorsqu'une prolongation est accordée, la caution de l'entrepositaire est appelée pour déclarer par écrit qu'elle continue à garantir la soumission. Une nouvelle caution est réclamée si l'ancienne n'offre plus de sûreté suffisante. En cas de refus, le paiement des droits est exigé. (*Circulaire du 14 mars* 1821.)

638. Si, à l'expiration des délais fixés, il n'a pas été satisfait à l'obligation d'acquitter les droits ou d'effectuer la réexportation, il est décerné contrainte, en vertu de la soumission qui a été fournie au moment de la mise en entrepôt. (*Loi du 8 floréal an* 11; *circulaire du 23 janvier* 1834.)

639. En cas de décès du soumissionnaire, la douane exerce son action, soit contre le co-propriétaire s'il en existe, soit contre les héritiers ou contre la caution. (*Arrêt de cassation du 23 ventôse an* 13.)

CHAPITRE XIV.—TRANSFERTS.

640. Un propriétaire qui vend une marchandise placée sous le régime de l'entrepôt fictif peut se borner à déclarer le changement de magasin. (Registre n° 38 *bis*.) Dans ce cas, il reste responsable des droits; s'il luiconvient de déclarer le transfert, il est libéré de sa soumission, après toutefois que la douane a reçu celle cautionnée que doit lui fournir le cessionnaire. (*Circulaire du 8 septembre* 1815.)

CHAPITRE XV. — OPÉRATIONS DE SORTIE.

641. Les marchandises mises en entrepôt fictif sortent, comme celles admises en entrepôt réel, pour *la consommation*, pour *la réexportation* par mer, pour *le transit*, et *par mutation.* Les règles à observer lors des sorties sont celles indiquées au chapitre de l'entrepôt réel. (Voir n°ˢ 553 et suivants.)

642. Il ne peut être réexporté des entrepôts fictifs, que des marchandises parfaitement conservées et franches d'avaries. (*Loi du 27 juillet* 1822, *art.* 12.)

Recensemen's.

643. Le contrôleur aux entrepôts est tenu de s'assurer, au moins une fois par trimestre, de l'existence des marchandises en magasin. Il se fait aider, au besoin, par les vérificateurs dans cette opération. (*Circulaires des* 13 *mars* 1792 *et* 16 *thermidor an* 10.)

644. Il y a présomption légale de soustraction absolue dans le sens de la loi, si les marchandises ne sont pas représentées dans les colis et avec les marques mêmes, désignées dans les soumissions. (*Arrêt de cassation du* 29 *janvier* 1834; *circulaire du* 15 *mars suivant.*)

645. Un carnet spécial est ouvert à la douane, pour y constater les opérations de recensement faites par le contrôleur aux entrepôts et par les vérificateurs qui l'ont secondé. Chacun des actes doit être revêtu de la signature des employés (*Circulaire du* 29 *février* 1820.)

646. Si lors du recensement, on reconnaît qu'il y a eu soustraction absolue, les soumissionnaires ont à payer le double des droits dus pour leurs marchandises, plus une amende qui peut s'élever au double de la valeur des objets non représentés. (*Loi du 8 floréal an 11, art.* 15.)

647. Lorsqu'il y a lieu de poursuivre judiciairement un soumissionnaire pour soustraction frauduleuse de marchandises, on doit mettre simultanément en cause le principal obligé et sa caution. (*Circulaire du 4 janvier 1835.*)

CHAPITRE XVI. — ENTREPOTS SPÉCIAUX.

Les ports et villes qui ont des entrepôts spéciaux sont :
Marseille, Lyon, Strasbourg, Saint-Martin, île de Ré.
Plusieurs ports de la Manche jouissent ensuite, pour le commerce de *smoglage*, d'un entrepôt spécial.

CHAPITRE XVII. — ENTREPOT DE MARSEILLE.

L'ordonnance du 10 septembre 1817, en ce qui concerne la faculté de l'entrepôt, a substitué à la franchise dont jouissait le port de Marseille le régime spécial suivant :

648. Les marchandises étrangères sont reçues soit en entrepôt fictif, soit en entrepôt réel, selon les règles ci-après :

649. Le commerce jouit de la faculté de l'entrepôt fictif :

1° Pour les marchandises non prohibées à l'entrée, arrivant par navires français ;

2° Pour les mêmes marchandises arrivant par navires étrangers, lorsqu'elles sont taxées à moins de 15 francs par 100 kilogrammes, ou de 10 p. 0/0 de la valeur.

3° Pour les objets compris en l'état joint à l'ordonnance de 1817, aussi long-temps qu'ils ne seront pas prohibés.

650. Sont exclus de l'entrepôt fictif les objets désignés sous la dénomination de *liquides;* les *denrées coloniales,* et les *objets fabriqués* que désigne l'état n° 2 joint à l'ordonnance du 10 septembre 1817.

651. La durée de l'entrepôt fictif est de trois années.

Nota. On suit du reste, pour l'admission des marchandises les conditions imposées par la loi du 8 floréal an 11. (Voir n° 618 et suiv.)

652. L'entrepôt réel existe pour toutes marchandises prohibées à l'entrée, et pour toutes celles non prohibées qui sont exclues de l'entrepôt fictif par l'ordonnance.

(Voir *la circulaire du.* 23 *septembre* 1817, et, au titre XIV, le chapitre *Port de Marseille.*)

653. L'ordonnance du 10 septembre 1817 est obligatoire pour les citoyens et pour les tribunaux. La responsabilité des entrepositaires et de leurs cautions, qu'elle établit, est légale. (*Arrêt de cassation du* 9 *mars* 1835; *circulaire du 4 mai suivant.*)

654. Les blés étrangers, reçus à l'entrepôt de Marseille, peuvent être convertis en farines, mais la faculté de mouture n'est accordée qu'aux blés *tendres;* elle est refusée aux blés *durs.* (*Ordonnance du 20 juillet* 1835.)

655. Cette faculté est accordée à la charge de réexporter pour 100 kilogrammes de blé tendre, 78 kilogrammes de farine fraiche, blanche, blutée de 30 à 32 pour 0/0, de bonne qualité et bien conditionnée. (*Ordonnance du 20 juillet* 1835, *art.* 2.)

Nota. Il y a exception, quant à ces quantités, pour l'administration de la guerre. Voir pour les détails d'exécution l'ordonnance précitée, et la circulaire du 31 juillet 1835.

CHAPITRE XVIII. — ENTREPOT DE LYON.

MARCHANDISES ADMISES ET CONDITIONS DE L'ENTREPOT.

656. L'entrepôt réel établi à Lyon reçoit :

1° Les soies grèges et moulinées du Piémont et de l'Italie, lorsqu'elles sont introduites par les bureaux de *Pont de Beauvoisin*, *Châtillon de Michaille*, et *Saint-Laurent du Var*;

2° Les denrées coloniales françaises et toutes les marchandises étrangères non prohibées et non fabriquées, tirées des ports d'entrepôt réel. (*Ordonnance du 11 juin* 1816, *décisions ministérielles des* 21 *octobre* 1817 *et* 6 *septembre* 1822, *et loi du* 9 *février* 1832.)

657. La durée de l'entrepôt de Lyon est fixée comme suit :

Dix-huit mois pour les soies grèges et moulinées du Piémont et de l'Italie, à *compter de la date de la réception dans l'entrepôt.*

Huit mois pour les autres marchandises, à partir de la date de l'acquit-à-caution. (*Ordonnance du* 11 *juin* 1816.)

EXPÉDITION DES MARCHANDISES SUR LYON.

658. Après avoir été vérifiées au port ou bureau d'arrivée, les marchandises sont plombées et expédiées par acquit-à-caution sur l'entrepôt de Lyon. (*Ordonnance du* 11 *juin* 1816; *circulaire du* 18.)

659. Elles sont réputées saines, à moins qu'à la douane, au bureau de départ, le propriétaire n'ait fait constater qu'elles étaient avariées, et que l'acquit à caution n'exprime le degré de l'avarie; les objets présentés, avariés à plus de 2 p. 0/0 de la valeur, ne peuvent être entreposés à Lyon. L'acquit-à-caution est néanmoins déchargé si l'on consent à payer le simple droit d'entrée. (*Mêmes ordonnance et circulaire.*)

660. Les acquits-à-caution indiquent, à raison des distances, le délai pendant lequel aura lieu le transport. Pour Marseille, le délai est d'un mois si le transport a lieu par terre. Il est de deux mois si les marchandises sont embarquées sur le Rhône. A défaut de représentation dans le délai prescrit, le propriétaire est tenu de payer le quadruple des droits d'entrée, plus une amende de 500 francs quand il s'agit de soies grèges ou moulinées. (*Loi du* 30 *avril* 1806, *art.* 32; *loi du* 17 *décembre* 1814; *ordonnance du* 11 *juin* 1816.)

661. Le transport des marchandises, du bureau d'entrée sur l'entrepôt de Lyon, est aux risques des soumissionnaires, à moins qu'il n'y ait perte dûment justifiée. Dans ce cas, il y a lieu seulement au paiement du simple droit. (*Loi du* 17 *décembre* 1814, *art.* 5 *ordonnance du* 11 *juin* 1816.)

VÉRIFICATION A LYON, ET SES SUITES.

662. Les bateaux ou voitures qui ont transporté les marchandises destinées pour l'en-

trepôt de Lyon ne peuvent être déchargées qu'en présence des préposés des douanes. (*Loi du 30 avril 1806, art. 33.*)

663. Les employés, après avoir reconnu l'état des plombs et cordes, procèdent à la vérification des objets expédiés. En cas d'excédant, aux quantités portées aux acquits-à-caution, ou de déficit, les soumissionnaires encourent les peines portées par les lois. (*Idem.*)

664. Aussitôt la vérification terminée, les marchandises sont mises en entrepôt. Il en est fait enregistrement au sommier formant balance. (*Idem.*)

665. Les propriétaires, ou consignataires, souscrivent l'engagement d'acquitter les droits sur les quantités expédiées sans aucune réduction. Les acquits-à-caution ne sont revêtus de l'acte de décharge qu'après que cette formalité a été remplie. (*Idem.*)

SORTIE DE L'ENTREPÔT.

666. Les marchandises admises à l'entrepôt de Lyon reçoivent l'une des deux destinations suivantes :

L'entrée en consommation ;

L'expédition en transit. (*Ordonnance du 11 juin 1816.*)

667. La réexportation par le transit a lieu en observant les règles générales du transit. (Voir titre X.) La sortie de France doit s'effectuer, savoir :

Pour *les denrées coloniales et autres marchandises,* par les bureaux de :

Strasbourg,	Châtillon-de-Michaille,
Saint-Louis,	Pont-de-Beauvoisin.
Verrières-de-Joux ,	

Pour les *soies grèges et moulinées,*

PAR LES BUREAUX de Châtillon-de-Michaille,	PAR LES PORTS du Havre,
Verrières-de-Joux,	Calais,
Saint-Louis,	Boulogne,
Strasbourg,	Dunkerque.
Halluin.	

(*Ordonnance du 11 juin 1816; décisions ministérielles des 14 août 1821, 11 janvier et 16 août 1822.*)

CHAPITRE XIX.— ENTREPOT DE STRASBOURG.

668. Sont reçues à l'entrepôt de Strasbourg :

1° Les marchandises non prohibées admissibles au transit ;

2° Et de plus (lorsqu'elles arriveront par le Rhin et la rivière d'Ill), les marchandises désignées au tableau n° 3 annexé à la loi du 9 février 1832, que ne comprend pas le paragraphe ci-dessus. (*Ordonnance du 8 juillet 1834, art. 9.*)

669. La durée de l'entrepôt est de trois années. (*Loi du 9 février 1832, art. 39.*)

ARRIVÉE A STRASBOURG.

670. Les bateliers arrivant à Strasbourg par le Rhin et la rivière d'Ill, et les voituriers venant par le pont du Rhin, ont à représenter, les premiers, leurs connaissements ou

manifestes; les seconds, leurs lettres de voiture, indiquant l'espèce de marchandises, les marques, numéros et poids séparés de chacun des colis qu'ils importent. (*Loi du 8 floréal an 11, art. 41; loi du 28 avril 1816, art. 28.*)

671. Les conducteurs sont tenus de faire, aux bureaux de la Wantzeneau et du pont du Rhin, une déclaration sommaire telle qu'elle est prescrite pour les marchandises dont la vérification a lieu au second bureau d'entrée (voir le titre *Importations par terre, n° 387*). (*Loi du 28 avril 1816, art. 28, 29 et 30.*)

672. Un déficit de colis reconnu au premier bureau d'entrée, ou une substitution de marchandises, rend le batelier ou le voiturier, passible d'une amende de 2,000 francs pour chaque colis manquant, ou dans lequel on aurait mis une marchandise autre que celle déclarée. Les moyens de transport sont saisis en garantie de l'amende encourue. (*Loi de floréal an 11, art. 42.*)

673. Si, dans le trajet de la Vantzeneau ou du pont du Rhin à l'entrepôt, des colis sont déchargés ou échangés, le batelier ou voiturier encourt la saisie avec amende de 500 fr. (*Idem.*)

SORTIE D'ENTREPOT.

674. Les marchandises admises à l'entrepôt de Strasbourg peuvent en être retirées,

Soit pour être expédiées en transit, conformément aux lois générales; sauf le sucre raffiné et le tabac fabriqué, qui doivent toujours ressortir par le Rhin ou le canal aboutissant à Huningue;

Soit pour la consommation intérieure, si elles sont admissibles par les frontières de terre, ou si, étant comprises à l'article 22 de la loi du 28 avril 1816, elles sont arrivées d'un port français où elles auraient pu acquitter le droit d'entrée. (*Ordonnance du 8 juillet 1834, art. 10.*)

675. Les embarcations françaises peuvent transporter directement de la Wantzeneau à Huningue les marchandises désignées par le pénultième article, pourvu, si elles proviennent des pays d'outre-mer ou des contrées riveraines du Rhin au-dessous de Mayence, qu'elles aient été chargées dans ce dernier port ou en aval. (*Idem, art. 11.*)

676. Ces mêmes embarcations peuvent, si elles ont des magasins à parois solides et entièrement séparés des chambres et autres endroits accessibles aux gens de l'équipage, n'être assujéties qu'au plombage des écoutilles, dont la douane, d'ailleurs, assure la fermeture par tous les moyens qu'elle juge nécessaires, y compris l'escorte des préposés.

Cette disposition est commune à tous les bâtiments chargés qui entrent dans l'Ill par la Wantzeneau pour arriver à l'entrepôt de Strasbourg, ou qui chargent en réexportation à cet entrepôt. (*Idem, art. 12.*)

CHAPITRE XX. — ENTREPOT DE SAINT-MARTIN, ILE DE RÉ.

677. Un entrepôt réel est accordé au port de Saint-Martin, île de Ré; le délai de cet entrepôt est de six mois (*Décision du ministre des finances du 5 septembre 1821.*)

679. Les marchandises *non prohibées* y sont admises, sauf, toutefois, les denrées coloniales, et autres articles désignés dans l'article 22 de la loi du 28 avril 1816. (Voir n° 249.) (*Idem.*)

CHAPITRE XXI. — ENTREPOTS ÉTABLIS DANS PLUSIEURS PORTS DE LA MANCHE POUR LE SMOGLAGE.

PORTS AUXQUELS L'ENTREPOT EST ACCORDÉ, ET MARCHANDISES ADMISES.

679. L'entrepôt réel pour le smoglage est accordé aux ports de :
Dunkerque, Gravelines, Calais, Boulogne, Dieppe, Fécamp, Cherbourg, Saint-Malo, Morlaix, Roscoff, pour l'eau-de-vie de grains, dite de genièvre, le tafia des colonies françaises, les raisins de Corinthe et le thé. (*Lois des 19 octobre 1791 et 21 avril 1818.*)

680. Sont admis également en entrepôt les tissus de soie des Indes ci-après désignés :
Les mouchoirs dits *foulards*,
Les croisés des Indes,
Les crêpes de Chine ;
Mais seulement dans les ports de Dunkerque, Gravelines, Boulogne, Calais et Cherbourg. (*Décisions des 16 avril, 13 octobre, 2 décembre 1818 et 6 juin 1821.*)

Conditions de l'entrepôt.

681. Les objets reçus en entrepôt dans les ports indiqués à l'article 675 y sont admis sous toutes les formalités prescrites pour l'entrepôt réel. (*Loi du 19 octobre 1791, art. 1ᵉʳ.*)

682. La réexportation à l'étranger des marchandises entreposées doit s'effectuer dans le délai d'un an. (*Idem.*)

683. Le commerce a la faculté de convertir en rhum, les tafias déjà reçus en entrepôt. L'opération a lieu dans des dépôts convenus avec l'administration, et offrant les sûretés convenables. Les rhums ne sortent de ces magasins que pour être rétablis en entrepôt ou pour être exportés. (*Idem.*)

684. Les eaux-de-vie de grains arrivant de l'étranger, et destinées pour un entrepôt spécial, sont reçues sur bâtimens de 50 tonneaux et plus. La règle qui ne permet l'importation du prohibé que par navires de 100 tonneaux et plus ne leur est pas applicable. (*Circulaire du 8 août 1814.*)

Divisions des colis.

685. L'administration, pour faciliter la réexportation des objets de smoglage, autorise la division des colis de la manière suivante :
Ceux renfermant des raisins de Corinthe, en caissettes, ou ballotins, de 10 kilogrammes au moins ; (*Décision administrative du 6 décembre 1817*) :
Ceux contenant du thé, en caissettes et ballotins de trois kilogrammes au moins ; (*Circulaire du 9 janvier 1818*);
Ceux renfermant des tabacs, en plusieurs petits ballots ; (*Circulaire du 1ᵉʳ brumaire an 11.*)
Ceux qui contiennent des tafias et eaux-de-vie de grains, en barils de 18 litres environ. (*Décision administrative.*)

686. Les divisions et transvasements ont lieu en présence des préposés, dans l'enceinte des bâtimens gardés par eux. (*Circulaire du 1ᵉʳ brumaire an 11 ; décision du 16 avril 1818.*)

Pénalité.

687. Toute soustraction et tout versement frauduleux auxquelles peuvent donner lieu les transvasements et conversions, sont punis par la confiscation de la marchandise, ou de la valeur, avec amende de 300 francs. L'amende est doublé avec déchéance de la faculté de fabrication, s'il y a récidive. (*Loi du* 19 *octobre* 1791.).

Mutations d'entrepôt.

688. Les marchandises plus haut désignées (n°ˢ 675 et 676), non prohibées à l'entrée, peuvent être expédiées d'un entrepôt *réel* sur un entrepôt *spécial*, en remplissant les conditions sous lesquelles ont lieu les mutations d'entrepôt. (*Décision du* 13 *octobre* 1818.) .

689. Les mutations par mer et par terre, d'un entrepôt *spécial* sur un autre entrepôt *spécial*, sont également autorisées. La formalité du double emballage et du double plombage est de rigueur, lorsque le transport a lieu par terre. (*Décision administrative du* 21 *octobre* 1818.).

SORTIE D'ENTREPOT.

690. La réexportation des marchandises reçues en entrepôt spécial s'effectue par des bâtiments de tout tonnage. (*Circulaire du* 8 *août* 1831 *et* 30 *juin* 1825.)

691. Elle a lieu en vertu d'un permis servant de sauf-conduit. Le permis en vertu duquel est effectué l'embarquement doit spécifier l'origine et la nature du chargement. (*Circulaire du* 18 *frimaire an* 11.)

CHAPITRE XXII.— ENTREPÔT DES GRAINS.

Voir, pour ce qui concerne cet entrepôt, le titre XIV, chap. XVIII.

CHAPITRE XXIII. — ENTREPOT DES TABACS.

Voir, pour ce qui concerne cet entrepôt, le titre XIV, chap. XIII.

CHAPITRE XXIV.— ENTREPOTS INTÉRIEURS.

Etablissement des entrepôts.

692. Il peut être établi dans toute ville de l'intérieur, ou des frontières, qui le demande, un entrepôt réel si cette ville satisfait aux conditions imposées par la loi. (Voir n° 692.) (*Loi du* 27 *février* 1832, *art* 1ᵉʳ.)

693. Le délai de cet entrepôt est de *trois années,* à partir du jour où les marchandises ont été importées, soit par terre, soit par mer. (*Idem, art.* 3.)

694. Si, à l'expiration du délai de trois ans, il n'est pas satisfait à l'obligation d'acquitter les droits, ou de réexporter , la douane procède comme le prescrit l'article 14 de la loi du 17 mai 1826. (Voir n° 548.)

Marchandises admises.

695. Sont reçues dans les entrepôts intérieurs toutes les marchandises prohibées et non prohibées, admissibles au transit, expédiées soit des ports d'entrepôt réel où elles

ont été débarquées, soit des bureaux frontières ouverts au transit. (*Lois du 27 février 1832 et 26 juin 1835, art. 1er.*)

696. On peut également y admettre les marchandises tarifées repoussées de la consommation du royaume, dans les cas prévus par le traité conclu avec le gouvernement britannique le 26 janvier 1826, lorsque, pouvant transiter, elles sont expédiées d'un port d'entrepôt réel ou d'un bureau ouvert à leur transit. (*Circulaire du 30 juin 1835.*)

Conditions spéciales d'établissement.

697. Pour obtenir l'établissement de l'entrepôt, les villes auxquelles la faculté en a été accordée, doivent préalablement y avoir affecté un bâtiment spécial, isolé, et distribué intérieurement de manière à ce qu'on y puisse classer séparément les marchandises d'origines diverses. (*Loi du 27 février 1832, art. 11.*)

Le même bâtiment doit offrir, en outre, la distribution convenable pour l'établissement des corps-de-garde des préposés, ainsi que des logements et bureaux réservés à l'agent du commerce et à celui des douanes, dépositaires chacun d'une clef de l'entrepôt, le premier, pour la conservation et la garde de la marchandise; le second, pour la garantie des droits du trésor.

Ces édifices doivent être agréés par le gouvernement. (*Idem.*)

698. Les villes qui demandent l'établissement d'un entrepôt ont à pourvoir à la dépense spéciale nécessitée par cette création, tant pour les bâtiments que pour les salaires des employés chargés des écritures, de la garde, de la surveillance et de la perception, et généralement à tous les frais occasionés par ces entrepôts.

Ces villes jouissent des droits de magasinage dans l'entrepôt, et la perception a lieu d'après les tarifs adoptés. (*Loi du 27 février 1832, art. 10.*)

VILLES QUI JOUISSENT DE L'ENTREPOT.

699. D'après les avis donnés par l'administration, les villes qui, ayant satisfait aux conditions imposées par la loi, ont été mises en possession de l'entrepôt, sont :

Metz (*circulaire du 24 janvier 1833*),
Toulouse (*26 décembre 1833*),
Orléans (*30 décembre 1832*),
Paris (*4 mars 1834*),
Mulhausen (*circulaire du 24 décembre 1835*).

OPÉRATIONS D'ENTRÉE.

700. Les marchandises sont admises dans les entrepôts intérieurs, en observant les dispositions relatives aux entrepôts réels maritimes. Les règles établies pour ces derniers entrepôts (voir n° 543 et suiv.) leur sont applicables sans exception. (*Loi du 27 février 1832, art. 4, et circulaire du 1er mars 1832.*)

701. Les marchandises *prohibées* ne sont admises qu'autant que le commerce a fait faire dans le bâtiment de l'entrepôt réel, des dispositions propres à les isoler des autres marchandises. (*Loi du 26 juin 1835, art. 1er.*)

702. Les villes qui, d'après les informations de l'administration, ont satisfait à la condition de la loi *quant aux marchandises prohibées* sont :

Paris (*circulaire du 14 juillet* 1835, n° 1493).

Metz (*circulaire du 3 août* 1835, n° 1500).

702 ¹. Les marchandises destinées pour un entrepôt intérieur y sont expédiées avec acquit-à-caution (reg. n° 49 si la marchandise est expédiée au moment de son introduction, ou reg. n° 47 s'il s'agit d'une mutation d'entrepôt), par le bureau qui les a d'abord reçues et vérifiées. (*Loi du 27 février* 1832, *art.* 4 ; *circulaire du* 1ᵉʳ *mars* 1832.)

702 ². A leur arrivée à la destination indiquée, les marchandises sont soumises à une exacte vérification. Les résultats en sont établis sur le carnet du vérificateur ; l'acquit-à-caution est ensuite déchargé pour les quantités reconnues. (*Mêmes loi et circulaire.*)

OPÉRATIONS DE SORTIE.

702 ³. Les entrepositaires retirent leurs marchandises de l'entrepôt, soit pour les livrer à la consommation après avoir acquitté les droits , si elles ne sont pas prohibées, soit pour la réexportation par le transit, ou pour être réexpédiées sur les autres entrepôts désignés par les réglemens , ou pour passer par simple mutation dans un entrepôt réel. (*Même loi, art.* 6, *circulaire du* 30, *et loi du* 26 *juin* 1835, *art.* 1ᵉʳ.)

702 ⁴. Quelle que soit celle de ces destinations que reçoive la marchandise, la sortie est constatée et le transport ultérieur assuré, en suivant les formes prescrites pour ce qui sort des entrepôts réels. (Voir n° 554 et suiv.)

702 ⁵. Les réexportations faites des entrepôts intérieurs donnent lieu au droit de transit de 25 centimes par 100 kilogrammes du poids reconnu, ou 15 centimes par 100 francs de la valeur des marchandises. (*Circulaire du* 1ᵉʳ *mars* 1832.)

702 ⁶. Le prix de chaque plomb pour les marchandises sortant d'entrepôt, soit pour la réexportation, soit par mutation d'entrepôt, est réduit à 25 centimes. (*Ordonnance du* 3 *juillet* 1834, *art.* 17.)

NOTA. Une erreur commise pendant l'impression a nécessité la répétition du n° 702 ci-dessus ; la même erreur exige qu'il soit fait au Recueil les changements suivants :

A l'article 398, au lieu de : voir n°ˢ 367 et 377, lisez 368 et 378.

—	427,	—	—	477,	—	479.
—	506,	—	—	522 (en note),	—	524.
—	572 et 581,	—	—	555,	—	557.
—	597,	—	—	515,	—	517.
—	601,	—	—	485,	—	487.
—	602,	—	—	515,	—	517.
—	605,	—	—	587,	—	591.
—	607 (en renvoi),	—	—	477,	—	479.
—	608,	—	—	515,	—	517.
—	612,	—	—	561,	—	566.
—	623,	—	—	631,	—	635.
—	636,	—	—	547,	—	549.
—	651,	—	—	618,	—	622.
—	671,	—	—	387,	—	389.
—	692,	—	—	692,	—	697.
—	700,	—	—	543,	—	545.

TITRE X.

TRANSIT ET EMPRUNT DU TERRITOIRE ÉTRANGER.

Il existe trois espèces de transit : celui qui a lieu des *ports* sur *les frontières de terre* ; celui des *frontières de terre* sur *les ports* ; celui *d'une frontière de terre* à une *autre frontière*.

Les dispositions relatives à ces trois sortes de transit sont classées comme suit :

1° Marchandises *prohibées* admises au transit, avec indication des ports et bureaux d'entrée et de sortie ;

2° Objets *non prohibés* admis à transiter, ports et bureaux ouverts à leur entrée et à leur sortie ;

3° Conditions générales et particulières du transit, et mesures de service prescrites à l'entrée et à la sortie,

Ce qui concerne l'emprunt du territoire étranger est séparément indiqué.

CHAPITRE Iᵉʳ. — MARCHANDISES PROHIBÉES AUXQUELLES LE TRANSIT EST ACCORDÉ ; PORTS ET BUREAUX D'ENTRÉE ET DE SORTIE.

703. Les marchandises prohibées à l'entrée du royaume, sauf l'exception portée à l'article suivant, peuvent transiter lorsqu'elles sont introduites par les ports et bureaux désignés exclusivement pour leur admission (voir n° 707). (*Loi du 9 février 1832, art. 3.*)

704. Sont exceptés de la faculté de transit les objets prohibés compris dans le tableau n° 1, joint à la loi du 9 février 1832. (Voir n° 713.)

705. Les marchandises prohibées provenant de saisies, sauf celles qu'exclut le tableau n° 1 cité à l'article précédent, sont admises à transiter. Le transit, ou la mise en entrepôt spécial dans les ports désignés à l'article ci-après, doit s'effectuer dans les *quinze jours* qui suivent la vente. (*Circulaire du 25 mai 1831.*)

706. Les objets saisis en vertu de la loi du 28 avril 1816, titre 6, jouissent de la faculté du transit et peuvent être réexportés par les ports et bureaux de première ligne, quand bien même ces ports et bureaux ne seraient pas désignés par la loi pour la sortie du prohibé. (*Circulaire manuscrite du 26 mars 1835.*)

Ports et bureaux d'entrée.

707. Le transit du prohibé n'a lieu qu'autant que les marchandises sont entrées dans le royaume par les ports et bureaux suivants :

Les ports de Marseille, Bayonne, Bordeaux, Nantes, le Havre, Dunkerque, Calais, Boulogne.

Les bureaux de Blanc-Misseron, Longwy, Sierck, Forback, Lauterbourg, Wissembourg, Strasbourg, Saint-Louis, Huningue, Verrières-de-Joux, Les Pargots, Les Rousses, Bellegarde, Pont-de-Beauvoisin, Behobie, Perpignan par Perthus. (*Loi du 9 février* 1832 *et ordonnance des 2 juin et 8 juillet* 1834.)

Les bureaux de Longwy, Les Pargots, Huningue. (*Ordonnance du 8 juillet 1834, art.* 6.)

708. Les marchandises prohibées arrivant par mer pour le transit, qui ne sont pas immédiatement rechargées pour suivre leur destination, sont placées dans l'entrepôt spécial établi dans le port. (*Lois des 9 février* 1832 *et 26 juin* 1835.)

709. Elles peuvent y séjourner pendant la durée légale de l'entrepôt, pour être réexportées en transit par les bureaux ouverts à ces opérations, ou dirigées par terre sur des entrepôts du prohibé. (*Loi du* 26 *juin* 1835, *circulaire du* 30.)

Ports et bureaux de sortie.

710. Les marchandises *prohibées,* entrées dans le royaume par les ports et bureaux indiqués à l'article 707, ne peuvent transiter qu'autant qu'elles ressortent, savoir :

Par l'un de ces mêmes ports ou bureaux si elles sont arrivées par terre, et si elles sont arrivées par mer, par les seuls bureaux de :

Blanc-Misseron, Sierck, Longwy, Forback, Lauterbourg, Wissembourg, Strasbourg, St-Louis, Verrières-de-Joux, Les Rousses, Bellegarde, Pont-de-Beauvoisin, Les Pargots et Huningue. (*Loi du 9 février* 1832 ; *circulaire du* 4 *juin* 1832 ; *ordonnance du 8 juillet* 1834, *art.* 3.)

711. Les objets prohibés entrés par Perpignan, ressortent par Perthus, Bourg-Madame et Port-Vendre. (*Idem.*)

CHAPITRE II. — MARCHANDISES NON PROHIBÉES AUXQUELLES LE TRANSIT EST ACCORDÉ ; PORTS ET BUREAUX OUVERTS A L'ENTRÉE ET A LA SORTIE.

712. Les marchandises, matières ou objets fabriqués, *passibles de droits à l'entrée,* à l'exception des objets indiqués à l'article suivant, peuvent être expédiés en transit lorsqu'ils sont introduits par les ports et bureaux désignés pour leur admission (les voir n° 715). (*Loi du 9 février* 1832, *art.* 1ᵉʳ.)

713. Sont exceptés de la faculté du transit, les objets tarifés et prohibés qui se trouvent compris dans la nomenclature suivante :

Animaux vivants, viandes, poissons, tabac fabriqué, drilles ;

Matériaux non emballés : notamment engrais, marne et charrée ; plâtre, ardoises (1), briques, tuiles ; minerais de toute sorte, limaille. Graisses, sauf le suif et autres graisses à l'état concret. Huiles, sauf, 1° les huiles de palmes concrètes ; 2° les huiles d'olive dont le transit est autorisé par l'article 12 de la loi du 17 mai 1826 ; 3° les

(1) Le transit des ardoises est autorisé par les bureaux de *St-Menges, Monthermé* et *Givet.* (*Ordonnance du* 19 *octobre* 1835.)

huiles de colza, de navette, d'œillette, de pavot et de lin, qui, sous les conditions déterminées par cette même loi, peuvent être importées et peuvent ressortir par tous les bureaux ouverts au transit. (*Ordonnance du 8 juillet 1834, art. 14; circulaire du 15.*)

Fluides et liquides de toutes les espèces, notamment les boissons, mélasses, sirops, sorbets, confitures, miel, sauf celui à l'état concret; beurre, médicaments, produits chimiques, couleurs, teintures, vernis, bitumes; fontes (elles sont néanmoins admises à titre d'essai par les bureaux ouverts au prohibé, lorsqu'elles pèsent moins de 25 kilog.). (*Circulaire manuscrite du 28 avril 1834.*) Fer étiré (sauf celui qui sera soumis à un estampillage et aux précautions que l'administration pourra déterminer); sucre raffiné et confiseries (sauf le cas prévu pour les réexpéditions faites de l'entrepôt de Strasbourg); voitures; armes de guerre, balles de calibre et poudre à tirer (sauf les autorisations spéciales que le gouvernement pourra accorder); sel marin, de saline ou sel gemme; chicorée moulue. (*Même loi et ordonnance du 10 octobre 1835, art. 7.*)

714. On peut, toutefois, permettre le transit des fluides et liquides en *bouteilles* ou *cruchons*, autres que les produits chimiques et médicaments. Ils sont admis à transiter en tous sens, sous la condition du double plombage et avec prélèvement d'échantillons. (*Ordonnance du 8 juillet 1834, art. 6 et 13.*)

Ports et Bureaux d'entrée.

715. Le transit des objets non prohibés n'a lieu qu'autant que l'introduction s'est effectuée par l'un des ports ou bureaux suivants :

Les ports d'entrepôt réel (les voir n° 534).

Les bureaux de Lille, par Halluin et Baisieux; Valenciennes, Blanc-Misseron, Givet, Sedan, par St-Menges et La Chapelle; Thionville, par Roussi et Sierck; Sierck, Forbac, Sarguemines, Lauterbourg, Wissembourg, Strasbourg, Huningue, Saint-Louis, Delle, Verrières-de-Joux, Jougne, Les Rousses, Bellegarde, Pont-de-Beauvoisin, Chapareillan, Saint-Laurent-du-Var, Bedous, par Urdos; Behobie, Ainhoa, Saint-Jean-Pied-de-Port, par Aineguy; Perpignan, par Perthus. (*Loi du 9 février 1832, art. 1 et 2.*) Le Villers, jusqu'à l'établissement du bureau des Pargots et entre Deux-Guiers. (*Ordonnance du 8 juillet 1834, décision ministérielle du 7 mars 1834, circulaire du 15 mai suivant.*)

716. Les marchandises non prohibées, expédiées des frontières de terre sur un port où il y a un entrepôt réel, peuvent être reçues à leur arrivée dans cet entrepôt. Elles sont traitées à la réexportation, quant aux droits (voir n° 578), comme si elles étaient arrivées par mer. (*Loi du 17 mai 1826, art. 13.*)

Ports et Bureaux de sortie.

717. Les marchandises *non prohibées*, qui ont été admises à transiter, doivent ressortir, savoir :

Soit par l'un des bureaux indiqués à l'article 715, soit par l'un des ports d'entrepôt réel (n° 534), à l'exclusion, toutefois, des denrées coloniales comprises dans l'article 22 de la loi du 28 avril 1816 (voir n° 249), qu'on ne peut expédier des bureaux frontières sur les ports d'entrepôt. (*Loi du 9 février 1832, art. 2.*)

CHAPITRE III.—EXPÉDITIONS EN TRANSIT SUR LES ENTREPOTS INTÉRIEURS.

718. Le commerce jouit de la faculté de diriger sur les entrepôts intérieurs les cotons filés écrus du n° 143 et au dessus, les châles de cachemire, et toutes les marchandises admissibles au transit, dont l'entrée dans le royaume est autorisée, sauf toutefois celles comprises au tableau n° 1 joint à la loi du 9 février 1833 (voir n° 713). (*Loi fdu 27 février 1832, art.* 2; *ordonnance du 2 juin* 1834; *circulaire du* 5.)

Nota. Une décision ministérielle du 6 novembre 1833 admettant au transit les liquides en cruchons ou en bouteilles, on peut par conséquent diriger sur les entrepôts intérieurs les rhum, rack et tafia importés en cet état. (*Circulaire du 5 juin* 1834.)

719. Les .marchandises destinées à transiter sont expédiées avec acquit-à-caution (formule n° 49) sous toutes les conditions auxquelles le transit est assujéti. (*Loi du 27 février* 1832; *circulaire du* 1er *mars suivant.*)

CHAPITRE IV. — CONDITIONS GÉNÉRALES DU TRANSIT.

720. Le transit est aux risques des soumissionnaires. Ceux-ci ne peuvent être exempts de remplir leurs obligations en alléguant la perte des marchandises. Seulement, s'ils justifient légalement de cette perte, ils n'acquittent que le simple droit d'entrée. (*Loi du 17 décembre* 1814, *art.* 5 *et* 8; *loi du* 8 *floréal an* 11, *art.* 54, *et arrêt de cassation du 17 mars* 1835.)

721. A leur arrivée par mer dans un lieu d'entrepôt réel, comme lorsqu'elles sont présentées dans un port d'entrepôt pour être réexportées, les marchandises de transit peuvent être entreposées. (*Loi du* 9 *février* 1832, *art.* 16.)

CHAPITRE V. — FORMALITÉS A REMPLIR A L'ARRIVÉE DE L'ÉTRANGER.

Déclaration. — Objets prohibés.

722. Si l'objet destiné au transit *est prohibé*, le manifeste à exhiber dans les ports, ou la déclaration sommaire à produire aux frontières, doit l'indiquer, et mentionner les marchandises par *nature, espèce et qualité.* (*Loi du* 9 *février* 1832, *art.* 4.)

723. La déclaration en détail désigne, de plus, les marchandises, selon qu'elles en sont susceptibles, par *espèce, qualité, nombre, mesure, poids brut, poids net* et *valeur.* (*Idem.*)

724. Lorsque des objets sont en *colis pressés* et fortement comprimés, la déclaration énonce les dimensions en tous sens, et le poids net du colis intérieur comprenant les planchettes, cartons, toiles, papiers, etc., retenus sous la première ligature. (*Même loi, art.* 5; *circulaire du* 13.)

725. Pour toutes espèces de marchandises prohibées présentées au transit, on doit comprendre dans le poids net déclaré, les papiers, cartons, etc. (*Circulaire du* 9 *avril* 1833.)

726. Si les consignataires n'ont pas reçu les documents nécessaires pour produire avec sécurité toutes les indications que comporte la déclaration, la douane, sans prendre part à l'opération, permet qu'ils fassent ouvrir les colis. Les préposés assistent à cette opération. (*Circulaire du* 13 *février* 1832.)

Objets non prohibés.

727. Les marchandises non prohibées sont déclarées par les propriétaires ou conducteurs, par *quantité*, *espèce* et *qualité*, comme pour l'importation ordinaire. (*Loi du* 17 *décembre* 1814.)

728. S'il s'agit de marchandises non susceptibles du plombage, telles que les cuirs et peaux, plombs en saumons, bois d'acajou ou de teinture, etc., elles sont énoncées par *pièces, dimensions, poids* et *valeur*. (*Idem.*)

729. Quel que soit le porteur de la déclaration, s'il y a inexactitude dans les quantités, espèces ou qualités déclarées, il en est responsable. (*Arrêt de la Cour de cassation du* 28 *juillet* 1811.)

730. Les dispositions concernant les marchandises prohibées, présentées en *colis pressés*, peuvent être appliquées aux fils et tissus *non prohibés ;* l'expéditeur qui veut jouir de cette faculté doit l'énoncer dans sa déclaration, et y mentionner la valeur des marchandises en France. (*Ordonnance du* 8 *juillet* 1834, *art.* 15; *circulaire du* 15.)

Vérification. — Objets prohibés.

731. Tous les colis de marchandises *prohibées* qui se trouvent compris à la déclaration sont présentés à la vérification; la visite porte, sans exception, sur toutes les indications données par le conducteur ou par le consignataire. (*Loi du* 9 *février* 1832; *circulaire du* 13.)

732. Le vérificateur est tenu de constater le poids net de chaque colis; il opère la soustraction matérielle de l'emballage. Aucune espèce d'approximation ne peut être admise. (*Circulaire du* 13 *février* 1832.)

733. La constatation de la mesure des tissus, par la reconnaissance des dimensions de largeur et de longueur, ne doit pas être négligée; il est néanmoins recommandé d'user de tous les expédients propres à s'assurer de l'exactitude des déclarations, sans porter atteinte à la fraîcheur des étoffes. (*Circulaire du* 13 *février* 1832.)

734. Lorsque les fils et tissus ou autres marchandises sont présentés en *colis pressés*, ils sont retirés de leur emballage et mis à nu sans être dégagés du lien servant à les réunir. La qualité, le nombre et l'espèce sont reconnus sans déploiement ou aunage. La vérification doit porter, en même temps, sur les dimensions du colis intérieur, comprenant les planchettes, cartons, toiles, etc. (*Loi du* 9 *février* 1832, *art.* 5; *circulaire du* 13.)

735. En cas d'indice de fraude, la douane a le droit d'exiger la rupture des liens, et de se livrer à une vérification approfondie. (*Idem.*)

Objets non prohibés.

736. Les vérificateurs, lorsqu'il s'agit de marchandises *non prohibées*, ont la faculté de constater le *poids net effectif* en même temps que le *poids brut*. Ils opèrent ainsi, lorsque la tare leur paraît trop forte ou trop faible; ils s'abstiennent d'user de ce droit lorsqu'ils jugent qu'il n'y a pas nécessité de l'exercer. (*Loi du* 17 *décembre* 1814; *circulaire du* 20.)

737. La vérification de la *quantité*, de l'*espèce* et de la *qualité* des marchandises présentées au transit est établie, dans tous les cas, colis par colis. Les résultats de la

visite sont inscrits au portatif dans la forme ordinaire. (*Circulaires des 20 décembre* 1814 *et 16 mai* 1818.)

738. Les dispositions concernant les objets prohibés présentés en *colis pressés*, pouvant, à la demande des expéditeurs, être appliquées aux fils et tissus *non prohibés*, la visite de ces derniers peut avoir lieu sans déploiement ou aunage. (*Ordonnance du 8 juillet* 1834, *art.* 15.)

739. Le commerce a la faculté de réunir en fardeaux deux sacs ou ballots pour en faire l'objet d'une seule pesée. Le fardeau, dans ce cas, est considéré comme unité. (*Circulaire du 15 juillet* 1834.)

Pénalité.

740. Les peines encourues en matière de transit sont celles suivantes :

Pour le prohibé. En cas de déficit de colis, le signataire du manifeste ou de la déclaration sommaire encourt l'amende de 1,000 francs par chaque colis manquant.

L'excédant de colis, ou une énonciation fausse quant à l'*espèce* ou à la *qualité*, entraîne la confiscation avec l'amende du triple de la valeur des marchandises. (*Loi du* 9 *février* 1832, *art.* 4.)

Si la différence porte sur le nombre, la mesure ou le poids, le déclarant est condamné à une amende du triple de la valeur réelle des quantités formant excédant ou de celles manquantes. L'amende se réduit à la simple valeur, si l'excédant ou le déficit n'excède pas le vingtième du nombre, de la mesure ou du poids. (*Idem*.)

741. Lorsque la douane juge que la valeur d'une marchandise n'a pas été déclarée à son véritable taux, elle peut d'office en assigner une plus exacte. (*Idem*.)

742. *Pour le non prohibé* la règle à suivre est celle-ci : Les fausses déclarations faites aux bureaux d'entrée, pour obtenir irrégulièrement le transit des marchandises non prohibées, donnent lieu à l'application des peines prononcées dans les cas d'importation ordinaire (voir n° 227). (*Loi du 17 décembre* 1814.)

743. S'il s'agit de fils et tissus non prohibés présentés en *colis pressés*, c'est la valeur de l'objet présenté qui est prise pour base des amendes, et l'on applique, alors, les dispositions des articles 5, 6, 7 et 8 de la loi du 9 février 1832. (*Circulaire du 15 juillet* 1834.)

État des colis.

744. La douane s'assure que les caisses destinées à renfermer les marchandises expédiées en transit sont en bon état. Elle exige la réparation des colis défectueux qu'elle juge de nature à favoriser des soustractions. (*Même loi; circulaire du* 20.)

745. Les marchandises destinées au transit doivent être présentées séparément, par espèce et qualité. Chaque espèce de marchandise doit former seule un colis. La séparation de chaque espèce peut néanmoins avoir lieu au moyen de compartiments établis dans des colis de la nature de ceux indiqués par le tableau A, joint à l'ordonnance du 11 février 1832. (*Circulaire du 5 mai* 1818 ; *loi du 9 février* 1832, *art.* 13.)

746. La douane peut admettre des objets prohibés dans les colis tels qu'ils sont confectionnés en fabriques, mais ces colis doivent ensuite, après le premier plombage à nu, être renfermés dans ceux de l'espèce indiquée par l'ordonnance de 1832. (*Circulaire manuscrite du 13 septembre* 1831.)

747. La formalité du double emballage est applicable seulement aux colis renfermant des fabrications prohibées ou autres. (*Ordonnance du 8 juillet 1834*, *art.* 17.)

Nota. La circulaire du 15 juillet 1834 explique que les poils non filés et les plumes brutes sont exempts du double emballage.

Marchandises avariées.

748. Les marchandises expédiées en transit sont réputées d'une qualité saine, si le propriétaire n'a pas fait constater leur état d'avarie. Elles ne sont réputées avariées, qu'après examen fait par deux experts, sur la demande expresse du déclarant, *exprimant le degré d'avarie.*

Les vérificateurs et le sous-inspecteur sédentaire n'interviennent que comme *surveillants* dans l'opération. Le degré de dépréciation de l'objet déclaré est énoncé dans l'acquit-à-caution. (*Loi du* 17 *décembre* 1814, *art.* 9*; circulaires des* 20 *décembre* 1814 *et* 18 *juillet* 1828.)

749. Si l'avis des experts réduit de plus *d'un dixième* le degré d'avarie énoncé, on considère alors qu'il y a tentative de fraude; un procès-verbal doit le constater à telle fin que de droit. (*Circulaire du* 18 *juillet* 1828.)

Échantillons.

750. Lorsque des marchandises reconnues avariées sont expédiées pour ressortir du royaume, il en est prélevé des échantillons. Ces types sont remis sous plomb au voiturier, et représentés par lui au bureau de sortie, pour servir à reconnaître l'identité de l'objet transporté. (*Circulaires des* 24 *novembre* 1817 *et* 3 *juillet* 1820.)

751. Il est prélevé également des échantillons pour les marchandises ci-après:

Pour les laines, grains et farines, sucres bruts ou terrés, cacao, cafés d'une qualité très inférieure ou mélangés de grains noirs; vanille, cochenille, tabac en feuilles, huiles d'olive, fils de coton, de laine et autres prohibés; tulle de lin, de coton ou de soie; tissus de laine ou mélangés de laine, *en pièces;* tissus de soie, de bourre de soie et de fleuret, *en pièces;* tissus de coton ou mélangés de coton, *en pièces.* (*Ordonnance du* 11 *février* 1832.)

Liquides et fluides, huile; de colza, de navette, d'œillette, de pavot, de lin. (*Loi du* 17 *mai* 1826, *art.* 12, *tableau* 1 *annexé à la loi du* 9 *février* 1832, *et ordonnance du* 8 *juillet* 1834, *art.* 14.)

Cannelle, girofle, muscade, macis, poivre, piment, thé, safran, orseille, indigo, ipécacuanha, rhubarbe, salsepareille, jalap, écorces médicinales, feuilles et follicules de séné, sucs végétaux à l'exception des gommes pures, résines indigènes, storax, manne, jus de réglisse et glu. (*Loi du* 27 *juillet* 1822 *et ordonnance du* 8 *juillet* 1834, *art.* 17.) Bouchons de liége. (*Ordonnance du* 10 *octobre* 1835, *art.* 8.)

752. Les échantillons, réunis en paquets empreints du cachet de la douane, sont renfermés dans une caisse ou boîte carrée, bien fermée, et plombée, sur laquelle sont indiqués le numéro et la date de l'acquit-à-caution, et le nom du bureau où cet acquit a été délivré. (*Circulaires des* 9 *juillet* 1820, 12 *août* 1826, 22 *février* 1827 *et* 22 *mars* 1832.)

Plombage.

753. La vérification terminée, les marchandises sont réemballées avec soin; chaque

colis est ensuite solidement cordé et revêtu du plomb de la douane. (*Loi du* 17 *décembre* 1814, *art.* 5; *circulaire du* 20.)

754. Le commerce ayant la faculté de réunir deux sacs ou ballots en un fardeau, les deux colis, dans ce cas, ne sont revêtus que d'un seul plomb, à moins que la marchandise ne soit soumise au double plombage. (*Circulaire du* 15 *juillet* 1834.)

755. Il y a obligation d'apposer un premier plomb sur le colis à nu, et un second sur le double emballage, pour les objets ci-après:

1° Les marchandises prohibées, présentées en colis *pressés ;*

2° Les fabrications prohibées et autres.

Les denrées dénommées en l'article 17 de la loi du 27 juillet 1822 cessent d'être soumises au double plombage. (*Loi du* 9 *février* 1832, *art.* 14 ; *ordonnance du* 8 *juillet* 1834; *circulaire du* 15.)

Nota. Ces denrées sont: cacao, cannelle, cochenille, écorces médicinales, feuilles et follicules de séné, girofle, indigo, ipécacuanha, jalap, macis, muscade, orseille, piment, poivre, rhubarbe, safran, salsepareille, sucs végétaux (excepté les gommes pures réunies), storax, manne, jus de réglisse, glu, thé.

756. Le double plombage des marchandises désignées en l'article 17 de la loi du 27 juillet 1822 est suppléé par le prélèvement d'un échantillon mis dans une boîte scellée du plomb de la douane (voir n° 752). (*Ordonnance du* 8 *juillet* 1834, *art* 17.)

757. Les colis *pressés* mis à nu, qui renferment des marchandises prohibées, sont plombés avec apposition de cachets, afin de prévenir toute altération. Des scellés en papier, revêtus du cachet de la douane, doivent aussi être apposés sur les autres marchandises, là où l'on juge qu'il y a possibilité d'un dérangement quelconque.(*Idem.*)

758. C'est sous la direction et la double surveillance du vérificateur et du sous-inspecteur sédentaire, que le plombage des colis *pressés* a lieu. Aucun colis plombé à nu ne doit être replacé dans son emballage, que le sous-inspecteur ne se soit assuré de la régularité de l'opération. (*Circulaire du* 13 *février* 1832.)

759. Les marchandises exemptes de droit d'entrée, mais prohibées à la sortie, que l'on expédie en transit avec acquit de paiement, sont également soumises au plombage. (*Loi du* 17 *décembre* 1814, *art.* 13.)

760. Sont exempts du plombage les objets suivants :

Peaux brutes ;

Plombs en saumons ;

Bois d'ébénisterie et de teinture, en bûches, et les autres marchandises non susceptibles d'être emballées. (*Loi du* 17 *décembre* 1814, *art.* 7.)

761. Il est payé à la douane, pour les plombs apposés sur les colis expédiés en transit, savoir :

25 centimes par plomb pour le second plombage des marchandises soumises à cette double garantie ;

25 centimes pour les céréales ;

50 centimes pour les autres cas. (*Ordonnance du* 8 *juillet* 1834, *art.* 17.)

762. Les chefs locaux, pour prévenir les abus qui pourraient se commettre, ont à tenir la main à ce qu'après les heures du service, les instruments du plombage soient déposés en magasin sous la clef du receveur. (*Circulaire du* 22 *mars* 1832.)

13

763. Les opérations de plombage exigeant beaucoup de soin, les inspecteurs et sous-inspecteurs doivent les surveiller scrupuleusement, et rendre compte mensuellement du résultat de leurs vérifications sous ce rapport. (*Circulaire du* 22 *mars* 1832.)

Droit de transit.

764. Le droit de transit est perçu au bureau d'expédition. L'acquit-à-caution indique si cette perception a été effectuée. Ce droit est de 25 centimes par cent kilogrammes du poids reconnu (avant l'apposition du second emballage quand il en est exigé un), ou de 15 centimes par 100 francs, au choix du déclarant. (*Circulaire du* 9 *messidor an* 8; *loi du* 9 *février* 1832, *art.* 15; *circulaire du* 13.)

Expédition à délivrer.

765. Avant de permettre les expéditions en transit, le receveur s'assure de la solvabilité des soumissionnaires et de leurs cautions. Il ne les admet, à ce titre, que dans la proportion de leurs facultés connues, en ayant égard aux acquits-à-caution dont l'objet n'est pas encore rempli, et à tous autres engagements. (*Circulaire du* 20 *décembre* 1814.)

766. L'acquit-à-caution (formule n° 49 ou 49 *bis*) donne les indications ci-après :

1° L'origine de la marchandise,

2° La date et le numéro de l'enregistrement au sommier, si elle sort d'entrepôt;

3° La nature, espèce et qualité; les pièces, dimensions, poids et valeur pour les objets non soumis au plombage;

4° Le poids constaté au *brut* ou *au net,* et des deux manières pour le prohibé;

5° Le degré d'avarie s'il a été reconnu que l'objet était avarié;

6° Pour les fers étirés, le nombre des barres, leurs dimensions, et le poids distinct, par espèce, de fer étiré au marteau ou au laminoir (*circulaire du* 13 *février* 1838);

7° Le délai dans lequel la réexportation doit se consommer ;

8° Le premier bureau de seconde ligne où l'acquit doit être visé;

9° Le plombage, simple ou double, des colis, et la dimension en tous sens des colis intérieurs contenant du prohibé. (*Circulaires des* 20 *décembre* 1814, 16 *mai* 1818, 13 *février* 1832.)

767. La liquidation des droits à payer et de l'amende encourue, en cas de non rapport de l'acquit-à-caution, doit être présentée, par le receveur, dans cette expédition. (*Circulaire du* 20 *décembre* 1814.)

768. S'il s'agit de tabacs on doit, dans l'expédition qui les accompagne, leur donner la valeur moyenne de 4 francs 30 centimes le kilogramme (en feuilles ou fabriqués), valeur qui représente leur prix en France; les cigares sont évalués 90 fr. le mille. (*Circulaire manuscrite du* 29 *août* 1834.)

769. Le délai dans lequel doit s'effectuer le transport des marchandises est fixé suivant les distances, les saisons et le mode de transport. On l'établit, généralement, à raison d'un jour par deux myriamètres et demi, augmenté de ce qui est nécessaire pour les stations forcées de la navigation ou du roulage; vingt jours sont donnés, ensuite, pour rapporter l'acquit déchargé. (*Loi du* 17 *décembre* 1814; *circulaire du* 20 ; *et circulaire du* 28 *mars* 1833.)

Nota. Le receveur doit, pour le *prohibé* surtout, limiter avec beaucoup d'exactitude les délais, et n'accorder que le temps qu'exigent réellement les distances. *(Circulaire du 13 février 1832.)*

Non rapport de l'acquit-à-caution.

770. Si l'acquit-à-caution n'est pas rapporté dûment déchargé dans le délai fixé, le soumissionnaire est contraint, savoir :

Pour le prohibé, au paiement d'une somme égale à la valeur des marchandises, plus à une amende du triple de cette valeur. (*Loi du 9 février* 1832, *art.* 6.)

Pour le *non prohibé*, à une amende de 500 francs, plus le paiement du quadruple des droits d'entrée. (*Loi du 17 décembre* 1814, *art.* 5.)

Nota. S'il s'agissait de fils et tissus non prohibés présentés en *colis pressés*, c'est l'amende de la triple valeur des marchandises qui devrait être appliquée. (*Circulaire du 13 juillet* 1834.)

Il y a lieu au paiement du simple droit seulement, si le déficit constaté à la sortie n'est que du 10°. (*Loi du 17 décembre* 1814, *art.* 9.)

On dispense l'expéditeur du paiement du simple droit, lorsqu'il est reconnu par l'administration que le déficit est l'effet d'une dessiccation naturelle à la marchandise. (*Circulaire du 10 mars* 1818.)

771. Un négociant ou commissionnaire, convaincu d'avoir effectué, à la faveur d'expéditions qui lui ont été délivrées, des versements, substitutions ou soustractions, peut être privé, par un acte du gouvernement, de la faculté du transit. (*Loi du 8 floréal an 11, art.* 83.)

772. Sauf les objets prohibés et ceux qui transitent par les départements du Rhin, les marchandises expédiées en transit peuvent, après vérification, rester dans le royaume, si, avant le délai accordé pour la sortie, elles sont déclarées pour la consommation au bureau désigné par l'acquit-à-caution. Elles ne pourraient acquitter les droits dans un autre bureau, qu'en vertu d'une autorisation spéciale. (*Loi du 26 mai* 1819, *et décisions administratives.*)

CHAPITRE VI. — VISA EN COURS DE TRANSIT.

773. Le conducteur des marchandises expédiées en transit est tenu de présenter son expédition au bureau des douanes de seconde ligne, par lequel il entre dans le rayon frontière s'il vient de l'intérieur, ou par lequel il sort de la ligne s'il arrive de l'étranger. Les employés de ce bureau examinent si le chargement est intact, et si les enveloppes des colis, les cordes et les plombs n'ont subi aucune altération; ils le constatent par leur visa. (*Loi du 9 février* 1832, *art.* 12.)

774. Les préposés de douanes ne procèdent à une visite *complète* du chargement, qu'autant qu'il y a déficit ou altération de colis, cordes ou plombs. La vérification, dans ce cas, doit être approfondie; elle porte sur tous les objets énoncés en l'acquit-à-caution. (*Idem, et circulaire du 10 juillet* 1816.)

775. Un conducteur qui ne fait pas viser son expédition, ou qui a dépassé le bureau sans avoir requis et obtenu le visa, est passible, avec le soumissionnaire de l'acquit-à-caution, d'une amende de 500 francs. (*Idem.*)

776. La contravention pour non visa ne se constate pas au bureau de seconde ligne;

elle s'établit d'elle-même, et c'est au bureau d'expédition que le paiement de l'amende est réclamé. Il est prescrit de faire mention du défaut de visa, sur les lettres de voiture, afin d'assurer le recours de l'expéditeur contre le voiturier. (*Circulaire des 23 mars, et 15 décembre 1832.*)

777. Lorsque des marchandises sortant de l'entrepôt de Strasbourg sont expédiées en transit sur Saint-Louis, le conducteur est tenu de justifier, en présentant son chargement aux préposés placés à la porte Dauphine, que les colis sont sortis dans le jour même. (*Loi du 26 mai 1819.*)

CHAPITRE VII. — FORMALITÉS A REMPLIR AU BUREAU DE SORTIE.

778. A moins d'une autorisation spéciale, la sortie des marchandises doit s'effectuer par le bureau que désigne l'acquit-à-caution.

Défense est faite, sous peine de destitution, aux employés d'un autre bureau, de délivrer l'acte de décharge.

Aucune demande de changement du point de sortie ne peut être accueillie, s'il s'agit d'objets prohibés. (*Loi du 9 février 1832, art. 6; circulaires du 7 et du 13 mai 1815.*)

Vérification.

779. Au bureau où les objets sont présentés, il est procédé d'abord à la reconnaissance de l'état des colis, cordes et plombs; ensuite à la vérification détaillée, colis par colis, des *quantités, espèces, qualité, nombre* et *poids* des marchandises comprises en l'acquit-à-caution, afin de s'assurer que les objets présentés sont identiquement les mêmes que ceux compris sur cette expédition. (*Circulaires des 20 décembre 1814, et 16 mai 1818.*)

780. Il doit être procédé aux visites avec le plus grand soin, notamment à l'égard des huiles et du sucre terré blanc. (*Circulaire du 2 février 1832.*)

Il y a lieu, au bureau de sortie, à saisir les marchandises représentées, si l'identité n'est pas parfaite avec ce que décrit l'acquit-à-caution; si, par exemple, on représente du sucre *blond* lorsque l'expédition exprime du sucre *blanc*, etc. (*Arrêt de cassation du 19 novembre 1834, circulaire du 21 décembre suivant.*)

781. Lorsque des objets prohibés sont présentés *en colis pressés*, la douane s'attache à reconnaître d'abord si le plombage est intact; ensuite elle examine si les colis à nu comprenant leurs planchettes, cartons, toiles, papiers, etc., ont la dimension et le poids exprimés par l'acquit-à-caution. (*Circulaire du 13 février 1832.*)

Le sous-inspecteur sédentaire assiste le vérificateur dans cette reconnaissance.

L'examen de cette sorte de marchandises a lieu en suivant le mode prescrit pour le bureau d'expédition (voir n° 734). (*Loi du 9 février 1832; circulaire du 13.*)

782. Si cependant il existait pour des marchandises mises en colis pressés, des indices de fraude, la douane pourrait exiger la rupture des liens des colis intérieurs. Elle se livrerait, dans ce cas, à une vérification approfondie. (*Loi du 9 février 1832, art. 5; circulaire du 13.*)

783. Dans les bureaux de sortie, deux employés, au moins, sont chargés de la vérification des marchandises de transit. Ils en établissent les détails et les résultats sur un

portatif particulier; ils en font ensuite enregistrement sur le registre de visite (série T, nº 19. (*Circulaires des* 20 *décembre* 1814, 16 *mai* 1818, *et* 13 *février* 1832.)

784. La douane s'assure de l'état *sain* des objets soumis à la visite : s'il est présenté des marchandises avariées sans que l'acquit-à-caution indique que l'avarie a été constatée au bureau de départ, l'expéditeur (à moins que l'avarie n'excède pas 2 p. 0/0) perd la faculté du transit. Il peut néanmoins obtenir décharge de l'acquit-à-caution en payant les droits d'entrée. (*Loi du* 17 *décembre* 1814, *art.* 9; *circulaire du* 20.)

785. Les vérificateurs se font représenter les lettres de voitures, d'abord pour s'assurer qu'elles sont sur papier timbré (voir nº 112), ensuite pour y mentionner les résultats de leur vérification, de manière, en cas de soustraction de marchandises, à assurer le recours de l'expéditeur contre le voiturier. (*Circulaire du* 25 *septembre* 1829.)

Pénalité.

786. Les peines à appliquer en cas de fraude reconnue au bureau de sortie sont celles suivantes :

Pour le prohibé. S'il y a soustraction de marchandises, l'acquit-à-caution est déchargé pour celles représentées, et le conducteur encourt personnellement, indépendamment des poursuites à exercer contre le soumissionnaire, une amende égale à la valeur des moyens de transport : les chevaux et voitures sont retenus en garantie. (*Loi du* 9 *février* 1832, *art.* 7.)

787. De faibles différences, résultats de causes fortuites ou de force majeure, ne donneraient pas lieu à actionner le conducteur. Dans ce cas, le certificat de décharge devrait indiquer les motifs de ces différences. (*Circulaire du* 13 *février* 1832.)

788. En cas de substitution, l'objet substitué est confisqué, et le conducteur est passible, outre les peines encourues par le soumissionnaire de l'acquit-à-caution, d'une amende égale à la valeur des moyens de transport. (*Loi du* 9 *février* 1832, *circulaire du* 13.)

789. Est considérée comme substitution, s'il s'agit de marchandises expédiées en *colis pressés*, la levée ou l'altération des plombs ou cachets apposés sur le colis intérieur. Les peines indiquées à l'article qui précède, sont encourues par le conducteur. (*Même loi, art.* 8.)

790. *Pour le non prohibé*, la règle à suivre est celle-ci : s'il y a soustraction, l'acquit-à-caution est revêtu d'un acte de décharge pour les quantités reconnues, et le soumissionnaire est poursuivi au bureau d'expédition pour celles manquantes. Il est adressé à l'administration une copie du procès-verbal avec l'acquit-à-caution. (*Circulaire du* 10 *octobre* 1832.)

791. Une substitution entraîne la confiscation de l'objet substitué, avec amende de 100 francs s'il est tarifé, ou de 500 francs s'il est prohibé à la sortie. (*Loi du* 22 *août* 1791, *titre III, art.* 9; *et titre V, art.* 3.)

792. La douane est fondée à refuser le certificat de décharge, si, au bureau de sortie, les objets présentés diffèrent d'espèce ou de qualité avec ceux désignés sur l'acquit-à-caution. (*Circulaires des* 16 *mai* 1818 *et* 21 *décembre* 1834.)

CHAPITRE VIII. — CONSTATATION DE LA SORTIE EFFECTIVE.

La réexportation effective des marchandises a lieu immédiatement.

Elle se consomme soit par *mer* soit par *terre;* on suit , dans l'un ou l'autre cas , les règles suivantes.

Réexportation par mer.

793. L'embarquement des marchandises a lieu en vertu d'une permission inscrite sur l'acquit-à-caution même; cette expédition est ensuite revêtue de deux certificats des préposés attestant : le premier, la mise des colis à bord ; l'autre, le départ du navire pour l'étranger. (*Circulaires des* 28 *mars* 1817, 13 *février* 1832.)

794. Si la réexportation a lieu par l'un des ports de Bordeaux, Nantes, Rouen et Bayonne, l'embarquement et le départ sont constatés dans les postes établis au bas des rivières affluentes à la mer. (*Idem.*)

795. Les marchandises, après avoir été vérifiées dans un port qui ne touche pas immédiatement à l'étranger, sont remises sous le plomb de la douane, pour en assurer le passage définitif en haute mer. 1 est payé, dans ce cas, 25 centimes pour chaque plomb. (*Ordonnance du* 8 *juillet* 1834, *art.* 8.)

796. S'il s'agit de réexportation de marchandises *prohibées* , le navire doit être surveillé jusqu'au moment où il prend la mer : il est prescrit aux chefs de service de signaler le bâtiment aux brigadiers des postes voisins, afin d'empêcher les versements en fraude. (*Circulaire du* 22 *prairial an* 7.)

797. Aucun acte de décharge n'est valable, qu'autant que les opérations successives de la *visite,* de *l'embarquement,* et *de la reconnaissance au moment du départ* du navire, ont été certifiés sur les acquits-à-caution par les vérificateurs et préposés. L'acte de décharge est signé du receveur et d'un autre employé du bureau. (*Circulaires des* 27 *mars* 1817, *et* 1ᵉʳ *février* 1832.)

Réexportation par terre.

798. Le passage à l'étranger d'une marchandise destinée à sortir de France par la voie du transit, est constaté par les préposés des douanes en observant les règles ci-après.

Le transport des objets depuis le bureau où la vérification s'est faite, jusqu'au point de l'extrême frontière qui touche à l'étranger, a lieu sous la garantie du plombage.

Il est payé , pour chaque plomb apposé, 25 centimes. (*Ordonnance du* 8 *juillet* 1834, *art.* 17.) Les colis ainsi plombés sont conduits sous l'escorte de deux préposés au moins, et en plein jour , vers le lieu de sortie. Un service de surveillance est organisé sur la route à parcourir , par le contrôleur de brigades ou par le chef local , afin d'observer le mouvement des convois. (*Loi du* 17 *décembre* 1814, *art.* 12; *circulaire du* 20.)

799. Le sous-inspecteur sédentaire, ou à son défaut le receveur, doit signaler au chef local de la partie active, les expéditions qui lui paraissent suspectes, afin que l'on puisse prescrire sur la ligne les mesures de service convenables. (*Circulaire manuscrite du* 29 *novembre* 1832.)

800. Dès que les préposés qui ont escorté les marchandises se sont assurés qu'elles sont sorties de France, ils reviennent au bureau pour certifier, sur les acquits-à-caution, le passage *effectif* des objets à l'étranger. (*Circulaire du* 20 *décembre* 1814.)

801. Le receveur fait mention, pour chaque expédition , sur le registre de décharge des acquits-à-caution (formule 21) , du nom des préposés qui ont convoyé les mar-

chandises, et de l'heure à laquelle la conduite à l'extrême frontière s'est faite. (*Circulaire du* 22 *décembre* 1814.)

802. Si le bureau où la vérification détaillée a eu lieu, n'est pas celui de l'extrême frontière, les marchandises, en se rendant à l'étranger, doivent passer à ce dernier bureau. Là le receveur constate le nombre et l'état des colis compris en l'acquit-à-caution. (*Décision administrative.*)

803. Le certificat de décharge n'est accordé par le receveur, qu'après la vérification exacte de l'état des colis, des plombs et des marchandises. Il n'est valable qu'autant que la visite, le transport sous escorte, et le passage à l'étranger, ont été certifiés sur les acquits-à-caution par les vérificateurs et préposés. (*Loi du* 17 *décembre* 1814, *circulaire du* 20.)

804. L'acte de décharge est signé par le receveur et par un de ses employés. (*Loi du* 17 *décembre* 1814, *art.* 12; *circulaire du* 20.)

Surveillance des chefs.

805. Les opérations de transit sont placées sous la surveillance particulière des sous-inspecteurs sédentaires et des receveurs. Ces deux chefs ont à veiller, sous leur responsabilité, à ce qu'aucun acquit-à-caution ne soit déchargé, qu'après l'exécution de toutes les formalités prescrites par les réglements. (*Circulaires des* 20 *décembre* 1814, 16 *mai* 1818, *et* 3 *février* 1832.)

CHAPITRE IX. — VÉRIFICATION DES ACQUITS-A-CAUTION.

Bureaux d'expédition.

806. Le receveur du bureau d'expédition adresse chaque jour au directeur les extraits des acquits-à-caution délivrés pour le transit. Ce chef les fait parvenir, soit aux bureaux dépendant de sa direction, si la sortie a lieu par l'un de ces bureaux; soit à l'administration, si la réexportation s'est faite par des bureaux ressortissant à d'autres directions. (*Circulaires des* 28 *décembre* 1814 *et* 19 *janvier* 1829.)

807. Ceux de ces extraits qui sont envoyés à l'administration sont revêtus, dans ses bureaux, d'une estampille; puis ils sont adressés directement, sous bandes, au receveur du bureau de sortie, chargé d'y inscrire le résultat de la vérification. (*Même circulaire.*)

808. A l'expiration de chaque trimestre, les receveurs adressent à l'administration l'état E, n° 53, des acquits-à-caution, n°s 49 et 49 *bis*, par eux délivrés pour les marchandises expédiées en transit. (*Circulaire du* 17 *mai* 1832.)

809. Chaque receveur, pour être en état de donner, à toute époque, à l'administration des renseignements sur les expéditions de transit faites par son bureau, ouvre un cahier où il enregistre journellement ces expéditions. (*Même circulaire.*)

Bureaux de sortie.

810. Les extraits d'acquits-à-caution étant envoyés au receveur du bureau de sortie, les chefs de ce bureau se trouvent ainsi avertis, avant que la marchandise ne parvienne au point de réexportation. Le résultat de la vérification de chaque expédition est inscrit

sur les extraits transmis, lesquels restent en dépôt au bureau. (*Circulaires des 29 décembre 1814. 7 octobre 1825 et 17 janvier 1829.*)

811. Au fur et à mesure de la décharge des acquits-à-caution, ces pièces sont transmises par le receveur du bureau de destination à l'administration, sans intermédiaire. (*Mêmes circulaires.*)

812. A l'expiration de chaque trimestre, il est formé, pour être adressé à l'administration, un état (formule n° 53 *bis*) des marchandises venues avec acquits-à-caution de transit, et dont la sortie a été constatée. Un cahier est ouvert au bureau pour y inscrire, jour par jour, les acquits présentés. (*Circulaire du 17 mai 1832, n° 1319.*)

CHAPITRE X. — DÉPOT DE BESANÇON.

La ville de Besançon jouit des facilités suivantes :

813. Le commerce de Besançon est autorisé à retenir en dépôt dans cette ville, les denrées coloniales venant des ports de *Marseille*, *Bordeaux*, *Nantes* et *Rouen*, et qui sont dirigées en transit sur les bureaux de *Verrières de Joux*, de *Jougne* et des *Rousses*. (*Décision ministérielle du 20 mars 1717.*)

814. Le dépôt consiste dans le droit de suspendre le transit jusqu'à l'expiration du délai de six mois accordé par les acquits-à-caution, avec faculté, soit de faire suivre aux denrées coloniales leur destination pour l'étranger, soit de les retenir en payant les droits. Les colis restent sous cordes et plombs; les acquits-à-caution sont, dès l'arrivée, présentés au directeur. (*Décision ministérielle du 20 mars 1817, et circulaire du 17 avril 1818.*)

815. Sur une demande en forme de déclaration d'entrée, remise par le négociant, le directeur de Besançon autorise la mise en consommation des marchandises; les employés, après reconnaissance des plombs, procèdent à la vérification; les droits d'entrée sont payés comptant dans les dix jours de la déclaration. (*Idem.*)

Départ pour aller à l'étranger.

816. Le directeur de Besançon peut, si la demande lui en est faite, désigner pour la sortie un bureau autre que celui indiqué par l'acquit-à-caution, pourvu, toutefois, qu'il y substitue un de ceux ouverts au transit dans sa direction, ou bien celui de Saint-Louis. (*Circulaires manuscrites des 27 décembre 1817 et 2 mai 1818.*)

817. Il est également autorisé à permettre que les marchandises formant une même expédition soient divisées, partie pour l'exportation, partie pour la consommation.

Toute division *de colis* est formellement interdite. (*Idem.*)

CHAPITRE XI. — EMPRUNT DU TERRITOIRE ÉTRANGER.

818. Les marchandises expédiées d'un lieu frontière à un autre, qui, ne pouvant être transportées par les chemins de l'intérieur, sont conduites à leur destination en empruntant le territoire étranger, jouissent de l'exemption des droits, quand on se conforme aux règles ci-après. (*Loi du 22 août 1791, titre III; arrêté du 25 prairial an 5, art. 1ᵉʳ.*)

Bureau de départ.

819. Les objets transportés sont, après déclaration et vérification, expédiés, savoir : avec acquits-à-caution s'ils sont prohibés ou soumis à des droits, et par simples passavants, s'ils ne sont pas tarifés. L'acquit-à-caution, ou le passavant, porte l'obligation, pour le conducteur, de faire viser son expédition dans les bureaux de passage. (*Même loi.*)

820. L'expéditeur fournit, pour garantie de son engagement, une caution solvable, à moins qu'il ne consigne les droits de sortie. Il s'oblige, s'il ne fait pas rentrer ses marchandises dans les délais fixés, à payer, savoir : le double des droits de sortie s'il s'agit d'objets dont l'exportation est permise, ou la valeur avec amende de 500 francs, si la marchandise est prohibée. (*Mêmes loi et arrêté.*)

821. Le délai à accorder par le receveur est réglé à raison de six lieues par jour en été, et de cinq lieues en hiver. (*Idem.*)

822. Les marchandises prohibées à la sortie, ou imposées à un droit qui équivaut à 10 p. 0/0 de la valeur, sont plombées. Il en est de même, quel que soit leur régime, pour les tissus et les ouvrages en métaux. (*Loi du 22 août 1791, titre III.*)

Bureaux de passage et de destination.

823. Les conducteurs des marchandises sont tenus de présenter aux bureaux de passage et de destination les objets dont ils sont chargés, en mêmes quantités, espèces, qualités, que celles énoncées aux expéditions. (*Loi du 22 août 1791, titre III.*)

824. Les employés du lieu de passage s'assurent que le nombre des colis est conforme à celui porté à l'acquit, et que le plombage est intact. (*Loi du 22 août 1791, titre III.*)

825. Les différences en qualité ou espèce, que la vérification fait reconnaître, donnent lieu à l'application de l'article 9, titre III, de la loi du 22 août 1791. (Voir n° 900 *bis.*)

826. Aucun acte de décharge n'est délivré pour des marchandises présentées au bureau de destination, après les délais fixés par les expéditions. Dans ce cas, les droits d'entrée doivent être perçus, indépendamment du double droit de sortie à exiger du soumissionnaire de l'acquit, en vertu de sa soumission. (*Même loi.*)

827. Un certificat de décharge, accordé dans un bureau autre que celui par lequel la marchandise doit rentrer en France, ne libérerait pas le soumissionnaire. Le conducteur est admis seulement à justifier des retards qu'il a éprouvés ; il produit alors des procès-verbaux faisant connaître les causes qui l'ont retenu, et les acquits ont leur effet. (*Même loi, et arrêté du 25 prairial an 5.*)

TITRE XI.

CABOTAGE.

Le cabotage, c'est-à-dire le transport des marchandises d'un port de France dans un autre port du royaume, n'a lieu, en franchise de droits, que par navires français. Il est interdit en général aux bâtiments étrangers.

Les réglements distinguent le petit cabotage du grand cabotage. Le premier, en langage de douanes, est celui qui se fait d'un port de l'Océan dans un autre port de l'Océan ; le second s'entend des navires allant de l'Océan dans la Méditerranée , et *vice versâ*.

La vigilance des employés, quant à ces mouvements , a toujours été vivement excitée ; on peut en juger par les recommandations multipliées faites par l'administration. (Les voir à la collection générale, tome IV, pages 239, 202, 204, 211, 306, 396 ; tome VII , pages 68 , 335 ; tome IX , page 402 ; tome X , page 225.

Les dispositions sur cette partie de service sont présentées dans l'ordre suivant :

1° Navires auxquels le cabotage est permis;
2° Formalités à remplir au bureau de départ ;
3° Plombage;
4° Embarquement;
5° Expédition à délivrer;
6° Navires en relâche ;
7° Formalités à remplir au bureau d'arrivée ;
8° Débarquement ;
9° Régularisation des expéditions de douane.

CHAPITRE Ier. — NAVIRES AUXQUELS LE CABOTAGE EST PERMIS.

828. Les navires étrangers sont exclus de la faculté de transporter des marchandises françaises, ou nationalisées par le paiement des droits, d'un port de France dans un autre port du royaume. Le cabotage est réservé aux seuls navires français. (*Loi du 21 septembre 1793 , art. 3 et 4.*)

829. Il y a exception, toutefois, à cette prohibition, en faveur des bâtiments ci-après :

Ceux frétés par le gouvernement (*loi du 27 vendémiaire an 2 ; décisions des 5 messidor an 2, et 2e jour complémentaire an 4*);

Ceux espagnols , lorsqu'il ne s'élève aucun doute sur leur nationalité (*traité de 1768 , décision du 6 septembre 1817, et circulaire du 10 janvier 1827*) ;

Ceux génois et liguriens, qui, vu leur faible tonnage, peuvent se rendre des ports de

Cette et d'Agde, dans l'intérieur jusqu'à Toulouse, par les canaux. (*Décision du 27 floréal an 4.*)

830. On ne considère pas comme cabotage l'embarquement, à bord d'un navire étranger, de futailles vides destinées à être remplies dans un port dans lequel se rend ce bâtiment. (*Décision du 18 brumaire an 5.*)

831. Un navire qui fait le cabotage ne peut à la fois charger des marchandises pour un port étranger et pour un port de France. (*Circulaire du 26 août 1817.*)

Marque des bâtimens.

832. Chaque bâtiment au-dessous de 30 tonneaux et chaque bateau, barque, allége, canot employés au petit cabotage, doivent être marqués d'un numéro et du nom du propriétaire, avec indication du port auquel ils appartiennent. (*Loi du 27 vendémiaire an 2, art. 4.*)

CHAPITRE II.—FORMALITÉS A REMPLIR AU BUREAU DE DÉPART.

Déclaration et permis.

833. Le négociant ou marchand qui veut expédier par cabotage des marchandises ou denrées, en fournit la déclaration sur une formule (série M, nº 28) qui lui est remise gratis par la douane. Il donne sur cette pièce toutes les indications d'espèce et de qualité, de marques des colis, etc., prescrites pour les importations. (*Loi du 22 août 1791, titre II, art. 6; circulaire du 20 octobre 1834.*)

834. La déclaration peut être écrite par un tiers; il suffit que le déclarant la signe. (*Circulaire manuscrite du 28 novembre 1834.*)

835. Aucune dénomination de marchandises, autre que celle consacrée par le tarif, ne peut être admise par la douane dans les déclarations. (*Lois du 22 août 1791 et 8 floréal an 11, circulaire du 18 juillet 1833.*)

836. La déclaration doit présenter, en outre, quant aux marchandises ci-après, les indications particulières qui suivent :

Pour les eaux-de-vie, l'*espèce* et le *degré* (*circulaire du 26 juillet 1814*) ;

Pour les bois de teinture et d'ébénisterie, la *forme*, le *nombre des pièces* et leurs *dimensions* (*circulaire du 30 août 1816*) ;

Pour les sucres, l'*espèce de sucres*, c'est-à-dire *brut* ou *terré* (*circulaire du 23 août 1818*),

Pour les pièces de toile, l'*espèce des toiles* (fines ou communes, blanches, écrues ou herbées), le *nombre* et le *poids* des pièces et la valeur des colis, sans qu'il soit indispensable de spécifier le nombre des fils contenus en cinq millimètres. (*Circulaire du 23 août 1818.*)

837. Les houilles ne sont expédiées des ports où le droit est réduit, sur ceux où l'ancien droit est perçu, qu'autant qu'il est justifié de l'origine française de la houille, ou que l'on a acquitté la différence entre l'ancien et le nouveau droit. (*Ordonnance du 10 octobre 1835, circulaire du 17.*)

838. La déclaration est enregistrée au registre nº 45, libellé de manière à servir à la fois de déclaration et de souche de l'acquit-à-caution; elle est signée à ce registre par l'expéditeur ou par son représentant. (*Circulaire du 20 octobre 1834, nº 1460.*)

839. La déclaration volante, sur laquelle on n'admet aucune surcharge et où l'espace resté en blanc doit être bâtonné, tient lieu de permis d'embarquer. Ce permis est remis par le vérificateur directement au préposé du service actif chargé de constater l'embarquement. (*Circulaire du 20 octobre* 1834, n° 1460.)

840. Un registre d'acquit-à-caution (formule n° 46) est uniquement affecté aux grains. (*Même circulaire.*)

Vérification.

841. Les marchandises, après la déclaration faite et le permis obtenu, sont conduites au bureau ou sur le quai pour y être vérifiées. L'opération peut être faite partiellement : elle a lieu comme s'il s'agissait d'une marchandise d'importation ou d'exportation ; les mêmes règles sont observées. (*Loi du 22 août* 1791, *titre II, art.* 6 *et titre III, art.* 2 ; *circulaires des 11 septembre* 1802, 20 *vendémiaire an* 11, 30 *août* 1816, 3 *juin* 1817 *et* 20 *octobre* 1834.)

842. Une exception existe néanmoins à l'égard des goudrons et térébenthines expédiés de Bayonne pour les autres ports du royaume. Ils sont mentionnés dans les acquits-à-caution, *d'après l'espèce, le nombre et le poids des fûts indiqués par la déclaration.* (*Circulaire du 6 novembre* 1818.)

843. Il y a peine de suspension de ses fonctions, contre tout employé qui, désigné pour assister à une visite ou à un embarquement, n'a pas rempli exactement son devoir. (*Circulaire du 3 juin* 1817.)

844. Lorsqu'à raison de la nature de la marchandise ou de la faible composition du personnel, la visite est confiée à un agent du service actif, cet agent y procède sous la surveillance du vérificateur, et il constate les résultats de l'opération sur son carnet.

845. Le portatif du vérificateur (formule n° 16 B) ne présente, si la vérification est partielle, que les marchandises *réellement* visitées ; il indique le nombre des pesées, le chiffre de chacune d'elles, et leur résultat quant à l'ensemble du chargement. Il spécifie aussi les objets dont la reconnaissance a eu lieu par la sonde. (*Circulaire du 20 octobre* 1834, *et instructions antérieures.*)

846. La visite partielle est insuffisante pour établir le fait d'une contravention. Un excédant passible d'amende, ou un déficit, ne pourrait être constaté, qu'autant que tous les colis auraient été soumis à la pesée. (*Circulaire du 10 octobre* 1822.)

847. Lorsque les denrées coloniales ou autres marchandises sujettes à de forts droits d'entrée sont expédiées d'un bureau subordonné, le receveur de la localité doit procéder à la visite de ces objets, et assister à l'embarquement de concert avec le chef du poste. (*Circulaire du* 1er *complémentaire an* 11.)

Pénalité.

848. Si, à la vérification, au départ, on reconnaît que la quantité représentée est inférieure de plus d'un 20e à la déclaration, l'expéditeur encourt une amende de 500 fr., plus le paiement de la valeur des marchandises manquantes. (*Loi du 8 floréal an* 11, *art.* 74.)

849. Si les marchandises sont d'espèces différentes, elles sont saisies et confisquées ;

et le déclarant est tenu de payer, outre la valeur des objets déclarés, une amende de 500 francs. (*Loi du 8 floréal an 11, art. 75.*)

850. En cas d'excédant dans le poids, la mesure, ou le nombre des objets déclarés, on applique les dispositions de l'article 18, titre II, de la loi du 22 août 1791. (Voir nᵒ 227). (*Circulaire du 30 août 1816.*)

CHAPITRE III. — PLOMBAGE.

851. L'identité des marchandises expédiées par cabotage, soit avec acquit-à-caution, soit avec passavant, est garantie au moyen du plombage des colis. Les plombs sont apposés en douane au moyen d'instruments qui empreignent à la fois les deux faces et la tranche de chaque plomb. (*Ordonnances des 8 janvier 1817 et 29 juin 1833.*)

852. Il y a lieu au plombage dans les cas suivants :

1° Si les marchandises expédiées sont prohibées à l'entrée ou à la sortie du royaume;

2° Si à l'entrée elles sont passibles d'un droit qui, décime compris, s'élève à 20 francs et plus par 100 kilogrammes, ou répond au 10ᵉ de la valeur de la marchandise. (*Ordonnance du 29 juin 1833, circulaire du 10 juillet suivant.*)

Nota. Un tableau général, joint à la circulaire du 10 juillet 1833, indique les marchandises qui sont affranchies du plombage et celles soumises à cette formalité.

853. Sont toutefois exceptées de la formalité du plombage les marchandises ci-après :

Viandes de toute sorte, sur pied, fraîches ou salées; peaux brutes de toute sorte; cire non ouvrée; graisse de toute sorte; miel; poissons et huîtres en tout état; céréales de toute sorte, en tout état, leurs farines et gruaux; fécules; pain et biscuit de mer; légumes secs, salés ou confits; marrons et châtaignes, et leurs farines; fécules de pommes de terre (*circulaire manuscrite du 6 décembre 1832*); riz, alpiste et millet; fruits de table frais ou confits; mélasses, sirops, confitures; résines indigènes; huiles grasses, combustibles, charbon, tourbe et bois commun de toute sorte; bois de teinture et d'ébénisterie, en bûches, billes ou poutres; coques de coco, calebasses et grains à tailler; joncs et roseaux d'Europe; chanvre et lin bruts ou tillés, et étoupes; garance verte, sèche ou moulue; écorces à tan, y compris le quercitron, moulues et non moulues; sarrette; nerprun (baies de); avelanèdes et gousses d'acacia (bablack), fourrages, et son de toutes sortes de grains; truffes, champignons, morilles et mousserons, frais, secs ou marinés; minéraux bruts, pierres et terres servant aux arts et métiers, marbre, agate et albâtre brut ou simplement scié; meules à moudre; meules à aiguiser, de 677 millimètres au plus, et autres (*Décision administrative du 1ᵉʳ août 1833; circulaire manuscrite du 26 avril 1834*); plâtre, ardoises, tuiles et carreaux de verre; soufre et salpêtre expédiés par l'administration publique; bitumes; groisil ou verre cassé (*circulaire manuscrite du 26 avril 1834*); minerais de toute sorte, y compris le graphite; métaux, soit coulés en masses, gueuses, plaques ou saumons, soit simplement étirés en barres, planches ou fil, et fonte moulée pour projectiles de guerre; acides de toute sorte; cendres vives; sel marin; noir animal autre que l'ivoire; encre liquide à écrire ou à imprimer; écailles d'ablettes, poudre à tirer; boissons de toute sorte, fermentées ou distillées, et liqueurs en fûts ou en bouteilles; poterie grossière de terre ou de grès; nattes et tresses grossières de paille, écorce ou sparterie; vannerie de toute sorte; cordages et filets en état de servir; machines et mécaniques non susceptibles d'être emballées; agrès et apparaux de navires, voiles, ancres, etc.; ouvrages en bois commun, y compris les futailles vides, montées ou non montées, meubles et voitures ayant servi; effets, linge et habillements d'usage, lorsqu'ils accompagnent le voyageur (*Ordonnance du 29 juin 1833*) fromages, et noix sèches (*Circulaire manuscrite du 26 avril 1834*).

Nota. Les fromages doivent être indiqués par espèce, nombre et poids.

854. Pour obtenir du plombage une véritable garantie, les employés doivent faire appliquer les plombs avec soin, n'employer que des cordes saines, fortement serrées et nouées de même. (*Circulaire du 30 août 1816.*)

855. Le prix de chaque plomb est fixé à 50 centimes, tant pour la fourniture de la matière que pour celles des cordes, ficelles, frais, etc. (*Ordonnance du 8 janvier 1817.*)

856. Les plombs apposés sur les sacs de sels destinés aux fabriques de soude ne se paient que 25 cent. (Voir n° 1827.)

857. Défense est faite aux agents des douanes, sous peine de destitution, de recevoir d'autres ni plus fortes rétributions que celle ci-dessus.

Le plombage dit à réquisition est formellement interdit. Toute apposition de plomb que la loi n'autorise pas, est une exaction. (*Circulaire du 30 août 1816.*)

858. Dans les petits ports qui n'ont pas d'instrumens de plombage, le plomb est remplacé par un cachet. Il est accordé pour chaque cachet 25 centimes. (*Décision administrative du 7 octobre 1833.*)

CHAPITRE IV. — EMBARQUEMENT.

859. Les marchandises après avoir été vérifiées, et s'il y a lieu plombées, sont embarquées en présence des préposés, à bord du navire chargé de les transporter à leur destination. (*Loi du 22 août 1791, titre II, art. 13.*)

860. L'embarquement ne commence qu'après que les colis compris en un même permis, réunis tous sur le quai, ont pu être comptés par les préposés. (*Loi du 27 juillet 1822, circulaire du 28.*)

861. Les sucres rafinés, et toutes autres marchandises que la loi soumet au plombage, ne peuvent être embarquées en vrac. (*Circulaire manuscrite du 6 septembre 1833; 17 janvier 1834.*)

862. Le sous-inspecteur sédentaire, ou à son défaut celui qui le supplée, est tenu de surveiller sur les lieux les opérations de cabotage. Il vise, autant que possible, les certificats d'embarquement. (*Circulaires des 11 septembre 1802, 30 août 1816, 3 juin 1817.*)

863. Lorsque des expéditions de marchandises grevées de forts droits à l'entrée, ont lieu par des bureaux subordonnés, le receveur est tenu de constater l'embarquement des colis concurremment avec les chefs des ports et les préposés. (*Circulaires des 11 et 18 septembre 1802.*)

864. Pour éviter les additions frauduleuses au permis après la délivrance du *vu embarquer*, cette pièce doit être remise par le vérificateur aux préposés du service actif. Elle est ensuite rapportée par ceux-ci directement au bureau. (*Circulaire du 20 octobre 1834.*)

CHAPITRE V. — EXPÉDITION A DÉLIVRER.

865. Le transport de la marchandise, d'un port de France à un autre, est assuré par un acquit-à-caution ou par un passavant, suivant la nature de l'objet expédié. (*Circulaire du 10 juillet 1833.*)

866. Les expéditions par cabotage ne sont assujéties à l'acquit-à-caution que dans les cas ci-après :

1° Si les marchandises expédiées sont prohibées à la sortie, ou si elles appartiennent à la classe des céréales ;

2° Si elles sont passibles, à la sortie, d'un droit de plus de 50 centimes par 100 kilogrammes ou répondant à plus d'un quart pour cent de la valeur, décime compris. (*Ordonnance du 29 juin 1833, art. 4.*)

867. L'acquit-à-caution cesse d'être nécessaire, et un passavant le remplace, si la marchandise expédiée ne donne pas lieu à une perception de plus de 3 francs par espèce et par expédition. (*Même ordonnance.*)

Nota. Le tableau joint à la circulaire du 10 juillet 1831 indique les marchandises qu'il faut expédier avec acquit-à-caution, et celles pour lesquelles on délivre des passavants.

868. On délivre un passavant toutes les fois qu'il s'agit d'une marchandise qui jouit de la prime de sortie. (*Circulaire manuscrite du 16 avril 1834.*)

869. Pour toutes les marchandises autres que celles désignées en l'article 4 de l'ordonnance du 29 juin, le transport du point de départ au lieu de destination est assuré, qu'il y ait lieu ou non au plombage, par un simple passavant. (*Idem.*)

870. L'expédition, soit passavant, soit acquit-à-caution, destinée à assurer le transport, reproduit fidèlement les indications générales et particulières de la déclaration, afin de faciliter la reconnaissance d'identité des marchandises au port de destination. (*Circulaires des 9 septembre 1805, 26 juillet 1814, et 30 août 1816.*)

871. Il est délivré autant d'acquits-à-caution ou de passavants qu'il y a de déclarations reçues en douane. (*Circulaire manuscrite du 28 novembre 1834.*)

872. Si des boissons doivent être mises à bord des bâtiments, la douane se fait représenter les expéditions de la régie des contributions indirectes ; elle mentionne, tant sur l'acquit-à-caution ou passavant qu'au registre, les nᵒˢ et dates des congés ou acquits exhibés. (*Circulaires des 30 janvier 1806 et 30 janvier 1815.*)

873. Lorsque des houilles sont expédiées des ports où le droit est réduit, sur d'autres ports où l'ancien droit est maintenu, le passavant doit faire mention de l'origine française de la houille, ou indiquer que la différence entre l'ancien et le nouveau droit a été acquittée. (*Ordonnance du 10 octobre 1835, circulaire du 17.*)

874. Le receveur répond de la solvabilité des personnes qu'il admet à titre de cautions. Il signe, lui ou l'employé qui le remplace en cas d'absence, chaque expédition, après s'être assuré que le certificat de visite et le visa d'embarquement ont été donnés, et qu'ils sont réguliers. (*Circulaires des 9 floréal an 7, 28 brumaire an 11, 26 décembre 1816 et 10 juillet 1833.*)

875. L'expéditeur d'une marchandise soumise à l'acquit-à-caution, qui ne trouve pas sur les lieux une caution solvable, peut y suppléer par la consignation. La somme à

consigner est le montant des droits si la marchandise n'est pas prohibée, ou la valeur de l'objet et l'amende de 500 francs, s'il y a prohibition. Le registre énonce la reconnaissance de la somme remise. (*Loi du 22 août* 1791 , *titre III.*)

876. Le délai dans lequel le transport doit s'effectuer est fixé en raison de la distance des lieux. Un second délai est déterminé pour rapporter au bureau de départ l'expédition dûment régularisée. (*Idem.*)

Nota. Voir, pour la fixation des délais, un arrêté ministériel du 22 janvier 1816.

CHAPITRE VI. — NAVIRES EN RELACHE.

877. Hors le cas de force majeure dûment justifié, et à moins d'autorisation régulière, on ne peut réimporter les marchandises en franchise dans le royaume, que par le port désigné sur l'expédition. (*Circulaires des 7 octobre* 1819 *et* 20 *octobre* 1834.)

878. S'il s'agit, toutefois, d'objets d'approvisionnement, tels que matières à l'est, briques, plâtre, etc., le changement de destination peut avoir lieu; le receveur ou le sous-inspecteur (ou l'inspecteur sédentaire), est autorisé, dans ce cas, à donner les permissions nécessaires. Ces permissions sont portées à la connaissance de l'administration : le passavant ou l'acquit lui est adressé. (*Circulaires des* 11 *juin* 1819, 10 *juillet* 1833 , *et* 20 *octobre* 1834.)

879. Lorsqu'un navire français effectue une relâche dans un port intermédiaire, l'acquit-à-caution ou le passavant dont le capitaine est muni, doit être visé par la douane du lieu, de manière à constater régulièrement la relâche, sa cause et sa durée. (*Circulaire du 4 juin* 1811.)

880. Si le bâtiment en relâche est chargé de sel, les préposés, après s'être rendus à bord, relatent dans leur visa les différences reconnues entre l'état actuel de la cargaison et les diverses indications que donne sur ce point l'acquit-à-caution. (*Circulaire du 19 août* 1816.)

881. Le capitaine d'un navire en relâche, ayant à son bord des liquides, est tenu de représenter à la douane les acquits-à-caution ou congés de la régie qui sont destinés à accompagner ces boissons à leur destination. (*Circulaire du 30 janvier* 1815.)

CHAPITRE VII. — FORMALITÉS A REMPLIR A L'ARRIVÉE.

Manifeste.

882. Les capitaines faisant le cabotage sont tenus, lorsqu'ils arrivent au port de destination, d'être porteurs, comme s'ils venaient de l'étranger, d'un manifeste indiquant la nature de leur chargement, le nombre des colis qu'ils ont à leur bord, et les marques et numéros de ces colis. (*Loi du* 4 *germinal an* 2. Voir n° 131.)

883. La transcription du manifeste au registre n° 5, avec signature du capitaine ou du courtier qui le représente, forme la déclaration *de gros.*

884. Le manifeste n'est pas exigé des patrons de petites barques transportant entre les lieux les plus rapprochés de la côte, ou entre le continent et les îles du littoral, des denrées indigènes de consommation journalière. (*Circulaire du 6 juin* 1817.)

885. Un acquit-à-caution ou un passavant comprenant *toute la cargaison* peut rempla-

cer un manifeste. Il doit porter la mention suivante : « *Le présent, remis par moi ca-*
« *pitaine, comme manifeste complet de mon chargement.*» (*Circulaire du 6 juin 1817.*)

Déclaration en détail.

886. La déclaration que le consignataire est tenu de fournir dans les trois jours qui
suivent l'arrivée du navire, pour indiquer l'espèce, la qualité, le poids la mesure ou le nombre des marchandises, est suppléée par l'enregistrement de l'acquit-à-caution ou du
passavant sur le registre à colonnes (formule n° 11), spécialement destiné à cet objet.
(*Lois des 22 août 1791, titre III, et 4 germinal an 11, titre II, art.* 4; *circulaire du 20*
octobre 1834.)

887. La réimportation en franchise a lieu sur l'exhibition de l'acquit-à-caution ou du
passavant. L'authenticité de cette pièce est certifiée en ces termes : « *Je reconnais avoir*
« *remis le présent (acquit-à-caution ou passavant) à l'appui de ma déclaration d'entrée*
« *par cabotage,* n°   . » (*Circulaire du 26 décembre 1817.*)

888. La remise d'une expédition fausse à l'appui d'une déclaration d'entrée motive
les poursuites du ministère public, indépendamment de l'action civile en réparation
du dommage causé par le faux. (*Idem.*)

889. On peut poursuivre la confiscation d'une marchandise déjà introduite avec de
fausses expéditions non reconnues d'abord, quoiqu'il n'y ait eu, à ce moment, ni procès-verbal ni saisie, pour constater l'événement. (*Arrêt de la cour de cassation du 19 dé-*
cembre 1806.)

890. A moins que les capitaines ne justifient, par des actes réguliers, des causes qui
les ont retardés dans leur voyage, les marchandises sont traitées comme venant de l'é-
tranger lorsqu'elles sont présentées au port d'arrivée après les délais fixés par l'expédition. (*Lois des 22 août 1791, titre III, art. 7 et 8, et 4 germinal an 2; circulaire du 10*
juillet 1833.)

CHAPITRE VIII. — DÉBARQUEMENT.

891. L'expédition représentée au port d'arrivée, et qui est préalablement enregistrée
au bureau (reg. série M. n° 11), sert de permis pour effectuer la mise à terre de la
marchandise. Cette pièce, au lieu de passer, après le débarquement, par les mains du
consignataire, est rapportée directement au bureau par les préposés du service actif.
(*Loi du 22 août 1791, titre III; circulaire du 20 octobre 1834.*)

892. Il n'est dû qu'un seul droit de permis par acquit-à-caution ou passavant. (*Circu-*
laire manuscrite du 28 novembre 1834.)

893. La douane, lorsque les marchandises appartiennent à plusieurs consignataires,
peut recevoir des déclarations partielles pour ces marchandises; elle délivre alors autant de permis qu'il y a de déclarations mentionnées au registre n° 11. (*Circulaire ma-*
nuscrite du 20 mai 1835.)

894. Le débarquement a lieu en présence du préposé du service actif désigné pour y
assister, et sous la surveillance de son brigadier ou sous-brigadier. On observe au débarquement les mêmes précautions qu'à l'embarquement. (Voir n° 859 et suiv.) (*Circulai-*
res des 19 janvier 1803, 30 août 1816 et 3 juin 1817.)

15

Vérification.

895. Le vérificateur, coté au déchargement, examine d'abord le plombage dans toutes ses parties; il procède ensuite, par une vérification partielle s'il la juge suffisante, à la reconnaissance des quantités, espèces et qualités de marchandises comprises dans les expéditions. La décharge de l'acquit-à-caution ne peut être donnée qu'après cette vérification. (*Loi du 22 août 1791, titre III, art. 6; circulaires des 30 août 1816, 10 juillet 1833 et 20 octobre 1384.*)

896. La vérification est suivie, constatée et surveillée au port d'arrivée comme au bureau de départ. (Voir n° 845.) (*Mêmes circulaires.*)

897. La visite partielle est insuffisante pour établir le fait d'une contravention. Un excédant passible d'amende, ou un déficit, ne pourrait être constaté qu'autant que tous les colis auraient été soumis à la pesée. (*Circulaires du 10 octobre 1822.*)

898. Dans aucun cas, les plombs retirés des colis ne sont remis aux propriétaires ou consignataires. Les vérificateurs les font déposer chez le receveur; celui-ci en reste dépositaire jusqu'au moment de les livrer à la fonte, opération qui a lieu en présence du sous-inspecteur sédentaire. (*Décision administrative du 27 février 1822.*)

899. Un bâtiment caboteur, parvenu à la destination qu'indique son expédition, est tenu d'y consommer son déchargement. S'il obtient l'autorisation de transborder, ce n'est qu'après avoir subi une visite partielle de sa cargaison. Les colis plombés restent sous le plomb du premier bureau de départ, et il en est fait mention sur l'expédition. (*Circulaires des 30 août 1816, 23 août 1818 et 20 octobre 1834.*)

Changement de destination.

900. Les receveurs, inspecteurs ou sous-inspecteurs sédentaires, quand il s'agit d'approvisionnements ou de matières servant de lest, et dans tous les cas les directeurs, peuvent permettre les changements de destination, toutes les fois que la demande leur en paraît motivée. L'administration est informée de ces changements par les états périodiques qui lui sont remis. (*Circulaire du 20 octobre 1834.*)

Pénalité.

900 bis. Les peines encourues, lorsque la vérification fait découvrir des différences passibles d'amende, sont celles-ci :

Excédant de marchandises : S'il dépasse le vingtième, il y a lieu à la confiscation avec amende de 500 francs. (*Loi du 8 floréal an 11, art. 76.*) On se borne à exiger le simple droit d'entrée si l'excédant n'atteint pas le vingtième.

Déficit de marchandises : En cas de déficit, l'expédition est déchargée pour la quantité reconnue. Le bureau de *départ* poursuit le paiement du double droit de sortie sur la quantité manquante si la marchandise est tarifée, ou de la valeur de cette marchandise, avec amende de 500 francs, si l'objet est prohibé. (*Loi du 22 août 1791, titre III, art. 4 et 13.*)

Différence dans l'espèce : Les marchandises d'espèces différentes sont confisquées avec amende de 100 ou de 500 francs, selon qu'il y a ou non prohibition d'entrée. (*Même loi, titre III, art. 9.*)

901. Lorsqu'à l'arrivée, la douane reconnaît qu'un excédant constaté par la vérification provient d'inexactitudes commises au bureau de départ, elle peut recevoir la soumission que souscrit le consignataire de s'en rapporter, dans cette circonstance, à la décision de l'administration. (*Circulaire du* 27 *janvier* 1820.)

902. Un état est fourni, chaque mois, à l'administration, pour lui faire connaître les *excédants* constatés, soit sur les acquits-à-caution, soit sur les passavants. *Les déficits*, de quelque importance que présentent les chargements expédiés par acquits-à-caution, y sont également mentionnés. (*Circulaires des* 10 *juillet* 1833, *et* 20 *octobre* 1834.)

903. En cas de faux ou d'altération des expéditions présentées au bureau à l'arrivée, l'acquit-à-caution ou le passavant qui accompagne les marchandises est retenu, et l'administration est sur-le-champ informée des faits, afin qu'elle puisse ordonner, s'il y a lieu, les poursuites. (*Circulaires des* 16 *brumaire an* 9, 7 *octobre* 1825, 10 *juillet* 1833, 20 *octobre* 1834; *et art.* 147 *du Code pénal.*)

CHAPITRE IX. — RÉGULARISATION DES EXPÉDITIONS.

Acquits-à-caution.

904. Les acquits-à-caution, si le transport a été assuré par cette espèce d'expédition, sont revêtus, au bureau de destination, d'un acte de décharge, aucun acte étranger, aucun jugement ne peut suppléer cette pièce. (*Loi du* 22 *août* 1791, *titre III*, *art.* 6; *arrêt de la cour de cassation du* 30 *thermidor an* 10.)

905. L'acte de décharge est refusé si la marchandise est présentée après le temps fixé par l'acquit-à-caution pour effectuer le transport. Cet acte, quand il est donné, est signé par deux employés. Si le receveur est seul dans son bureau, il s'adjoint le chef de la brigade. (*Loi du* 22 *août* 1791, *titre III*, *art.* 6; *circulaire du* 11 *septembre* 1802.)

Nota. L'article 10, titre III, de la loi de 1791, obligent les soumissionnaires qui rapportent au bureau d'expédition leurs acquits régularisés, à certifier la remise qu'ils en font, en indiquant le nom de la personne qui les leur a rendus, etc.; l'administration se chargeant du renvoi des acquits-à-caution au bureau d'où ils émanent, cette disposition a cessé d'être exécutée.

906. Les expéditeurs et leurs cautions répondent, pendant quatre mois seulement (pour le commerce de France), de la fidélité du certificat de décharge. L'administration, passé ce délai, ne peut former de demande contre un soumissionnaire. (*Lois des* 22 *août* 1791, *titre III*, *et* 4 *germinal an* 2, *titre VII*, *art.* 3.)

Passavants.

907. Les passavants qui ont servi à assurer le transport des marchandises de cabotage, sont revêtus, dans les bureaux d'arrivée, d'un certificat indiquant la date et les résultats de la vérification. Cette annotation, comme les actes de décharge, doit porter la signature de deux employés. (*Circulaire du* 10 *juillet* 1833.)

908. Les déficits que présentent les expéditions par passavants ne donnent lieu, de la part de l'administration, à aucune répétition de droits. Néanmoins les employés du départ, comme ceux de l'arrivée, ont à signaler à leurs chefs les différences de l'espèce lorsqu'elles ont quelque importance, afin que la cause en soit recherchée. (*Circulaire du* 10 *juillet* 1833.)

Vérification des expéditions et remise des acquits-à-caution.

909. Les acquits-à-caution sont renvoyés dans les bureaux d'où ils émanent, savoir : par l'intermédiaire des directeurs, pour ceux délivrés dans les bureaux de la même direction ou dans les bureaux des directions maritimes voisines; et par la voie de l'administration, pour ce qui appartient aux autres directions. Les envois ont lieu le 1ᵉʳ et le 15 de chaque mois, par paquets mis sous bandes et contresignés. Il n'est procédé à l'annulation des soumissions au bureau de départ, qu'après avoir reconnu l'identité des expéditions. (*Circulaires des* 7 *octobre* 1825, 21 *mai* 1332.)

910. Les passavants, après avoir été revêtus, au port de destination, de l'indication du résultat de la visite, avec mention de sa date, sont renvoyés, en suivant le mode plus haut indiqué, au bureau d'expédition. (*Circulaire du* 10 *juillet* 1833.)

911. Afin de prévenir l'abus des expéditions fausses ou falsifiées, les receveurs principaux des bureaux *d'arrivée* adressent chaque mois, à la direction, un état des acquits-à-caution ou passavants qui, enregistrés le mois précédent au registre de déclaration n° 11, ont été soustraits ou perdus, afin qu'on puisse en faire vérifier l'exactitude au bureau de départ. (*Circulaire du* 20 *octobre* 1834.)

912. Lorsque la vérification d'identité qui a lieu au bureau de *départ*, au moyen de l'état indiqué à l'article précédent, fait découvrir la fausseté ou l'altération d'un acquit-à-caution ou d'un passavant, celle de ces pièces soupçonnée de faux est envoyée immédiatement à l'administration avec un rapport motivé. (*Circulaires des* 7 *octobre* 1825, *et* 20 *octobre* 1834.)

913. Pour s'assurer si les marchandises qui sortent d'un port de France avec passavant de cabotage rentrent réellement dans le royaume, les receveurs fournissent tous les trois mois, à l'administration, le relevé des passavants non rentrés; ce relevé est communiqué aux bureaux de destination : on se dispense d'y faire figurer les passavants dont l'emploi a été révélé par l'état des expéditions perdues. (*Circulaires des* 10 *juillet* 1833 *et* 20 *octobre* 1834.)

914. Les passavants non rentrés ne figurent sur l'état indiqué à l'article qui précède, que trois mois après l'expiration du terme accordé pour le transport des marchandises. Les directeurs font eux-mêmes la communication, lorsque le bureau d'arrivée se trouve placé dans la même direction que le bureau de départ. (*Idem.*)

915. Il est également formé un état (formule n° 27) des acquits-à-caution non rentrés. Les receveurs n'y comprennent que les acquits non rapportés deux mois après l'expiration des délais fixés par les expéditions. (*Circulaire du* 30 *janvier* 1826.)

Contraintes à décerner.

916. L'accomplissement des engagements souscrits par les soumissionnaires au bureau de départ est poursuivi, s'il y a lieu, par voie de contrainte. Cette pièce est décernée, après avertissement, *dans l'année de la date de l'acquit-à-caution ;* elle est exécutoire par corps après avoir été visée par le juge de paix. (*Lois des* 22 *août* 1791, *titre III, art.* 12, *et titre XIII, art.* 25, *et* 7 *juin* 1820, *art.* 14; *circulaire du* 19 *novembre* 1825.)

917. Une autorisation du directeur est nécessaire, lorsqu'on doit exécuter une

contrainte par corps, pour non rapport d'acquit-à-caution. (*Circulaire du 6 floréal an 5.*)

Afin d'éviter les nullités, il est prescrit de confier cette exécution à un huissier. (*Circulaire du 25 juillet 1818.*)

918. Si des poursuites doivent être exercées contre un agent d'une administration publique, le receveur en informe préalablement son directeur, qui en réfère, s'il y a lieu, à l'administration. (*Circulaire du 29 fructidor an 9.*)

919. Lorsque des acquits-à-caution destinés à consommer leur destination dans la même direction s'égarent, les directeurs, si les marchandises ont été représentées, peuvent en faire délivrer des duplicata qui sont ensuite régularisés. (*Circulaire du 5 novembre 1806.*)

Navires perdus.

920. En cas de naufrage d'un bâtiment caboteur, les pièces qui justifient cet évènement sont produites pour obtenir l'annulation de la soumission au bureau de départ. S'il y a eu assurance de la cargaison, la police passée avec l'assureur, mentionnant la preuve du remboursement, peut être également adressée à l'administration ; mais dans aucun cas ces actes ne suppléent à l'acte de décharge. (*Arrêt de la cour de cassation du 30 thermidor an 10.*)

TITRE XII.

EXPORTATIONS.

———

Le régime des exportations comporte peu d'exceptions. Sauf les objets admis à jouir de la prime, qui ne vont à l'étranger que par les seuls points désignés pour leur sortie, l'exportation des marchandises s'effectue par tous les ports et bureaux, et elle a lieu par navires de tout tonnage.

Deux restrictions seulement sont imposées :

1° Les droits de douanes s'acquittent au comptant. Le crédit dont jouissent les commerçants à l'importation n'est pas accordé à l'exportation. (*Instruction du 27 mai 1820*, *arrêté ministériel du 31 janvier* 1831.)

2° Les marchandises omises au tarif, susceptibles de recevoir une assimilation, ne peuvent sortir que par les bureaux principaux. (*Loi du 28 avril* 1813, *art.* 13.)

Le titre des exportations est divisé comme suit :

Exportation par *mer ;*

　　Idem　　par *terre ;*

　　Idem　　des douanes de l'intérieur.

Primes d'exportation.

CHAPITRE Iᵉʳ. — EXPORTATIONS PAR MER.

DÉCLARATION.

921. Le négociant ou commissionnaire qui veut envoyer des marchandises à l'étranger par mer, en fournit la déclaration au bureau des douanes, sur une formule (n° 23 *bis*) que lui remet le receveur. (*Loi du 22 août 1791*, *titre II*, *art.* 6.)

922. Cette déclaration indique l'*espèce*, la *qualité*, le *poids*, le *nombre*, la *mesure* ou la *valeur* des marchandises, selon que les droits se perçoivent au poids, à la mesure, au nombre ou à la valeur ; l'expéditeur énonce, en outre, en marge, les marques et numéros des colis ; il fait ensuite connaître le nom du navire exportateur, celui du capitaine et le lieu de la destination. (*Loi du 22 août 1791*, *titre II*, *art.* 9 ; *lettre du 29 octobre* 1795.)

923. Les dénominations adoptées dans le tarif officiel sont les seules admises dans les déclarations. Les receveurs n'en peuvent tolérer d'autres ; ils doivent s'attacher surtout à obtenir du commerce des indications complètes. (*Circulaires des* 17 *décembre* 1817, 10 *novembre et* 16 *décembre* 1820.)

924. On n'exige pas la déclaration du *poids* pour les marchandises en futailles, *sujettes à coulage*. Les commerçants se bornent, pour ces marchandises, à énoncer le *nombre des futailles*, leurs *marques* et *numéros*. La perception a lieu sur les quantités reconnues. (*Loi du* 22 *août* 1771, *titre II*, *art.* 19.)

925. Si la marchandise présentée acquitte les droits à la valeur, la douane peut de-

mander à l'expéditeur, comme renseignement, qu'il joigne à sa déclaration la facture qui accompagne les objets à l'étranger. (*Réglement du 25 juin 1827.*)

926. La déclaration faite, on ne peut y opérer aucun changement. Seulement dans le jour, et avant la visite, le déclarant est admis à rectifier les erreurs qui porteraient sur le *poids*, le *nombre*, la *mesure* ou la *valeur* des objets déclarés. (*Loi du 22 août 1791, titre II.*)

927. Les capitaines et commandants des vaisseaux de guerre qui transportent des marchandises ont à fournir, à leur sortie du royaume, les déclarations auxquelles sont astreints les capitaines des navires marchands. (*Loi du 22 août 1791, titre II, art. 7.*)

928. Il est défendu de présenter comme unité, dans une déclaration, plusieurs colis réunis de quelque manière que ce soit, à peine de confiscation et de 100 francs d'amende. (*Loi du 27 juillet 1822, art. 16.*)

929. Aussitôt les déclarations remises au receveur, elles sont enregistrées, à leur date, et signées au registre n° 24 par les déclarants. Le receveur signe lui-même si le déclarant ne sait écrire. (*Loi du 4 germinal an 2, titre III, art. 6.*)

930. En cas de changement apporté dans le tarif des droits de sortie, c'est le moment où la déclaration est déposée en douane, qui détermine l'application ou la non application du droit nouveau. (*Circulaire du 3 août 1822.*)

Pour les vivres et provisions de bord, voir nᵒˢ 960 et suiv.

Pour les voitures des voyageurs, voir n° 1346.

VÉRIFICATION DES MARCHANDISES.

931 La déclaration faite et le permis d'embarquer obtenu, les marchandises sont soumises à la visite, à moins que les employés ne jugent à propos de s'en rapporter aux énonciations du déclarant. (*Loi du 22 août 1791, titre II, art. 6.*)

932. Le vérificateur reconnaît et constate l'espèce, la qualité, le poids brut et net, s'il y a lieu, et le nombre ou la mesure des objets portés en la déclaration. (*Idem.*)

933. La vérification a lieu dans les magasins de la douane, ou sur le quai, en présence des déclarants. Elle ne peut être faite dans les magasins des particuliers, excepté en cas de recencement. (*Loi du 22 août 1791, titre II, art. 6 ; décision administrative du 27 novembre 1810.*)

934. L'administration ne supporte aucun des frais de transport, d'emballage ou de remballage des marchandises d'exportation. Ils sont à la charge des expéditeurs. (*Loi du 22 août 1791, titre II, art. 15, et 4 germinal an 2.*)

935. S'il s'agit de produits tarifés au net, le poids net *effectif* s'établit par la vérification des employés, mais seulement lorsqu'il a été énoncé en la déclaration de l'expéditeur. (*Loi du 27 mars 1817.*)

936. S'il s'élève des doutes, soit de la part du déclarant, soit de la part de la douane, sur l'espèce et la qualité des marchandises, pour l'application des droits, on a recours, pour les éclaircir, aux experts établis près le ministère du commerce. (*Loi du 27 juillet 1822.*)

937. Le vérificateur chargé de procéder à la visite de marchandises payant au poids net, peut ne faire qu'une vérification partielle si tous les colis présentés sont de même

forme et de même poids. Lorsqu'il y a exagération dans le poids net reconnu, il doit exiger le déballage de tous les colis. (*Circulaire du 10 octobre 1822.*)

Nota. Un excédant de plus du 10ᵉ à la déclaration exige le déballage.

938. La pesée partielle est insuffisante pour établir le fait de la contravention à la loi. Un excédant passible d'amende ne pourrait être constaté qu'autant que tous les colis auraient été soumis à la pesée. (*Même circulaire.*)

939. Le vérificateur inscrit les détails de sa vérification', au moment même où elle a lieu, sur un portatif (formule n° 16). Il en établit les résultats pour chaque partie de marchandises. Son acte doit être daté et signé. (*Délibération du 22 septembre 1800, circulaire du 20 janvier 1817.*)

940. Si les colis, étant de même forme et de même poids, la vérification n'a été que partielle, le vérificateur indique seulement à son portatif le poids des caisses ou futailles soumises à la balance. Il établit en suite, d'après ce poids partiel, le poids total du chargement, de manière à présenter toujours le tableau vrai de son opération.

941. Aussitôt les résultats de la vérification inscrits au portatif, et les droits liquidés, le vérificateur établit son certificat de visite au dos de la déclaration n° 43 (1). (*Loi du 22 août 1791, titre XIII ; circulaire du 25 septembre 1833, lithographiée.*)

Pour la tare à allouer selon l'espèce de marchandises, voir n° 240.

Pénalité.

942. Les peines encourues, si la vérification fait reconnaître que la déclaration remise à la douane est inexacte, sont celles suivantes :

Pour excédant de colis. Confiscation avec amende de 100 fr. pour chaque colis en excédant (*Loi du 22 août 1791, titre II, art. 20.*) Amende de 500 fr. avec confiscation des marchandises et des moyens de transport si l'objet est prohibé. (*Même loi, titre V, art. 3.*)

Pour excédant de marchandises. L'excédant du poids, du nombre ou de la mesure est assujetti au double droit de sortie, à moins qu'il ne dépasse pas le 20ᵉ pour les métaux et le 10ᵉ pour les autres marchandises ; dans ce cas, on perçoit seulement le simple droit. (*Loi du 22 août 1791, titre II, art. 18.*)

Pour déficit de colis. Amende de 300 fr. pour chaque colis manquant, à moins de vol dont la preuve a été rapportée. (*Loi du 22 août 1791, titre II, art. 22.*)

Pour déficit de marchandises. Les droits sont acquittés sur les quantités reconnues. (*Même loi, art. 17.*)

Pour différence en qualité. Confiscation des marchandises faussement déclarées, avec amende de 500 fr. si les objets sont prohibés à la sortie, ou de 100 fr. seulement s'ils sont tarifés.

Il n'y a lieu qu'à l'amende de 100 fr. si le droit que l'on voulait soustraire ne s'élève pas à 12 fr. (*Loi du 22 août 1791, titre II et V.*)

943. Les marchandises prohibées, qui ont été déclarées sous leur véritable dénomi-

---

(1) Les registres particuliers de visite et liquidation sont supprimés à la sortie. (*Circulaire du 25 septembre 1833, lithographiée.*)

nation, ne sont pas saisissables; la douane ne les retient pas; elles restent dans l'intérieur. (*Loi du 22 août 1791, titre V.*) (1).

944. Lorsque les employés jugent qu'une marchandise acquittant les droits à la valeur a été mésestimée, ils peuvent la retenir en payant la valeur déclarée et le dixième en sus, dans les quinze jours qui suivent la notification du procès-verbal. (*Loi du 4 floréal an 4, voir n° 228.*)

944 *bis*. La préemption est interdite sur les marchandises qui ne paient que 1/4 p. 0/0 de la valeur, ce qui s'applique particulièrement aux droits de sortie. (*Réglement du 26 juin 1827, art. 3, circulaires nᵒˢ 818, 1051.*)

945. Si, avant ou après la visite, par quelque cause que ce soit, les marchandises n'ont pas été enlevées ou expédiées, elles sont mises en dépôt dans les magasins de la douane et traitées comme abandonnées. (Voir n° 481). (*Circulaire du 6 septembre 1827.*)

EMBARQUEMENT.

946. Aucune marchandise ne peut être chargée sur un bâtiment, de quelque tonnage qu'il soit, qu'avec la permission de la douane, et qu'en présence des préposés, à peine de confiscation et d'amende. (Voir n° 948). (*Loi du 22 août 1791, titre II, art. 13.*)

947. Le permis d'embarquer que délivre le receveur est inscrit sur la déclaration même de l'expéditeur. (*Circulaire du 25 septembre 1833, lithographiée.*)

948. L'amende encourue pour embarquement sans permis est, savoir:

De 500 francs et la confiscation, des marchandises et des moyens de transport, si l'objet est prohibé;

De 100 francs et la confiscation si la marchandise est tarifée à la sortie, et que le droit s'élève à plus de 3 francs;

De 50 francs, sans confiscation, si le droit de la marchandise est inférieur à 3 francs. (*Loi du 22 août 1791, titre II, art. 13, et 30, titre V, art. 3.*)

949. L'embarquement à bord des bateaux naviguant dans la partie de l'intérieur des rivières soumises à la police des douanes, est assujéti à la formalité du permis, quoique le droit de permis ne soit pas dû. (*Circulaire du 10 juin 1829.*)

950. L'embarquement ne peut se faire, même avec permis, qu'entre le lever et le coucher du soleil, à peine de confiscation des marchandises. (*Lois des 22 août 1791 et 4 germinal an 2.*)

951. Un préposé est coté par le chef du poste pour assister à l'embarquement; il est présent à la mise à bord, et prend note exacte des objets embarqués; il en donne son certificat. (*Arrêté du 4 complémentaire an 8; circulaire du 3 janvier 1817.*)

952. A moins de force majeure, le chargement des navires a lieu dans l'enceinte des ports. Il se fait, hors le cas d'urgente nécessité, à tour de rôle. Les opérations se font en aussi grand nombre que le permet le personnel des postes. (*Loi du 22 août 1791, titre II, art. 13, et titre XIII, art. 9.*)

953. Les employés qui ne se rendent pas au lieu fixé pour l'embarquement, après en avoir été requis, répondent des événemens qui peuvent résulter de leur refus ou de leur retard. (*Même loi, titre II, art. 13.*)

---

(1) On a dû reproduire dans ce titre plusieurs dispositions qui sont communes à l'*importation* et à l'*exportation*.

16

954. Si les objets sont transportés du port dans le navire au moyen d'allèges, un permis doit les accompagner. Ce permis énonce les quantités et espèces dont chaque allège est chargé. Un passavant est nécessaire, si l'allège passe de l'arrondissement d'un bureau, dans un autre arrondissement. (Voir n° 204.)

955. Les marchandises, dès qu'elles ont été vérifiées, sont transportées à bord du navire destiné à les recevoir. Tout transport rétrograde est interdit. Elles ne peuvent, hors le cas d'avaries, rentrer dans les magasins, à peine de confiscation et de 100 francs d'amende. (*Lois des 22 août 1791, titre II, art. 26, et 4 germinal an 2, titre III, art. 2.*)

956. Un navire, quoique prêt à partir, peut, jusqu'au moment où il met à la voile, recevoir des marchandises pour compléter son chargement, pourvu qu'après vérification elles aient été soumises aux droits. (*Décision administrative du 9 décembre 1816.*)

957. Il est prescrit aux capitaines et maîtres de navires, lorsqu'ils se mettent en mer, d'être porteurs de l'acquit de paiement des droits et autres expéditions relatives à la cargaison, sous peine de confiscation des marchandises, et de l'amende de 100 francs. (*Loi du 22 août 1791, titre II, art. 13.*)

Boissons.

958. Les employés des douanes sont appelés à constater, sur les acquits-à-caution de la régie, la présentation des boissons pour l'exportation et leur embarquement. Le receveur et un vérificateur certifient le premier fait; le second est attesté par les préposés de brigades. (*Circulaires des 20 septembre 1816, et 6 juin 1823.*)

959. Les acquits-à-caution de la régie, visés par le receveur, sont inscrits sur un registre particulier à la date de l'apposition de chaque visa. (*Mêmes circulaires.*)

CHAPITRE II. — PROVISIONS DE BORD.

L'instruction du 22 octobre 1829 règle ce qui concerne l'embarquement et le débarquement des provisions que les capitaines jugent nécessaires pour le voyage qu'ils entreprennent.

Voici ce qui concerne les navires *partants.*

NAVIRES FRANÇAIS EN PARTANCE.

Exemptions.

960. Les vivres et provisions provenant du royaume, embarqués sur navires *français*, sont exempts de tous droits s'ils sont uniquement destinés aux besoins de l'équipage et des passagers. (*Loi du 22 août 1791, titre VIII, art. 2.*)

961. Les capitaines des navires français sont autorisés à réclamer le remboursement du droit sur le sel employé à la préparation des viandes salées et des beurres exportés pour la consommation de l'équipage. (Voir titre XVI, n° 1855.) (*Ordonnance du 23 novembre 1825, loi du 17 mai 1826.*)

962. L'exemption de droits sur les provisions de bord n'est accordée qu'autant que les armateurs ou capitaines des bâtiments ont déclaré à la douane le nombre d'hommes composant les équipages, celui des passagers, et les quantités et espèces de vivres à embarquer. Ces quantités sont énoncées sur un permis; leur embarquement est ensuite

certifié sur cette pièce par les préposés. (*Loi du 22 août 1791, titre VIII, art.* 3; *circulaire du 22 octobre 1829.*)

963. La douane peut demander, si les quantités réclamées lui paraissent trop fortes, que les armateurs ou capitaines fassent régler ces quantités sur une expédition de la déclaration qu'ils ont produite, par le tribunal de commerce ou par les officiers municipaux du lieu. (*Loi du 22 août 1791, titre VIII, art.* 3.)

964. Les prohibitions qui peuvent exister sur les marchandises ou denrées ne s'appliquent pas à l'avitaillement des navires. C'est seulement si les quantités arbitrées paraissent excéder les usages reçus, qu'il en est référé à l'administration, sans toutefois que l'embarquement soit arrêté. (*Circulaires des 2 ventose an 2 et 22 octobre 1829.*)

Houilles embarquées.

965. Les bâtimens à vapeur de la marine royale ou marchande, qui ne remontent pas dans l'intérieur des fleuves au-delà du dernier bureau de douanes, peuvent se servir, pour leurs besoins journaliers, de houille étrangère prise dans les entrepôts en payant le droit de 15 centimes par cent francs de valeur. (*Ordonnance du 10 octobre 1835, art.* 2.)

966. Si, à défaut de combustible étranger, les navires prennent de la houille indigène, l'embarquement est soumis aux règles générales concernant les provisions de bord; conséquemment ce qui est reconnu nécessaire est exempt de droits. (*Circulaire du 15 juillet 1834.*)

Permis servant d'expédition.

967. Le permis délivré au capitaine est affranchi du droit de 50 centimes; il reste entre ses mains pour former titre d'origine. Si des vivres et provisions sont embarqués dans un autre port, ils sont ajoutés au permis, après que les employés se sont assurés que les deux quantités n'outrepassent pas le *nécessaire*. (*Loi du 22 août 1791, titre VIII, et circulaire du 22 octobre 1829.*)

968. Les droits fixés par le tarif doivent être perçus, pour toute quantité qui excède celle réclamée par l'approvisionnement du bâtiment. (*Loi du 4 germinal an 2, titre II, art.* 13.)

NAVIRES ÉTRANGERS EN PARTANCE.

969. Les vivres et provisions embarqués sur des navires étrangers, quoique déclarés pour la consommation de l'équipage de ces bâtiments, sont soumis au droit de sortie. (*Loi du 22 août 1791, titre VIII, art.* 1er.)

970. Il y a exception pour l'acquittement des droits, par suite de réciprocité, en faveur des bâtiments de guerre *portugais et brésiliens*. (*Décision ministérielle du 3 décembre 1827.*)

971. Les biscuits de mer, chargés comme provisions de bord sur les navires étrangers, sont affranchis des droits d'exportation. (*Circulaire du 4 décembre 1820.*)

972. Lorsqu'un navire étranger destiné pour la pêche de la morue vient en France se pourvoir de sel, il peut charger, en franchise, les quantités de biscuits et de viandes salées nécessaires pour la durée de son voyage. (*Circulaire du 22 octobre 1829.*)

973. Si des viandes et beurres salés sont embarqués comme provisions de bord, le droit du sel employé à ces salaisons est remboursé à l'expéditeur. (Voir n. 1855.) (*Ordonnance du 23 novembre 1825, loi du 17 mai 1826, art.* 8.)

974. Les prohibitions qu'établissent les lois ne s'appliquent pas aux objets d'avitaillement des navires. Le droit à percevoir, s'il y a défense d'exportation, est celui qui existait avant la prohibition (*Circulaire du 22 octobre 1829.*)

CHAPITRE III. — EXPORTATIONS PAR TERRE.

On a cru devoir reproduire à ce chapitre quelques dispositions communes à l'exportation par *terre* et à l'exportation par *mer*.

PRÉSENTATION DES MARCHANDISES.

975. Les bureaux placés sur la ligne intérieure de la frontière sont chargés de la
perception des droits de sortie des marchandises exportées du royaume. On peut néanmoins payer ces droits au bureau de l'extrême frontière, s'il est plus rapproché du lieu
du chargement que celui de seconde ligne. (*Loi du 22 août 1791, titre I*, *art. 2.*)

976. Les marchandises et denrées sont conduites au bureau des douanes par la route la
plus *directe* et la plus fréquentée. Il est défendu aux conducteurs de prendre aucun
chemin oblique tendant à éviter les bureaux, et de les dépasser sans avoir obtenu des
expéditions de douane. (*Même loi, titre II, art. 3.*)

977. La peine encourue si la marchandise n'est pas conduite au premier bureau de la
ligne, est de 200 francs avec confiscation de la marchandise. (*Lois des 22 août* 1791,
titre II, art. 3, et 4 germinal an 2, titre III, art. 4.)

978. Les marchandises prohibées à l'entrée, ou tarifées à plus de 20 francs par 100
kilogrammes, qui seraient trouvées sans expédition entre les deux lignes formant le
rayon frontière, devraient être considérées comme étant introduites en fraude, et être
traitées comme telles. (*Loi du 28 avril 1816, art. 38.*)

DÉCLARATION.

979. Les voituriers ou conducteurs, en se présentant au bureau, y fournissent la déclaration de leurs marchandises (formule n° 11). Cette pièce est transcrite à sa date
et signée au registre par le déclarant. Le receveur signe lui-même, si le déclarant ne
sait pas écrire. (*Loi des 22 août* 1791, *titre II, art 8; et 4 germinal an 2, titre III,
art. 6.*)

980. La déclaration indique l'*espèce*, la *qualité*, le *poids*, la *mesure* ou le *nombre* des
objets à exporter, et la *valeur*, si les droits sont dus à la valeur; elle fait connaître les
marques et numéros des colis (*Loi du 22 août* 1791, *titre II, art. 9.*)

981. Les déclarants encourent une amende de 100 francs et la confiscation, s'ils présentent comme unité plusieurs colis réunis de quelque manière que ce soit. (*Loi du 27
juillet 1822.*)

982. Les dénominations adoptées dans le tarif officiel sont les seules que la douane
puisse admettre pour la désignation des marchandises comprises dans les déclarations.
Elle doit surtout s'attacher à obtenir des expéditeurs des indications complètes. (*Circulaires des 17 décembre 1817, 10 novembre et 16 décembre 1820.*)

983. S'il s'agit de marchandises en futailles sujettes à coulage, l'expéditeur n'est pas
tenu d'en déclarer *le poids*; il se borne à énoncer le nombre des futailles, avec l'indi-

cation de leurs marques et numéros. La perception a lieu sur les quantités reconnues. (*Loi du* 22 *août* 1791, *titre II, art.* 19.)

984. La douane, lorsque les marchandises doivent les droits à la valeur, peut demander à l'expéditeur, comme renseignement, qu'il joigne à sa déclaration la facture qui doit accompagner l'objet à l'étranger. (*Réglement du 25 juin* 1827.)

985. La déclaration étant faite, rien ne peut y être changé; seulement, dans le jour et avant la vérification, on peut rectifier une erreur qui porterait sur le poids, le nombre, la mesure ou la valeur. (*Loi du* 22 *août* 1791.)

986. Si des changements sont apportés dans le tarif des droits de sortie, c'est le moment où la déclaration est *déposée* au bureau, qui détermine l'application ou la non-application du droit nouvellement établi. (*Circulaire du* 3 *août* 1822.)

Voir, pour les chevaux à l'usage des voyageurs, qui sont présentés au bureau, nᵒ 1292; Pour les voitures des voyageurs, voir nᵒ 1346.

Vérification.

987. La douane a la faculté de s'en rapporter aux énonciations de la déclaration. Si elle n'use pas de cette faculté, il est procédé à la visite des marchandises. (*Loi du* 22 *août* 1791, *titre II, art.* 14 *et* 17.)

988. Le vérificateur reconnaît et constate l'espèce, la qualité, le poids brut et net, s'il y a lieu, et le nombre ou la mesure des objets portés en la déclaration. (*Idem.*)

989. Excepté lorsqu'il s'agit de recensement dans un dépôt, la visite des marchandises ne peut avoir lieu dans les magasins des particuliers. C'est en douane, sous la surveillance de leurs chefs, que les employés doivent opérer leurs vérifications. (*Décision administrative du* 27 *novembre* 1310.)

990. Quand les marchandises présentées sont tarifées au net, le poids *net effectif* s'établit par la vérification des employés, mais seulement après que ce poids a été énoncé dans la déclaration de l'expéditeur. (*Loi du* 27 *mars* 1817.)

991. Si des doutes s'élèvent, soit de la part des déclarants, soit de la part des douanes, quant à l'application des droits, sur l'espèce ou la qualité des marchandises, les commissaires experts établis près du ministère du commerce sont consultés. (*Loi du* 27 *juillet* 1822.)

992. Lorsque des colis d'une marchandise payant au poids net, sont tous de même forme et de même poids, le vérificateur peut ne faire qu'une vérification partielle. En cas d'exagération dans le poids (un excédant d'un 10ᵉ), il exige le déballage de tous les colis. Un excédant passible d'amende ne pourrait être constaté, toutefois, qu'autant que tous les colis auraient été pesés. (*Circulaire du* 10 *octobre* 1822.)

993. Les détails de la vérification sont inscrits au portatif au moment même où l'opération a lieu. Les résultats y sont rapportés pour chaque espèce de marchandise. Chaque inscription doit être datée et signée. (*Délibération du* 22 *septembre* 1800; *circulaire du* 30 *janvier* 1817.)

994. Si, à raison de l'uniformité du poids des colis, la vérification n'a été que partielle, le vérificateur indique seulement les caisses ou futailles soumises à la balance. Il établit ensuite, d'après ce poids partiel, le poids total du chargement, de manière à toujours présenter le tableau vrai de son opération.

995. Aussitôt les résultats de la vérification inscrits au portatif, le vérificateur établit son certificat de visite au dos de la déclaration n° 12. (*Le registre de visite et liquidation est supprimé.*)(*Circulaire du 25 septembre 1832, lithographiée.*)

Pour la tare des emballages, voir n° 240 et suiv.

Pénalité.

996. Les différences dont la vérification amène la découverte sont punies des mêmes peines que lorsqu'il s'agit d'exportation par mer. (Voir n° 942.)

997. Les marchandises prohibées présentées dans les bureaux et déclarées sous leur véritable dénomination, ne sont pas saisissables. La douane ne les retient pas; elles restent dans l'intérieur. (*Loi du 22 août 1791, titre V.*)

998. Une marchandise acquittant les droits à la valeur, qui a été mésestimée, peut être retenue par les employés en payant la valeur déclarée, et un 10ᵉ en sus, dans les quinze jours qui suivent la notification du procès-verbal. (Voir n° 228.) (*Loi du 4 floréal an 4.*)

999. La préemption est interdite sur les marchandises ne payant que 1/4 p. 0/0 de la valeur. (*Réglement du 25 juin 1827, art. 3, circulaires n° 818 et 1051.*)

1000. Les marchandises qui, avant ou après la visite, ou par quelque cause que ce soit, n'ont pas été enlevées des bureaux ou expédiées à l'étranger, sont mises en dépôt dans les magasins des douanes, et traitées comme marchandises abandonnées. (Voir n° 481.) (*Circulaire du 6 septembre 1827.*)

1001. La tentative d'exporter les marchandises par des bureaux autres que ceux désignés par les lois, est punie d'une amende de 100 francs avec confiscation, à moins que l'objet présenté n'ait été déclaré sous sa véritable dénomination. Dans ce cas il rentre dans le royaume, pour être réexpédié par un bureau ouvert à la sortie. (*Loi du 22 août 1791, titre IV, art. 8.*)

1002. La marchandise est conduite à l'étranger dès l'acquittement des droits, sans emmagasinement et sans transport rétrograde, à peine de confiscation et de 100 francs d'amende. (*Lois des 22 août 1791, et 4 germinal an 2.*)

Boissons.

1003. Les employés des douanes constatent, sur les acquits-à-caution des contributions indirectes, la sortie des boissons exportées. Là où il n'existe qu'un seul préposé de la régie, le receveur des douanes signe le certificat de décharge avec ce préposé. La vérification est constatée par le receveur et par un chef du service actif des douanes, sur les points où la régie n'a pas d'employés. (*Circulaire du 27 février 1829.*)

1004. Les boissons destinées à passer par terre à l'étranger ne peuvent sortir du royaume que par l'un des points indiqués par l'ordonnance du 28 décembre 1828. (Voir au tarif quels sont ces bureaux.) (*Circulaire du 27 février 1829.*)

1005. Avant de percevoir les droits de sortie, les receveurs se font représenter les acquits-à-caution de la régie, pour y apposer leur visa d'exportation. Chacun des acquits-à-caution, ainsi visé, est inscrit sur un registre particulier. (*Circulaire du 6 juin 1823.*)

CHAPITRE IV. — EXPORTATIONS DE MARCHANDISES PRÉSENTÉES AUX
DOUANES DE L'INTÉRIEUR.

FORMALITÉS A REMPLIR AU BUREAU D'EXPÉDITION.

1006. Les bureaux de douanes placés dans l'intérieur du royaume sont autorisés à
délivrer les actes nécessaires pour expédier directement des marchandises pour l'étranger avec acquittement de droits, sauf certaines garanties imposées aux expéditeurs afin
de prévenir les abus.(*Arrêté du 25 ventose an 8.*)

1007. Les douanes de l'intérieur auxquelles cette autorisation a été donnée sont :
Paris (*arrêté du 25 ventose an 8, art. 6*);
Lyon (*décision du 21 pluviose an 11*);
Rouen (*décision administrative du 6 août 1810*) ;
Valenciennes (*décision du 11 août 1814*);
Metz (*décision du 6 juin 1833, circulaire du 4 juillet suivant*);
Toulouse (*décision ministérielle du 17 juin 1834, circulaire du 8 juillet suivant*).

1008. Le négociant qui expédie des marchandises d'une douane intérieure pour l'é-
tranger, fournit sa déclaration dans la forme ordinaire. Il donne, sous les peines de la
loi, toutes les indications de *quantité, espèce, qualité, poids*, etc., nécessaires à la perception. (*Arrêté du 25 ventose an 8.*)

1009. Les objets déclarés à la douane sont soumis à une exacte vérification. On suit
à leur égard les règles indiquées pour la visite des marchandises (n° 987 et suiv.)
comme si l'exportation avait lieu à la frontière. (*Idem.*)

1010. Les marchandises étant vérifiées, les colis sont plombés. L'expédition remise
par la douane fait mention du plombage ; elle indique, en même temps, le port ou le
bureau par lequel la sortie doit s'effectuer. (*Idem.*)

1010 *bis*. Les frais de plombage sont fixés à 75 centimes pour chaque plomb. (*Arrêté
du 25 ventose an 8, et ordonnance du 8 janvier 1817.*)

Contre-vérification au bureau frontière.

1011. Arrivés au port ou bureau frontière, les colis sont attentivement examinés. Si
les cordes et plombs apposés à la douane d'expédition sont reconnus sains et entiers,
et si le lieu où l'on présente les marchandises est bien celui désigné par l'expédition
pour la sortie de France, les colis ne sont pas ouverts. (*Même arrêté.*)

1012. Si le vérificateur, après avoir examiné le plombage dans toutes ses parties, a
des doutes sur l'intégrité des cordes et plombs, où s'il y a quelque indice particulier
de fraude, il procède à la visite détaillée : sa vérification est constatée au portatif. (*Circulaires des 29 brumaire an 10 et 19 septembre 1825.*)

1013. Que la contre-visite à la sortie soit sommaire ou détaillée, les employés doivent la constater : ils doivent aussi couper les plombs apposés sur les colis représentés,
afin de prévenir l'emploi abusif que l'on pourrait en faire à l'étranger. (*Circulaire du
22 frimaire an 14.*)

CHAPITRE V. — EXPORTATIONS AVEC PRIME.

Certaines fabrications françaises expédiées pour l'étranger reçoivent, à l'exportation, à titre d'encouragement pour le fabricant, une prime qui compense la taxe que les matières premières ont subie à leur entrée dans le royaume.

Les dispositions relatives aux primes sont résumées ainsi :

1° Marchandises jouissant de la prime, et quotité de l'allocation pour chacune d'elles;
2° Ports et bureaux ouverts aux exportations avec prime;
3° Dispositions générales et particulières concernant les primes.

MARCHANDISES JOUISSANT DE LA PRIME, ET QUOTITÉ DE L'ALLOCATION POUR CHACUNE D'ELLES.

1014. Les produits auxquels il est accordé une prime sont :

1° LES SUCRES des espèces ci-contre, fabriquées avec des sucres bruts des colonies françaises ou de l'étranger, *autres que blancs.*

> *Sucre mélis*, ou quatre cassons, entièrement épuré et blanchi.
> *Sucre candi* sec et transparent, quelle qu'en soit la couleur.
> *Sucre lumps et sucre tapé* de nuance blanche. (*Ordonnance du 8 juillet 1834, art. 1ᵉʳ.*)

La prime se compose du remboursement des droits payés à l'importation. Elle se règle comme suit :

Sucre mélis.....
Et sucre candi.. } pour 75 kilogrammes exportés..... { Le droit payé pour 100 kilogrammes, sucre brut.
Sucres lumps et tapé,   idem   idem......... (*Même ordonnance.*)

2° LA MÉLASSE OU RÉSIDU DU SUCRE DE CANNE, provenant de sucre brut, autre que blanc, des colonies françaises ou de l'étranger. Il est alloué 12 fr. pour 100 kilogrammes exportés. (*Loi du 26 avril 1833*).

3° LE SUCRE TERRÉ BRUN DIT MOSCOUADE. Le remboursement du droit s'opère à raison du rendement fixé par l'article 1ᵉʳ de l'ordonnance du 8 juillet 1834.

Nota. Un tableau des sommes à rembourser à titre de prime pour les sucres, d'après les droits existants et les rendements, est joint à la circulaire n° 1452.

4° LES FILS ET TISSUS DE PUR COTON, à l'exception de ceux formés avec des déchets, ou avec des canevas dits treilles, bougran, etc. La prime est, savoir :

Fils .... { écrus...............
                  blanchis.............
                  teints....... { en bleu.....
                                  en rouge .... } 25 francs 100 kilogrammes.

Tissus de pur coton en pièces ou en vêtements, 25 francs par 100 kilogrammes. (*Loi du 28 juin 1833, circulaire du 16 décembre 1833.*)

5° LES FILS ET TISSUS DE LAINE; la prime est réglée ainsi qu'il suit :

Fils de laine pure et sans mélange de déchet ou d'autres basses matières provenant d'une laine lavée à chaud, et valant au kilogr., avant l'acquittement des droits.......
{ moins de 2 fr.............Exclus de la prime.
  de 2 à 4 fr. inclusivement.   75 fr.00 c.
  plus de 4 à 6 fr.   id...... 125 00
  plus de 6 à 8 fr.   id...... 175 00
  plus de 8 à 10 fr. id...... 225 00
  plus de 10 fr............   275 00 } les 100 kilogrammes.

Si les fils sont mêlés avec de la bourre de soie, mélange connu dans le commerce sous le nom de *thibet*, la prime est réduite de 33 pour cent.

Si les fils de laine pure ou mélangée ne sont pas dégraissés, ou sont encore imprégnés d'huile, la prime est réduite de 20 pour cent.

Foulés et drapés. Draps, casimirs ou tissus similaires (les similaires de la draperie sont les *ratines*, les *royales*, les *castorines*, les *beiges*, les étoffes dites *refoulées*, etc.), catis ou tirés à poil......... Bonneterie orientale.........		9 pour cent de la valeur en fabrique et au comptant.

Tissus de pure laine sans mélange de déchets ou d'autres basses matières......

Couvertures.	valant 7 fr. ou moins le kil..	67fr.00 c.
	de 7 fr. exclusivement à 10 fr. inclusivement..........	100 00
	au dessus de 10 fr...	140 00

Non foulés ou légèrement foulés, sans être drapés, croisés ou lisses.	valant moins de 15 fr. le kil...	85 00
	de 15 f. à 25 exclusivement..........	140 00
	de 25 à 35 *id*..............	195 00
	de 35 à 45 *id*..............	250 00
	de 45 et au dessus...............	300 00

les 100 kil.

Passementerie................................
Bonneterie ordinaire........................... } 100 00
Tapis (1)..................................

Sont exclus de toute prime :

1° Les couvertures et les tapis valant moins de.......... 5 00
2° Les draps, casimirs et tous autres tissus dénommés ci-dessus, d'une valeur au dessous de...... 4 50 } le kilog.

Tissus où la laine entre pour plus de moitié, et qui sont mélangés........

Ces tissus jouissent suivant leur valeur par kilog, et d'après la nature des mélanges, des mêmes primes que celles allouées aux tissus de pure laine, sous les déductions déterminées ci-après :

De coton ou de fil.	Chaîne coton ou fil, trame laine pure.	Foulés et drapés.	Draperie et tissus similaires, déduction de.............25
			Couvertures *id*.............. 10
		Non foulés ou légèrement foulés, sans être drapés, croisés ou lisses....... 35	
	Chaîne coton ou fil, trame mélangée............ 50		
	Tapis................................		
	Bonneterie............................. } 15		
	Passementerie.........................		

De soie	Chaîne laine pure, trame laine pure.	Croisés................. 12
		Lisses................. 18
		Satinés, lisses ou croisés.......... 25

pour cent.

Chaîne soie pure, trame laine et bourre de soie (Thibet), croisés ou lisses... 40
Chaîne bourre de soie, trame laine pure, croisés ou lisses.......................... 25
Chaîne laine et bourre de soie (Thibet), trame laine et bourre de soie (Thibet), croisés ou lisses.......... 35
Chaîne bourre de soie, trame laine et bourre de soie (Thibet)..........................Exclus de la prime.

De poil de chèvre ou de chameau............................. 50 pour cent.

Tissus de laine et de coton, où la laine n'entre pas pour plus de moitié........ 25 fr. par 100 kilogr.

Châles. — Comme les tissus dont ils sont formés, avec addition de 30 pour cent s'ils sont brochés en pure laine.

Vêtements confectionnés et présentés en assortiments de 25 kilogrammes au moins, et séparés par espèce de tissus............... { Comme les tissus dont ils sont formés, défalcation faite des matières accessoires et des doublures qui ne sont pas entièrement de pure laine.

(1) Ceux de pure laine exclusivement. (*Circulaire* 14 *décembre* 1835.)

17

Dispositions générales.

Si les tissus de pure laine ou mélangée sont brochés en soie par une trame addition-
nelle, il est déduit 5 p. 0/0 sur la prime.

S'ils sont brodés, on déduit le poids réel de la soie.

On ne comprend pas, dans les valeurs qui servent de base à toutes les liquidations de
prime, l'augmentation de prix qui peut résulter des dessins, ornements ou impressions
appliqués sur le fond des tissus. (*Ordonnance du 10 octobre 1835, art. 4.*)

Nota. Voir, pour l'application de ces diverses dispositions, la circulaire du 14 décembre 1835,
n° 1517 et le tableau qui y est annexé.

6° **LES SAVONS.** La prime comprend le remboursement des droits établis sur les huiles
et sur les matières alcalines importées.

Ce remboursement a lieu dans les proportions ci-après :

Le droit dû sur 58 kilogrammes d'huile par 100 kilogrammes de savon exporté.

   Idem   35   de soude ou natron par 100 kilogrammes de savon
exporté. (*Lois des 21 avril 1818, et 17 mai 1826, art. 15 et 11.*)

7° **LE SOUFRE ÉPURÉ OU SUBLIMÉ.** Remboursement du droit d'entrée payé sur le soufre
brut venu par navires français, dans la proportion de 100 kilogrammes de matière pour
75 kilogrammes de soufre. (*Ordonnances des 3 février 1819, 26 septembre 1822, et 9 octobre 1825.*)

8° **LES ACIDES NITRIQUE ET SULFURIQUE.** Remboursement du droit imposé à l'entrée
sur le nitre ou salpêtre. Il est réglé comme suit :

Pour l'acide nitrique, 53 francs pour 100 kilogrammes net exportés.

Pour l'acide sulfurique, 3 francs 50 centimes pour 100 kilogrammes net exportés. (*Loi
du 10 mars 1819.*)

9° **LES MEUBLES NEUFS** en acajou massif et de feuilles de placage.

Il est accordé 17 francs 50 centimes par 100 kilogrammes net exportés. (*Ordonnance
du 8 juillet 1834.*)

10° **LE PLOMB.** Restitution du droit d'entrée dans les proportions suivantes :

Pour 100 kilogrammes, plomb battu, laminé ou autrement ouvré, le droit d'entrée
supporté par 102 kilogrammes brut.

11° **LE CUIVRE** et le **LAITON.**

Pour 100 kilogrammes de cuivre battu, laminé ou autrement ouvré, le montant du
droit supporté par 100 kilogrammes cuivre brut.

Pour 100 kilogrammes de laiton battu, laminé, le montant du droit d'entrée supporté
par 90 kilogrammes cuivre brut. (*Ordonnances du 26 juillet 1826.*)

12° **LES PEAUX PRÉPARÉES.** Le remboursement des droits d'importation imposés sur
les peaux brutes, dans les proportions ci-après :

1° Pour 100 kilogrammes de cuirs et peaux tannés et corroyés, les droits d'entrée supportés par 100 kilogrammes peaux brutes ;

2° Pour 100 kilogrammes peaux teintes et vernies, le montant des droits d'entrée
payés par 100 kilogrammes peaux brutes. (*Loi du 17 mai 1826.*)

13° CHAPEAUX DE PAILLE, D'ÉCORCE ET DE SPARTERIE. Le remboursement du droit payé à l'importation. (*Loi du* 27 *mai* 1826.)

Pour les *viandes, beurres* et autres salaisons, voir le titre XVI, n° 1855.

CHAPITRE VI. — BUREAUX OUVERTS A LA SORTIE DES MARCHANDISES DE PRIMES.

1015. Il est établi deux nomenclatures des bureaux exclusivement chargés des opérations relatives aux primes :

L'une, pour *toutes les marchandises de primes à l'exception des sucres et des mélasses ;*

L'autre, pour *les sucres et mélasses seulement.* (*Décision ministérielle du* 5 *décembre* 1829.)

Deux sections divisent chacune de ces nomenclatures.

La première comprend les ports et bureaux qui peuvent recevoir les premières déclarations, procéder à la vérification, au plombage et à la délivrance des passavants ;

La deuxième indique les points où doit se constater la sortie, soit que les marchandises aient été expédiées de ces points mêmes, soit qu'elles y arrivent des autres bureaux désignés.

Suivent les deux nomenclatures :

NOMENCLATURE GÉNÉRALE DES BUREAUX EXCLUSIVEMENT CHARGÉS DES OPÉRATIONS RELATIVES AUX PRIMES DE SORTIE POUR TOUTES LES MARCHANDISES, A L'EXCEPTION DES SUCRES ET DES MÉLASSES.

Première section.

Ports et bureaux qui peuvent recevoir les premières déclarations de sortie sous réserve de prime, procéder à la vérification des titres produits, à la reconnaissance des marchandises, au plombage et à la délivrance des passavants au dos desquels la sortie effective devra être constatée à l'extrême frontière (1).

Ports.

Toulon ; Marseille ; Cette ; Port-Vendres; Bayonne ; Bordeaux ; Rochefort ; La Rochelle ; Nantes ; Vannes ; Lorient ; Brest ; Morlaix ; Saint-Brieux ; Le Légué, Saint-Malo ; Granville ; Cherbourg ; Caen ; Honfleur ; Rouen ; le Havre ; Fécamp ; Dieppe ; Saint-Valery-sur-Somme. (*Circulaire du* 19 *mars* 1830.) Boulogne ; Calais ; Dunkerque.

Bureaux de terre.

Abbeville, Bailleul; Belfort (*Circulaire du* 19 *mars* 1830); Armentières ; Lille ; Valen-

---

(1) C'est à l'exclusion de tous autres que ces bureaux doivent délivrer les expéditions de sortie pour les marchandises de primes, même pour les fils et tissus de coton qui auraient été présentés d'abord à un conseil de prud'hommes. Les bureaux de deuxième ligne que l'article 10 de l'ordonnance du 23 septembre 1818 autorisait, pour cette seule espèce de marchandises, à délivrer l'expédition de sortie, doivent se borner à délivrer un passavant de circulation avec lequel se dirige la marchandise sur l'une des douanes désignées en cette première section de la nomenclature.

ciennes; Givet; Sedan; Thionville; Longwy (*Circulaire du 1ᵉʳ août* 1832); Sierck; Forbach; Sarreguemines; Wissembourg; Lauterbourg; Strasbourg; Colmar; Saint-Louis; Delle; Jougne; Verrières-de-Joux; Les Rousses; Bellegarde; Pont-de-Beauvoisin; Chapareillan.

Briançon; Saint-Laurent-du-Var; Perpignan; Bedous; Saint-Jean-Pied-de-Port; Orléans; Paris; Roubaix; Mulhausen; Arles; Montpellier; Lyon (*Circulaire du 9 mars* 1830); Metz. (*Circulaire du 4 juillet* 1833.)

Deuxième section.

Bureaux qui peuvent constater la sortie définitive, c'est-à-dire le passage en mer ou sur le territoire étranger des marchandises de prime, soit qu'ils les aient expédiées ainsi qu'il est indiqué en tête de la précédente section, soit qu'elles leur arrivent, sous plomb et avec passavant régulier, des autres bureaux désignés.

Ports.

Toulon; Marseille; Cette; Port-Vendres; Bayonne (les navires sont convoyés jusqu'au bas de l'Adour); Rochefort; Pauillac (pour ce qui est expédié de Bordeaux); La Rochelle; Paimbœuf (pour ce qui est expédié de Nantes); Vannes; Lorient; Brest; Morlaix; Saint-Brieux; Le Légué; Saint-Malo; Granville; Cherbourg; Caen (les navires sont convoyés jusqu'au bas de l'Orne); Honfleur; Quillebœuf (pour ce qui est expédié de Rouen); le Havre; Fécamp; Dieppe; Boulogne; Calais; Dunkerque.

Bureaux de terre.

Pont-Rouge (pour ce qui est expédié d'Armentières); Halluin; Baisieux (pour ce qui est expédié de Lille); Blancmisseron (pour ce qui est expédié de Valenciennes); Givet; La Chapelle (pour ce qui est expédié de Sedan); Evrange (pour ce qui est expédié de Thionville); Sierck; Longwy (*Circulaire du 1ᵉʳ août* 1832); Forbach; Sarreguemines; Wissembourg; Lauterbourg; Pont-du-Rhin, La Vantzenau (pour ce qui a été vérifié à Strasbourg); L'Ile-de-Paille (pour ce qui est expédié de Colmar); Saint-Louis; Huningue (*Circulaire du 7 février* 1834); Delle; Jougne; Verrières-de-Joux; Les Rousses; Bellegarde; Pont-de-Beauvoisin.

Chapareillan; Mont-Genèvre (pour ce qui est expédié de Briançon); Saint-Laurent-du-Var, Le Perthus, Bourg-Madame (pour ce qui est expédié de Perpignan); Urdos (pour ce qui est expédié de Bedous); Arneguy (pour ce qui est expédié de Saint-Jean-Pied-de-Port); Ainhoa; Béhobie (pour ce qui est expédié de Bayonne).

NOMENCLATURE GÉNÉRALE DES BUREAUX EXCLUSIVEMENT CHARGÉS DES OPÉRATIONS RELATIVES AUX PRIMES DE SORTIE POUR LES SUCRES ET MÉLASSES SEULEMENT.

Première section.

Bureaux près desquels existe le jury d'examen créé par la loi du 27 mars 1827, et qui, par ce motif, peuvent recevoir les déclarations de sortie sous réserve de prime, procéder à la vérification des titres produits, à la reconnaissance des sucres et mélasses, au plombage et à la délivrance des passavants au dos desquels la sortie effective devra être constatée à l'extrême frontière.

Ports.

Toulon; Marseille; Cette; Bordeaux; La Rochelle; Nantes; Brest; Morlaix; Caen; Honfleur; Rouen; le Havre; Dieppe; Boulogne; Dunkerque.

Bureaux de terre.

Lille, Valenciennes; Strasbourg; Mulhausen; Orléans; Paris; Lyon. (*Circulaire du 19 mars 1330.*)

Deuxième section.

Bureaux qui peuvent constater la sortie définitive, c'est-à-dire le passage en mer ou sur le territoire étranger des sucres et mélasses, soit qu'ils les aient expédiés ainsi qu'il est indiqué en tête de la précédente section, soit que ces marchandises leur arrivent, sous plomb et avec passavants réguliers, des autres bureaux désignés.

Ports.

Toulon, Marseille, Cette; Port-Vendres; Pauillac (pour ce qui est expédié de Bordeaux); La Rochelle; Paimbœuf (pour ce qui est expédié de Nantes); Brest; Morlaix; Caen (les navires sont convoyés jusqu'au bas de l'Orne); Honfleur; Quillebœuf (pour ce qui est expédié de Rouen); le Havre; Dieppe; Boulogne; Calais; Dunkerque.

Bureaux de terre.

Halluin; Baisieux (pour ce qui est expédié de Lille); Blancmisseron (pour ce qui est expédié de Valenciennes), Sierck; Longwy (*Circulaire du 1ᵉʳ août 1832*); Forbach; Pont-de-Rhin, La Vantzenau (pour ce qui est expédié de Strasbourg); Saint-Louis; Delle; Jougne; Verrières-de-Joux; Les Rousses; Bellegarde, Pont-de-Beauvoisin.

1016. Lorsqu'il s'agit d'envois faits aux colonies françaises, les objets peuvent sortir par tous les ports d'entrepôt fictif. (*Circulaire du 9 juin 1820.*)

CHAPITRE VII.—DISPOSITIONS GÉNÉRALES ET PARTICULIÈRES CONCERNANT LES PRIMES.

Les formalités en matière de primes se divisent ainsi :

1° Production des titres d'origine des marchandises; 2° déclaration; 3° vérification; 4° plombage; 5° expédition à délivrer; 6° contre-visite au bureau de sortie; 7° bureaux de passage; 8° passage effectif à l'étranger; 9° envoi des pièces à l'administration et paiement des primes.

PRODUCTION DES TITRES D'ORIGINE.

1017. La prime n'est due qu'aux produits réellement fabriqués en France. La preuve de fabrication française résulte du certificat du fabricant, visé, si la douane l'exige, par le maire et par le sous-préfet. Cette pièce est jointe à la déclaration de l'expéditeur. (*Ordonnance du 23 septembre 1818.*)

1018. Les certificats d'origine doivent désigner les tissus de laine pure ou mélangés, sous les dénominations textuelles consignées dans les ordonnances du 10 octobre 1835, en indiquant leur prix, soit au mètre, soit au poids, pour les tissus dont la prime est *à la valeur*, mais toujours au kilogramme pour les tissus dont la prime est réglée sur *le poids*. (*Circulaire du 14 décembre 1835.*)

1019. Si l'exportation n'a lieu que pour une partie des marchandises décrites au certificat d'origine, le receveur des douanes, ou à son défaut le maire (ou le conseil des prud'hommes pour les tissus de coton) délivre un extrait de ce certificat. (*Même ordonnance.*)

1020. Les commissionnaires qui font travailler les ouvriers des villages voisins des villes de fabrique sont admis à fournir les certificats d'origine, pour les tissus qu'ils ont reçus de ces ouvriers, et auxquels ils ont apposé leur marque. (*Circulaire du 14 février 1822.*)

1021. S'il s'agit de certificats délivrés par des raffineurs de sucre, ces actes sont soumis à l'examen du jury spécial établi dans le lieu d'exportation, avant d'être reçus par la douane. (*Loi du 27 mars 1817, art. 5.*)

Nota. Il y a un jury à *Cette, Marseille, Bordeaux, La Rochelle, Nantes, Brest, Rouen, Honfleur, le Havre, Dieppe, Boulogne, Dunkerque, Lille, Valenciennes, Strasbourg, Mulhausen, Lyon, Paris* et *Orléans.*

Quittances du droit d'entrée.

1022. La quittance du paiement des droits d'entrée, comme titre justificatif, est exigée pour les marchandises ci-après :

Sucres, savons, soufre, plomb, cuivre, peaux, chapeaux de paille. (*Loi du 21 avril 1818, art. 16.*)

1023. Les quittances produites ne sont valables qu'autant qu'elles sont présentées dans les délais suivants :

Pour les sucres : dans les six mois de leur date, et lorsqu'il est mentionné que les sucres ont été importés en droiture, par navires français, des pays hors d'Europe. (*Loi du 26 avril 1833, art. 2.*)

Pour les savons, le soufre, le plomb, le cuivre, les peaux, les chapeaux de paille : dans les deux années de leur date. (*Ordonnance du 26 juillet 1826.*)

1024. Lorsqu'un négociant n'épuise pas, par l'exportation, la quittance servant de titre justificatif de l'origine de la marchandise expédiée, il lui est délivré un bulletin ou récépissé pour lui assurer l'application du restant à une autre expédition. (*Circulaires des 27 janvier 1832, 21 novembre 1825 et 28 avril 1833.*)

DÉCLARATION.

1025. La déclaration est remise en douane par l'exportateur à qui la prime sera acquise s'il y a lieu ; elle présente, dans les termes employés par la loi, les indications d'*espèce*, de *qualité* et de *poids* de l'objet exporté ; elle exprime que les marchandises sont expédiées sous bénéfice de prime, et elle précise, d'après le tableau dressé par l'administration, la quotité de la prime demandée. (*Circulaires des* 29 *juin* 1825 , 18 *mars* 1828 , 28 *avril* 1833, *et* 14 *décembre* 1835.)

Nota. Il importe aussi de désigner le bureau (ce ne peut être qu'un bureau *principal*) où l'exportateur veut être payé, et de donner le nom et l'adresse de la personne en faveur de laquelle la prime doit être ordonnancée.

1026. La déclaration est faite soit à l'un des bureaux de douane ouverts à la vérification ou à l'expédition des marchandises de primes, soit, s'il s'agit de tissus de coton et s'il n'existe pas de bureau de douanes, au conseil des prud'hommes. (*Ordonnances des* 2 *janvier* 1817 *et* 23 *septembre* 1818.)

1027. Lorsque des fils de laine sont exportés , le prix de la laine , au kilogramme , doit être indiqué dans la déclaration. Les déclarants ont en outre à remettre , pour chaque partie de fils, des cartes d'échantillons. (*Circulaires des* 16 *février* 1832 *et* 14 *décembre* 1835.)

On doit, d'ailleurs , exiger que la déclaration indique si les fils sont ou non dégraissés. (*Circulaire* 14 *décembre* 1835.)

1028. L'exportateur est tenu de donner à chaque tissu de pur coton la dénomination qui lui est propre, comme *toile écrue , blanche , teinte* ou *imprimée , percale, calicot blanc* ou *imprimé, châles, mouchoirs, mousselines, draps, velours,* etc.

S'il s'agit de tissus de laine pure ou mélangée, il faut les désigner sous les dénominations textuelles consignées dans l'ordonnance, en indiquant leur prix , soit au mètre , soit au poids pour les tissus dont la prime est *à la valeur,* mais toujours au kilogramme pour les tissus dont la prime est réglée sur *le poids.*

Pour les couvertures de couleur, on n'y comprend pas le prix de la teinture.

Pour les tissus mélangés , on doit indiquer la nature des substances composant la chaine et la trame, et refuser toute déclaration qui ne donne pas ces indications.

Enfin la déclaration exprime le nombre de pièces contenues dans chaque colis, les *numéros, espèce, qualité, poids net, la mesure* en longueur et largeur, *et la couleur*; les marques de fabrique sont spécifiées si les objets ont pour destination les colonies françaises. (*Ordonnances des* 28 *août* 1820 *et* 31 *octobre* 1821 , *lois des* 27 *juillet* 1822 *et* 17 *mai* 1826 , *circulaires des* 30 *novembre* 1821 *et* 30 *mai* 1822, *circulaires des* 27 *juillet* 1827 *et* 15 *septembre* 1830, *ordonnance du* 10 *octobre* 1835 , *circulaire* 14 *décembre suivant.*)

1028 *bis.* Lorsque ce sont des étoffes légères que l'on exporte, le déclarant énonce si elles sont *simples* ou *croisées*; il spécifie que la valeur est celle des étoffes en fabrique après l'apprêt en blanc. (*Circulaires des* 7 *septembre* 1826 *et* 14 *décembre* 1835.)

1029. Les quittances des droits d'entrée, dans les cas où elles doivent être exigées de l'exportateur, sont produites à l'appui de sa déclaration. Le receveur s'assure que ces acquits sont réguliers ; il ne reçoit la déclaration que jusqu'à concurrence des quantités de matière dont l'acquittement des droits lui est justifié. (*Circulaire du* 28 *avril* 1833.)

1030. Les acquits de paiement produits après avoir été échangés contre des récépissés remis aux déclarants sont adressés, par l'intermédiaire des directeurs, à l'administration. Ils doivent être accompagnés d'un bordereau. (*Circulaire du* 28 *avril* 1833.)

Vérification.

1031. Soit que la vérification ait lieu dans une douane intérieure, soit qu'elle s'effectue à l'un des bureaux maritimes ou de la frontière, on y procède en ouvrant, sans exception, *tous les colis* pour reconnaître l'*espèce*, la *qualité*, le *nombre*, le *poids*, tant au *brut* qu'au *net*, des objets déclarés ; on s'assure que tous les caractères de la marchandise sont identiques avec les preuves d'origine produites. (*Ordonnance du 23 septembre 1818, circulaire du 28 avril 1833.*)

Sucres et mélasses.

1032. Le poids des sucres est constaté au *net réel*, c'est-à-dire défalcation faite de toute enveloppe. C'est sur ce poids, augmenté de 2 pour 0/0, que la prime est liquidée.

Le vérificateur exige la mise à nu de la totalité des pains, ou bien il constate le poids des enveloppes au moyen d'épreuves faites sur un certain nombre de pains que désigne, chaque fois, le chef local. (*Circulaire du 28 avril 1833.*)

Nota. Pour placer les sucres raffinés dans l'une des classes que leur assigne la loi, on doit s'attacher à distinguer leur plus ou moins de pureté ; si le poids des pains éclaire les employés, il ne peut être pour eux un signe certain de reconnaissance. Quand des pains déclarés sucres méllis pèsent plus de 7 kil., il y a lieu à en prélever un échantillon pour l'expertise. (*Lettre administrative du 26 février 1834.*)

1033. Le jury spécial institué par la loi (voir n° 1021) procède simultanément, et concurremment avec les employés des douanes, à l'examen des sucres exportés avec prime ; il constate la *qualité* des sucres présentés, atteste l'existence des fabriques d'où les marchandises sont déclarées provenir, et il certifie que les exportations actuelles unies aux précédentes n'excèdent pas leurs moyens de production. (*Loi du 27 juillet 1822, art. 8, ordonnance du 15 janvier 1823, art. 3, circulaire du 27 même mois.*)

1034. Les sucres peuvent être présentés à l'exportation autrement qu'en futailles. On les admet en *vrac* dans des voitures pouvant contenir 1,000 kilogrammes, à charge toutefois de satisfaire aux garanties particulières exigées par l'administration. (Voir, pour ces garanties, la *circulaire du 26 mars 1830.*)

1035. Les mélasses provenant de sucre *de cannes* dont la consistance marque au moins 40 degrés à l'aréomètre de Baumé, dans une température de 12 à 15 degrés, sont les seules admises à la prime. La vérification doit établir que ce degré a été reconnu. (*Décision ministérielle du 7 novembre, 1821 ; circulaire du 31 juillet 1822.*)

1036. La tare de 12 p. 0/0 accordée pour les futailles de mélasses cesse d'être celle à allouer, si à la vérification on reconnaît que le poids des fûts dépasse cette fixation. On pèse, dans ce cas, quelques futailles de la dimension de celles présentées, et leur poids est déduit du poids *brut* pour obtenir le *net réel*. (*Circulaire du 22 mars 1820.*)

Fils et tissus.

1037. Les employés, en vérifiant des *fils et tissus de pur coton*, s'assurent que les étoffes ne sont pas mélangées de fil. Celles présentées qui contiennent ce mélange sont saisies. En cas de doute, des échantillons sont prélevés pour être soumis aux experts du gouvernement (voir n° 220). (*Circulaires des 22 juillet 1828 et 16 décembre 1833.*)

1038. Lorsque la prime de la passementerie de pure laine est réclamée, on doit défalquer avec soin le poids des tresses, galons, cordons, moules en fil de fer ou en bois, etc.

ces objets accessoires ne jouissant pas de l'allocation. (*Circulaire du* 14 *décembre* 1835.)

1039. Les vêtemens confectionnés doivent être présentés par parties de 25 kilogrammes au moins, et séparément par espèce de tissus de la valeur indiquée, défalcation faite du poids des doublures et accessoires. (*Loi du* 17 *mai* 1826.)

1040. Lorsque des tapis sont exportés, on doit examiner si le tissu est formé de pure laine, ou si ces produits contiennent plus de moitié laine, sans rechercher si leur texture présente ou non une chaîne et une trame distinctes. (*Circulaire du* 14 *décembre* 1835.)

1041. S'il est présenté des étoffes légèrement foulées, avec demande de la prime la plus élevée, le vérificateur examine si, d'après le prix mentionné, ces étoffes doivent être rangées dans la classe indiquée par l'exportateur; il a soin, dans tous les cas, de déduire le prix de la teinture. (*Circulaire du* 14 *décembre* 1835.)

Échantillons.

1042. Excepté pour la *bonneterie*, les *rubans* et les *tapis*, il est produit des échantillons pour servir au contrôle des *qualités* et *valeurs* des objets déclarés. Ces échantillons doivent avoir au moins 6 à 7 centimètres de largeur pris entre les deux lisières. *Circulaire du* 24 *janvier* 1821.)

1043. Il est fourni, pour les fils de laine, des cartes d'échantillons comme il est d'usage pour les draps, présentant les fils de qualités et de couleurs différentes.(*Circulaire manuscrite du* 16 *février* 1832.)

Lorsque des tissus de laine sont exportés, les cartes d'échantillons, que remet l'exportateur, doivent être conformes au modèle fourni par l'administration. (*Circulaire du* 14 *décembre* 1835.)

Savons et autres marchandises.

1044. Relativement aux *savons*, on ne peut admettre, lors de la visite en douane, que les savons de pâte ferme, blancs, rouges, marbrés; les savons mous et liquides où il n'entre aucune matière exotique sont exclus. (*Instruction administrative.*)

1045. L'huile, la soude et le natron acquittant les droits d'entrée *au brut*, on augmente les 58 kilogrammes d'huile ou les 35 kilogrammes de matières sur lesquelles la prime est allouée, du montant de la tare qui a affecté cette quantité; ce qui l'élève pour l'huile à 65 kilogrammes 90 décagrammes, et pour les autres matières à 39 kilogrammes 77 décagrammes. (*Circulaire du* 21 *novembre* 1825.)

1046. A l'égard des meubles exportés avec prime, le poids net est pris en masse sans autre défalcation que celles des marbres ou autres accessoires non adhérents. On considère comme accessoires adhérents les serrures, poignées ou autres montures en métal. (*Circulaire du* 9 *juin* 1820.)

Constatation de la visite.

1047. La vérification des marchandises exportées avec prime est faite et constatée par un seul vérificateur sous la surveillance du sous-inspecteur qui a cette partie de service dans ses attributions; cette surveillance est attestée par un visa. (*Lettre de l'administration du .... janvier* 1832.)

18

1048. La fausse déclaration par laquelle on cherche à s'attribuer une prime de sortie hors le cas où elle est due, est punie de la confiscation de l'objet présenté, et d'une amende égale au montant de la prime ; si la fausse énonciation a pour objet d'obtenir une prime supérieure à celle accordée, l'amende encourue est égale à la somme qu'on eût dérobée au trésor, et la prime est refusée pour le tout. (*Loi du 21 avril 1818, art. 17.*)

1049. Les contraventions sont immédiatement constatées par un procès-verbal. Cependant, si les employés ne croient pas avoir de motif suffisant de saisir, ils rédigent un acte conservatoire que signe le déclarant, afin de pouvoir agir, au besoin, lorsque la décision des experts leur aura été communiquée. (*Circulaire du 5 février 1827.*)

PLOMBAGE.

1050. La visite terminée, les marchandises sont replacées dans des colis, ou dans des enveloppes, solides et bien clos. Ces colis sont revêtus, en cet état, du plomb de la douane. Le plombage doit être fait avec un soin tel qu'il n'y ait aucune substitution à craindre avant le passage effectif à l'étranger. (*Circulaire du 19 novembre 1825 ; ordonnance du 23 septembre 1818, art. 6.*)

1051. S'il s'agit de sucres expédiés en vrac dans des voitures, celles-ci, après avoir été *bâchées*, sont plombées en tout sens avec solidité, de manière à établir un scellé parfait. La conservation des plombs est assurée ensuite au moyen d'une couverture. (*Circulaire du 26 mars 1830.*)

1052. Les colis renfermant des tissus ou autres marchandises, sont plombés à nu avant d'être renfermés dans une seconde enveloppe ; le passavant, dans ce cas, ne décrit que ce qui est sous plomb. Un second plomb peut, si le commerce le désire, être apposé sur le double emballage ; l'expédition en fait mention, en exprimant séparément le poids brut des colis sous le premier plomb et son poids total avec le second plombage. (*Circulaire du 12 septembre 1822.*)

1053. Les employés examinent particulièrement la solidité des tonneaux et caisses renfermant les marchandises. Ils s'assurent qu'aucune partie de ces colis n'en peut être dérangée : s'il en est autrement ils sont en droit de refuser le plombage. (*Circulaire du 19 novembre 1825.*)

1054. Le prix de chaque plomb apposé en douane est remboursé au receveur à raison de 25 centimes par plomb. (*Ordonnance du 8 juillet 1834, art. 17.*)

1055. Le cachet des prud'hommes remplace le plomb de la douane lorsqu'il s'agit de tissus de coton expédiés de lieux intérieurs où il n'existe pas de bureau. (*Ordonnance du 23 septembre 1818, art. 6.*)

EXPÉDITION A DÉLIVRER.

1056. Le bureau soit intérieur, soit maritime, soit frontière de seconde ligne, où des marchandises de prime ont été vérifiées et plombées, expédie ces marchandises, par passavant, sur celui des bureaux de l'extrême frontière qui doit constater le passage à l'étranger ; ce bureau ne peut être que l'un de ceux désignés par les réglemens pour effectuer la sortie (voir n° 1015). (*Ordonnance du 23 septembre 1818 ; circulaires des 22 mars 1821, et 12 septembre 1822.*)

Noᴛᴀ. Dans les bureaux maritimes le bureau d'expédition est presque toujours celui de sortie.

1057. Le passavant désigne les produits sous les dénominations consignées dans l'ordonnance du 10 octobre 1835 ; il décrit exactement par *espèce*, *qualité*, *nombre*, *poids*, *mesure*, et *valeur*, les marchandises renfermées dans chaque colis ; il indique la dimension de ceux-ci ; il énonce en toutes lettres, comme en chiffres, leur *poids brut*, leur *poids net*, le pays étranger pour lequel l'exportation a lieu, et le bureau où le déclarant veut être payé de la prime. (*Ordonnance du 28 septembre 1818 ; circulaires des 22 mars 1821, 12 septembre 1822, 29 juin 1825, et 14 décembre 1835.*)

NOTA. Ce bureau ne peut être qu'un bureau *principal* ; il faut aussi que le passavant exprime expressément le nom et le domicile de la personne en faveur de laquelle la prime doit être ordonnancée.

1058. Le prix de la laine, au kilogramme, est reproduit, pour les fils de laine, sur les passavants qui sont délivrés aux exportateurs. (*Circulaire du 14 décembre 1835.*)

1058 *bis*. Le passavant, en désignant les tissus de laine sous les dénominations textuelles consignées dans l'ordonnance du 10 octobre 1835, doit indiquer leur prix soit au mètre, soit au poids pour les tissus dont la prime est *à la valeur*, mais toujours au kilogramme, pour les tissus dont la prime est réglée sur le *poids*.

Pour les tissus mélangés il doit exprimer la nature des substances composant séparément la chaîne et la trame. (*Circulaire du 14 décembre 1835.*)

1059. Il y a lieu de comprendre, dans le poids net des sucres, les 2 p. 0/0 alloués pour les papiers et enveloppes ; les employés ont à faire connaître si le poids des papiers résulte de la mise à nu du sucre, ou seulement des épreuves comparatives faites sur un certain nombre de pains. Ils indiquent, en marge, dans ce cas, sur quel nombre de pains la tare réelle a été constatée pour établir un poids moyen. (*Circulaire du 28 avril 1833.*)

1060. Les produits de nature différente ne peuvent être réunis dans un seul passavant, à moins qu'ils n'appartiennent à un même propriétaire. Cette expédition doit être distincte pour chaque objet donnant droit à une prime particulière. (*Circulaire du 22 mars 1821.*)

Délai pour le transport.

1061. Le délai dans lequel doit s'effectuer le transport des marchandises, du bureau d'expédition au bureau d'extrême frontière, est exprimé sur le passavant. Il est réglé à raison d'un jour pour deux myriamètres et demi ; il est porté au double du délai du transit, si le commerce en démontre le besoin. C'est sur l'ordre du chef de service local que les délais sont ainsi prolongés ; le passavant énonce l'autorisation accordée. (*Circulaire du 30 mai 1831.*)

Expéditions pour les colonies.

1062. Les passavants accompagnant les marchandises de primes expédiées pour les colonies françaises, et qui doivent servir à la liquidation de la prime accordée, ne dispensent pas du passavant particulier destiné à justifier le transport régulier de France aux colonies. (*Circulaire du 9 mars 1827 et 15 septembre 1830.*)

CONTRE-VISITE AU BUREAU DE L'EXTRÊME FRONTIÈRE.

1063. Les bureaux maritimes ou de terre, par lesquels l'exportation définitive d'objets venant de l'intérieur a lieu, ont le droit de procéder à une visite *complète*, si, à raison de doutes sur le scellement des colis, ils n'ont pas une conviction telle que la donnerait la vue des marchandises mêmes. (*Ordonnances des* 23 *septembre* 1818 , *et* 28 *août* 1820 ; *circulaire du* 12 *décembre* 1827.)

Cependant, à moins d'indices particuliers dont ils n'ont pas d'ailleurs à rendre compte, ils se bornent à la vérification extérieure des colis, et à reconnaître l'intégrité du plombage, l'état des ballots, l'identité de leurs marques , de leur poids et de leurs dimensions. (*Ordonnances des* 23 *septembre* 1818, *et* 28 *août* 1820 ; *circulaire du* 12 *septembre* 1827.)

1064. Les détails et les résultats de cette vérification sont inscrits au portatif du vérificateur. On y indique, comme sur le certificat mis au dos du passavant, si la vérification a été faite en détail ou sommairement. (*Circulaire du* 12 *décembre* 1827.)

1065. Si la vérification fait reconnaître qu'il y a défaut d'identité des marchandises, la peine de la confiscation et de l'amende est appliquée. (voir n° 1048). Les objets, si l'exportation est permise, consomment la sortie, tout transport rétrograde étant interdit par la loi. (*Décision administrative du* 14 *juillet* 1826.)

1066. S'il s'agit de colis contenant des fils ou des tissus de coton présentés au bureau de sortie sous le cachet des prud'hommes, les employés, après en avoir constaté le poids, se bornent, si ce poids est exact et s'il n'y a aucune suspicion, à exiger l'ouverture des ballots, pour s'assurer qu'ils contiennent en effet les objets déclarés, sans que cette vérification entraine le déballage ni le dépliage des pièces. (*Ordonnance du* 23 *septembre* 1818.)

1067. Quand des marchandises de primes sont présentées après les délais fixés par les passavants, les directeurs , sur la demande des intéressés , si les causes du retard leur paraissent justifiées, autorisent la délivrance des certificats de sortie. Si , cependant , il s'agit d'un retard de plus de trois mois ou de délais non justifiés, ils en réfèrent à l'administration. (*Circulaire du* 30 *mai* 1831.)

Changement du bureau de sortie.

1068. Le commerce a la faculté de faire sortir ses marchandises par des bureaux autres que ceux désignés par les passavants, pourvu que ces bureaux soient ouverts à ces sortes d'exportations. L'autorisation de changer le point de sortie est donnée par les directeurs ; elle est inscrite au dos du passavant ; l'avis en est adressé immédiatement au directeur de l'administration. (*Circulaire du* 22 *octobre* 1831.)

1069. Lorsque le bureau de sortie définitive correspond, suivant les règles du service, à un bureau plus important situé vers l'intérieur , il n'est apte à certifier la sortie que des objets qui ont été expédiés ou vérifiés par ce bureau intérieur dont il dépend. (*Circulaire du* 17 *juin* 1830.)

CHAPITRE VIII. — BUREAUX DE PASSAGE.

1070. Lorsque des marchandises sont expédiées pour l'étranger avec jouissance de prime , d'un bureau de l'intérieur ou d'un bureau de seconde ligne frontière, le passavant, destiné à les accompagner, doit être visé au premier bureau de passage que rencontre le conducteur de ces marchandises. (*Ordonnance du* 23 *septembre* 1818 ; *circulaire du* 17 *juin* 1830.)

1071. Si les objets vont à l'étranger par Strasbourg, les expéditions sont présentées à la porte d'entrée de cette ville pour y être revêtues du visa des employés. Les colis sont ensuite escortés jusqu'à la douane où l'on procède à la vérification. (*Ordonnance du 23 septembre* 1818.)

1072. Le visa n'est accordé dans les bureaux de seconde ligne ou de passage, qu'autant que l'intégralité du plombage et l'identité des colis désignés par les passavants ont été reconnues ; on constate cette opération sommaire sur le passavant comme sur le portatif de vérification. En cas de suspicion de fraude, il est procédé à une vérification *détaillée*. (*Circulaires des* 12 *décembre* 1827 *et* 17 *juin* 1830.)

1073. La visite des marchandises dans les bureaux de passage ou de seconde ligne n'oblige pas les employés à renouveler les passavants ni à lever les plombs. La réapposition du plomb n'a lieu qu'autant que l'état de l'emballage et l'irrégularité de l'expédition auraient motivé une vérification détaillée. (*Circulaires des* 24 *novembre* 1827 *et* 17 *juin* 1830.)

CHAPITRE IX. — PASSAGE EFFECTIF A L'ÉTRANGER.

EXPORTATIONS PAR MER.

1074. Les actes constatant la sortie définitive des marchandises expédiées par mer, comprennent :

1° L'escorte depuis le bureau jusqu'au navire ; 2° l'embarquement ; 3° la reconnaissance des objets à bord avant le départ du navire ; 4° la sortie réelle du bâtiment pour prendre la mer.

La preuve de l'accomplissement de chacun de ces faits résulte des certificats inscrits sur les formules du passavant n° 54. (*Circulaires des* 22 *mars* 1821 *et* 12 *décembre* 1827.)

1075. Le certificat d'escorte est signé par le préposé du service actif que le chef local a désigné pour cette opération ; il en est de même du certificat d'embarquement. La reconnaissance des objets embarqués et la sortie effective du bâtiment sont attestées au moment du départ, par le lieutenant principal et par un préposé ; ceux-ci affirment expressément que les colis étaient à bord lorsque le navire a pris la mer. (*Mêmes circulaires.*)

EXPORTATIONS PAR TERRE.

1076. Aussitôt que la vérification est faite au bureau de sortie, les colis sont conduits *en plein jour* en avant du bureau vers l'étranger jusqu'à la ligne de délimitation, sous l'escorte de deux préposés préalablement désignés par le chef du service actif. Ces employés attestent, au dos du passavant, le passage effectif à l'étranger des colis confiés à leur garde. (*Circulaire du* 25 *novembre* 1820.)

1077. Les opérations de primes sont spécialement placées sous la surveillance des chefs de service. Ils ont à s'assurer que les vérifications sommaires ou détaillées sont faites avec discernement ; que les escortes et les embarquements ont lieu conformément aux réglements, et que la sortie des marchandises n'est constatée qu'après qu'elle a eu lieu effectivement. (*Circulaires des* 31 *juillet* 1822 *et* 12 *décembre* 1827.)

Envoi des pièces et paiement des primes.

1078. Le receveur des douanes du bureau de sortie adresse au directeur toutes les pièces relatives à l'exportation, dès que cette exportation est consommée et constatée. Ces envois ont lieu *jour par jour*. (*Circulaires des 23 novembre 1821 et 21 novembre 1831.*)

1079. En cas de changement dans la quotité des primes, la nouvelle fixation n'est allouée qu'aux marchandises dont l'exportation a été consommée, c'est-à-dire dont le passage à l'étranger a été constaté. On considère, comme ayant droit aux primes existantes, les marchandises mises à bord avant l'époque où un nouveau tarif est applicable. (*Circulaire du 14 décembre 1835 ; voir aussi celles n°s 1380 et 1470.*)

1079 *bis*. Les difficultés qui peuvent s'élever sur la qualification des diverses marchandises de primes sont soumises aux experts du gouvernement placés près le ministre du comme ce. (*Circulaires des 30 novembre 1821 et 28 juillet 1822.*)

1080. Le directeur, après avoir examiné et visé les pièces ; après s'être assuré que toutes les formalités ont été observées, fait l'envoi de ces pièces jour par jour à l'administration, en les insérant dans une formule d'envoi particulière à chaque exportateur. (*Circulaires des 30 septembre 1818, 25 septembre 1820, 22 mars et 23 novembre 1821, et 21 novembre 1831.*)

1081. On doit séparer, dans les liquidations comme dans les expéditions, les tissus de laine dont la prime est accordée d'après la *valeur*, de ceux dont la prime est réglée au *poids*. (*Circulaire du 12 février 1828.*)

1082. Les liquidations sont soumises au conseil d'administration pour être par lui approuvées ; l'ordonnance de paiement est ensuite délivrée au profit de l'exportateur à qui il en est donné avis directement ; cet avis doit être joint à l'ordonnance quittancée. (*Circulaires précitées.*)

L'ordonnance de paiement est dispensée du timbre. (*Circulaire du 22 mars 1821.*)

TITRE XIII.

NAVIGATION.

Le privilége réservé aux navires nationaux a été établi par la loi du 21 septembre 1793. La loi du 27 vendémiaire an 2 a réglé ensuite les conditions sous lesquelles ce privilége était accordé. Ces deux actes forment la base de la législation sur cette partie.

Les dispositions sur la navigation sont classées ainsi :

1° Navires qui jouissent du privilége de la nationalité ;
2° Formalités relatives à la francisation ;
3° Transferts ;
4° Congés à remettre aux capitaines ;
5° Droits de navigation à acquitter ;
6° Police relative aux navires.

CHAPITRE Iᵉʳ. — NAVIRES QUI JOUISSENT DU PRIVILÉGE DE LA NATIONALITÉ.

1083. Sauf les exceptions indiquées ci-après, les navires étrangers ne peuvent être introduits dans le royaume pour y être vendus et nationalisés. Les avantages que la loi accorde aux bâtiments français leur sont refusés. (*Loi du 13 mai* 1791.)

1084. Le privilége national consiste dans la faculté du transport des marchandises ou denrées, d'un port français dans un autre port du royaume. Ce transport est interdit aux navires étrangers sous peine de confiscation et de 3,000 francs d'amende. (*Loi du 21 septembre* 1793, *art.* 4.)

1085. En vertu de ce privilége, les transports de la métropole aux colonies, ou des colonies en France, ne peuvent, sous les mêmes peines, avoir lieu que par des bâtiments français. (*Même loi, art.* 3.)

1086. La défense qui résulte des deux articles précédents n'est pas applicable aux navires étrangers frétés pour le compte du gouvernement, c'est-à-dire dont l'équipage est nourri et soldé par lui. (*Loi du 27 vendémiaire an 2, art.* 3 ; *décisions des 17 brumaire an 5 et 17 germinal an 3.*)

1087. Les bâtiments espagnols, si aucun doute ne s'élève sur leur nationalité, sont autorisés à faire le cabotage sur les côtes de France. (*Circulaires des 20 septembre* 1817 *et 10 janvier* 1827.)

CONDITIONS AUXQUELLES LA NATIONALITÉ EST ACCORDÉE.

1088. Le privilége national n'est accordé qu'aux navires construits en France, dans les colonies ou possessions françaises, et qu'autant que ces navires appartiennent à des Français, et que les officiers et les trois quarts des équipages sont Français. (*Lois des 24 avril* 1791 *et 27 vendémiaire an 2.*)

1089. Un Français résidant à l'étranger ne peut être propriétaire, en tout ou en partie , d'un bâtiment pour lequel la francisation est réclamée, qu'autant qu'il est associé d'une maison française et qu'il n'a pas prêté serment de fidélité à l'état dans lequel il a fixé son domicile. (*Loi du 27 vendémiaire an 2, art. 12.*)

Exceptions.

1090. La condition d'avoir été construit en France, afin de pouvoir être francisé, n'est pas exigée :

1° Pour les bâtiments capturés déclarés de bonne prise ;

2° Pour les bâtiments confisqués pour contravention aux lois ;

3° Pour un bâtiment étranger naufragé, qui, vendu, a subi des réparations égalant le quadruple du prix de sa vente (*lois des 21 septembre 1793 et 27 vendémiaire an 2*);

4° Pour les bâtiments qui, par suite de naufrages, ont été vendus au profit de la caisse des invalides de la marine (*décision du 28 mai 1825*); cette disposition toutefois n'est applicable qu'aux embarcations épaves trouvées *en pleine mer* (*lettre manuscrite du 6 juin 1834*);

5° Pour les bâtiments achetés à l'étranger par des Français, et qui, ayant été constamment employés pendant cinq ans à la pêche de la baleine et des poissons à lard, ont fait au moins deux voyages dans l'Océan-Pacifique, et quatre voyages dans les mers du Nord. (*Ordonnance du 10 février 1819.*)

1091. L'origine des navires à nationaliser se justifie :

1° *Pour les navires construits en France*, par le certificat du constructeur énonçant les dimensions et la contenance du bâtiment (*circulaire du 22 septembre 1821*) ;

2° *Pour les navires de prise*, par le jugement qui a déclaré la prise valable, et par l'acte d'adjudication faite à un Français ;

3° *Pour ceux confisqués*, par une expédition, en forme, du jugement de condamnation,

4° *Pour ceux étrangers jetés sur les côtes*, par une expédition du procès-verbal, constatant le naufrage et la vente, et par les comptes justificatifs des réparations.

1092. La valeur des réparations que subit un navire naufragé est fixée par trois experts nommés, l'un par la douane, l'autre par la marine, le troisième par le tribunal de commerce. On constate cette valeur par un acte particulier ; elle ne peut comprendre les objets accessoires non inhérents au corps du navire. (*Décision ministérielle du 29 thermidor an 10 ; circulaires des 7 fructidor suivant et 3 janvier 1818.*)

1093. Un navire cesse d'être réputé français s'il éprouve à l'étranger un radoub ou des réparations dont les frais excèdent six francs par tonneau, à moins, toutefois, qu'il n'y ait eu nécessité légalement justifiée de lui faire subir ces réparations. (*Loi du 27 vendémiaire an 2, art. 8.*)

1094. La francisation ne peut être accordée à un navire quoique construit en France, si les pièces employées à sa construction ont été préparées à l'étranger. (*Décision du 7 janvier 1803.*)

1095. Un bâtiment français capturé, qui rentre en France, ne perd ses droits au privilége national, qu'autant qu'il a changé de propriétaire ; il continue à jouir des avantages réservés à sa qualité de Français, si sa possession n'a pas été interrompue. (*Décision ministérielle du* 24 *vendémiaire an* 13.)

Marques des bâtiments.

1096. Les propriétaires des bâtiments de 30 *tonneaux et au dessus* sont tenus d'indiquer le nom que portent ces navires et le port auquel ils appartiennent. Une amende de 3,000 francs est encourue par les possesseurs ou capitaines qui changent ou effacent ces indications. (*Loi du* 27 *vendémiaire an* 2, *art.* 19.)

1097. Les bâtiments de 30 *tonneaux et au dessous,* les bateaux, barques, allèges, etc., employés au petit cabotage et à la pêche, sont soumis également à l'indication du nom des propriétaires et du port auquel ils appartiennent. Ils sont, en outre, marqués d'un numéro. (*Loi du* 27 *vendémiaire an* 2, *art.* 4.)

Vente des navires.

1098. Les bâtiments de mer peuvent être exportés en payant le droit de 2 francs par tonneau; ils perdent alors leur caractère de nationalité. (*Loi du* 21 *avril* 1818, *art.* 2.)

1099. Lorsqu'un navire français a été vendu en France à un étranger, et que cet acquéreur n'a pas obtenu du consul de sa nation l'autorisation de naviguer avec ce bâtiment, un congé est remis à ce nouveau propriétaire pour se rendre à sa destination. Cette pièce est ensuite renvoyée à l'administration par l'agent consulaire. (*Décision du* 23 *décembre* 1818.)

CHAPITRE II. — FORMALITÉS RELATIVES A LA FRANCISATION.

1100. Le navire, qui réunit les conditions exigées pour arborer le pavillon national, reçoit la qualité de Français par un acte de francisation. Cet acte est signé du ministre des finances; il est délivré par la douane du port où le bâtiment est francisé. (*Loi du* 27 *vendémiaire an* 2; *arrêté ministériel du* 30 *juin* 1829.)

Serment.

1101. Le propriétaire, pour obtenir un acte de francisation, prête serment de propriété, soit devant le juge de paix, soit devant le tribunal civil ou de commerce, dans la forme que la loi a déterminée. Le serment indique à quel titre le navire a droit d'être francisé. (*Lois des* 21 *septembre* 1793 *et* 27 *vendémiaire an* 2, *art.* 13.)

1102. Le serment peut être reçu dans un lieu autre que celui où réside le possesseur du navire. L'acte, après avoir été rédigé, est transmis au receveur des douanes du port auquel le bâtiment doit être attaché; il est joint aux autres papiers du navire. (*Lettre du* 7 *floréal an* 10.)

1103. Le serment est prêté de nouveau, toutes les fois qu'il y a motif à renouveler l'acte de francisation autrement que pour cause de vétusté de cet acte ou de changement dans la forme du navire. (Voir nᵒˢ 1112 et 1114.) (*Lettre du* 18 *novembre* 1817.)

Cautionnement.

1104. Le serment étant fait, le propriétaire souscrit, sur le registre nᵒ 1, une soumission cautionnée par laquelle il s'engage à ne vendre ni prêter l'acte de francisation du navire, et à rapporter cet acte au bureau, en cas de perte, démolition ou vente du bâtiment. (*Loi du 27 vendémiaire an 2 , art.* 16.)

1105. Le cautionnement à souscrire est réglé sur les bases suivantes :

20 francs par tonneau si le bâtiment est de moins de 200 tonneaux ;

30 francs par tonneau pour les navires de 200 à 400 tonneaux ;

40 francs par tonneau pour les navires de 400 tonneaux et au-dessus. (*Même loi, art.* 11.)

Jauge du navire.

1106. La francisation n'a lieu qu'après que la capacité du navire a été constatée par le jaugeage. Le vérificateur, sur la demande du propriétaire, se transporte à bord du bâtiment; il en vérifie, sous sa responsabilité, la description et le tonnage; il suit pour cette opération le mode déterminé par la loi (voir n° 1188). Son certificat est délivré sur la formule n° 2. (*Même loi , art.* 14.)

1107. Si le bâtiment se trouve dans un port autre que celui où la francisation s'opère, le certificat de description et de tonnage, visé par le directeur, est transmis au receveur du port d'attache (celui où il va être francisé) pour y être déposé. (*Loi du 27 vendémiaire an 2 , art.* 24 *et* 25; *lettre du 21 vendémiaire an.* 13.).

Acte de francisation.

1108. La formalité du serment étant remplie, le navire jaugé et le cautionnement souscrit par le propriétaire, un projet d'acte de francisation est rédigé. Cette pièce, où sont reproduits les termes de la soumission, est adressée à l'administration (formule n° 3). L'acte original est ensuite envoyé par l'administration au receveur. (*Loi du. 27 vendémiaire an 2 , art., 10; circulaire du 15 juillet 1829.*),

1109. Si, avant la signature du brevet par le ministre, le navire doit mettre à la voile, un acte provisoire est remis au capitaine pour autoriser ce dernier à naviguer. Cet acte est annulé et doit être retenu par la douane, si, quatre mois après sa délivrance, il est présenté dans un port de France, à moins toutefois que le bâtiment ne soit entré dans le port par relâche forcée. (*Circulaires des 15 juillet 1829 et 21 mars 1834.*)

1110. Les actes de francisation sont soumis à la formalité du timbre. Le droit à percevoir pour chaque acte est de 75 centimes. (*Loi du 28 avril 1816 , art.* 19.)

Nota. La douane exige, en outre, le remboursement du prix du parchemin fixé à 68 centimes.

1111. Si l'acte de francisation délivré par la douane se trouve égaré, le propriétaire, en affirmant la sincérité de cette perte, en obtient un nouveau; il est tenu, dans ce cas, de remplir toutes les formalités d'une première francisation, et d'acquitter les droits. (*Loi du 27 vendémiaire an 2 , art.* 20.)

1112. Le renouvellement d'un acte de francisation, pour cause de vétusté, n'est qu'un simple remplacement pour lequel la douane exige seulement le remboursement du prix du parchemin et le droit de timbre. (*Circulaire du 19 mars 1805.*)

Changement de nom ou de port d'attache.

1113. S'il s'agit de changer le *nom* d'un bâtiment, une autorisation d'un agent supérieur de la marine est nécessaire. Le receveur des douanes, à qui cette autorisation est communiquée, opère la substitution sur ses registres, et il délivre un nouvel acte. (*Circulaire du 25 octobre 1826.*)

1114. Un simple changement *dans la forme* ou *le tonnage* d'un navire, ou *dans son nom,* ne donne lieu à aucun des actes qui précèdent la francisation ni à l'acquit du droit; seulement on renouvelle l'acte, en exigeant le prix du parchemin et celui du timbre. (*Loi du 27 vendémiaire an 2, art.* 21; *circulaires des 30 juin 1828 et 23 septembre 1832.*)

1115. Il est permis à un propriétaire de faire dépendre son navire d'un port autre que celui où il a été primitivement francisé. Il remplit, dans ce cas, au port de nouvelle attache, les formalités ordinaires de francisation; les soumissions anciennes sont annulées. (*Lettre administrative du 10 vendémiaire an 11.*)

Dispositions diverses.

1116. Lorsqu'un bâtiment francisé aux colonies ou dans les comptoirs d'Afrique doit être attaché à un port français, l'acte de francisation produit par le propriétaire tient lieu des titres d'origine. La douane se borne, dans ce cas, à exiger les soumissions prescrites par la loi. (*Circulaire des 25 décembre 1816, 25 décembre 1817, et 25 février 1818.*)

1117. Les canots dépendant des navires auxquels ils sont attachés, et ceux de 1 à 2 tonneaux appartenant à des habitants voisins de la côte, ne s'éloignant qu'à une faible distance du lieu où ils sont fixés, ne sont pas soumis à la francisation. (*Circulaires des 15 avril 1803 et 31 octobre 1828.*)

1118. Ne sont pas non plus soumis à la francisation les bâtiments qui restent en rivière en-deçà du dernier bureau des douanes. (*Décision du 27 frimaire an 3.*)

1119. Tous les actes produits à la douane pour justifier l'origine des navires francisés sont conservés au bureau où la francisation a été accordée; ils y sont classés avec ordre. (*Décision du 31 décembre 1819.*)

1120. Concourir directement ou indirectement à une francisation frauduleuse entraîne une amende de 6,000 francs; les officiers publics, agents ou capitaines qui ont participé à la fraude, sont en outre déclarés incapables d'occuper aucun emploi et de commander aucun navire. (*Loi du 27 vendémiaire an 2, art.* 15.)

CHAPITRE III. — TRANSFERTS.

1121. Un propriétaire qui vend son navire transmet à l'acquéreur le privilège de la nationalité. A cet effet, l'acte de vente doit contenir une copie du brevet de francisation (*Loi du 27 vendémiaire an 2, art.* 18.)

1122. Les actes de vente de bâtiments sont admis en douane comme ceux reçus par des notaires, s'ils sont faits :

Par les tribunaux de commerce (*circulaire du 28 pluviôse an 7*) ;

Par les courtiers (*circulaire du 17 ventôse an 12*);

Sous signature privée. (*Décision du 12 juin 1813.*)

1123. Si la vente est faite par acte sous signature privée, cet acte doit être enregistré, il est en outre confirmé par le serment de propriété que prescrit la loi. (Voir n° 1101). (*Même décision.*)

1124. Le droit d'enregistrement à percevoir pour la vente de tout ou partie d'un bâtiment est d'un franc. (*Loi du* 21 *avril* 1818, *art.* 64.)

1125. Toute vente totale ou partielle d'un navire est inscrite, par le receveur des douanes du port auquel le bâtiment appartient, au dos de l'acte de francisation. Chaque transmission donne ouverture à un droit particulier (voir n° 1153); le droit qui n'a pas été perçu sur des ventes antérieures est également dû. (*Circulaire du* 24 *mai* 1817 *et lettre administrative du* 12 *vendémiaire an* 6.)

1126. On ne mentionne le transfert sur l'acte de francisation, qu'autant que le nouveau possesseur a renouvelé les obligations précédemment souscrites par son vendeur, ou qu'il a justifié que ces obligations ont été remplies dans le port où le navire doit être attaché. En cas de refus, l'annotation peut toujours avoir lieu, mais alors le bâtiment doit cesser de jouir des avantages de la nationalité. (*Circulaire du* 6 *octobre* 1832.)

1127. Le changement de propriétaire par voie d'héritage entraîne également l'inscription, et donne lieu à la perception du droit de mutation; il n'est dû qu'un seul droit, quel que soit le nombre des héritiers acquéreurs ou cessionnaires. (*Circulaires des* 4 *germinal an* 7, *et* 24 *mai* 1817.)

1128. En cas de vente d'un navire français à un étranger, l'acquit de paiement du droit de sortie n'est délivré qu'après que les engagements souscrits à la douane ont été annulés, et que l'acte de francisation et le congé ont été rapportés. (*Circulaire du* 23 *avril* 1818.)

1129. Il y a obligation pour les capitaines, ou propriétaires, qui, se trouvant à l'étranger, y vendent leurs bâtiments, d'en faire la déclaration au consul français. Celui-ci en prévient l'administration des douanes, qui fait réclamer le paiement des droits de sortie ainsi que le rapport du congé et de l'acte de francisation. (*Décision du* 23 *décembre* 1818.)

1130. Les employés de l'administration peuvent seuls revêtir d'annotations les actes de francisation des navires. (*Circulaire du* 6 *novembre* 1824.)

Dépècement ou perte des bâtimens.

1131. Lorsque la vétusté d'un bâtiment doit amener son dépècement, la déclaration en est faite à la douane. L'identité du navire est reconnue par la jauge, et, après que le vérificateur s'est assuré de la démolition effective, un procès-verbal constatant ces faits est remis au propriétaire afin qu'il puisse faire annuler ses soumissions. (*Décision du* 24 *février* 1809.)

1132. Quand un navire a cessé de reparaître, les soumissions relatives à sa francisation ne sont annulées qu'après que son naufrage, ou sa capture, ou tout autre événement qu'il a éprouvé, a été également justifié. (*Arrêté du* 13 *prairial an* 11.)

1133. Toutes les pièces propres à établir la preuve de l'événement sont produites à l'administration; si elle juge que ces pièces sont insuffisantes, elle réclame le concours de la marine et l'application des dispositions de l'arrêté du 13 prairial an 11. Si au contraire elle les admet comme valables, elle annule, d'elle-même, les soumissions et en informe l'autorité maritime. (*Circulaire du* 18 *juin* 1828.)

CHAPITRE IV.—CONGÉS A REMETTRE AUX CAPITAINES.

L'acte de francisation appartient au navire; il constate la nationalité. Le congé est un acte de police qui permet au capitaine de se mettre en mer pour se rendre dans tel port désigné, en invitant les autorités à lui accorder au besoin secours et assistance. (*Loi du 27 vendémiaire an 2, art. 22; arrêté ministériel du 30 juin 1829; cʳᵉ du 15 juillet suivant.*)

1134. Les congés sont délivrés au nom du roi; ils portent le timbre du ministère des finances. Ils sont signés par le receveur des douanes, et contresignés tant par le commis principal à la navigation, que par l'employé qui a vérifié la jauge. (*Arrêté du 30 juin 1829; circulaire du 15 juillet suivant.*)

1135. Le congé rappelle le n° et la date de la francisation, le nom du propriétaire, celui du bâtiment, le lieu de construction, etc.; il donne toutes les indications portées en l'acte de francisation; il aide ainsi à constater, à chaque voyage, l'identité du navire. (*Même loi, art. 9, et même circulaire.*)

1136. La délivrance du congé a lieu après affirmation de la propriété, et sur l'engagement de ne disposer de cet acte que pour l'usage du bâtiment auquel il est accordé; il est fourni, en garantie de cet engagement, des soumissions semblables à celles exigées pour la francisation. (*Même loi, art. 13 et 16.*)

Renouvellement des congés.

1137. Toutes les fois que le congé doit être renouvelé, et que par suite il y a lieu à la perception du droit, la douane exige que la soumission (reg. n° 6) soit souscrite et que le congé lui-même soit délivré. Il est formellement défendu d'opérer le renouvellement des congés par un simple visa apposé sur ces pièces. (*Circulaire du 17 février 1832.*)

1138. Les congés délivrés pour des bâtiments de 30 tonneaux et au-dessus ne sont valables que pour *un voyage*. Le congé est renouvelé et le droit perçu, toutes les fois que le navire ne retourne pas directement au point d'où il est parti. (*Loi du 27 vendémiaire an 2, art. 11; circulaire du 9 mai 1828.*)

1139. Un navire est réputé entreprendre un *second voyage*, et il y a lieu dès lors au renouvellement du congé, si, au lieu de se rendre directement au point d'où il était parti, il fait de nouvelles courses intermédiaires, avant de rejoindre le port du départ. (*Circulaire du 9 février 1828.*)

1140. Si, ayant déclaré qu'il retourne au port de départ, le capitaine se rend ailleurs, on perçoit, au bord où il aborde, le droit qu'il aurait dû payer au port de départ. (*Circulaire manuscrite du 13 mai 1834.*)

1141. Le renouvellement n'est pas exigé, si, à son départ, un navire a pris un chargement pour plusieurs ports *que son congé désigne à l'avance*, lorsque d'ailleurs il ne recharge pas dans ces lieux des marchandises pour un port autre que celui du départ. (*Circulaire du 9 février 1828, n° 1101.*)

1142. Il y a lieu au renouvellement du congé, quoique le port où retourne le bâtiment soit situé sur la même rivière que le port de départ. (*Lettre administrative du 14 novembre 1834.*)

1143. Les congés renouvelés sont renvoyés tous les trois mois par le receveur dans les ports d'attache, pour faciliter le recensement annuel des navires. (*Circulaire du 27 janvier 1835.*)

Congés dont la durée est limitée.

1144. Les bâtiments et barques *au-dessous de 30 tonneaux* ne sont assujétis qu'au congé *annuel* de 3 francs. Le propriétaire, qui ne se soumet pas à cette obligation, encourt la confiscation de son navire avec amende de 100 francs. (*Loi du 27 vendémiaire an 2, art 4 et 5.*)

1145. On n'exige également que le renouvellement annuel du congé avec droit de 3 francs, pour les bateaux *pontés* au-dessous de 50 tonneaux, faisant la petite pêche devant le port auquel ils appartiennent, et qui, habituellement, rapportent le produit de cette pêche à terre, soit à ce port, soit à un port voisin. (*Décision ministérielle du 16 octobre 1827.*)

Pour les bâtiments *de 50 tonneaux et au-dessus*, le congé est valable pour *un mois*. (*Circulaire du 5 pluviôse an 8.*)

1146. Les bâtiments *au-dessus de 30 tonneaux* qui naviguent dans l'intérieur des rivières, sur les parties affluentes à la mer soumises à la police des douanes, sont assujétis à un congé mensuel. (*Décision ministérielle du 27 nivôse an 8.*)

Ceux naviguant en rivières, *sans emprunt de la mer,* reçoivent, comme moyen de police pour la douane, un congé annuel dont elle ne fait payer que le timbre. (*Décisions des 18 germinal an 8 et 2 juin 1832.*)

1147. Les bâtimens français, expédiés pour l'étranger reçoivent, au moment de leur départ, un congé qui ne peut avoir plus d'une année de validité. Ce congé est renouvelé à leur rentrée dans un port de France. (*Décision administrative du 5 pluviôse an 11.*)

1148. A l'égard des navires employés dans le Levant, ces bâtiments paient le double droit du premier congé qu'ils reçoivent à leur retour s'ils ne reviennent qu'après l'expiration de l'année de leur congé; ils n'encourent aucune amende, même après deux années d'absence, s'il est justifié qu'ils ont fait la caravane, et qu'ils n'ont pas cessé d'être propriété française. (*Même décision, et lettre du 17 février 1825.*)

Passe-ports.

1149. Le passe-port sert au capitaine d'un navire étranger pour se mettre librement en mer. Il a pour objet d'attester que le bâtiment qu'il désigne sort d'un port de France où il a acquitté tous les droits auxquels il était imposé. (*Circulaires des 29 avril 1793 et 8 octobre 1794.*)

1150. La formule du passe-port est revêtue de la signature du ministre des finances. Le receveur des douanes est chargé de délivrer cette formule, qu'il remet au capitaine au moment où il lui rend les papiers du bord. (*Loi du 28 avril 1816; circulaire du 29 avril 1793.*)

1151. Le passe-port est assimilé à un certificat, et, comme tel, il est passible du droit dont sont frappés les certificats. (Voir nᵒ 1178.) (*Loi du 27 vendémiaire an 2, art. 37, et décision du 5 pluviôse an 5.*)

CHAPITRE V. — DROITS DIVERS DE NAVIGATION.

Les perceptions auxquelles donnent lieu la délivrance des actes de navigation et le mouvement des bâtiments se distinguent ainsi:

Droit de francisation, de transfert, de tonnage ; droit d'expédition , de congé et de passe-port.

DROIT DE FRANCISATION.

1152. Le droit de francisation est rangé au nombre des principaux droits de navigation. Il est établi comme suit :

Pour bâtiments au-dessous de 100 tonneaux , 9 centimes par tonneau ;

Idem de 100 tonneaux , à 200 exclus , 18 francs ;

Idem de 200 tonneaux , à 300 exclus , 24 francs ;

Pour chaque 100 tonneaux au-dessus de 300 , 6 francs. (*Loi du 27 vendémiaire an 2, art. 26 ; ordonnance du 29 juin 1833., art. 3.*)

Comme droit principal de navigation , le paiement du droit de francisation emporte le paiement de celui d'acquit (voir n° 1177.) (*Circulaire du 23 octobre* 1810.)

DROIT DE TRANSFERT ET D'ENDOSSEMENT.

1153. Le droit de transfert, par suite de vente ou d'héritage de tout ou partie d'un navire , est fixé savoir :

Pour les bâtiments au-dessous de 100 tonneaux , 6 centimes par tonneau ;

Pour ceux de 100 tonneaux et au-dessus , 6 francs. (*Loi du 27 vendémiaire an 2 , art. 17 ; circulaire du 30 avril 1830 , et ordonnance du 29 juin 1833.*)

1153 *bis.* Le droit de transfert de 6 centimes par tonneau , sur la contenance du navire de moins de 100 tonneaux , est dû , quelle que soit la portion de ce navire , qui fait l'objet de l'endossement. (*Lettre du 21 avril 1834 au directeur de Nantes.*)

DROIT DE TONNAGE.

Règles de perception.

1154. Le droit de tonnage est composé du droit établi par la loi du 27 vendémiaire an 2 et du demi-droit imposé par la loi du 14 floréal an 10 ; il est essentiellement un droit *d'abord.* Il est dû par le seul fait de l'entrée du navire dans un port où il existe un bureau. (*Décision du 23 prairial an 2 ; circulaire du 9 juillet 1832.*)

1155. Comme droit d'abord il affecte le corps du navire et non sa cargaison. Les bâtiments sur lest y sont soumis comme les navires chargés. (*Décision du 23 prairial an 2.*)

1156. C'est à l'entrée du navire que le droit de tonnage est exigible. On doit l'acquitter dans les *vingt jours* de l'arrivée , et , si la station est de moins de vingt jours , avant le départ du bâtiment. (*Loi du 4 germinal an 2 , titre XIII, art. 12.*)

1157. La relâche d'un navire dans un golfe , une anse ou une baie , où il n'y a pas de bureau , et qui ne fait pas partie d'un *port gardé* , cesse d'être affranchie du paiement du droit de tonnage , si dans ce lieu le capitaine fait une opération de commerce. (*Circulaire du 9 juillet 1832.*)

EXEMPTIONS DES DROITS.

1158. Sauf les exceptions ci-après rappelées , les droits de tonnage sont réglés comme suit :

Navires français de 30 tonneaux et au-dessous. . . . . exempts.

Au-dessus de 30 tonneaux, venant :

De la même mer, c'est-à-dire d'Océan en Océan, etc., etc. . . . . 22 c. 1/2

D'un port de l'Océan dans un de ceux de la Méditerranée, *et vice versâ.* . . 30 c.

Des colonies ou comptoirs français dans les Indes. . . . . 45 c.

Nota. Si le navire vient des colonies dans différents ports, il est passible du droit de 45 centimes dans le 1ᵉʳ port, et de celui de 22 centimes 1/2 dans le second, etc. (*Lettre administrative du 28 février 1834.*)

De l'étranger, de la pêche ou de la course. . . . . exempts.

Des ports d'Angleterre ou de la domination britannique en Europe. . . . . 1 f. 50 c.

Navires étrangers : de tout tonnage et de toute provenance, 3 fr. 75 cent. par tonneau (1). (*Lois des 27 vendémiaire an 2, art.* 30, 31, 32, 33, *et* 14 *floréal an* 10.)

DIMINUTION CONCERNANT LES NAVIRES ÉTRANGERS.

1159. La taxe indiquée à l'article précédent est modifiée, quant aux bâtiments étrangers, de la manière suivante :

Navires espagnols : Ils acquittent les droits de tonnage dus par les navires français. (*Circulaires des* 10 *janvier* 1827, *ordonnances des* 16 *juin* 1832 *et* 9 *juillet* 1832.)

Navires de la république de Venezuela : Ils sont traités comme les navires nationaux. (*Traité du* 5 *juin* 1834, *circulaire du* 18 *décembre* 1834.) (Voir la note 27 du tarif de navigation.)

Navires anglais venant des ports du Royaume-Uni et des possessions britanniques en Europe. Le droit à percevoir est de 1 franc par tonneau non compris le décime. Les navires français acquittent le même droit en Angleterre, quel que soit leur tonnage. (*Ordonnance du* 2 *juin* 1834 ; *circulaire du* 5.)

Nota. Un navire anglais qui, venant d'Angleterre, a fait escale dans un port français en se rendant dans un second port, ne doit que le droit de 1 franc par tonneau. (*Circulaire manuscrite du* 31 *mars* 1835.)

Navires américains et *navires mexicains :* Ils sont admis en France en payant 5 fr. par tonneau. (*Ordonnance du* 3 *septembre* 1822, *art.* 5, *et décision transmise par circulaires des* 27 *juin et* 26 *septembre* 1827.) (2).

Navires étrangers : Ceux destinés pour l'étranger, qui relâchent forcément dans un port de France, n'acquittent que 50 centimes par tonneau s'ils sont chargés en tout ou en partie, et 25 centimes s'ils sont sur lest, pourvu qu'ils ne fassent aucune opération. (*Décision ministérielle du* 4 *août* 1828 ; *circulaire du* 14.) (3).

Smogleurs étrangers : de 30 tonneaux et au-dessous, *et les autres bâtiments étrangers dont le tonnage ne dépasse pas* 80 *tonneaux*, venant dans les ports de la Manche sur lest ou avec des marchandises imposées à moins de 20 francs, savoir : les smogleurs

---

(1) Au Hâvre et à Boulogne, il est fait distraction du demi-droit de tonnage dont la perception est remplacée par une taxe de péage. (*Circulaire du* 9 *juillet* 1832.

(2) Au moyen du paiement de ce droit, ces navires sont assimilés pour les autres taxes telles que droits de phares, de pilotage, de ports, de courtage, etc., aux navires français. (Tarif de navigation.)

(3) Cette disposition, qui n'a d'effet qu'à titre de réciprocité, n'est aujourd'hui applicable qu'aux navires *napolitains, toscans, suédois et norwégiens.* (Tarif de navigation, note 59.)

pour charger des productions prohibées en Angleterre ou des eaux-de-vie de genièvre, des thés, et les autres navires pour charger des huîtres.

Ils paient 1 franc 25 centimes par tonneau sans addition du droit d'exportation. (*Circulaire du 9 juillet 1832.*)

Paquebots servant exclusivement au transport des voyageurs et de leurs effets : le
droit de 1 fr. 45 c., 30 c. ou 22 c. 1/2, selon que le paquebot vient des possessions
britanniques en Europe, de nos colonies ou d'un autre port du royaume, est perçu
à raison d'un tonneau *par passager;* les matières d'or et d'argent qu'un capitaine
aurait reçues à son bord ne sont pas considérées comme *marchandises*. (*Décision
ministérielle du 21 octobre 1835, circulaire du 30.*)

Les enfans, quel que soit leur âge, sont comptés comme *passagers*. (*Lettre du 5 juillet
1832.*)

Le nombre des passagers à l'arrivée sert seul de base à la perception. Ceux pris au
départ ne sont pas comptés. (*Décision ministérielle du 27 juin 1832; décision du
13 mars 1832; circulaire du 21.*) Voir la note 9 du tarif de navigation.

EXEMPTIONS DES DROITS.

1160. Les navires exemptés du paiement des droits de tonnage sont rangés en quatre
classes :

1° Les navires de *tous pavillons;*

2° Les bâtiments *français;*

3° Les bâtiments *étrangers de tous pavillons;*

4° Les navires *étrangers* de plusieurs nations spécialement indiquées.

Ils sont affranchis du droit d'après les règles suivantes :

Les navires de tous pavillons,

1° Ceux employés comme parlementaires. (*Décision du 8 nivôse an 5.*)

2° De guerre ou de commerce frétés pour le compte de l'État, ou requis pour le service militaire. (*Article 3 de la loi du 27 vendémiaire an 2 ; dernier paragraphe du tarif
annexé à l'article 2 de la loi du 27 juin 1829, et décision du ministre des finances du 13
juillet 1829.*)

3° Employés comme alléges pour le déchargement ou le chargement des navires. (*Décision ministérielle du 25 mars 1806.*)

4° Échoués et abandonnés par le capitaine, quand même la cargaison serait sauvée
(*Décision du 7 frimaire an 3*), et ceux provenant d'*épaves*. (*Circulaire du 9 juillet 1832.*)

5° Qui, après avoir acquitté le droit de tonnage dans un port en rivière, viennent
dans un ou plusieurs autres ports de la même rivière terminer leur déchargement.
(*Décision ministérielle du 7 prairial an 4.*)

6° Venant sur lest dans nos ports pour charger des sels à destination de l'étranger.
(*Ordonnances des 31 juillet et 4 décembre 1816; et décisions ministérielles des 17 juillet
1828 et 12 janvier 1832.*)

Nota. Le bénéfice de cette exemption est étendu aux navires qui viennent sur lest prendre du sel pour
la pêche de Terre-Neuve. (*Circulaire du 23 janvier 1832, n° 1299.*)

Cette même circulaire détermine les cas où, conformément aux décisions précitées,
l'affranchissement pour la destination, soit de l'étranger, soit de la pêche, n'est que

20

proportionnel. La cargaison est considérée comme complète, lorsqu'elle équivaut aux 14/15 de la capacité du navire, à moins que le dernier 15ᵉ ne soit occupé par d'autres marchandises.

7° Ceux entrant à Marseille. (*Ordonnance du 10 septembre 1817, art.* 2.)

Les bâtiments français,

1° De 30 tonneaux et au dessous, à moins qu'ils ne viennent des ports du royaume-uni de l'Angleterre et de l'Irlande ou de ses possessions en Europe. (*Loi du 27 vendémiaire an 2., art. 30; traité de navigation avec l'Angleterre du 26 janvier 1826 ; ordonnance du 16 juin 1832; circulaire du 25 du même mois., n° 1329.*)

2° Venant de la pêche. (*Loi du 27 vendémiaire an 2., art. 32.*)

L'immunité accordée aux pêcheurs est étendue :

A ceux qui les suppléent en transportant les produits de la pêche dans les ports où la vente est plus avantageuse. (*Décision ministérielle du 28 pluviôse an 10; circulaire du 3 ventôse suivant.*)

A ceux qui viennent charger du sel pour la préparation de la sardine en mer. (*Circulaire du 10 avril 1819, n° 484.*)

3° Venant de la course. (*Même article de la même loi.*)

4° Venant des ports étrangers autres que ceux du royaume-uni de l'Angleterre et de l'Irlande ou des possessions britanniques en Europe. Dans ce dernier cas ils sont assujétis au droit de 1 fr. par tonneau, à moins qu'arrivant sur lest, ils ne justifient qu'ils ont effectué le transport direct d'un chargement de sel. (*Même article de la même loi; décision ministérielle du 19 janvier 1829, circulaire du 30 ; traité de navigation avec l'Angleterre du 26 janvier 1826, ordonnance du 16 juin 1832; circulaire du 25 du même mois, n° 1326.*)

2° En relâche forcée, venant, à destination d'un autre port de France, du royaume-uni de l'Angleterre et de l'Irlande ou des possessions britanniques en Europe, pourvu que cette relâche, dont la nécessité doit être régulièrement constatée, ne soit suivie d'aucun chargement ni déchargement. (*Arrêté du 26 ventôse an 4, et circulaire manuscrite du 27 décembre 1825.*)

6° Venant d'un port de France dans d'autres ports, où ils ne se rendent que pour faire ou compléter leur cargaison en marchandises nationales ou d'entrepôt, expédiées pour l'étranger ou par cabotage, pourvu qu'ils ne fassent dans ces ports secondaires aucun déchargement. (*Décision ministérielle du 8 frimaire an 10, circulaire du 11 ; décision ministérielle du 12 germinal an 12, circulaire du 18, et circulaire du 6 novembre 1826, n° 1018.*)

Cette exemption leur est acquise, même lorsqu'ils ne trouvent rien à charger. (*Décision ministérielle du 4 mai 1829; circulaire du 14, n° 1161.*)

Ils y ont droit également, soit qu'ils aient acquitté le droit de tonnage au port du départ, soit que, par des circonstances donnant lieu à l'immunité, on les ait affranchis de ce droit. (*Décision ministérielle du 29 novembre 1831, et circulaire du 6 décembre, n° 1289.*)

7° Qui, expédiés d'un port de France pour un autre port du royaume, sont forcés de relâcher dans un port intermédiaire, pourvu que cette relâche ne soit suivie d'aucune opération importante de commerce, c'est-à-dire d'aucun déchargement de marchandises excédant le dixième en volume, et non en valeur, du chargement. (*Décision ministérielle du 7 nivôse an 11, circulaire du 15 ; lettre administrative du 10 floréal an 13 ; décision ministérielle du 24 novembre 1812, circulaire du 27.*)

Toutefois le déchargement de la cargaison ne prive pas de l'immunité, s'il est motivé par la condamnation du navire comme ne pouvant plus tenir la mer. (*Décision du 7 brumaire an 6.*)

8° Qui naviguent en rivière sans emprunt de la mer. (*Lettre administrative du 8 thermidor an 2, et décision ministérielle du 11 fructidor an 5.*)

9° Qui viennent sur lest du lieu où ils ont été construits dans le port où ils doivent être francisés. (*Décision administrative du 8 avril 1826.*)

Les navires étrangers de tous pavillons,

1° Qui, après avoir acquitté le droit de tonnage au port d'arrivée, ou si ce port est celui de Marseille, après y avoir débarqué ou embarqué des marchandises d'un encombrement supérieur au dixième du tonnage, se rendent dans un ou plusieurs autres ports pour y faire ou pour y compléter leur cargaison en marchandises nationales ou d'entrepôt, pourvu qu'ils ne fassent dans ces ports secondaires aucun déchargement. (*Décision ministérielle du 8 frimaire an 10, circulaire du 11 ; décision ministérielle du 12 germinal an 13, circulaire du 18 ; décision ministérielle du 29 novembre 1831, circulaire du 6 décembre, n° 1289.*)

Cette exemption leur est acquise, même lorsqu'ils ne trouvent rien à charger. (*Décision ministérielle du 4 mai 1829 ; circulaire du 14, n° 1161.*)

Nota. La douane doit exiger l'exhibition de la quittance des droits perçus au port de prime abord, pour les bâtiments étrangers venant d'ailleurs que de Marseille. (*Circulaire du 5 février 1833.*)

2° Qui, venant de l'étranger à la destination d'un port de France, entrent par relâche forcée dans un ou plusieurs autres ports, pourvu que ces relâches ne soient suivies d'aucun chargement, ni déchargement. (*Arrêté du gouvernement du 26 ventôse an 4.*)

Dans ce cas la destination pour un port de France doit être assurée par un acquit-à-caution que la douane de destination renvoie au bureau d'où émane cette pièce. (*Circulaires des 3 floréal an 4, 1er frimaire an 6, et circulaire manuscrite du 21 mai 1833.*) (1).

3° Qui, en allant de l'étranger à l'étranger, sont contraints, après qu'ils ont déjà été forcés de relâcher dans un de nos ports de la Méditerranée où ils ont payé le droit de tonnage, à faire des relâches ultérieures dans un ou plusieurs ports de la même mer, pourvu qu'ils justifient de la perception du droit au port de première relâche, ainsi que des causes de force majeure, et qu'ils n'effectuent dans les ports secondaires ni chargement ni déchargement. (*Ordonnance du 24 février 1815.*)

4° Qui, expédiés sur lest ou chargés, d'un port de France où ils ont acquitté le droit

_____

(1) Si la destination du navire est pour l'étranger, le droit est dû malgré la détresse. (*lois du 27 vendémiaire an 2, art. 53, et du 4 germinal an 2, titre II, art. 6*) ; mais une décision du 4 août 1828, transmise par circulaire du 14, a, sous condition expresse de réciprocité, réduit ce droit à 25 ou 50 cent. par tonneau, suivant que le navire est au lest ou chargé en tout ou en partie, et les circulaires n°s 1134, 1137, 1156 et 1166 ont fait connaître qu'on devait admettre au bénéfice de cette disposition les bâtiments napolitains, anglais, toscans, suédois et norvégiens.

de tonnage, rentrent par relâche forcée dans ce port ou dans tout autre, pourvu que cette relâche ne donne lieu à aucune mutation de marchandises à titre de vente, d'achat ou d'échange. (*Décision ministérielle du 27 fructidor an 4; circulaire du 1ᵉʳ jour complémentaire an 4; décisions ministérielles du 7 avril 1817; circulaire du 14, n° 272, et 20 novembre 1831, circulaire du 6 décembre.*)

NOTA. Il faut justifier du paiement des droits au port français d'où l'on vient.

5° Qui, venant de l'étranger et destinés pour l'étranger, sont, dans le port de relâche, définitivement jugés innavigables et dont la cargaison est en conséquence réexportée par d'autres navires (*Décision ministérielle du 7 frimaire an 6, circulaire du 11.*)

6° Qui proviennent de prises faites sur l'ennemi, ou qui, amenés à ce titre, sont ensuite rendus, pourvu qu'il n'y ait eu ni achat ni vente de marchandises. (*Décision du 9 vendémiaire an 6, et lettre administrative du 9 pluviôse an 8.*)

7° Qui, pour échapper à l'ennemi, se réfugient dans un port où ils ne font aucune opération de commerce et d'où ils partent aussitôt que le danger est passé. (*Décision administrative du 1ᵉʳ ventôse an 12.*)

8° Qui, faisant la pêche, sont par la tempête ou autre événement de mer contraints de relâcher dans un port, et repartent dès qu'il est possible de remettre à la voile, sans avoir fait ni chargement ni déchargement. (*Décision ministérielle du 8 avril 1816; circulaire du 15, n° 142.*)

Les navires étrangers des nations ci-après désignées, savoir :

1° Les espagnols, dans les cas indiqués pour les navires français. (*Circulaires des 17 mars, 20 septembre 1817, et 10 janvier 1827, n° 1028.*)

2° Les néerlandais qui, destinés pour l'étranger, entrent dans nos ports par relâche forcée régulièrement constatée, pourvu que cette relâche ne soit suivie d'aucun chargement ni déchargement. (*Circulaire du 12 octobre 1829, n° 1183.*)

3° Les anglais arrivant sur lest d'un port étranger autre que ceux qui appartiennent en Europe à S. M. britannique. (*Traité de navigation avec l'Angleterre du 26 janvier 1826, art. 1ᵉʳ; circulaire du 27 mars suivant, n° 979.*)

On ne peut pas mettre au nombre des exceptions devenues légales celle concernant les *yachts de plaisir* appartenant à des sociétés anglaises, parce qu'elle ne s'accorde pas de plein droit et qu'il faut des ordres spéciaux de l'administration, qui les donne sur la demande de ces sociétés en désignant chaque année les bâtiments qui doivent en jouir, à charge de ne transporter aucune marchandise et de ramener toutes et les mêmes personnes qui viennent en simple promenade. Les directeurs peuvent seulement, lorsqu'il n'ont pas reçu la liste des yachts dont il s'agit, faire suspendre la perception du droit de tonnage en exigeant une soumission. (*Circulaires des 9 novembre 1820, n° 616, et 18 novembre 1821, n° 688.*)

4° Les bateaux pêcheurs appartenant au royaume-uni de l'Angleterre, de l'Irlande, ou à ses possessions en Europe, lorsque le mauvais temps les force à chercher un abri dans nos ports, et qu'ils n'effectuent aucun chargement ni déchargement. L'exemption s'étend même dans ce cas à tous les droits de navigation, sous quelque dénomination que ces droits soient établis. (*Traité de navigation avec l'Angleterre du 26 janvier 1826, art. 5; circulaire du 28 mars suivant, n° 979.*)

Nota. Un bâtiment anglais allant avec chargement, d'ailleurs que des possessions britanniques en Europe, à l'étranger, et qui entre dans un port de France par force majeure, doit, à défaut de condition de réciprocité, acquitter le droit intégral de 3 francs 75 cent. par tonneau. (*Décision ministérielle du 20 décembre 1834, circulaire du 30.*)

5° Les navires portugais, dans tous les cas de relâche forcée, pourvu que la relâche soit évidemment *forcée* et ne donne lieu à aucune opération de commerce. On ne considère pas comme opération de commerce, les déchargements et rechargements nécessités par la réparation du navire. (*Décision ministérielle du 4 juillet 1835, circulaire du 10, n° 1491.*)

Dans aucun des cas où il y a dispense du droit de tonnage, les réparations que subit un navire ne sont un obstacle à cette dispense. (*Décision du 12 septembre 1825, circulaire du 23.*)

DROIT D'EXPÉDITION.

Règles de perception et droits à percevoir.

1161. Le droit d'expédition est généralement perceptible quand le droit de tonnage est exigible. Il est dû en totalité à l'*entrée*. Il se perçoit sur tous navires au dessus de 5 tonneaux. (*Décisions des 23 pluviôse an 2, et 19 brumaire an 10; tarif de navigation publié en 1835, note 46.*)

La perception a lieu d'après les règles suivantes :

Navires français
- de 150 tonneaux et au dessous　2 fr. par tonn.
- de plus de 150 tonneaux à 300　6
- de plus de 300. . . . .　15
- au dessous de 5 tonneaux. . .　(Exempts).

Loi du 27 vendémiaire an 2, art. 36.

Navires étrangers

pour lesquels il n'existe pas d'exceptions.
- de 200 ton. et au dessous. .　18
- de plus de 200 tonn. . . . . .　36

Loi du 27 vendémiaire an 2, art. 35.

anglais . . . . .
- smogleurs. . . . .　(Exempts).
- venant des possessions anglaises en Europe. .

espagnols. . . . .
américains . . . .
mexicains. . . . .
brésiliens. . . . .
autres admis à faire le cabotage. . .

- de 150 ton. et au dessous. .　2 fr. par ton.
- de plus de 150 ton. à 300. . .　6
- de plus de 300 ton. . . . . . .　15

DROIT DE CONGÉ.

1162. Le droit de congé des bâtiments français est perçu d'après les fixations suivantes :

Bâtiments français . . .
- de 30 tonneaux et au dessus. . . . .　6 fr.
- au dessous de 30 tonneaux . . . . . {pontés. . . . . . . 3 / non pontés 1

(*Loi du 27 vendémiaire an 2, art. 6 et 26.*)

Il est fait recette de ce droit au registre de navigation n° 16, et il en est délivré quittance. (*Décision administrative du 23 octobre 1833.*)

DROIT DE PASSEPORT.

1163. Le droit de passeport est dû pour chaque navire étranger, au moment où le capitaine reçoit de la douane les papiers avec lesquels il se met en mer. Ce droit est d'un franc. (*Décision du 5 pluviôse an 5*.)

DROITS D'ACQUITS, PERMIS ET CERTIFICATS.

Règles générales de perception.

1164. Les droits d'*acquits*, de *permis* et de *certificats* sont accessoires des droits de navigation. Ils se perçoivent séparément. Ils sont ainsi fixés :

Pour les navires étrangers, 1 franc ;

Pour les bâtiments français, 50 centimes. (*Loi du 27 vendémiaire an 2, art. 37 ; décision ministérielle du 17 floréal an 5 ; circulaires des 21. et 23 octobre 1810*.)

1165. Les droits ci-dessus sont perceptibles relativement à l'acte de navigation, sans aucun rapport avec les droits du tarif d'entrée ou de sortie, ni avec les passavants, acquits-à-caution et certificats de décharge. (*Décision précitée.*)

1166. L'affranchissement des droits de tonnage, d'expédition et de congé, qui existe à l'égard des bateaux faisant la navigation intérieure des rivières, entraîne celui des droits de permis, acquits et certificats qui leur sont inhérents. (*Circulaire du 10 juin 1829.*)

1167. Il n'est perçu par suite des conventions existantes, qu'un droit de 50 centimes pour les cargaisons des navires étrangers ci-après :

Anglais venant des possessions anglaises en Europe, *espagnols, américains, mexicains, brésiliens,* et tous autres navires admis à faire le cabotage. (*Tarif de navigation* publié en 1835.)

1168. Il est compté au trésor public des droits d'acquits, permis et certificats, comme de ceux de navigation ; le receveur les porte en recette immédiatement (registre 14 ou 15). Ils sont dus pour chaque expédition particulière. (*Instructions précitées.*)

Voici quelques dispositions spéciales sur chacun des droits d'acquit, permis et certificat.

DROIT DE PERMIS.

1169. Le droit de permis est dû pour toute déclaration donnant lieu à un chargement ou à un déchargement de marchandises, quelle que soit d'ailleurs la durée de l'opération et le nombre des expéditions délivrées. (*Loi du 27 vendémiaire an 2, art. 47 ; décision du 25 floréal an 5 ; lettre du 13 thermidor an 11.*)

1170. La perception a lieu lors même que le bâtiment est exempt du paiement du droit de tonnage, l'affranchissement de ce dernier droit n'entraînant pas celui du droit de permis. (*Décision du 12 ventôse an 7 ; tarif de navigation publié en 1835, note 58.*)

1171. Un seul permis suffit, quelle que soit la durée de l'embarquement ou du débarquement, lorsqu'il n'y a qu'un seul envoyeur ou destinataire. (*Circulaire du 16 ventôse an 4.*)

1172. Il y a dispense du droit de permis pour les petits bâtiments, barques et bateaux qui, faisant la pêche sur nos côtes, en apportent le produit dans le port d'où ils sont partis ou dans d'autres ports français. (*Décret du 10 mars 1819.*)

2° Pour les bateaux et barques qui naviguent dans l'intérieur des rivières. L'exemption s'étend aux transports qui ont lieu dans l'intérieur d'une même rade. (*Circulaire du 10 juin 1829 , et circulaire manuscrite du 9 juillet 1829.*)

3° Pour les débarquements faits d'un navire qui ne peut sortir du port. (*Tarif de navigation.*)

Nota. La dispense du droit de permis n'emporte pas l'affranchissement du permis. Dans tous les cas d'exemption, le permis est délivré *gratis. (Circulaire du 10 juin 1829.*)

1173. Le droit de permis n'est pas dû s'il s'agit d'effets embarqués , ou débarqués, ayant appartenu à des marins décédés à la mer ou dans un port autre que celui de leur domicile. Toutefois la propriété de ces effets doit être préalablement attestée par le commissaire des classes. (*Décision du 24 juillet 1826.*)

1174. A l'égard des bateaux venant des îles du littoral non soumises au régime des douanes, un seul droit de permis est dû pour toute la cargaison, lorsque ces bateaux ne chargent que des objets d'approvisionnement. (*Arrêté du 25 brumaire an 5.*)

1175. Les barques que le commerce emploie pour alléger les bâtiments hors d'état, par leur forte contenance, de remonter les rivières ou d'entrer dans les ports, sont exemptes du droit de permis ; mais il faut que les marchandises que l'on transborde aient déjà payé le droit de permis ou qu'elles y soient ultérieurement assujéties. (*Décision du 18 prairial an 7 et 31 décembre 1819.*)

1176. Les droits de permis sont additionnés à la fin de chaque journée sur les registres de déclarations et passavants, et ils sont ensuite portés en recette au livre-journal (voir, au n° 2133, les différents registres qu'il faut consulter). (*Circulaire des 9 mai et 20 octobre 1834.*)

DROIT D'ACQUIT.

1177. Le droit d'acquit n'est perceptible qu'autant que les droits principaux de navigation , c'est-à-dire ceux de *tonnage* et d'*expédition,* sont dus. Les droits de francisation, de congés, de transferts, de permis et certificats n'y donnent pas ouverture. (*Décision du directeur de l'administration du 23 octobre 1833.*)

Il est fixé :

Pour les navires étrangers , à 1 franc;

Pour les bâtiments français, à 50 centimes. (*Loi du 27 vendémiaire an 2 , lettres des 11 avril 1803 et 23 octobre 1810.*)

DROIT DE CERTIFICAT.

1178. Les certificats par lesquels les capitaines justifient qu'ils se sont conformés aux lois de douanes, sont soumis au droit de 50 centimes, ou de 1 franc , selon que le navire est étranger ou qu'il est français. (*Loi du 27 vendémiaire an 2, art 37 ; décision du 5 pluviôse an 5.*)

DROITS DE BASSIN.

1179. Il est perçu, dans les lieux où il existe des bassins à flot (au Havre et à La Rochelle), sur les navires admis à entrer et à séjourner dans ces bassins , une taxe d'entretien réglée par mois comme suit :

Bâtiments étrangers. . . . . 75 centimes par tonneau.
Bâtiments français. 30
Bâtiments du petit cabotage. 15

(*Loi du 2 mai 1803, art.* 1ᵉʳ, *et 22 février* 1810.)

1180. Le droit est perçu en entier pour les deux premiers mois de séjour dans les bassins à flot. Il est réduit à moitié pour les 3ᵉ et 4ᵉ mois, et au quart pour les mois suivants. (*Loi du 2 mai* 1803, *art.* 2.)

1181. Le moindre séjour est compté pour un demi-mois. Ce droit, néanmoins, est modéré à un dixième de la taxe, pour les bâtiments français seulement, qui, après avoir été désarmés, séjournent dans les bassins. En cas de réarmement, ils sont de nouveau soumis au droit imposé. (*Idem.*)

1182. Cette perception est spéciale; son produit est affecté à l'entretien des bassins. (*Idem , art.* 4.)

1183. Il est tenu à la douane deux registres: l'un est intitulé : *Permis d'entrée dans le bassin;* l'autre a pour titre : *Recettes et quittances des droits.*

JAUGE DES NAVIRES.

1184. Il y a nécessité pour les employés, de jauger les navires lorsqu'ils doivent être francisés, ou qu'ils ont à acquitter le droit de tonnage, ou que la douane a intérêt à s'assurer qu'ils ont réellement le tonnage requis, soit pour importer certaines marchandises, soit pour opérer des réexportations. (*Loi du 27 vendémiaire an 2 , art.* 14; *circulaire du 19 août* 1828.)

1185. Dans toutes les circonstances où la jauge a besoin d'être vérifiée, l'employé à qui ce soin est confié se transporte à bord du bâtiment; il en examine et relève avec soin les dimensions pour en établir le tonnage; l'opération est faite sous sa responsabilité. (*Mêmes loi et circulaire.*)

1186. Les navires étrangers sont jaugés à chaque voyage qu'ils font en France. Cependant ceux arrivant en *droiture* d'un port français où ils ont déjà payé les droits, et à l'égard desquels il n'existe aucun soupçon de non-identité, acquittent l'impôt d'après le tonnage reconnu d'abord. (*Circulaire du 19 août* 1828.)

1187. La jauge doit être constatée par deux employés. Il est du devoir du sous-inspecteur sédentaire , s'il s'agit d'un navire étranger , d'accompagner le vérificateur à bord , et de concourir à l'opération. (*Délibération du 21 septembre* 1800 ; *circulaire du 22 prairial an* 6.)

Mode de jaugeage.

1188. La jauge d'un navire s'établit en observant les règles ci-après :
« Ajouter la longueur du pont, prise de tête en tête à celle de l'étrave à l'étambord,
« déduire la moitié du produit, multiplier le reste par la plus grande largeur du navire
« ou maître-bau, multiplier encore le produit par la hauteur de la cale et de l'entre-pont,
« et diviser par 94. Si le bâtiment n'a qu'un pont, prendre la plus grande largeur ou
« maître-bau, et le produit par la plus grande hauteur, puis diviser par 94.» (*Loi du 12 nivôse an* 2.)

La plus grande hauteur de la cale est prise de planches sous planches , sans avoir égard a la carlingue ni au barrot (1) ; mais si le navire est pourvu d'un faux tillac, serrage ou vaigrage, *non fixé à demeure*, on n'a point égard à cette construction pour prendre les dimensions propres à établir la jauge. (*Circulaire du 29 décembre 1832*.)

1189. Les certificats de jauge doivent faire mention si le navire a ou n'a pas de faux tillac, serrage ou vraigrage, afin que pareille indication puisse être relatée dans les actes de francisation.

1190. La jauge à établir pour effectuer la perception des droits de tonnage étant obligatoire pour les employés, ceux-ci n'ont droit, pour cette opération, à aucune rétribution ni indemnité. (*Circulaire du 19 août 1828*, *et lettre au directeur de La Rochelle du 17 juin 1831*).

1191. Lorsque la jauge fait découvrir une différence attribuée à une erreur, la douane, si le navire se trouve au port d'où il dépend, opère immédiatement la rectification tant sur l'acte de francisation que sur le registre matricule ; sinon, le tonnage reconnu est mentionné au registre de jauge ; un certificat motivé est ensuite rédigé et transmis au port d'attache, afin que l'on opère dans ce port le changement de contenance du bâtiment. (*Circulaire du 22 juin 1833*.)

1192. Si la différence que le jaugeage a fait reconnaître est la suite d'un changement subi par le navire sans la participation de la douane, le bâtiment est traité comme étranger. (*Idem*.)

1193. Lorsque le changement qu'un bâtiment a éprouvé dans sa construction a été déclaré, la douane, si le navire est au port d'attache, rédige un nouveau projet de brevet qui est transmis à l'administration. Si le navire n'est pas au port d'attache, le receveur annote le brevet de francisation ainsi que le congé, et il délivre un certificat de jauge motivé qu'il envoie au directeur, afin que l'acte de francisation soit renouvelé dans le port auquel appartient le bâtiment. (*Idem*.)

1194. Le certificat destiné à constater l'opération de jauge est extrait du registre n° 2. Cette pièce est exempte du timbre. (*Décision ministérielle du 17 octobre 1829, et circulaire du 28*.)

CHAPITRE VI. — POLICE DES NAVIRES.

1195. Afin de pouvoir suivre le mouvement des navires et d'assurer la régularité des perceptions, il est ouvert, dans chaque bureau maritime, un registre destiné à faire connaître l'entrée et la sortie des bâtiments, leur tonnage, leur pavillon, le lieu d'où ils viennent, celui où ils vont. Ce registre (série N, n° 8) est tenu constamment au courant. (*Loi du 17 vendémiaire an 2, art. 38*.)

1196. L'administration, pour contrôler de son côté le mouvement des ports, exige que les receveurs lui adressent, à la fin de chaque mois, un état présentant toutes les entrées et les sorties des navires. (*Circulaire du 31 décembre 1830*.)

1197. Des bulletins journaliers (formule n° 9 ou 10) sont remis par le brigadier du

---

(1) La carlingue est la pièce de bois sur laquelle porte le mât.

Le barrot est le nom des solives qui se mettent d'un flanc à l'autre du bâtiment, pour affermir les bordages et soutenir les tillacs.

21

port aux chefs locaux, afin que ceux-ci puissent exercer sur les bâtiments qui entrent dans le port ou qui en sortent, la surveillance que réclame l'intérêt des perceptions.

1198. Dans les vingt-quatre heures de l'arrivée des bâtiments, le capitaine, ou son courtier, est tenu de déposer au bureau des douanes l'acte de francisation et le congé du navire. Ces pièces y restent jusqu'au départ du bâtiment. (*Loi du 27 vendémiaire an 2, art. 28.*)

1199. Les pièces successivement produites pour établir la propriété des navires et obtenir, soit la francisation, soit des transferts, doivent aussi être déposées au bureau; elles y sont conservées avec soin dans leur dossier respectif (1). (*Décision administrative du 31 décembre 1819, et circulaire du 19 février 1833.*)

1200. Les receveurs ne conservent, toutefois, que les papiers des bâtiments dépendant de leur port. Ils adressent à la direction ceux concernant des navires qui ont changé de port, afin que ces actes soient transmis avec leurs dossiers aux receveurs des ports de nouvelle attache. (*Circulaire du 19 février 1833.*)

1201. Dans chaque bureau maritime, le receveur ou le commis principal à la navigation ouvre un registre (modèle n° 7) présentant l'effectif des bâtiments du port. Ce registre est tenu au courant par l'inscription successive de toutes les nouvelles francisations, des transferts, des changements de nom et des extinctions. (*Circulaire du 30 janvier 1827.*)

1202. Les registres matricules sont tenus de manière à n'offrir que les francisations concernant des navires existants ou dont la perte récente va être justifiée ; chaque année un recensement est opéré. Cette opération étant terminée, le receveur doit prévenir les soumissionnaires en retard, afin qu'ils se mettent en règle relativement aux justifications qu'ils ont à produire pour éviter des poursuites. (*Idem.*)

---

(1) Ce dossier (série N, n° 3) indique les changements survenus au navire, les noms des propriétaires auxquels il a successivement appartenu, les principaux événements survenus dans sa construction, etc.; de manière à reproduire l'historique du bâtiment. (*Circulaire manuscrite du 7 janvier 1833.*)

TITRE XIV.

LOCALITÉS ET MARCHANDISES SOUMISES A UN RÉGIME EXCEPTIONNEL.

Le régime général des douanes comporte, à l'égard de certaines marchandises et de quelques localités, des exceptions et des règles spéciales. Ces règles et exceptions portent sur les points qui suivent :

·1° Propriétés limitrophes des frontières; 2° îles du littoral; 3° port de Marseille; 4° bestiaux et bêtes de somme; 5° drilles et chiffons; 6° recherches des marchandises prohibées dans l'intérieur du royaume; 7° courriers et conducteurs de voitures publiques, 8° effets et voitures des voyageurs; 9° pêche de la morue, de la baleine, du saumon et autres poissons; 10° librairie et musique; 11° ouvrages d'or et d'argent; 12° boissons; 13° tabacs; 14° armes; 15° cartes à jouer; 16° poudres à feu; 17° lettres et journaux; 18° grains, 19° fromageries.

CHAPITRE Iᵉʳ — PROPRIÉTÉS LIMITROPHES DES FRONTIÈRES.

ÉTRANGERS PROPRIÉTAIRES EN FRANCE.

1203. Les étrangers, propriétaires de terres situées en France à cinq kilomètres des frontières du royaume, jouissent de la faculté d'exporter en franchise de droits, les récoltes et denrées provenant de ces terres. (*Ordonnance du 13 octobre 1814, art. 1ᵉʳ.*)

Nota. On entend par *récoltes* et *denrées* les produits annuels. Les bois, à moins d'une décision spéciale, sont exclus de cette faculté. (*Circulaire du 29 novembre 1814.*)

Pour les sujets sardes qui possédent des terres antérieurement à 1760, on n'a point égard à la distance. (*Décision ministérielle du 8 juin 1826.*)

1204. Il y a exception à la défense d'exporter les bois, pour ceux provenant des îles du Rhin, et aussi pour ceux que les sujets sardes possédaient en France avant le 24 mars 1760. (*Décision ministérielle du 22 janvier 1827.*)

Conditions de l'exemption des droits.

1205. La faculté d'exporter les récoltes en franchise est subordonnée à la condition que les Français propriétaires à l'étranger jouissent également de la faculté d'importer les produits de leurs biens. (*Ordonnance du 13 octobre 1814.*)

1206. Le propriétaire étranger, qui veut jouir du bénéfice d'exporter le produit de ses terres en franchise, est tenu de fournir, chaque année, avant la récolte, une déclaration approximative des quantités de denrées qu'il aura à faire sortir de France. (*Décision ministérielle du 21 septembre 1814; circulaire du 29.*)

1207. Le délai pour effectuer l'exportation est fixé au 1ᵉʳ *avril* de l'année qui suit la récolte. Il est accordé jusqu'au 31 *mars* aux sujets sardes qui possédaient leurs biens avant l'ordonnance de 1814, pour exporter leurs *vins*, et jusqu'au 30 *juin* pour les autres récoltes. (*Circulaire du 4 janvier 1820, et décision ministérielle du 8 juin 1826.*)

1208. Le produit des vendanges n'est expédié en franchise qu'autant qu'il sort de France, soit comme moût encore muet, soit comme vin nouveau en fermentation c'est-à-dire ne pouvant être renfermé dans des vases clos, et n'ayant aucune limpidité. (*Tarif général.*)

Pacage et engrais.

1209. Les étrangers qui jouissent du droit d'enlever les récoltes des biens qu'ils possèdent dans l'intérieur, ont la faculté d'user sur place des fourrages que ces propriétés produisent, en y faisant paître les bestiaux qui leur appartiennent. (*Circulaire du 17 juillet* 1810.)

1210. Le retour à l'étranger des bestiaux amenés en France au pacage est garanti par un acquit-à-caution. Si le délai dans lequel le retour doit s'effectuer est dépassé, la douane réclame le paiement du droit d'entrée sur les pièces de bétail introduites. (*Circulaire du 17 février* 1819.)

1211. Les étrangers peuvent aussi importer en franchise les engrais nécessaires à la culture de leurs terres. (*Tarif officiel.*)

1212. Les Suisses reçoivent, sans payer le droit de sortie, du 1er *juin* au 15 *novembre*, le beurre provenant des propriétés qu'ils possèdent dans les cinq kilomètres du territoire français. (*Décision ministérielle du 24 fructidor an* 12.)

FRANÇAIS PROPRIÉTAIRES A L'ÉTRANGER.

1213. Les Français qui possèdent des terres à l'étranger dans les cinq kilomètres de la frontière jouissent, par réciprocité, de la faculté d'importer en franchise de droits les récoltes provenant de ces biens. (*Décision du 7 février* 1826, *circulaire n° 980.*)

1214. La franchise ne s'applique qu'aux Français dont la possession est antérieure aux dernières délimitations entre la France et l'étranger. Cette possession est justifiée au receveur des douanes, par la production des titres originaux et d'un certificat du conservateur des hypothèques, ayant moins d'une année de date. (*Circulaire du 3 septembre* 1824, *décision ministérielle du 7 février* 1826, *circulaires des* 30 *mars* 1826, *et* 30 *décembre* 1830.)

Le receveur tient note, sur un registre spécial, des titres qui lui sont représentés. (*Circulaire n° 874.*)

1215. Les héritiers des Français possesseurs à l'étranger sont mis aux droits de ces derniers lorsque les biens leur échoient par succession. Les propriétés qui passent à des étrangers, et même à des collatéraux à titre de donation ou de legs, restent sous la loi commune. (*Circulaire du 30 décembre* 1830.)

Conditions de l'exemption des droits.

1216. Chaque année les propriétaires ont à déclarer que leurs terres sont employées à telle espèce de culture. Ils indiquent d'avance le maximum des récoltes diverses qu'ils entendent faire admettre comme en étant le produit. Chaque importation, ensuite, est l'objet d'une déclaration portant que la quantité à introduire provient réellement des terres qu'ils possèdent dans les cinq kilomètres de la frontière. (*Circulaire du 3 septembre* 1834.)

1217. En cas de contestation sur l'évaluation de la récolte, le receveur peut avoir recours au sous-préfet de l'arrondissement, qui nomme une commission d'agriculteurs, laquelle est chargée provisoirement de prononcer. (*Idem.*)

1218. Afin de parvenir à l'extinction du privilège d'importation en franchise, et de n'en pas faire jouir des acquéreurs étrangers, les déclarations annuelles de récoltes doivent être appuyées des quittances des contributions directes payées à l'étranger. (*Circulaire du* 30 *décembre* 1830.)

1219. Il est formé un état général des déclarations reçues dans chaque bureau. Cet état est déposé à la direction ; et , dès que les récoltes de l'année sont importées , il en est fourni un relevé général à l'administration. (*Circulaire manuscrite du* 29 *mai* 1827.)

Délais d'introduction.

1220. Les délais d'introduction sont fixés comme suit : pour le produit des champs , *du* 1ᵉʳ *juin au* 15 *novembre de l'année même de la récolte ; pour le produit des vignobles* (moût et vin nouveau encore en fermentation), jusqu'à la *fin de novembre.* (*Circulaire du* 3 *septembre* 1824.)

1221. Les olives fraîches sont importées jusqu'au 1ᵉʳ *avril*, et les oranges , fleurs et feuilles d'oranger, jusqu'au 1ᵉʳ *juin* de l'année suivante. (*Décisions ministérielles des* 7 *décembre* 1824 *et* 3 *juillet* 1827.)

1222. Les blés et autres produits du sol doivent être apportés dans l'état où ils sont enlevés des champs d'exploitation. Ceux engrangés ou qui ont reçu une préparation quelconque ne sont pas admis en franchise. (*Même circulaire.*)

Pacage et engrais.

1223. Les Français ont le droit d'exporter sans paiement de droits la quantité d'engrais nécessaire à la culture de leurs terres. (*Même circulaire.*)

1224. Ceux qui ont des troupeaux dans les fermes situées près des frontières , ont la faculté de les envoyer au pacage sur les prairies dont ils sont propriétaires à l'étranger. Ils s'engagent, par un acquit-à-caution , à les ramener dans un délai de six mois, ou de payer les droits de sortie. (*Même circulaire.*)

CHAPITRE II. — ILES DU LITTORAL.

Parmi les îles ou îlots avoisinant le continent français, les uns sont soumis entièrement ou avec quelques restrictions au régime des douanes ; les autres en sont affranchis.

Les îles placées sous le régime général , qui conséquemment reçoivent les bâtiments étrangers , et communiquent avec le littoral par la voie du cabotage ordinaire , sont :

L'île de Ré ; l'île d'Oléron ; Noirmoutiers ; Belle-Ile en mer ; l'île de Corse.

Les petites îles auxquelles on n'applique pas les lois de douanes sont au nombre de cinquante-quatre, situées , savoir :

Dans la direction de Cherbourg , 3 ; de Saint-Malo , 10 ; de Brest , 20 ; de Lorient , 8 ; de Nantes , 1 ; de La Rochelle , 2 ; de Bordeaux , 1 ; de Marseille , 3 ; de Toulon , 6.

DISPOSITIONS PARTICULIÈRES A L'ILE DE CORSE.

1225. Les droits établis par le tarif général à l'entrée en France sont réduits , quant à la Corse, au taux fixé par les lois des 21 avril 1818 et 17 mai 1826 (voir le tarif). La surtaxe de navigation est également réduite dans la proportion que déterminent ces lois.

1226. L'importation avec la réduction des droits que prononce la loi du 21 avril 1818 n'a lieu pour :

Les viandes de porc salé,

Les denrées coloniales de consommation,

Les tabacs en feuilles et fabriqués,

Les tissus de lin et de chanvre,

qu'autant que l'importation est effectuée par les bureaux de *Macinaggio*, *Bastia*, *Bonifaccio*, *Ajaccio*, *Calvi* et l'île *Rousse*. (*Loi des* 21 *avril* 1818 *et* 7 *juin* 1820.)

1227. Les marchandises ci-après :

Sucres bruts et terrés, café, cacao, indigo, thé, poivre et piment, girofle, cannelle et cassia-lignea, muscade et macis, cochenille et orseille, rocou, bois exotique de teinture et d'ébénisterie, cotons en laine, gomme et résines autres que d'Europe, ivoire, caret et nacre de perle, nankin des Indes, ne peuvent entrer dans l'île que par les bureaux dénommés en l'article précédent, et qu'autant qu'elles sont chargées sur des bâtiments de 20 *tonneaux* et au dessus. (*Loi du* 7 *juin* 1820, *art.* 12.)

1228. Des ordonnances du roi peuvent :

1° Restreindre l'entrée et la sortie de certaines marchandises aux seuls ports de la Corse qu'elles désigneront ;

2° Déterminer les produits du sol et des fabriques de la Corse qui pourront être admis sur le continent en exemption de droits, et régler la nature, la forme et les conditions des justifications d'origine à produire aux douanes de la Corse pour en obtenir l'expédition. (*Loi du* 26 *juin* 1835, *art.* 2.)

1229. La Corse est assimilée, pour le régime des grains, aux départements de la France qui bordent la Méditerranée ; et l'importation des céréales n'est permise que par les ports de *Saint-Florent*, *Macinaggio*, *Bastia*, *Prunettes*, *Bonifaccio*, *Ajaccio*, *Calvi* et l'*île Rousse*. (*Loi du* 4 *juillet* 1821, *ordonnances des* 9 *janvier* 1822 *et* 6 *septembre* 1825.)

1230. Les marchandises exportées de la Corse acquittent les droits fixés par le tarif général des douanes. Toutefois les *châtaignes*, les *bois* et les *feuilles de myrte*, obtiennent les réductions de droits prononcées par la loi du 21 avril 1813.

EXPÉDITIONS DE LA CORSE POUR LA FRANCE.

1231. Sont exemptes des droits de sortie de l'île et de ceux d'entrée en France les productions du sol (les produits de la terre et les peaux brutes), lorsque les acquits-à-caution destinés à assurer leur transport sont appuyés de certificats constatant leur origine, et que l'introduction a lieu par l'un des ports de *Toulon*, *Marseille*, *Cette* et *Agde*. (*Lois des* 21 *avril* 1818, *art.* 10, *et* 17 *mai* 1826, *art.* 3 ; *ordonnance du* 1er *juillet* 1835.)

1232. Il y a dispense de certificat d'origine pour les huiles d'olive. (*Loi du* 17 *mai* 1826, *art.* 3.)

1233. Les marchandises autres que les produits du sol acquittent en France les droits du tarif comme si elles venaient de l'étranger. (*Loi du* 21 *avril* 1818, *art.* 10.)

EXPÉDITIONS DE LA FRANCE POUR LA CORSE.

1234. Les produits fabriqués en France, expédiés de nos ports, sont reçus en Corse en exemption de tous droits ; seulement, ils acquittent les droits de sortie dans l'île, s'ils passent de là à l'étranger. (*Loi du* 21 *avril* 1818, *art.* 11.)

1235. La même franchise de droits existe à l'égard des grains et farines, lorsqu'ils sont expédiés pour la Corse par les ports de *Toulon, Marseille, Cette* et *Agde*. (*Loi du 8 floréal an* 11, *art.* 67; *ordonnances des* 9 *janvier* 1822 *et* 6 *septembre* 1825.)

CIRCULATION DANS L'ÎLE.

1236. La circulation et le dépôt des marchandises désignées en l'article 22 de la loi du 28 avril 1816 (voir n° 249) sont soumises en Corse aux dispositions générales sur la police des *côtes et frontières* (voir le titre IV), mais seulement pour le rayon de 5 *kilo-mètres* de la côte et pour les quantités excédant 15 mètres de tissus, et 5 kilogrammes d'autres objets.

Les expéditions de douane, produites pour justifier l'origine des objets, cessent d'être valables si elles ont plus d'un an de date. (*Loi du* 17 *mai* 1826, *art.* 22.)

1237. Les dispositions rappelées à l'article précédent sont étendues à tous les objets qui, d'après le tarif général des douanes, sont prohibées à l'entrée, aux céréales de toute espèce, et aux marchandises nommément indiquées ci-après :

Acier, chanvre peigné, cordages de chanvre, fer en barre, fer-blanc, fromages, huiles d'olive, laines, liqueurs, rhum et eaux-de-vie de toutes sortes, marbre ouvré, pâtes d'Italie, poisson salé, potasse, savons, toiles, viandes salées. (*Loi du* 26 *juin* 1835, *et ordonnance du* 1ᵉʳ *juillet suivant, art.* 1ᵉʳ.)

Nota. Les articles 2, 3, 4 et 5 règlent ce qui a rapport aux déclarations qui ont dû être faites pour justifier de l'origine des marchandises.

1238. Le droit sur le sel à percevoir en Corse est réduit à 7 centimes et demi par kilogramme. (*Loi du* 21 *avril* 1818, *art.* 12.)

ILES ET ILOTS NON ASSUJÉTIS AU RÉGIME DES DOUANES.

Les îles et îlots voisins du littoral, quoique affranchis du régime des douanes, sont cependant soumis aux lois du royaume en ce qui concerne leurs rapports avec l'étranger, et la défense de recevoir en dépôt des marchandises prohibées. Le gouvernement y forme, en raison de l'importance des lieux, des établissements chargés d'exercer une surveillance convenable.

Les dispositions en vigueur, concernant ces îles, sont celles suivantes :

1239. Aucun navire étranger, excepté en cas de force majeure, ne peut aborder dans les îles non soumises au régime des douanes, et y effectuer des importations de marchandises. (*Loi du* 4 *germinal an* 2, *titre* Iᵉʳ, *art.* 4.)

1240. Les fils et tissus prohibés, dont la recherche dans l'étendue du royaume est autorisée par les lois, ne peuvent être mis en dépôt dans les îles dont il s'agit, sous peine de confiscation et d'amende. (*Loi du* 28 *avril* 1816, *art.* 59.)

Expéditions de France sur ces îles.

1241. On peut expédier en franchise de droits, en vertu de permissions spéciales, et dans les quantités que ces permissions déterminent, les objets de consommation nécessaires aux habitants des îles du littoral; le besoin des approvisionnements doit, toutefois, ét. e justifié. (*Décisions des* 31 *juillet* 1810 *et* 27 *novembre* 1816.)

242. Le sel envoyé aux habitants de ces îles, pour leur consommation, n'est

assujéti qu'au seul droit de sortie. (*Décision ministérielle du* 12 *août* 1819, *circulaire du* 16.)

1243. Il peut être délivré des sels en franchise, pour la pêche, à ceux des insulaires qui prouvent, par une attestation du maire, leur profession de pêcheur, à la condition de justifier de l'emploi des sels, par certificat des douanes ou du maire, selon que le poisson a été débarqué dans un port du continent ou dans l'île. (*Même décision.*)

Expédition des îles sur le continent.

1244. Les receveurs des douanes du continent admettent en franchise, lorsque l'origine en est attestée par le maire, les produits bruts que les habitants expédient de leurs îles à destination de ports français. (*Loi du* 4 *germinal an* 2, *titre* Iᵉʳ, *art.* 5.)

1245. Les insulaires ne peuvent expédier pour France des objets manufacturés, s'ils ne justifient préalablement de l'existence de manufactures légalement reconnues, et s'ils ne prouvent que ces objets en sont le produit. (*Loi du* 4 *germinal an* 2.)

1246. Celles des îles qui jouissent de la faculté d'expédier sur le continent des soudes de varech fabriquées, sont tenues de se renfermer, tant pour la durée de la fabrication que pour les quantités à fabriquer, dans les prescriptions d'avance déterminées. Il est tenu registre, par le fabricant, des quantités formant le produit de chaque fabrication ; ce registre est soumis au contrôle du directeur des douanes. (*Décret du* 28 *octobre* 1811, *décisions ministérielles des* 7 *novembre* 1818, 19 *avril* 1825, 2 *septembre* 1826 *et* 14 *avril* 1827.)

1247. Les bâtiments français peuvent être expédiés de l'une à l'autre des îles ou îlots du littoral, comme d'un port à l'autre du royaume. Là où il se trouve des établissements de douanes, on délivre, pour assurer le transport des marchandises, les expéditions ordinaires de cabotage. (*Loi du* 4 *germinal an* 2, *titre* Iᵉʳ, *art.* 6.)

CHAPITRE III. — PORT DE MARSEILLE.

L'ordonnance du 10 septembre 1817 établit pour le port de Marseille un régime particulier. Plusieurs décisions spéciales ont ensuite ajouté de nouvelles franchises à celles précédemment accordées. Voici sommairement les dispositions existantes :

PERCEPTION DES DROITS.

1248. Les navires étrangers qui arrivent à Marseille sont exempts de tous droits de navigation. Les navires français n'acquittent que les droits de francisation et de congés. (*Ordonnance du* 10 *septembre* 1817, *art.* 25.)

1249. Les marchandises et denrées soumises à un droit principal qui n'atteint pas 15 francs, sont exemptées de la surtaxe de navigation à ajouter à ce droit, lorsqu'elles sont notoirement de la nature de celles provenant du Levant, de la Barbarie et des autres pays situés sur la Méditerranée. (*Même ordonnance, art.* 3.)

ENTREPÔTS.

1250. Les marchandises étrangères importées à Marseille peuvent être mises pendant trois ans en entrepôt *réel* ou *fictif*. L'entrepôt est *fictif* pour les objets que l'ordonnance et les états y joints déterminent. Il est *réel* pour les marchandises prohibées, et pour celles exclues de l'entrepôt fictif. (*Ordonnance du* 10 *seeptmbre* 1817, *art.* 5 *et* 6.)

1251. Les marchandises étrangères, admises en entrepôt fictif, y sont reçues sous les conditions établies par la loi du 8 floréal an 11 pour les denrées coloniales auxquelles cette faveur est accordée, sauf, toutefois, ce qui est déterminé relativement au délai pendant lequel peuvent être faites les déclarations de transferts. (*Même ordonnance, art.* 7.)

1252. Les marchandises *prohibées* ne peuvent être reçues que dans un local unique, réunissant les conditions voulues par l'article 25 de la loi du 8 floréal an 11. (*Même ordonnance, art.* 8.)

1253. Les magasins que les commerçants fournissent à leurs frais pour entreposer les objets *non prohibés* peuvent être séparés les uns des autres, mais à charge de les établir dans les points de la ville qui ont été fixés, et de leur donner, quant à leur disposition intérieure et à leurs fermetures, toutes les sûretés voulues. (*Ordonnances des* 10 *septembre* 1817, *art.* 9, *et* 15 *juillet* 1818.)

1254. Chaque magasin doit être fermé par deux serrures. Aucune opération ne peut être permise qu'en présence des préposés des douanes. (*Même ordonnance, art.* 9.)

1255. Les droits d'entrée ne sont pas exigés pour les déficits provenant, soit du déchet ou du coulage des liquides, soit de déchet, d'avaries ou de pertes, pour les autres marchandises, lorsque les conditions d'entrepôt ont d'ailleurs été exactement remplies, et que les accidents sont légalement justifiés. (*Ordonnance du* 10 *septembre* 1817, *art.* 11.)

(Voir, pour l'entrepôt de Marseille, le titre IX, chapitre XVII.)

RÉEXPORTATIONS ET TRANSIT.

1256. Les marchandises non prohibées à l'entrée, tirées des entrepôts pour la réexportation, peuvent être expédiées par navires de 25 *tonneaux* et au dessus, à destination des côtes d'Espagne dans la Méditerranée, et de 40 *tonneaux* et au dessus, pour tous les autres ports. (*Même ordonnance, art.* 12.)

1257. Le commerce a la faculté de réexporter les objets prohibés, sur bâtiments de 40 *tonneaux* et au dessus pour *les côtes d'Espagne ou d'Italie.* Des navires de 100 tonneaux et au dessus sont exigés si la réexportation a lieu pour d'autres pays. (*Ordonnance du* 10 *septembre* 1317, *art.* 21.)

1258. Les marchandises admises au transit à Marseille, par exception spéciale, ne peuvent être dirigées que sur les ports d'entrepôt réel ou par les bureaux que désigne l'article 11 de la loi du 17 décembre 1814. (Voir au titre X les dispositions sur le transit *du prohibé.*)

1259. Les soies ne jouissent du transit à Marseille qu'autant qu'elles sont destinées pour l'entrepôt de Lyon. (*Même ordonnance, art.* 13.)

CHAPITRE IV.— BESTIAUX ET BÊTES DE SOMME.

Les bestiaux, les chevaux ou autres bêtes de somme sont soumis, par le tarif, à des droits ou frappés de prohibitions, excepté ceux qui, comme moyens de transport pour les voyageurs, traversent momentanément la ligne frontière, et ceux envoyés au pacage.

On indique ici séparément:

1° La police particulière à exercer dans la demi-lieue de l'extrême frontière;

2° Les règles relatives au pacage des bestiaux;

3° Les dispositions concernant les chevaux et bêtes de somme servant aux voyageurs.

POLICE DE LA DEMI-LIEUE FRONTIÈRE, QUANT AUX BOEUFS ET VACHES.

1260. Les possesseurs de bœufs ou vaches habitant dans la demi-lieue frontière en deçà des postes et bureaux, ou ceux établis entre cette ligne et l'étranger, sont tenus de déclarer au bureau le plus voisin de leur domicile le nombre, l'espèce et la qualité des bestiaux qu'ils ont dans leurs étables. (*Ordonnance du* 28 *juillet* 1822, *art.* 3.)

1261. Les déclarations faites par les détenteurs deviennent la base de comptes ouverts (formule 22 *bis*), qui doivent être tenus au courant, et que les agents des douanes contrôlent tous les six mois par des recensements. Les augmentations provenant de reproductions sont déclarées et inscrites à ces comptes. (*Ordonnance du* 28 *juillet* 1822, *art.* 3; *circulaire du* 3 *décembre* 1822.)

1262. Les différences *en plus,* sauf celles provenant de reproductions survenues dans la quinzaine, donnent lieu au paiement du double droit d'entrée. Le compte tenu jusque-là est simplement annulé s'il y a des différences *en moins* lors du recensement. (*Même ordonnance, art.* 4.)

Nota. La peine ci-dessus est légalement établie; les tribunaux ne peuvent se dispenser de la prononcer dans les cas prévus par l'ordonnance. (*Arrêt de la cour de cassation du* 12 *août* 1833, *circulaire du* 20 *octobre* 1833.)

1263. La destination des bestiaux sortant de la ligne spéciale pour aller vers l'intérieur, comme de ceux arrivant de l'intérieur pour se diriger vers l'extrême frontière, est assurée par un passavant indiquant le délai accordé, le chemin à suivre et les bureaux où un visa devra être apposé. Cette expédition est exempte de timbre. (*Ordonnance du* 28 *juillet* 1822, *art.* 7.)

1264. Le compte qui est ouvert au bureau des douanes est successivement chargé du nombre de bestiaux arrivant de l'intérieur ou de l'étranger dans la ligne spéciale de la demi-lieue. (*Même ordonnance, art.* 8.)

1265. Les recensements ne se font que de jour, soit au pâturage, soit à la rentrée ou à la sortie de l'étable, soit à l'étable même; dans ce dernier cas, un officier public est appelé. (*Circulaire du* 15 *juillet* 1825, *art.* 44 *et* 45.)

1266. Les Français dont les habitations sont situées entre les bureaux des douanes et l'étranger, qui veulent y faire arriver de l'intérieur des bestiaux ou des bêtes de somme, n'obtiennent des passavants qu'en justifiant, par une attestation de l'autorité locale, le besoin qu'ils ont de ces animaux. (*Arrêté du* 25 *messidor an* 6, *art.* 1ᵉʳ.)

PACAGE DES BESTIAUX ET BÊTES DE SOMME.

1267. On distingue trois sortes de pacages; celui qui a lieu *au delà des derniers bureaux de douanes* vers l'étranger; celui des bestiaux envoyés *de France à l'étranger,* et celui des troupeaux envoyés de *l'étranger en France.*

Pacage au delà de la ligne des bureaux.

1268. Les personnes qui veulent faire paître des bestiaux et bêtes de somme au delà des bureaux du côté de l'étranger, doivent prendre au bureau des douanes le plus voisin un acquit-à-caution (formule nº 19) portant soumission de représenter les animaux au retour du pacage. (*Arrêté du 25 messidor an 6, art. 2.*)

1269. Une déclaration est préalablement fournie au receveur. Elle énonce le *nombre*, l'*espèce* des bestiaux ou bêtes de somme, leur *signalement*, la *route* à suivre et la *durée* du pacage. A moins d'une dispense de l'inspecteur, les pièces de bétail déclarées doivent être présentées au bureau. (*Circulaire du 15 juillet 1825.*)

1270. L'acquit-à-caution, valable pour un pacage déterminé et pour les têtes de bétail appartenant à un même troupeau, trace la route à tenir et les bureaux où le visa doit être apposé; il fixe la durée du pacage, et il exprime que, si des pertes ont lieu pendant le pacage, elles sont aux risques des soumissionnaires. (*Ordonnance du 8 juillet 1834, art. 18, et circulaire du 12 septembre suivant.*)

1271. Un nouvel acquit-à-caution est nécessaire, si le troupeau en pacage reçoit des augmentations. (*Circulaire du 15 juillet 1825.*)

1272. En cas d'enlèvement ou de mise en circulation des bestiaux et chevaux, quel que soit d'ailleurs le lieu où ils se rendent, la déclaration en est faite au bureau de première ligne le plus voisin qui délivre l'expédition nécessaire. (*Idem.*)

1273. Les acquits-à-caution ou les passavants, délivrés pour la circulation des *bêtes à laine* dans la demi-lieue de l'extrême frontière, sont exempts du timbre. (*Décision ministérielle du 28 juin 1828; circulaire du 31 juillet suivant.*)

1274. En cas de mort des bestiaux envoyés au pacage hors la ligne frontière, il n'y a pas lieu à déclaration. La perte est aux risques du soumissionnaire. (*Ordonnance du 8 juillet 1834; circulaire du 12 septembre suivant.*)

Pénalité.

1275. Les peines à appliquer, s'il y a contravention à l'occasion de l'envoi des troupeaux dans la zone voisine de l'étranger, sont celles qui suivent :

Pour excédant au nombre déclaré pour obtenir l'acquit-à-caution : confiscation et amende de 100 francs, si cet excédant est du dixième et au-dessus. (*Loi du 22 août 1791, titre III, art. 15.*)

Excédant de bestiaux, reconnu au bureau de passage ou de destination : double droit de sortie. (*Mêmes loi et titre, art. 9.*)

Déficit. L'acquit est déchargé pour les quantités reconnues; le receveur qui a délivré l'expédition, poursuit le paiement du double droit de sortie sur les quantités non représentées. (*Idem, art. 9, 12 et 13.*)

Substitutions au bureau de passage ou au pacage : confiscation avec amende de 100 francs; ou si la substitution est reconnue au bureau de décharge de l'acquit-à-caution, le double droit de sortie, ou enfin l'amende de 500 fr. en cas de prohibition. (*Idem.*)

PACAGE DES BESTIAUX ET BÊTES DE SOMME ENVOYÉS DE FRANCE A L'ÉTRANGER.

1276. Les Français qui possèdent des prairies dans le territoire limitrophe à l'étranger, obtiennent la faculté d'y faire paître leurs troupeaux. (*Ordonnance du 8 juillet* 1834, *art.* 18; *circulaire du 15 juillet* 1825, *art.* 7.)

1277. Ils déclarent au bureau le plus près du point par où la sortie doit s'effectuer le *nombre* et l'*espèce* de bestiaux qu'ils se proposent d'envoyer au pacage ; ils en donnent le *signalement*, indiquent la *route* à parcourir, le lieu du pacage, la valeur des bestiaux, et le poids des toisons pour les bêtes à laine. (*Même circulaire, art.* 30.)

1278. La déclaration peut être faite pour la jouissance *journalière* du pacage, si les troupeaux vont à une distance qui leur permette de rentrer chaque jour dans l'intérieur. (*Même circulaire.*)

1279. Un acquit-à-caution (formule n° 19) est délivré par le receveur pour assurer la rentrée du troupeau en mêmes nombre et espèce que ceux déclarés. Il exprime l'époque à laquelle les bêtes de somme ou bestiaux devront être ramenés en France. (*Idem, art.* 31.)

1280. Le pacage à l'étranger n'est autorisé qu'à la condition de réimporter les troupeaux en mêmes nombre et espèce, sans addition des jeunes bêtes mises bas pendant le pacage, lesquelles acquittent les droits dus pour l'importation si elles sont introduites en France. (*Ordonnance du 8 juillet* 1834, *art.* 18 ; *circulaire du 12 septembre suivant.*)

1281. Afin de prévenir les fraudes, un chef et un préposé de brigades accompagnent les troupeaux jusqu'à la limite du territoire français ; ces employés constatent la sortie au dos des acquits-à-caution. (*Circulaire du 15 juillet* 1825.).

1282. La rentrée des bestiaux, à leur retour sur le territoire français, doit être préalablement déclarée. Un chef et un préposé les escortent jusqu'au bureau, où leur reconnaissance est faite avec un. Le directeur seul peut autoriser la rentrée par un bureau autre que celui qu'indique l'acquit-à-caution. (*Idem art.* 34 *et* 35.)

Pénalité.

1283. Les contraventions constatées au retour du pacage sont punies, savoir :

Pour *excédant* de bestiaux : la peine qui serait encourue pour importation frauduleuse. (*Loi du 22 août* 1791, *titre III, art.* 1er *et* 2.)

Pour *déficit* : double droit de sortie, ou amende de la valeur et de 500 francs, si l'objet est prohibé. (*Idem, art.* 12 *et* 13.)

Nota. La substitution entraîne les condamnations encourues à la fois pour l'*excédant* et pour le *déficit.* (*Circulaire du* 15 *juillet* 1825, *art.* 31.)

PACAGE DES BESTIAUX ET BÊTES DE SOMME AMENÉS DE L'ÉTRANGER EN FRANCE.

1284. Les étrangers avoisinant la frontière ont la faculté de faire paître leurs troupeaux sur le territoire français. (*Ordonnance du 8 juillet* 1834.)

1285. Celui qui amène des troupeaux étrangers au pacage en France est tenu d'en faire la déclaration au bureau le plus voisin du lieu d'entrée ou du pacage ; il indique le jour et l'heure de l'entrée, la route à tenir, le délai pour le parcours, la valeur des bestiaux par espèce, et le poids des toisons des bêtes à laine. (*Circulaire du* 15 *juillet* 1825, *art.* 24.)

1286. Un acquit-à-caution (formule n° 19) est délivré pour assurer le retour à l'étranger. Cette expédition est valable pour six mois. Des exceptions sont toutefois apportées à cette règle, lorsque les troupeaux peuvent rentrer chaque jour à la ferme (voir n° 1278.) (*Circulaire du 15 juillet 1825*, *art.* 26.)

1287. L'entrée des troupeaux en France est constatée par les préposés à la vue de l'acquit-à-caution. Le receveur, ou un chef de brigade, assisté d'un préposé, vérifie le nombre et l'espèce des bestiaux soit au bureau, soit au pacage. (*Même circulaire, art.* 25.)

1288. Les pertes éprouvées durant le pacage sont aux risques des soumissionnaires. (*Ordonnance du 8 juillet 1834, art. 18*; *circulaire du 12 septembre suivant.*)

1289. Les recensements des troupeaux ont lieu le jour, soit au pâturage, soit à la rentrée, ou à la sortie de l'étable. S'ils ont lieu à l'étable même, un officier public doit y être appelé. (*Même circulaire, art.* 44 et 45.)

290 La réexportation doit être préalablement déclarée. Elle est ensuite constatée sur l'acquit-à-caution par le receveur ou par le chef de brigade, assisté d'un préposé au moins. Ces employés signent le certificat de décharge. (*Circulaire du 15 juillet 1825, art.* 29.)

Pénalité.

1291. L'*excédant* à l'entrée, ou le *déficit* à la sortie, constitue une importation frauduleuse, et il est procédé contre le soumissionnaire, pour l'application de la peine encourue en pareil cas (voir n° 342), (*Même circulaire, art.* 50.)

Chevaux et bêtes de somme servant aux voyageurs.

1292. Les chevaux et bêtes de somme *servant d'attelage ou de monture*, qui empruntent momentanément le territoire étranger ou français, sont affranchis des droits lorsque leur retour en France, ou leur renvoi à l'étranger, ont été légalement garantis : cette exemption n'existe pas pour les chevaux *en laisse* ou *destinés à la vente*. (*Loi du 9 floréal an 7, titre II, art.* 6.)

1293. Le renvoi à l'étranger, ou la réimportation, est garanti par une soumission cautionnée (formule n° 18) ou par la consignation, entre les mains du receveur, d'une somme égale au montant des droits fixés par le tarif. (*Circulaire du 7 mars 1826.*)

1294. Cette espèce de transit est aux risques des soumissionnaires; les droits sont dus, quand même il y aurait perte des animaux pendant le voyage. (*Circulaire du 8 août 1826.*)

1295. Les sommes reçues à défaut de caution sont portées immédiatement en recette, aux opérations de trésorerie. Le receveur remet aux parties, outre l'expédition qui accompagne les animaux, une reconnaissance (formule n° 23 B) de la somme consignée. (*Circulaire du 7 mars 1825.*)

1296. Un acquit-à-caution est délivré pour assurer le retour en France, ou le renvoi à l'étranger, des chevaux et bêtes de somme. Le délai est d'une année pour les voyageurs; il est calculé, pour les rouliers, sur la distance à parcourir. S'il s'agit de chevaux entiers sortant de France, la réimportation doit avoir lieu dans les *deux mois* de la sortie. (*Loi du 9 floréal an 7, titre II, art.* 7, *et circulaire du 7 mars 1826.*)

1297. Lorsque des voyageurs ou voituriers passent fréquemment sur la même partie de la frontière, et qu'ils ont effectué la consignation, on peut se borner à leur délivrer des passavants. Dans ce cas, un registre spécial est ouvert au bureau pour suivre ces mouvements. (*Circulaire du 7 mars 1826.*)

1298. L'expédition de douane donne le signalement exact des animaux (*taille*, *âge*, *pelage*, etc.); elle désigne les *signes* propres à les faire reconnaître. S'ils sont attelés, elle indique l'*espèce*, la *forme* et la *valeur* des voitures, de manière à en faciliter la reconnaissance; enfin, elle fait connaître la route à parcourir, les points où l'expédition doit être visée, etc. (*Circulaire du 28 mars 1827.*)

1299. Les services publics de la poste aux chevaux et des messageries peuvent ne pas être soumis à ces règles particulières. Il est pris à leur égard, selon les localités, les mesures d'exception que l'intérêt de l'administration peut réclamer (voir n° 1349). (*Circulaire du 7 mars 1826.*)

1300. La rentrée ou la sortie des chevaux et bêtes de somme n'a lieu que par les points où il existe un bureau. Les employés de ce bureau s'assurent, au moyen des indications données, que les animaux sont bien ceux décrits en l'expédition, et que le délai n'est pas excédé. Le receveur revêt, dans ce cas, l'acquit à-caution d'un certificat de passage, et il restitue la somme consignée dont il fait dépense. (*Circulaires des 7 mars 1826, 23 mars 1827, et 8 avril 1829.*)

1301. Une expédition ne vaut que pour un seul voyage, à moins que les entrées et les sorties successives ne s'effectuent par le bureau qui a délivré l'acquit ou le passavant. Dans ce cas, les sorties et les entrées provisoires sont enregistrées par le receveur, et les préposés apposent un certificat de passage sur les expéditions. (*Circulaire du 3 juillet 1829.*)

1302. Les acquits-à-caution délivrés dans une direction, et qui sont déchargés dans une autre, sont envoyés à l'administration. Celle-ci se charge de les transmettre aux bureaux de départ, pour que les receveurs puissent annuler les soumissions. (*Circulaire du 8 avril 1829.*)

Consignations acquises au trésor.

1303. Lorsque, six mois après le délai accordé pour la représentation des chevaux et bêtes de somme, ces animaux ne sont pas représentés, ou que les acquits-à-caution ne sont pas rentrés régularisés, la somme consignée appartient au trésor public et doit être portée en recette aux *droits et produits*. (*Circulaire du 20 avril 1831.*)

1304. Il est ouvert dans chaque recette principale un registre des sommes consignées, présentant le délai fixé par les expéditions, la date de l'expiration du terme de six mois accordé pour réclamer la consignation, et l'époque à laquelle la restitution ou l'application aux droits, a été faite. (*Même circulaire.*)

CHAPITRE V. — DRILLES ET CHIFFONS.

Il y a défense, dans l'intérêt de nos papeteries, d'exporter les drilles et chiffons; cette défense est prononcée par les lois des 3 avril 1793 et 12 pluviôse an 3.

Les mesures de police établies dans le but d'empêcher la réunion de ces matières sur les frontières comprennent:

1° L'établissement des papeteries;

2° Le dépôt de drilles dans le rayon des douanes;

3° Leur circulation sur la frontière;

4° Leur expédition par cabotage.

ÉTABLISSEMENT DES PAPETERIES.

1305. A l'exception des villes, c'est-à-dire des lieux fermés, ayant au moins deux mille âmes, aucune papeterie ne peut être établie dans les quatre lieues frontières, sans une permission du gouvernement. (*Loi du 22 août 1791, titre XIII, art 4.*)

ENTREPOTS ET DÉPOTS DE CHIFFONS.

306. Il est défendu de former dans l'étendue des trois lieues frontières, soit de terre, soit de mer, aucun entrepôt de drilles et chiffons, à moins qu'il ne soit justifié de leur destination pour l'intérieur du royaume, par un acquit-à-caution. (*Loi du 3 avril 1793, art. 2.*)

1307. Sont considérés comme drilles et chiffons,
Les vieux papiers, les rognures, les vieux linges, les vieux filets, les vieux cordages, la charpie effilée, les chiffons de soie. (*Circulaire du 30 floréal an 10, et tarif général.*)

1308. Ceux qui font métier de ramasser des drilles sont autorisés à en réunir jusqu'à vingt-cinq kilogrammes; une déclaration est nécessaire et doit être faite au bureau des douanes, quand il en a été amassé une plus forte quantité par les marchands. (*Lettre administrative du 31 décembre 1819.*)

1309. Les amas de drilles sont réputés *entrepôt*, encore bien qu'au lieu d'être emballées, les drilles soient en vrac. (*Arrêt de cassation du 20 thermidor an 12.*)

1310. Les drilles et chiffons entreposés sans autorisation dans les trois lieues frontières, sont confisqués avec amende de 500 francs contre les contrevenants. (*Lois des 22 août 1791, art. 1er, titre V, et 15 août 1793, art. 3.*)

CIRCULATION A LA FRONTIÈRE.

1311. La circulation des chiffons en *toile*, en *coton*, en *laine* ou autres, est interdite dans les trois lieues frontières, à moins que les matières ne soient destinées pour l'intérieur. (*Lois des 3 avril 1793, art. 2, et 1er pluviôse an 13, art. 28; circulaire du 26 vendémiaire an 6.*)

1312. La contravention aux dispositions ci-dessus entraîne la confiscation tant des marchandises que des moyens de transport, et l'amende de 500 francs contre les contrevenants. (*Mêmes lois.*)

CABOTAGE.

1313. L'expédition des drilles, d'un port de France pour un autre port, ne peut avoir lieu qu'en vertu d'une décision du ministre de l'intérieur, transmise par le directeur de l'administration au receveur du bureau de départ. (*Décision ministérielle du 18 février 1812; circulaire du 24, et circulaire manuscrite du 9 mai 1824.*)

1314. Un acquit-à-caution (formule n° 51) est délivré par le receveur, pour assurer la destination des chiffons. Il porte soumission, en cas de non représentation des objets, de payer, à titre d'amende, le quadruple de leur valeur. (*Mêmes décision et circulaire.*)

CHAPITRE VI. – RECHERCHE DES MARCHANDISES PROHIBÉES, DANS L'INTÉRIEUR DU ROYAUME.

La loi du 28 avril 1816, l'ordonnance du 8 août suivant, la loi du 21 avril 1818, et les ordonnances des 23 septembre 1818, 26 mai et 1ᵉʳ décembre 1829, ont réglé ce qui a rapport à la recherche, dans l'intérieur du royaume, des cotons et tissus d'espèces prohibées qui y ont pénétré en fraude.

Cette législation spéciale est analysée ainsi :

1° Marque de fabrique à apposer sur les cotons filés et les tissus, afin d'établir leur origine nationale ;

2° Recherche de ces marchandises dans l'intérieur, et saisie de celles trouvées dépourvues de marque d'origine.

MARQUES DE FABRIQUE.

1315. La marque de fabrique ou d'origine doit être apposée sur les cotons filés, sur les tricots, et sur tous les tissus de fabriques françaises de l'espèce de ceux qui sont prohibés à l'importation en France. (*Lois des 28 avril 1816, art. 59, et 21 avril 1818, art. 46.*)

1316. Le fabricant est tenu de déposer à la sous-préfecture de son arrondissement deux empreintes de la marque qu'il a adoptée. Cette marque est vérifiée par les prud'hommes ou par le maire, et par les fabricants notables du lieu. Une des deux empreintes est transmise au ministère du commerce. (*Ordonnance du 8 août 1816.*)

1317. Les marques et signes d'origine s'établissent comme ci-après :

1° Toute espèce d'étoffe a sa marque et son numéro de fabrication apposés aux deux extrémités de la pièce. (*Même ordonnance, art. 5 et 6.*)

2° A l'égard des cotons filés, il est suppléé à la marque par un mode particulier de dévidage, de numérotage et d'enveloppe, pour établir que ces cotons proviennent réellement d'une fabrique française. (*Lois du 21 avril 1818, art. 46; ordonnance du 26 mai 1819; circulaires des 31 mai 1820, 20 janvier et 22 février 1825.*)

3° La marque de fabrication pour la bonneterie de coton ou de laine est établie, autant que possible, en lettres, signes ou chiffres dans le tricot même, de manière à ce qu'à l'aide du modèle déposé, la reconnaissance puisse être facilement faite. (*Ordonnance du 8 août 1816, art. 7.*)

4° Les châles formés de ces deux matières, ou de soie, ou mouchoirs de col en laine, en coton, ou mélangés, peuvent, au lieu de marque, recevoir un plomb, ou cachet, apposé à chaque pièce et scellant une étiquette; le dépôt de ce plomb est effectué à la sous-préfecture de l'arrondissement. (*Ordonnance du 23 septembre 1818.*)

5° Les tulles sont marqués ainsi : chaque pièce écrue reçoit une inscription indiquant le nom du fabricant, celui de la commune de sa résidence; le numéro d'ordre du registre de fabrication et le numéro du métier. Elle doit avoir 30 centimètres de longueur sur 25 millimètres de largeur. Une seconde estampille est apposée sur les pièces de tulle destinées à être divisées en bandes. (*Ordonnance du 27 septembre 1835, circulaire du 2 novembre suivant.*)

RECHERCHE DES MARCHANDISES.

1318. Les cotons filés, les tissus et tricots de coton et laine, et tous autres tissus de fabrique étrangère prohibés, peuvent être recherchés dans l'intérieur du royaume. Ils sont saisis s'ils sont dépourvus de la marque indiquant leur origine. (*Loi du* 28 *avril* 1816, *art.* 59.)

1319. Les préposés des douanes, assistés d'un officier public, si les dépôts existent dans le rayon des douanes, et les juges de paix, maires, officiers municipaux et commissaires de police, pour les dépôts existant dans l'intérieur, se transportent, de jour, dans les magasins où ils supposent que les marchandises se trouvent, et là ils procèdent à l'examen de ces marchandises. (*Même loi*, *art.* 60 *et* 62.)

1320. Les cotons ou tissus, dépourvus de marques d'origine française, sont saisis pour ce seul fait ; si le jury d'examen auquel ils sont soumis les déclare d'origine française, le propriétaire ne peut les recouvrer qu'en payant une amende de 6 p. 0/0 de la valeur fixée par le jury. (*Même loi.*)

1321. Les préposés des douanes constatent par des procès-verbaux les saisies qu'ils sont dans le cas d'opérer à la suite de leurs recherches. (*Circulaire du* 10 *avril* 1819, *loi précitée.*)

1322. Lorsque la saisie est opérée en cours de transport sur une voiture publique, les entrepreneurs, comme civilement responsables des faits de leurs agents, sont tenus de payer l'amende. (*Arrêt de cassation du* 19 *novembre* 1835 ; *circulaire du* 22 *décembre suivant.*)

Les objets saisis sont dirigés sur la douane de Paris, sous double emballage, avec acquit-à-caution. Cette expédition désigne la *date* de la saisie, le *nom* du prévenu, et la *valeur en France* des objets arrêtés.

Des échantillons sont prélevés pour être soumis au jury spécial d'examen. (*Circulaires des* 5 *décembre* 1821, *et* 20 *mai* 1823 ; *loi du* 28 *avril* 1816, *art.* 63.)

1323. Si les tissus sont reconnus d'origine étrangère, ils sont confisqués, et leurs détenteurs encourent, en outre, une amende égale à la valeur des objets saisis ; le *minimum* de l'amende est de 500 francs. (*Loi du* 28 *avril* 1816, *art.* 43.)]

1324. Si l'objet a été saisi quoiqu'il portât la marque de la fabrication française, les propriétaires ont droit à une indemnité de 6 p. 0/0 de la valeur, plus 1 p. 0/0 par mois, pour le temps qu'a duré le séquestre de la marchandise. (*Loi du* 21 *avril* 1818, *art.* 45.)

CHAPITRE VII. — COURRIERS ET CONDUCTEURS DE VOITURES PUBLIQUES.

COURRIERS DES POSTES FRANÇAISES.

1325. Les courriers des malles sont tenus de subir la visite des préposés des douanes à chaque bureau de la frontière devant lequel ils passent. Il leur est défendu de se charger de marchandises, à peine de confiscation, de 300 francs d'amende, et, en outre, d'être exclus de tout emploi dans les postes. (*Loi du* 4 *germinal an* 2, *titre III* ; *arrêté du* 26 *vendémiaire an* 3, *art.* 1 *et* 2.)

Nota. Les objets pris avec l'autorisation de l'administration des postes, et pour lesquels on représente un passavant, peuvent être admis librement.

1326. Ne sont pas considérés comme *marchandises* les paquets lorsqu'ils sont revêtus du cachet de l'administration, et qu'ils sont accompagnés d'un *part* énonçant le nom du courrier à qui ils sont confiés. (*Réglement du 15 mars* 1810.)

1327. Il est déposé une clef du magasin de la voiture de chaque courrier dans les bureaux de douanes, afin que les employés puissent vérifier si, parmi les paquets, il n'y a pas des objets étrangers au service des postes. Cette vérification doit avoir lieu *au bureau* des douanes et non ailleurs. (*Idem.*)

1328. Les paquets non revêtus du cachet de l'administration et non inscrits sur le *part* sont visités *à la douane.* La vérification de ce qui est scellé et inscrit ne peut se faire qu'au bureau des postes françaises le plus voisin. (*Décision ministérielle du 12 prairial an* 5 *, règlement du* 15 *mars* 1810.)

1329. Lorsqu'il arrive que des paquets cachetés doivent être vérifiés au bureau des postes voisin, le courrier donne place dans sa voiture à l'agent chargé de procéder à cette visite, sinon il doit régler sa marche de manière à ce que cet employé puisse le suivre. (*Même règlement.*)

COURRIERS DES POSTES ÉTRANGÈRES.

1330. Les courriers des offices étrangers subissent à leur entrée en France la visite des douanes. Ils transportent, s'ils le désirent, des objets de commerce; ils sont tenus, dans ce cas, de les déclarer et d'en payer les droits après vérification. (*Loi du 4 germinal an* 2 *, titre III, art.* 7 *; arrêté du* 26 *vendémiaire an* 3 *, art.* 3 *et* 4.)

1331. Les offices étrangers déposent à chaque bureau de douane, ou remettent à leurs courriers, une clef du magasin de la voiture, de la malle ou valise, afin que les employés puissent visiter ce qui est étranger au service des postes. (*Réglement du* 15 *mars* 1810.)

COURRIERS DE CABINET.

1332. Les courriers de cabinet qui arrivent en France, se rendant à Paris avec un passe-port régulier, sont traités comme agents diplomatiques. Les paquets cachetés du sceau d'un cabinet étranger, ou d'un ministre du roi des Français à l'étranger, qu'ils apportent à des ambassadeurs ou à des ministres, sont admis sans visite. (*Circulaire du 12 octobre* 1818.)

1333. Les paquets non cachetés et non adressés comme il est expliqué à l'article précédent destinés pour Paris, peuvent être envoyés sous acquit-à-caution, par la voie la plus prompte au directeur de l'administration, qui en ordonne, s'il y a lieu, la vérification. (*Idem.*)

1334. Les dépêches revêtues du sceau d'une légation, qui vont de l'étranger à l'étranger en passant par la France, ne sont pas visités si le courrier de cabinet justifie de sa mission par un passe-port ou par tout autre titre régulier.

Messagers et conducteurs de voitures publiques.

1335. Les conducteurs des messageries et voitures publiques sont soumis aux lois de douanes. La feuille de chargement qu'ils représentent, à leur entrée en France ou à leur sortie, sert pour eux de déclaration. Les marchandises qui n'y sont pas comprises sont confisquées, ainsi que la voiture et les chevaux, avec amende de 300 francs contre le conducteur. Les régisseurs sont solidaires de cette amende. (*Loi du 22 août 1791*, *titre II*, *art.* 29 ; *loi du 4 germinal an 2*, *titre III*, *art.* 8 ; *arrêt de cassation du 24 juin 1835.*)

1336. Si la marchandise non déclarée est portée sur la feuille, l'amende de 300 francs n'est pas due. Il n'y a lieu alors qu'à la confiscation de cette marchandise et des moyens de transport. (*Idem.*)

1337. Lorsque le transport a lieu dans le rayon des douanes, il n'y a dispense de l'amende encourue, qu'autant que les objets portés sur la feuille sont accompagnés d'un passavant de circulation. (*Décision administrative du 18 juillet 1830.*)

1338. En cas de saisie pour fausse déclaration de marchandises portées sur la feuille de chargement, la douane est tenue de rembourser les frais de port s'ils sont réclamés. (*Circulaire du 30 juillet 1815.*)

CHAPITRE VIII. — EFFETS ET VOITURES DES VOYAGEURS.

La loi du 1ᵉʳ août 1792 et l'ordonnance du 8 juin 1834 règlent ce qui a trait aux effets des voyageurs. La loi du 27 juillet 1822 et un arrêté ministériel du 25 septembre 1834 statuent à l'égard de leurs voitures.

EFFETS PORTÉS ET VÊTEMENTS NEUFS.

1339. Les effets à l'usage des voyageurs, comme linge de corps, habits et objets de toilette qui ont été portés, sont exempts du droit d'entrée quand ils n'excèdent pas le nombre de six. (*Loi du 1ᵉʳ août 1792, art. 1ᵉʳ.*)

1340. Cette exception comprend les habits de théâtre et les instruments dont se servent les artistes ambulants, pourvu qu'il n'existe aucun doute sur la profession des voyageurs qui présentent ces objets en douane. (*Décision administrative du 5 germinal an 13.*)

1341. Les meubles neufs, les étoffes, les vins et les liqueurs, ne sont pas compris dans l'exemption que prononce la loi du 1ᵉʳ août 1792. (*Tarif officiel.*)

1342. Les vêtements neufs confectionnés, et les autres effets à l'usage des voyageurs, sont admis en payant 30 p. 0/0 de la valeur lorsqu'ils sont déclarés avant la visite, et que la douane reconnaît que ce sont des objets hors de commerce, destinés à l'usage personnel des déclarants. Le reste de leurs bagages est admis au même droit. (*Ordonnance du 2 juin 1834.*)

1343. Le receveur ou le sous-inspecteur (ou, dans les grands ports, l'inspecteur sédentaire) est appelé à examiner si par leur nombre, leur nature et leur valeur, les objets présentés n'ont aucune destination commerciale. Dans ce cas, l'admission est suspendue, il en est référé au directeur de l'administration. (*Circulaire du 5 juin 1834.*)

1344. Les voyageurs doivent être avertis qu'ils ont à retirer de leurs malles les objets prohibés par le tarif, sans exception des tissus coupés, ourlés, faufilés, etc.; s'ils n'en opèrent le triage pour les renvoyer immédiatement à l'étranger, ils sont obligés d'en faire la déclaration à la douane avant l'ouverture des malles, qui est faite devant les employés, sinon l'intention de fraude est réputée constante et les articles sont saisis. (*Circulaire du 11 septembre 1817, arrêt de cassation du 20 prairial an 11.*)

VOITURES.

Consignations.

1345. Les voitures sont admises à leur entrée en France, malgré la prohibition qui les atteint, à charge par les voyageurs d'en garantir le renvoi à l'étranger dans le délai de trois ans, en consignant le tiers de la valeur réelle. (*Loi du 27 juillet* 1822, *art.* 18.)

Nota. Un tableau joint à la circulaire du 17 janvier 1823 indique la valeur moyenne des diverses espèces de voitures communément présentées à l'importation.

1346. Ne sont pas soumis à cette règle, les voyageurs français ramenant les voitures qui leur ont servi, lorsqu'à leur départ ils ont pris un passavant descriptif (voir n° 1356) qui permet à la douane de reconnaître les voitures réimportées comme étant celles sorties de France. (*Loi du 27 juillet* 1822, *et circulaire du 23 mars* 1827.)

1347. Lorsqu'un étranger se trouve dans l'impossibilité de réaliser le tiers de la valeur de sa voiture, il est admis à fournir une obligation cautionnée, de compter dans un délai de deux mois la somme qu'il aurait dû consigner. (*Circulaire du 17 janvier* 1823.)

1348. Il y a exception à la condition de consigner le tiers de la valeur :

1° Pour les ambassadeurs, agents diplomatiques et courriers de cabinet, qui justifient de leur qualité (*arrêté ministériel du 25 septembre* 1824, *art.* 1er; *circulaire du 25 décembre* 1822);

2° Pour les voyageurs conduits par des chevaux de poste, si les voitures sont chargées de bagages, et s'il est évident qu'elles servent depuis long-temps (*idem, art.* 2);

3° Pour les habitants des pays contigus à la France, venant momentanément dans le royaume, s'il est reconnu que les voitures sont hors de commerce (*idem, art.* 3);

4° Pour les voitures publiques traversant habituellement la frontière. (*Idem, art.* 4; *circulaire du 9 octobre* 1824.)

1349. Dans chaque bureau de la frontière, il est ouvert un registre spécial où sont indiquées les diligences et voitures appartenant à des services publics qui ont été admises sans consignation. Les receveurs vérifient, à l'aide de ce document, si les voitures importées sont ressorties de France dans le délai fixé. (*Même arrêté, art.* 4; *circulaire des 17 janvier* 1823 *et 9 octobre* 1824.)

Remboursement des sommes consignées.

1350. Les sommes consignées doivent être immédiatement portées en recette, savoir : un quart au compte du trésor, et les trois autres quarts aux opérations de trésorerie. (*Circulaire du 17 janvier* 1823.)

1351. Les trois quarts de la somme consignée sont remboursés, lorsque la condition du renvoi à l'étranger est remplie et que la réexportation a eu lieu dans les trois ans de la date de l'importation. (*Loi du 27 juillet* 1822, *art.* 18; *circulaire du 26 juin* 1832.)

1352. Il y a prescription, et la totalité de la somme consignée appartient au trésor, si le remboursement des trois quarts de la consignation n'est pas réclamé dans les deux années qui suivent la réexportation. (*Loi du 22 août* 1791, *titre XIII, art.* 25.)

1353. Les sommes consignées ne sont restituées qu'autant qu'il a été reconnu par les employés et constaté par eux, tant sur les reconnaissances de consignations qu'au portatif, que les voitures représentées sont identiques avec celles introduites et décrites dans les expéditions, et que leur passage à l'étranger a été réellement effectué. (*Circulaires des 12 décembre 1817, 28 juillet 1822, 17 janvier 1826, et 25 juin 1832.*)

1354. Les receveurs des bureaux frontières sont autorisés à remettre, au moment de la sortie des voitures, lorsque les justifications d'identité et de réexportation ont été obtenues, les trois quarts de la somme déposée. Ce paiement est fait au consignataire lui-même, ou à son fondé de pouvoirs, ou à un possesseur du titre par endossement. (*Circulaire du 26 juin 1832.*)

1355. Les sommes consignées, qui n'ont pas été réclamées six mois après le délai fixé par l'acte de consignation, sont portées en recette. Le remboursement de ces sommes, s'il est demandé dans le délai de 2 ans, est effectué, mais seulement sur un ordre spécial de l'administration. (*Circulaire du 28 mai 1832.*)

Réimportations.

1356. On peut réimporter en franchise, dans le délai d'une année seulement, toutes espèces de voitures, si, à la sortie de France, on a levé un passavant descriptif qui puisse en faire reconnaître l'identité au retour. (*Arrêté du 25 septembre 1824.*)

1357. Les passavants doivent rappeler la forme, et la dimension des voitures; les accessoires des siéges, la doublure de l'intérieur, la couleur de la caisse et du train; les signes et les armoiries; en un mot ils donnent toutes les indications propres à faire reconnaître la voiture à sa rentrée en France. (*Circulaire du 25 décembre 1822.*)

CHAPITRE IX.— PÊCHES DE LA MORUE, DE LA BALEINE, ETC.

PÊCHE DE LA MORUE.

1358. Des primes d'encouragement sont accordées à la pêche de la morue d'après les règles suivantes :

Primes pour l'armement :

50 fr. par homme embarqué sur navires français pour la pêche et sècherie, soit à la côte de Terre-Neuve, soit aux îles Saint-Pierre et Miquelon.

30 fr. *Idem.* pour la pêche, soit du grand banc de Terre-Neuve, soit des mers d'Islande.

15 fr. *Idem.* pour la même pêche au Dogger-Bank. (*Loi du 22 avril 1832, art. 2.*)

Primes pour les produits :

24 fr. par quintal métrique de morue sèche de pêche française, exportée de France et introduite dans les colonies françaises.

30 fr. *Idem.* pour celle transportée directement de Terre-Neuve, de Saint-Pierre et Miquelon dans les mêmes colonies.

12 fr. *Idem.* pour celle exportée de France et introduite en Espagne, en Portugal, dans les états étrangers sur les côtes de la Méditerranée, et dans les possessions françaises en Afrique.

10 fr. *Idem* lorsque les morues sont transportées directement sur ces points des lieux de pêche.

10 fr. par quintal métrique pour les exportations en Espagne par terre.

10 fr.   *Idem.*   par quintal décimal de rogues rapportées en France. (*Loi précitée,*
art. 3 à 10.)

Départ pour la pêche.

▶ 1359. La déclaration d'armement du bâtiment est faite au commissaire de la marine
par l'armateur. Elle indique le nom du capitaine, celui du navire et la destination de
l'expédition. (*Ordonnance du 26 avril 1833, art. 1ᵉʳ.*)

1360. Il est embarqué sur les navires destinés pour la pêche de la morue, telle quantité de sel que les armateurs jugent convenable aux besoins de leur expédition. (*Ordonnance du 30 octobre 1816, art.* 10.)

1361. La quantité de sel embarquée à bord du bâtiment est constatée par un passavant. Cette pièce, destinée à être produite au retour pour justifier que la morue importée a été préparée avec du sel français, doit indiquer si les sels ont été extraits directement des marais salants ou s'ils sortent d'un entrepôt. (*Circulaire du 20 décembre
1823, et 28 décembre 1831.*)

Retour des navires.

1362. Au retour du navire pêcheur, le capitaine fait connaître par sa déclaration à la
douane (modèle n° 3 joint à l'ordonnance) le port et la date du départ; le lieu et la
durée de la pêche; les quantités de morue et de rogues qu'il a expédiées directement,
soit aux colonies, soit à l'étranger, et les quantités rapportées en France. (*Ordonnance
du 26 avril 1833, art.* 4.)

1363. Il déclare aussi s'il rapporte ou non des sels en nature. Ces sels *neufs* sont,
après vérification et déclaration en détail, mis en entrepôt. (*Ordonnance du 30 octobre
1816, circulaires des 1ᵉʳ avril 1816 et 20 décembre 1823.*)

1364. La douane doit exiger que le journal de bord soit produit à l'appui de la déclaration qui lui est faite; en cas de besoin, elle en contrôle l'exactitude par l'interrogatoire
de l'équipage (voir n° 1761). Un duplicata de cette déclaration est remis à l'administration. (*Ordonnances des 30 octobre 1816, 27 septembre 1826 et 26 avril 1833.*)

1365. Si le bâtiment n'effectue pas son retour dans l'année de l'expédition, la douane
ne reçoit la déclaration du capitaine qu'après s'être fait justifier des causes du retard.
(*Idem, et circulaire du 21 juin 1833.*)

1366. La déclaration, quant aux rogues, doit être accompagnée d'un certificat délivré
par les courtiers de commerce, établissant la bonne qualité de ces rogues. Les employés
en constatent ensuite le poids *brut* et le poids *net.* (*Même ordonnance, art.* 13.)

1367. L'introduction et la salaison frauduleuse du poisson de pêche étrangère sont
constatées, soit par les syndics de pêche, soit par les préposés des douanes, par procès-
verbaux qui sont remis au procureur du roi chargé des poursuites. (*Ordonnances des
14 août 1816, 27 septembre 1826, et circulaire du 18 octobre 1826.*)

EXPÉDITION ULTÉRIEURE DES MORUES PAR MER.

1368. Tout armateur qui expédie d'un port de France un chargement de morue pour une destination pour laquelle il y a allocation de prime, est tenu de déclarer à la douane du lieu d'expédition,

1° Le nom du navire, du capitaine et de l'expéditeur ;

2° La destination ;

3° La quantité de morue à embarquer ;

4° La saison de pêche dont elle provient et le lieu où elle a été séchée.

Cette déclaration (modèle n° 7) doit être accompagnée d'un certificat délivré concurremment par deux courtiers et par deux employés des douanes, attestant que la morue est de bonne qualité et qu'elle est bien conditionnée (modèle n° 8). (*Ordonnance du 26 avril 1833 ; circulaire du 21 juin.*)

EXPÉDITIONS PAR TERRE EN ESPAGNE.

1369. Lorsqu'il doit être effectué des expéditions de morues par terre pour l'Espagne, l'expéditeur déclare à la douane du lieu de sa résidence la quantité qu'il se propose d'exporter, la saison de pêche dont elle provient, le lieu où elle a été séchée, et le bureau de douane par lequel elle doit sortir. Cette déclaration (modèle n° 13) est accompagnée d'un certificat attestant sa bonne qualité.

La douane, après avoir reconnu l'exactitude de la déclaration et avoir constaté les poids brut et net de la morue, délivre deux expéditions qui sont représentées par le voiturier à la douane du bureau de sortie, et sur lesquelles les employés certifient l'identité du chargement et la conformité des poids. (*Ordonnance du 26 avril 1833, art. 12.*)

1370. Il est tenu registre, dans chaque bureau de douanes, des certificats délivrés, ainsi que des déclarations reçues, afin de pouvoir, au besoin, remettre des duplicata de ces pièces. (*Même ordonnance, art. 11 ; circulaire du 21 juin 1833.*)

PÊCHE DE LA BALEINE.

1471. Des primes d'encouragement sont accordées à la pêche de la baleine dans les proportions suivantes :

70 fr. par tonneau de jaugeage, si les armements sont composés de Français sans exception ;

48 fr. par tonneau, si l'équipage est en partie étranger et en partie français (1).

Plus :

50 fr. de prime supplémentaire en raison des lieux de pêche lorsque les armements sont composés de Français ;

24 fr. *Id.* lorsque l'équipage est mixte (2),

Cette prime supplémentaire est réduite à moitie, pour les bâtiments qui ont pêché à l'est du cap de Bonne-Espérance, dans les degrés de longitude et de latitude fixés par la loi. (*Loi du 22 avril 1832, art. de 1 à 5.*)

Départ pour la pêche.

1372. Tout armateur qui veut expédier un navire à la pêche de la baleine est tenu,

(1) Sauf la diminution proportionnelle que la loi établit, qui doit réduire la première à 54 fr., la seconde à 40 fr.

(2) Sauf la diminution proportionnelle qui doit réduire la première à 38 fr. et la seconde à 20 fr.

pour avoir droit à la prime, d'en faire la déclaration préalable devant le commissaire de la marine du port d'armement.

Cette déclaration (modèle nº 1ᵉʳ joint à l'ordonnance) indique le nom et le tonnage du navire, les noms de l'armateur et du capitaine, le nombre des marins composant l'équipage avec la distinction des Français et des étrangers embarqués, la destination du bâtiment et le port de retour. (*Ordonnance du* 26 *avril* 1833, *art.* 1ᵉʳ.)

1373. Il est procédé, à la requête de l'armateur, au jaugeage du navire par un officier de la marine et par un vérificateur des douanes, simultanément ou séparément, et de la manière déterminée par la loi du 12 nivôse an 2, en prenant toutes les mesures de dedans en dedans (modèle nº 2). (*Même ordonnance, art.* 2 ; *circulaire du* 21 *juin* 1833.)

Retour de la pêche.

1374. Au retour de la pêche, le capitaine de navire baleinier se présente devant le commissaire de la marine du port de retour, pour y déclarer le nom et le tonnage du navire, le port d'armement, le nom de l'armateur, la date de son départ de France, les lieux où il a effectué sa pêche, la durée et les circonstances de sa navigation, la date de son retour, et la nature et le poids *net* des produits de sa pêche. (*Ordonnance du* 26 *avril* 1833, *art.* 5.)

1375. Le capitaine se pourvoit ensuite devant l'administration des douanes pour la reconnaissance et la vérification immédiates de l'espèce et du poids des produits de pêche formant sa cargaison. Les résultats de cette opération, inscrits d'abord au portatif du vérificateur, sont consignés dans un procès-verbal énonçant si le navire a satisfait à l'obligation de rapporter en produits de sa pêche la moitié au moins de son chargement (modèle nº 6). (*Même ordonnance, art.* 6.)

1376. Si le navire n'effectuait pas son retour en France dans les deux ans à dater de son départ, la douane ne pourrait donner son certificat qu'après avoir obtenu, de concert avec l'agent de la marine, la justification des causes du retard. (*Même ordonnance, art.* 7.)

1377. Il est tenu, dans chaque douane du lieu d'armement, un registre des déclarations et certificats qu'elle est appelée à recevoir ou à délivrer, afin de pouvoir fournir, au besoin, des duplicata de ces pièces. (*Id., art.* 8.)

1378. Les infractions aux lois sur la pêche étant rangées dans la classe des délits ordinaires, les frais de poursuites auxquels donnent lieu ces affaires sont avancés par la régie de l'enregistrement. (*Décision ministérielle du* 9 *décembre* 1834, *circulaire du* 6 *janvier* 1835.)

CHAPITRE X. — LIBRAIRIE ET MUSIQUE.

IMPORTATION.

1379. Les livres que l'on veut importer dans le royaume ne peuvent entrer que par l'un des bureaux ci-après :

Lille, Baisieux, Valenciennes, Forbach, Wissembourg, Strasbourg, Saint-Louis, Pontarlier, Les Rousses, Châtillon-de-Michaille, Pont-de-Beauvoisin, Chapareillan, Marseille, Béhobie, Bayonne, Caen, Rouen, le Havre, Boulogne, Calais. (*Loi du* 27 *mars* 1817, *art.* 1ᵉʳ, *et décisions ministérielles subséquentes.*)

L'importation ne s'effectue par d'autres bureaux qu'en vertu d'une permission spéciale de l'administration. (*Circulaire du* 10 *novembre* 1818.)

1380. La librairie importée en France est soumise aux droits d'entrée fixés par le tarif; la spécialité, qui existait quant à ces droits, est supprimée.(*Loi du* 27 *mars* 1817, *art.* 1ᵉʳ.)

1381. Les contrefaçons d'ouvrages français sont prohibées; il y a aussi interdiction d'entrée dans le royaume, pour les livres signalés comme étant contraires à l'ordre public, à la religion et aux mœurs. (*Même loi*, *et décrets des* 5 *février et* 14 *décembre* 1810; *circulaire du* 16 *mai* 1829.)

1382. La déclaration d'entrée est faite au receveur des douanes dans les formes ordinaires. Elle doit être représentée par un commerçant connu, solvable, et domicilié dans le lieu où se trouve le bureau d'importation. (*Circulaire du* 28 *mars* 1817.)

1383. Les livres tarifés à moins de 150 francs par 100 kil. ne peuvent être présentés qu'emballés séparément par espèces. (*Loi du* 27 *mars* 1817, *art.* 1ᵉʳ.)

1384. Les gravures et lithographies qui arrivent en France comme objets de commerce sont soumises aux mêmes règles de police que la librairie; elles sont admises par tous les bureaux. (*Ordonnance du* 8 *juillet* 1834, *circulaire du* 15.)

1385. Les livres que les voyageurs portent avec eux pour leur usage peuvent être admis sur déclaration, à charge par les possesseurs d'en remettre le catalogue, avec promesse écrite de ne pas s'en défaire. (*Circulaire du* 30 *mai* 1810.)

EXAMEN DES LIVRES PAR LA POLICE LOCALE.

1386. L'examen des livres, gravures et estampes a lieu à la préfecture ou sous-préfecture du lieu d'importation, ou de tout autre que désigne l'importateur. Si dans le lieu où les livres sont ultérieurement dirigés il y a un bureau de douanes, un acquit-à-caution est délivré pour assurer leur transport, et la vérification du poids des livres est faite par les employés de ce dernier bureau. Elle est effectuée, au contraire, au bureau d'importation, si, dans le chef-lieu de préfecture sur lequel on dirige les livres, il n'existe pas de bureau de douanes. (*Circulaire du* 28 *mars* 1817 *et tarif.*)

1387. Les soumissions et acquits-à-caution destinés à assurer le transport et la visite des objets de librairie au point de destination doivent spécifier *la valeur* des livres, et les peines qui seraient encourues si les conditions de l'acquit-à-caution n'étaient pas remplies. (*Même circulaire.*)

1388. Les colis contenant les livres, gravures ou estampes ainsi expédiés pour l'intérieur, sont soumis à un double plombage, le premier sur le ballot à nu, le second sur la dernière enveloppe. Le voiturier est tenu d'avancer les frais de plombage. (*Idem.*)

Vérification.

1389. Si dans le lieu d'importation il y a préfecture ou sous-préfecture, la vérification des livres pour l'acquittement des droits y est faite simultanément avec l'examen auquel procède la police. Dans les autres localités elle est effectuée par les employés concurremment avec les commissaires délégués par le préfet, et s'il n'existe pas de douane, par ces commissaires seuls, qui, alors, déchargent les acquits-à-caution. (*Circulaire du* 28 *mars* 1817.)

1390. Le non rapport de l'acquit-à-caution, dûment déchargé, suppose une importation frauduleuse; la peine alors encourue est celle de la confiscation avec amende de-

500 fr. ; en cas d'inexactitude dans les quantités ou espèces, on applique les dispositions générales concernant les importations en fraude (voir titre V, chapitre VI.) (*Loi du 22 août* 1791, *titre II, art* 5.)

1391. Les tentatives d'introduction de livres, soit à l'aide d'une fausse déclaration, soit par l'effet d'un transport frauduleux, sont constatées dans les formes accoutumées. Une copie du procès-verbal est remise, comme avis, au procureur du roi, qui juge son côté exercer des poursuites contre les importateurs. (*Décision ministérielle du* 15 *avril* 1829; *circulaire du* 16 *mai suivant.*)

1392. Les livres introduits à l'aide d'un faux frontispice sont confisqués, et les contrevenants sont punis conformément aux dispositions du Code pénal. (*Décret du* 14 *décembre* 1810.)

CHAPITRE XI.—OUVRAGES D'OR ET D'ARGENT.

Les règles spéciales, relatives à ces matières, s'appliquent : 1° aux importations ; 2° aux exportations ; 3° aux réimportations.

IMPORTATIONS.
Ouvrages ordinaires.

1393. Les ouvrages d'or et d'argent supportent à leur entrée, outre les droits de douanes, un droit de garantie. Ils sont, après constatation de leurs poids par les vérificateurs, expédiés sous acquit-à-caution et sous plombs, sur le bureau de garantie le plus voisin, pour y être marqués du poinçon français. (*Lois des* 19 *brumaire an* 6, *art.* 23 ; *et* 28 *avril* 1816.)

1394. Les bureaux où peuvent être envoyés les ouvrages d'or et d'argent pour y acquitter le droit de garantie sont :

Amiens, Arras, Bayonne, Besançon, Bordeaux, Brest, Caen, Carcassonne, Colmar, Digne, Dijon, Dunkerque, Fontenay, Gap, Grenoble, La Rochelle, le Havre, Lille, Lons-le-Saulnier, Marseille, Metz, Mézières, Montbéliard, Mont-de-Marsan, Montpellier, Nantes, Paris, Pau, Perpignan, Rouen, Saint-Brieux, Saint-Lô, Saint-Malo, Saint-Omer, Strasbourg, Tarbes, Toulon, Trévoux, Valenciennes, Valognes, Vannes. (*Ordonnance royale du* 3 *mars* 1815, *art.* 2, *et décision du* 20 *juillet* 1825.)

1395. Les matières sont expédiées sous double plombage, le premier à nu, le second par dessus l'emballage dans la forme accoutumée. (*Circulaire du* 4 *août* 1825.)

Montres.

1396. Les montres importées en payant les droits d'entrée sont dirigées, par acquit-à-caution et sous le plomb des douanes, sur l'un des cinq bureaux de garantie de Paris, Lyon, Besançon, Montbéliard et Lons-le-Saulnier, pour y être essayées et marquées, et pour y acquitter le droit de garantie. (*Ordonnance du* 2 *juin* 1834.)

Exemptions.

1397. Ne sont soumis ni aux droits de douane ni à celui de garantie :

1° Les objets appartenant soit aux ambassadeurs, soit aux envoyés des puissances étrangères et qui sont déclarés par eux;

2° Les ouvrages d'or et d'argent servant aux voyageurs, si le poids n'excède pas cinq hectogrammes. (*Loi du* 19 *brumaire an* 6, *art.* 6.)

1398. On affranchit du droit de garantie :

Les ouvrages de joaillerie légèrement montés, que l'empreinte des poinçons pourrait détériorer ;

Les aiguilles et les cadrans ;

Et les divers ouvrages que l'on consent à faire briser au premier bureau d'entrée. (*Arrêté du* 1er *messidor an* 6, *circ. du* 4 *août* 1825, *et décis. minist. du* 12 *prairial an* 7.)

Pénalité.

1399. Si l'acquit-à-caution délivré pour assurer le transport des ouvrages n'est pas rapporté dûment déchargé, le receveur des douanes poursuit, par voie de contrainte, le paiement de la valeur des objets et de l'amende du quadruple des droits fraudés. (*Loi du* 5 *ventôse an* 12, *art.* 76 *; loi du* 19 *brumaire an* 6 ; *circulaire du* 4 *août* 1825.)

ARGENTERIE DES ÉTRANGERS VENANT SÉJOURNER EN FRANCE.

1400. L'argenterie importée par des étrangers, et que l'on présente dans les bureaux ouverts à l'entrée des marchandises payant plus de 20 francs par 100 kilogrammes, est admise, sans autorisation préalable, en franchise, à charge, 1° de consigner le montant des droits de douanes et de garantie dont elle serait susceptible si elle restait dans l'intérieur ; 2° d'en effectuer la réexportation dans les trois années. (*Décision ministérielle du* 5 *septembre* 1823, *circulaire du* 4 *août* 1825.)

1401. La reconnaissance de liquidation (formule n° 23 C) remise à l'importateur, énonce le *nombre*, la *forme* de chaque espèce de pièces, etc. ; afin qu'à la réexportation, si elle a lieu, ces pièces puissent être facilement reconnues par les employés du bureau de sortie. (*Décision administrative du* 10 *novembre* 1826.)

1402. À l'expiration du délai de trois années, déterminé pour effectuer la réexportation, les sommes qui ont été consignées sont acquises au trésor si la réexpédition n'a pas eu lieu, et s'il n'en est régulièrement justifié. (*Décision ministérielle du* 5 *septembre* 1823, *circulaire du* 4 *août* 1825.)

1403. Les sommes appartenant au trésor par l'effet de la non réexportation sont portées en recette à son compte, six mois après le délai fixé pour la sortie. Le droit de garantie consigné est versé à la caisse du receveur principal des contributions indirectes de l'arrondissement. (*Loi du* 22 *août* 1791, *titre III, art.* 14, *circulaires des* 25 *janvier* 1832 *et* 28 *mai* 1832.)

1404. Le receveur des douanes indique sur un registre spécial les sommes qui lui ont été consignées ; il y énonce le délai accordé pour réclamer le montant de la consignation, et l'époque à laquelle la restitution, ou l'application aux droits et produits, a été faite par lui. (*Circulaires des* 20 *avril* 1831 *et* 28 *mai* 1832.)

EXPORTATIONS.

1405. Les fabricants, qui expédient à l'étranger des ouvrages neufs fabriqués en France, obtiennent la restitution des deux tiers du droit de garantie auquel ces ouvrages ont été assujétis. (*Loi du* 19 *brumaire an* 6, *art.* 25.)

1406. **Cette restitution** n'est accordée toutefois qu'autant que la sortie a lieu par l'un des bureaux qui suivent :

Bayonne, Bordeaux, La Rochelle, Nantes, Lorient, Saint-Malo, Cherbourg, Rouen, le Havre, Saint-Valery-sur-Somme, Calais, Dunkerque, Lille, Valenciennes, Givet, Charleville, Gironne, Forbach, Weyssel, Wissembourg, Strasbourg, Montbéliard, Morteau, Pontarlier, Jougne, Les Rousses, Châtillon-de-Michaille, Le Pont-de-Beau-voisin, Chapareillan, Briançon, Toulon, Marseille, Cette, Agde, Perpignan, Port-Vendre, Le Boulou, Ainhoa, Pas-de-Behobie. (*Ordonnances des* 3 *mars et* 6 *avril* 1815, 17 *juillet* 1816, 1ᵉʳ *juillet* 1818, 8 *novembre* 1820, *et* 20 *février* 1822.)

1407. La restitution est effectuée par le bureau de garantie qui a perçu les droits. Les agents des douanes, après vérification et après s'être assurés de la sortie effective des ouvrages, constatent l'exportation, et, sur un certificat rapporté dans les trois mois, les deux tiers du droit de garantie sont remboursés. (*Loi du* 19 *brumaire an* 6 *art.* 26; *circulaire du* 15 *pluviôse an* 7.)

1408. La visite détaillée à faire au bureau frontière peut être remplacée par la vérifi-cation sommaire de l'identité du premier plombage des colis, lorsque l'acquit de sortie étant délivré par une douane de l'intérieur, les caisses ont subi le double plombage, et qu'il n'existe, quant à la régularité de l'expédition, aucune suspicion. (*Circ. du* 7 *mai* 1828.)

1409. Les préposés, qui découvrent des contraventions pour défaut de marques des ma-tières d'or et d'argent, s'abstiennent de les constater ; ils remettent les objets aux agents des contributions indirectes qui, seuls, peuvent verbaliser. (*Circ. du* 28 *mars* 1828.)

RÉIMPORTATIONS.

1410. Les droits de douanes et ceux de garantie doivent être perçus sur les ouvrages d'or et d'argent marqués du poinçon français, que l'on réintroduit comme n'ayant pu être vendus à l'étranger. (*Décisions ministérielles des* 3 *décembre* 1814, *et* 14 *janvier* 1825; *circulaire du* 4 *août* 1825.)

1411. La perception cesse toutefois d'être effectuée, quand il a été satisfait, lors de l'exportation, aux conditions qui suivent :

1° Si l'exportation a eu lieu par l'un des bureaux spécialement désignés pour la sortie ;

2° Si l'importateur a fourni, à la sortie de France, une déclaration descriptive qui permette de reconnaître facilement les objets exportés ;

3° Si, par la déclaration faite lors de l'expédition à l'étranger, l'exportateur s'est ré-servé le bénéfice du retour. (*Décis. minist. du* 20 *juillet* 1825, *circ. du* 4 *août* 1825.)

1412. Lorsque les preuves d'exportation ont été complétement réunies, les objets sont admis en franchise. Ils sont ensuite expédiés sous acquit-à-caution et sous double plom-bage, sur le bureau qui a fait l'expédition de sortie; le receveur de ce bureau, après que le fabricant a remboursé les deux tiers du droit de garantie reçus à titre de prime à l'exportation, remet les ouvrages, et décharge l'acquit-à-caution. (*Idem.*)

1413. L'argenterie de ménage, appartenant à des Français rentrant en France après un long séjour à l'étranger, peut, après la reconnaissance d'identité, être admise en exemp-tion de droits. Toutefois une autorisation du chef de l'administration pour diriger cette argenterie sur un bureau de garantie, doit être préalablement accordée. (*Décision mi-nistérielle du* 31 *juillet* 1817; *circulaires des* 27 *décembre suivant*, *et* 4 *août* 1825.)

CHAPITRE XII. — BOISSONS.

Les employés des douanes concourent à l'exécution des lois relatives aux boissons, savoir :

1° A l'importation; 2° à l'exportation; 3° aux expéditions par cabotage; 4° à la circulation dans la ligne frontière.

IMPORTATION.

1414. Les préposés des douanes, après avoir perçu les droits d'entrée sur les boissons et liqueurs venant de l'étranger, ne doivent laisser enlever ces liquides des bureaux ou magasins, que sur le vu d'un congé ou acquit-à-caution délivré par les agents de la régie des contributions indirectes autorisant leur circulation. (*Circulaire du 15 juillet 1806.*)

1415. Les boissons qui sortent des entrepôts sont soumises à la même règle. Elles ne peuvent entrer dans la consommation intérieure avant que les agents des contributions indirectes n'aient délivré les expéditions qui assurent le paiement des droits. (*Idem.*)

EXPORTATION.

1416. Les liquides destinés à l'exportation doivent être accompagnés d'acquits-à-caution de la régie, indiquant le lieu de sortie. Ces acquits sont déchargés concurremment par les employés de l'administration des contributions indirectes et par ceux des douanes. (*Circulaire des 20 septembre 1816, 6 juin 1823, et 25 septembre 1824.*)

1417. Les boissons, qui passent à l'étranger par la voie de terre, ne peuvent sortir de France que par l'un des bureaux de douane que désignent les tableaux joints aux ordonnances des 20 mars 1818 et 8 décembre 1819. (*Voir le tarif publié par l'administration.*)

1418. Le receveur des douanes placé au bureau par lequel s'effectue l'exportation ne vise les acquits-à-caution qui lui sont exhibés et ne signe le certificat de décharge de concert avec les employés de la régie, qu'autant que les boissons sont réellement présentées, qu'elles ont été vérifiées, et que la sortie effective a été légalement constatée. (*Circulaires des 20 septembre 1816 et 6 juin 1813.*)

1419. Sur les parties de la frontière où la régie a deux employés en résidence, ces employés constatent, seuls, sur le second cadre de l'acquit-à-caution, le passage des boissons à l'étranger; les employés des douanes donnent eux-mêmes le second visa, si les droits de sortie ont été acquittés à un bureau qui n'est pas celui de l'exportation. (*Circulaire du 6 juin 1823, et 25 septembre 1824.*)

1420. Il est tenu, dans chaque bureau de douanes, un registre particulier où sont enregistrés les acquits-à-caution de la régie qui accompagnent les boissons destinées à l'exportation. (*Circulaire du 6 juin 1823.*)

1421. Aucun duplicata ou extrait des certificats de sortie ne peut être délivré aux redevables par le receveur des douanes, qu'en vertu d'une autorisation délivrée par l'administration. (*Circulaire du 20 septembre 1816.*)

CABOTAGE.

1422. L'embarquement et le débarquement des boissons expédiées par cabotage ne sont permis par les receveurs des douanes que sur la représentation des passavants, congés ou acquits-à-caution de la régie. Les employés visent ces expéditions et ils en rappellent la date et le numéro sur leurs registres. (*Circulaire du 15 juillet* 1806.)

1423. Si un bâtiment chargé de liquides entre en relâche dans un port autre que celui de sa destination, les employés des douanes s'assurent que ces liquides sont accompagnés d'expéditions de la régie pour les quantités et les espèces représentées. (*Circulaire du 15 juillet* 1806.)

CIRCULATION.

1424. Les voituriers, bateliers ou autres, conduisant des boissons et liqueurs dans le rayon frontière, sont tenus d'exhiber aux agents des douanes, qui les réclament, les expéditions de la régie, à peine de saisie desdites boissons, et d'une amende de 100 à 600 fr.

Les moyens de transport peuvent être retenus pour garantie de l'amende. (*Loi du 28 avril* 1816, *art.* 17 *et* 19.)

1425. Les procès-verbaux pour contraventions en matière de boissons, rédigés par les agents des douanes, sont faits à la requête de la régie et remis au directeur de l'arrondissement. (*Circulaire du 29 mai* 1806.)

Les voyageurs, qui ne transportent pas au delà de trois bouteilles de liquides par personne pour leur usage, sont dispensés de se munir d'expéditions. (*Loi précitée, art.* 18.)

CHAPITRE XIII. — TABACS.

La surveillance des douanes, en ce qui concerne les tabacs, embrasse les points suivants :

L'importation ; l'exportation ; la circulation sur la ligne frontière.

IMPORTATION.

Tabacs en feuilles.

1426. Les tabacs en feuilles sont prohibés à l'entrée, à moins qu'ils ne soient importés pour le compte de la régie des contributions indirectes. Ceux introduits par la régie, qui arrivent par navires français de pays hors d'Europe, sont exempts de droits. (*Loi du 7 juin* 1820, *art.* 1ᵉʳ.)

1427. Quelle que soit leur destination, les tabacs en feuilles peuvent être admis en entrepôt réel pendant dix-huit mois pour la réexportation. (*Loi du 29 floréal an* 10, *art.* 5; *décision ministérielle du 26 décembre* 1817, *et lettre administrative du* 29.)

1428. Les tabacs en feuilles destinés pour la régie ou pour l'entrepôt ne peuvent arriver que sur des bâtiments de 100 tonneaux et au dessus, excepté dans les ports de *Marseille, Cette* et *Bayonne*, où ils sont admis sur navires de 50 tonneaux. (*Loi du 29 floréal an* 10, *art.* 2; *décisions des 9 janvier* 1815, 11 *août et 26 décembre* 1817; *lettre administrative du* 29.)

1429. Les bâtiments chargés de tabacs en feuilles ne sont reçus que dans les ports de :

Dunkerque, Dieppe, le Havre, Morlaix, Saint-Malo, Lorient, Nantes, La Rochelle, Bordeaux, Bayonne, Cette, Marseille. (*Loi du 29 floréal an* 10, *art.* 2; *décisions des 9 janvier* 1815, 11 *août et 26 décembre* 1817; *lettre administrative du* 29.)

1430. Aucune réduction des droits d'entrée n'est faite par suite d'avaries, pour les tabacs en feuilles reçus par la régie; mais les parties reconnues avariées peuvent être brûlées ou réexportées. (*Loi du* 29 *floréal an* 10 , *art.* 7.)

Si des parties de tabacs sont brûlées, un employé supérieur des douanes assiste à l'opération. Il en dresse procès-verbal. (*Circulaire du* 14 *prairial an* 10.)

Tabacs fabriqués.

1431. Les tabacs *fabriqués* sont prohibés à l'entrée, à moins qu'ils ne soient achetés pour le compte de l'administration des contributions indirectes. (*Loi du* 28 *avril* 1816 , *art.* 173.)

Tabacs de santé ou d'habitude.

1432. La prohibition n'atteint pas, toutefois, les petites provisions de tabacs de santé ou d'habitude dont les voyageurs sont porteurs, ou que des consommateurs reçoivent directement de l'étranger. Ces provisions sont admises sur l'autorisation du directeur, en acquittant les droits, lesquels sont fixés pour les cigares à 40 fr. par 1000 en nombre. (*Loi du* 7 *juin* 1820, *art.* 1ᵉʳ; *circ. du* 30 *janvier* 1832, *et circ. manuscr. du* 15 *avril* 1833.)

1433. L'importation de ces provisions n'est permise que par les ports d'entrepôt réel et par les villes de Lille et de Strasbourg. (*Circulaire du* 15 *mai* 1821.)

La quantité que chaque consommateur peut introduire en payant les droits est limitée savoir :

Pour les tabacs en poudre à 10 kilogrammes :

Pour les cigares à 2000 en nombre.

Les tabacs adressés directement aux consommateurs doivent être inscrits sous leurs noms au manifeste du capitaine. (*Circulaire du* 30 *janvier* 1832.)

1434. Le poids d'un millier de cigares étant de 2 kilogrammes et demi, tout ce qui excède ce poids est soumis aux droits. (*Circulaire manuscrite du* 15 *avril* 1833.)

1435. Les tabacs ainsi admis sont expédiés sous acquit-à-caution pour la manufacture royale, ou l'entrepôt le plus voisin, où les marques de la régie sont appliquées et les droits perçus. En cas de non rapport de cette expédition, le chef local des contributions indirectes est chargé de diriger des poursuites contre les expéditeurs. (*Circulaire du* 15 *mai* 1821.)

Provisions de bord.

1436. Les tabacs composant la provision de bord des équipages étrangers sont, à l'arrivée des bâtiments, mis en dépôt à la douane. Il est pourvu par les chefs locaux des douanes, de concert avec ceux des contributions indirectes, à la consommation journalière des équipages; la quantité qui doit leur être délivrée pour les besoins de huit jours est déterminée, et cet approvisionnement est successivement renouvelé. (*Circulaire du* 21 *octobre* 1822.)

EXPORTATION.

1437. L'exportation des tabacs en feuilles est permise en payant les droits de sortie fixés par le tarif, lorsqu'elle a lieu avant le 1ᵉʳ août de l'année qui suit la récolte. (*Lois des* 28 *avril* 1816, *art.* 183 *et* 206 *et* 21 *avril* 1818.)

La sortie des tabacs ne peut avoir lieu que par les bureaux maritimes et par ceux frontières que désigne le tarif officiel. (*Lois des 28 avril* 1816, 27 *mars* 1817, 21 *avril* 1818, 7 *juin* 1820 *et* 27 *juillet* 1822.)

1438. Les employés des bureaux par lesquels s'effectue l'exportation délivrent, après vérification, le certificat de décharge de l'expédition de la régie des contributions indirectes ; ce certificat énonce le poids de chaque colis présenté, et le poids total des colis réunis. (*Circulaire du* 19 *avril* 1817.)

CIRCULATION DANS LE RAYON FRONTIÈRE, ET CABOTAGE.

1439. Les tabacs en feuilles ne peuvent circuler dans la ligne des douanes, sans être accompagnés de l'acquit-à-caution, ou du laissez-passer, que délivrent les agents des contributions indirectes. (*Loi du* 28 *avril* 1816, art. 208 et 215.)

1440. La circulation des tabacs fabriqués est assujétie à l'acquit-à-caution pour toutes quantités qui excèdent 10 *kilogrammes*; un laissez-passer est délivré pour les quantités de 1 *à* 10 *kilogrammes*, à moins qu'elles ne soient transportées dans des paquets revêtus des marques de la régie. (*Idem*, art. 215, *et circulaire du* 17 *mars* 1817.)

1441. Les expéditions remises par la régie pour assurer le transport des tabacs, par terre ou par mer, remplacent celles que délivrent les agents des douanes. Elles sont visées dans les bureaux d'arrivée ou de passage, après que l'identité des colis et l'intégrité des cordes et plombs ont été reconnues.

Si une visite approfondie est jugée nécessaire, la douane y procède ; le chef local des contributions indirectes, doit, dans ce cas, être appelé. (*Circulaires des* 2 *brumaire an* 14 *et* 16 *juin* 1817.)

Répression de la fraude.

1442. Les tabacs, qui circulent sans expédition régulière, doivent être saisis ainsi que les moyens de transport. Le contrevenant est, en outre, condamné à une amende de 100 fr. à 1,000 fr.

Les préposés sont appelés aussi à constater, lorsqu'il y a lieu, la fabrication et la vente frauduleuse des tabacs. (*Lois des* 28 *avril* 1816, art. 216 et 223.)

1443. Lorsque les tabacs sont arrêtés à l'importation *immédiate*, ils doivent être saisis à la requête de l'administration des douanes. Dans les autres cas, les poursuites sont faites au nom de la régie. (*Circulaire du* 18 *mai* 1820.)

1444. Les colporteurs ou fraudeurs, arrêtés à la requête de l'administration des contributions indirectes, sont amenés devant l'officier de police judiciaire, ou remis à la force armée, qui les conduit devant le juge compétent. (*Loi du* 28 *avril* 1816, art. 224.)

1445. Les tabacs saisis à la requête de la régie doivent être conduits par les préposés, avec les voitures et chevaux, au bureau de l'administration des contributions indirectes le plus voisin ; ils sont laissés à ce bureau après une pesée régulière faite en présence de l'employé de la régie. (*Décision ministérielle du* 2 *décembre* 1831 ; *circulaire du* 29 *décembre suivant*.)

1446. Les préposés des douanes qui concourent à arrêter des colporteurs de tabacs reçoivent une prime de 15 francs par chaque contrevenant constitué prisonnier. (*Ordonnance du* 3 *décembre* 1817, art. 1er.)

Nota. La circulaire du 23 juillet 1817 établit comment la prime doit être fixée lorsque la saisie comprend d'autres marchandises que des tabacs.

1447. Dans les vingt-quatre heures du dépôt, la valeur des tabacs saisis est fixée par un conseil composé du directeur d'arrondissement, de l'entreposeur, et d'un troisième employé; un agent des douanes est présent, et, autant que possible, les saisissants sont appelés à cette expertise. (*Ordonnance du 31 décembre 1817, circulaire du 19 janvier 1818.*)

1448. Si les tabacs saisis sont propres à la fabrication ordinaire, ils sont reçus à raison de 150 francs par 100 kilogrammes. Ils ne sont payés que 90 francs s'ils sont destinés pour la cantine.

Ceux jugés impropres à la fabrication sont détruits en présence des saisissants. Ces derniers reçoivent pour ces tabacs une prime de 30 francs par 100 kilogrammes.

Une indemnité supplémentaire leur est accordée, s'ils saisissent des tabacs susceptibles d'être vendus comme tabacs de choix. (*Idem.*)

1449. Les tabacs fabriqués, arrêtés à la requête des douanes, peuvent être vendus pour la réexportation, ou versés dans les magasins de la régie, selon qu'on y trouve plus d'avantage pour les saisissants 1). (*Décision ministérielle du 31 août 1831, circulaire du 16 septembre suivant.*)

CHAPITRE XIV. — ARMES.

La législation distingue les armes de *guerre* des armes de *chasse*, de *luxe* et de *traite*; les premières seulement sont soumises à des dispositions spéciales. Les autres sont laissées au libre commerce, et, sauf quelques garanties, elles acquittent les droits comme toutes les autres marchandises.

Voici les règles existantes:

IMPORTATIONS.

Armes de guerre.

1450. L'importation des armes *de guerre*, étrangères ou de modèles français, est interdite, à moins qu'elle n'ait été autorisée par le ministre de la guerre. Ces armes acquittent, dans ce cas, les droits fixés par le tarif pour les armes de *chasse* et de *luxe*. (*Ordonnance du 24 juillet 1816, art. 14; circulaire du 13 février 1815.*)

1451. Les armes *de guerre* sont: les armes à feu ou blanches, à l'usage des troupes françaises, telles que fusils, mousquetons, carabines, pistolets de calibre (2), sabres ou baïonnettes.

Sont traitées comme armes *de guerre* celles du commerce, si leur calibre n'est pas au moins de dix points et demi (deux millimètres) au dessous ou au dessus du calibre de

---

(1) Dans les directions de *Bordeaux, Saint-Malo, Cherbourg, Rouen* et *Grenoble*, les tabacs en feuilles saisis à l'importation flagrante, au lieu d'être versés à la régie, sont vendus pour la réexportation. (*Décision ministérielle du 28 juillet 1828; circulaire du 16 septembre 1831.*)

(2) La circulaire nº 851 donne la description des lames de sabres et d'épées d'uniforme des différents modèles.

guerre, lequel est de 7 lignes 9 points (0^m 0177). (*Ordonnance du 24 juillet 1816, art. 1er*).

1452. Les fusils fins à un coup, du prix, en fabrique, de 60 francs, et les canons simples du prix de 20 fr., peuvent, quelle que soit la dimension de leur calibre, être importés en acquittant les droits. (*Circulaire du 30 janvier 1818; même ordonnance, art. 1er; circulaire manuscrite du 9 août 1817.*)

1453. Les dispositions concernant les armes de *guerre* s'appliquent aux pièces d'armes de guerre. (*Ordonnance du 24 juillet 1816, art. 16.*)

Autres armes.

1454. Les armes dites de *traite*, expédiées pour le Sénégal et destinées à l'échange de la gomme, du morfil, de la poudre d'or, etc., rentrent dans la classe des armes *de commerce*. (*Même ordonnance, art. 11 et 16.*)

1455. Les vieux canons venant de l'étranger et déclarés pour la fonte ne sont admis dans les ports ou bureaux d'importation, qu'après avoir été encloués et que quelques parties essentielles en ont été brisées. (*Circulaire du 29 mai 1820.*)

Déclaration et expédition.

1456. A leur arrivée dans les ports, les capitaines sont tenus de déclarer à la douane les armes qu'ils ont à leur bord. Les employés en font la vérification; il est donné immédiatement avis au ministre de l'intérieur, par les directeurs, des importations effectuées. (*Décision ministérielle du 29 juin 1818; circulaires des 6 juillet, et 20 juin 1807.*)

1457. Les armes importées avec autorisation du gouvernement sont expédiées sous acquits-à-caution sur le lieu où elles doivent être conduites. Cette expédition, qui énonce le nom de la personne à laquelle les armes sont destinées, est visée par le maire. Il y a peine de confiscation et du paiement de la valeur des armes, si l'expédition n'est pas rapportée. (*Décret du 22 août 1792, circulaires des 13 février et 30 novembre 1815.*)

1458. L'importation des *armes de guerre* en contravention aux réglements entraîne la confiscation, une amende de 300 fr. au plus, et un emprisonnement de trois mois. La peine est double s'il y a récidive. (*Ordonnance du 24 juillet 1816, art. 5 et 15.*)

EXPORTATION.
Armes de guerre.

1459. L'exportation des armes, modèles et calibres *de guerre*, est interdite aux particuliers; au roi seul est réservé le droit d'autoriser les manufactures royales à en fournir aux puissances étrangères qui en font la demande. (*Loi du 20 juillet 1792, art. 1er; ordonnance du 24 juillet 1816, art. 13.*)

1460. Ne sont considérées comme armes de guerre, à l'exportation, 1° que les armes et pièces d'armes en usage pour les troupes françaises; 2° que les fusils à un coup et canons simples dont le calibre ne diffère pas de celui déterminé par l'ordonnance de 1816. (*Décision du ministre de la guerre, du 22 janvier 1818; circulaire du 30.*)

1461. Les fusils fins à un coup, du prix, en fabrique, de 60 fr., et les canons simples du prix de 20 fr., ne sont pas atteints par la prohibition de sortie. (*Idem.*)

1462. Les armateurs de bâtiments expédiés pour les colonies ne peuvent embarquer l'artillerie nécessaire à la défense de ces bâtiments, qu'avec une permission du ministre de la marine, et dans la proportion que comportent la force de ces navires et celle de leur équipage. (*Décision ministérielle, et circulaire du 14 novembre 1817.*)

Autres armes.

1463. Les armes de *chasse*, de *luxe* ou de *traite* acquittent, à leur sortie de France, les droits fixés par le tarif. Elles ne peuvent être exportées qu'en vertu d'une permission du ministre de la guerre. Cette autorisation cesse d'être réclamée, s'il est constaté par le certificat d'un commandant d'artillerie que les armes présentées ne sont pas des armes *de guerre*. (*Loi du 17 décembre 1814, circulaire du 5 novembre 1817.*)

Nota. Le ministre a désigné pour cet objet les commandants d'artillerie de *Paris, Bayonne, Bordeau, La Rochelle, Nantes, le Havre, Brest, Toulon, Marseille, Lille, Metz, Strasbourg, Besançon* et *Perpignan.* (*Circulaire du 5 novembre 1817.*)

Les peines encourues pour exportation frauduleuse sont les mêmes qu'à l'importation. (*Voir nᵒ 1458.*)

CHAPITRE XV. — CARTES.

Les agents des douanes concourent, comme suit, à l'exécution des décrets des 19 juin 1808 et 9 février 1810, relatifs aux cartes à jouer.

IMPORTATION.

1464. Les employés placés dans les ports et aux frontières doivent s'opposer, par tous les moyens mis à leur disposition, à ce que les cartes fabriquées à l'étranger soient reçues en France. (*Loi du 13 fructidor an 13, art. 5.*)

1465. Si des cartes françaises sont présentées pour rentrer dans le royaume, on ne les réadmet qu'autant qu'elles sont revêtues du filigrane de la régie, et qu'elles sont sous bandes timbrées. (*Arrêté du 3 pluviôse an 6, art. 17.*)

1466. La vente ou colportage de cartes en fraude est punie de la confiscation des objets, avec amende de 1,000 à 3,000 fr. et un mois d'emprisonnement. (*Loi du 28 avril 1816, art. 166.*)

1467. Les cartes saisies par les employés des douanes sont remises aux agents de la régie. Les procès-verbaux constatant les contraventions sont rédigés à la requête de l'administration des contributions indirectes. (*Circulaire du 7 thermidor an 13.*)

EXPORTATION ET CIRCULATION.

1468. Les préposés des douanes ne doivent laisser sortir du royaume aucunes cartes à jouer, qu'autant qu'elles sont revêtues du filigrane de la régie et qu'elles sont sous des bandes timbrées. (*Arrêté du 3 pluviôse an 6, art. 17.*)

1469. Il y a exception, quant au timbre, pour les cartes à portrait étranger, non usitées en France. Elles peuvent être exportées, sans bandes timbrées, quand elles sont accompagnées d'un permis du directeur de l'enregistrement. (*Décret du 13 fructidor an 13, art. 5; circulaire du 26 prairial an 6.*)

1470. La circulation illégale et la fraude des cartes à jouer sont constatées par les employés des douanes sur tous les points où ces derniers exercent leur surveillance. Ils procèdent, en cas de saisie, à la requête de la régie, pour faire appliquer les peines prononcées par la loi (voir n° 1466). (*Loi du* 28 *avril* 1817, *art.* 169.)

CHAPITRE XVI.—POUDRES A FEU.

La loi du 15 fructidor an 5 et l'ordonnance du 19 juillet 1829 ont réglé ce qui a rapport au mouvement des poudres à feu. Le concours des douanes, pour le maintien du privilége accordé au gouvernement, est exigé dans les points suivants :

IMPORTATION.

1471. La fabrication de la poudre étant réservée à l'État, les agents des douanes ont à veiller à ce que des poudres étrangères ne soient point introduites en fraude dans le royaume. (*Lois des* 13 *fructidor an* 5 *et* 21 *avril* 1818.)

1472. L'introduction frauduleuse de la poudre étrangère est punie de la confiscation de la marchandise et des moyens de transport, avec une amende de 20 francs 44 cent. par kilog.

L'amende est double si l'entrée en France a lieu par mer. (*Loi du* 13 *fructidor an* 5, *art.* 21.)

1473. Les capitaines de navires sont tenus de déclarer à la douane, dans les 24 heures de leur arrivée, les poudres qu'ils ont à bord de leurs bâtiments, et de déposer ces poudres, dans le jour suivant, dans les magasins de la régie, à peine de 500 f. d'amende; elles leur sont remises à leur sortie du port. (*Id.*, *art.* 31.)

1474. Les poudres prises sur l'ennemi par des bâtiments de l'État sont déposées dans les magasins de la marine. Elles sont payées, si elles peuvent être employées pour le service, d'après le taux fixé pour celles livrées par l'administration des contributions indirectes. (*Même loi*, *art.* 32 ; *ordonnance du* 25 *mars* 1818.)

1475. Les frais occasionnés par les saisies de poudres à feu, que les préposés des brigades ont effectuées à l'importation, sont à la charge de l'administration des douanes. (*Circulaire du* 22 *janvier* 1829.)

Exportation.

1476. La sortie de la poudre *de guerre* est interdite. Les poudres *de chasse et autres* peuvent seules être exportées en payant les droits de douane fixés par le tarif. (*Loi du* 9 *thermidor an* 4, *et ordonnance du* 19 *juillet* 1829.)

1477. Les armateurs ont le droit, toutefois, de demander qu'il leur soit délivré de la poudre de guerre, en raison des armes à feu qu'exige le service de leurs bâtiments.

Ces poudres sont remises par l'administration des contributions indirectes, et embarquées, en exemption de droits de sortie, sur états certifiés par le commissaire de marine du port de l'embarquement. (*Ordonnance du* 19 *juillet* 1829, *art.* 6 *et* 1ᵉʳ.)

1478. Les poudres délivrées soit pour l'armement des navires, soit pour des opérations commerciales, sont expédiées par acquit-à-caution des contributions indirectes pour le port d'embarquement. Les préposés des douanes, après avoir assuré l'exportation effective, constatent la sortie de ces poudres sur les acquits de la régie. (*Ordonnance du* 19 *juillet* 1829, *art.* 3, 4 *et* 5, *et circulaire du* 7 *août suivant.*)

1479. Les poudres expédiées à destination des colonies ou des établissemens français, dans l'Inde, sont affranchies de tout droit de sortie. (*Ordonn. du* 19 *juillet* 1829, *art.* 6.)

1480. Lorsqu'il doit s'écouler quelque intervalle entre la délivrance des poudres et le départ du bâtiment, ces poudres sont déposées dans les magasins de l'État. Il en est de même de celles rentrant dans les ports de France. (*Id., art.* 7.)

1481. Les poudres que l'on veut exporter par terre ne peuvent sortir du royaume que par les bureaux principaux placés en première ligne. Elles restent dans les magasins de la régie jusqu'à leur expédition pour le bureau frontière. Une fois sorties, elles ne peuvent plus rentrer en France. (*Id., art.* 8.)

1482. La réintroduction en fraude est punie de la confiscation de la poudre, de celle des chevaux et voitures, avec amende de 20 fr. 44 c. par kilog.; cette amende est double si la réintroduction a lieu par mer. (*Loi du* 13 *fructidor an* 5, *art.* 21; *ordonnance du* 19 *juillet* 1829, *art.* 10.)

1483. Les poudres saisies sont, dans les 24 heures, déposées dans les magasins de l'administration des contributions indirectes; elles sont payées aux saisissants à raison de 3 fr. par kilog. (*Ordonnance du* 17 *novembre* 1819, *art.* 3.)

1484. Les voyageurs et conducteurs de voitures, transportant dans la ligne des douanes plus de 5 kilog. de poudre sans une expédition de la régie qui en indique l'origine, encourent l'amende de 20 fr. 44 c. par kil., avec confiscation de la poudre et des moyens de transport. (*Loi du* 13 *fructidor an* 5, *art.* 30.)

1485. Les préposés des douanes qui arrêtent ou font arrêter soit des personnes fabriquant illicitement de la poudre, soit des gardes ou agents de poudreries vendant ou échangeant des poudres à feu, reçoivent une prime de 15 fr. par individu arrêté, quel que soit le nombre des saisissants. (*Ordonnance du* 17 *novembre* 1819.)

CHAPITRE XVII. — LETTRES ET JOURNAUX.

1486. Le transport des lettres, journaux et ouvrages du poids d'un kilog. et au dessous est exclusivement réservé à l'administration des postes. Il y a amende de 150 fr. à 300 fr. contre les contrevenants. (*Arrêté du* 27 *prairial an* 9, *art.* 1er *et* 5.)

1487. Sont exceptés de la prohibition les sacs contenant des pièces de procédures, les papiers relatifs au service personnel des entrepreneurs de voitures, et les paquets au dessus de deux kilog. (*Arrêté du* 27 *prairial an* 9, *art.* 2.)

1488. Les employés des douanes sont autorisés à faire toutes recherches sur les conducteurs de voitures, les messagers, les piétons, et à bord des navires, pour constater les contraventions relatives au transport des lettres. Ils se font assister, au besoin, de la force armée. La perquisition n'a pas lieu sur les voyageurs. (*Même arrêté, et circulaires des* 2 *novembre* 1814, *et* 30 *juillet* 1833.) Cette dernière circulaire est manuscrite.

1489. Le produit des amendes résultant des contraventions constatées est réparti ainsi: un tiers aux hospices, un tiers à l'administration des postes, et un tiers aux saisissants. (*Arrêté du* 27 *prairial an* 9, *art.* 8.)

1490. Les capitaines de navires arrivant dans les ports de France sont tenus, sous peine de l'amende de 150 a 300 fr., d'envoyer immédiatement au bureau des postes les lettres et paquets qui leur ont été confiés à leur départ.

Le receveur des douanes ne permet le déchargement d'un bâtiment venant des colonies, que sur la représentation du certificat du directeur des postes, attestant la remise qui a été faite des lettres apportées par ce navire. (*Arrêté du 19 germinal an* 10 ; *circulaire du* 16 *floréal an* 10.)

1491. Les procès-verbaux que dressent, en cas de saisie, les employés des douanes, sont rédigés à la requête de l'administration des postes ; ces actes doivent contenir l'énumération des lettres ainsi que leur adresse ; le tout est remis au directeur des postes de la localité, chargé des poursuites. (*Arrêté du* 19 *germinal an* 10, *et circulaire du* 8 *novembre* 1826.)

CHAPITRE XVIII. — GRAINS.

La levée de la prohibition des grains à l'entrée et à la sortie a simplifié le régime des céréales; les règles spéciales qui subsistent encore à leur égard sont établies par les lois des 16 juillet 1819, 27 juillet 1822, 20 octobre 1830, 15 avril 1832 et 26 avril 1833. On les a présentées sous les divisions suivantes :

1° Dispositions générales sur les grains; 2° importations, 3° entrepôts; 4° exportations.

DISPOSITIONS GÉNÉRALES.

1492. Le prix des grains et farines, dans les principaux marchés de France, sert de base à la perception des droits dus à leur importation ou à leur exportation.

Quelles que soient les variations qui surviennent dans ces prix d'après les mercuriales des marchés régulateurs, l'entrée et la sortie des grains ou farines sont constamment permises. (*Lois des* 15 *avril* 1832 *et* 26 *avril* 1833, *circulaire du* 17 *avril* 1832.)

1493. Les grains et leurs farines sont classés au tarif, pour la perception des droits d'entrée et de sortie, dans l'ordre qui suit :

Froment, épeautre et méteil ; seigle, maïs, orge, sarrasin et avoine.

Ces cinq dernières espèces sont réputées inférieures au froment, à l'épeautre et au méteil. (*Mêmes lois et circulaire.*)

1494. Le pain et le biscuit de mer sont assimilés aux grains et farines de froment. (*Décision ministérielle du* 13 *novembre* 1820, *circulaire du* 4 *décembre suivant.*)

IMPORTATION.

1495. Pour déterminer la quotité des droits d'importation à percevoir sur chaque espèce de grains et farines, le ministre de l'intérieur arrête, à la fin de chaque mois, l'état des prix moyens des grains vendus dans les principaux marchés, et, d'après cet état transmis aux receveurs, la perception est effectuée. (*Lois des* 16 *juillet* 1819, 5 *avril* 1832, *et* 26 *avril* 1833 ; *circulaire du* 17 *avril* 1832.)

Nota. Un tableau joint à la circulaire n° 1315 indique les droits à percevoir tant à l'entrée qu'à la sortie, pour chaque espèce de grains et farines. Ce tableau se trouve également au tarif.

1496. L'importation des grains est restreinte aux seuls ports et bureaux que désignent les ordonnances du roi; le tarif indique ces bureaux. (*Loi du* 2 *décembre* 1814.)

1497. Les quantités de grains présentées à l'importation doivent être exprimées dans les déclarations et vérifications, en *hectolitres*. Là où les grains sont vérifiés *au poids*, la conversion du poids à la mesure se fait en suivant les bases ci-après :

Froment 1 hectolitre est pris pour 76 kilogrammes.

Seigle   *idem* 66
Maïs   *idem* 60
Avoine   *idem* 51
Orge   *idem* 60
Vesce   *idem* 75
Sarrasin   *idem* 65

(*Circulaire du 30 octobre 1828.*)

ENTREPOT.

1498. Les grains et farines arrivant de l'étranger en France peuvent être mis en entrepôt dans *tous* les ports du royaume, et dans les villes de Strasbourg, Sierk, Thionville, Charleville, Givet, Lille et Valenciennes. (*Lois des* 17 *novembre* 1790, 2 *décembre* 1814, *art* 9; *et* 16 *juillet* 1819, *art.* 11.)

1499. L'entrepôt des grains est fictif et non réel (voir n° 617). (*Lois des* 20 *octobre* 1830, *art.* 4, 15 *avril* 1832, 26 *avril* 1833.)

1500. La durée de l'entrepôt fictif est fixée à deux ans. (*Loi du* 27 *juillet* 1832, art 14.)

1501. Le magasin destiné à servir d'entrepôt doit être exactement désigné par l'entrepositaire; c'est dans ce magasin, et non ailleurs, que les grains ou farines doivent être représentés à toute réquisition des préposés des douanes. (*Décision du* 7 *germinal an* 10.)

1502. Les quantités de grains mises en entrepôt sont, lors de la vérification, constatées à la fois à la *mesure* par hectolitres, et *au poids* par kilogrammes, pour chaque espèce de céréales. (*Circulaire du* 25 *octobre* 1830, *et* 15 *juin* 1831.)

1503. Il ne doit être alloué, par la douane du lieu d'entrepôt, aucun déchet pour dispenser l'entrepositaire d'effectuer la réexportation intégrale, qu'après qu'il a été admis par l'administration que ce déchet provient de la dessiccation naturelle des grains, ou de force majeure. (*Loi du* 27 *juillet* 1822, *art.* 14; *circulaire du* 15 *juin* 1831.)

1504. Les grains étrangers admis dans l'entrepôt de Marseille peuvent être convertis en farine; toutefois, cette faculté de mouture n'est accordée qu'aux blés *tendres*; elle est retirée aux blés *durs*. (Voir entrepôt de Marseille n° 650 et suivants.)

1505. Ceux qui, ayant mis des grains étrangers en entrepôt fictif, ne les représentent pas à toutes réquisitions aux agents des douanes, sont passibles de l'amende du double droit d'entrée. (*Idem.*)

Nota. On suit, pour la réexportation des grains, les règles communes aux autres marchandises.

EXPORTATION.

1506. L'exportation des grains ne peut être effectuée que par les ports et bureaux spécialement désignés et que rappelle le tarif des douanes. (*Ordonnances des* 17 *janvier,* *et* 23 *août* 1830.)

1507. Les farines étrangères, prises en entrepôt et destinées pour la Martinique et la

Guadeloupe, peuvent être chargées à cette destination sur bâtiments français, en acquittant le droit permanent de 21 francs 50 cent. par baril de 90 kilogrammes. (*Ordonnance du 9 novembre 1832, circulaire du 19.*)

CIRCULATION.

1508. La circulation des grains dans le rayon frontière a cessé d'être soumise, depuis la prohibition, aux dispositions particulières établies par la loi du 26 ventôse an 5. Le transport des grains dans la ligne des douanes n'est assujéti qu'aux formalités prescrites pour les marchandises ordinaires. (Voir le titre IV, 1ʳᵉ partie.)

CABOTAGE.

1509. Les grains et farines n'étant plus prohibés ni à la sortie ni à l'entrée, leur transport d'un port du royaume à l'autre a lieu sans autre formalité que celle prescrite pour l'expédition des diverses marchandises. Seulement leur destination est assurée par un acquit-à-caution distinct (formule n° 46).

CHAPITRE XIX — FROMAGERIES.

1510. Pour prévenir l'introduction en fraude, des fromages de pâte dure fabriqués à l'étranger, la circulation des fromages dans le rayon frontière des départements du *Doubs*, du *Jura* et de l'arrondissement de *Nantua* est soumise à une police particulière.

Circulation.

1511. Dans les localités précitées, la circulation des fromages est assujétie à la formalité du passavant. On suit à cet égard ce que prescrivent les articles 15 et 16 du titre III de la loi du 22 août 1791 (voir titre IV, 1ʳᵉ partie). (*Ordonnance du 9 janvier 1818, art. 1ᵉʳ.*)

1512. Les passavants ne sont accordés que sur la déclaration du propriétaire ou gérant du châlet, justifiant, par les expéditions requises pour le pacage des bestiaux, du nombre de vaches qu'il entretient dans cet établissement, et faisant connaître la quantité de fromages de pâte dure qu'il se propose d'expédier dans le courant de l'année. (*Idem, art. 2.*)

1513. Cette déclaration, dont le maire certifie l'exactitude, est soumise à l'approbation du sous-préfet qui règle, après avoir pris l'avis du receveur, la quantité de fromages à expédier. En cas de contestation, le préfet, après avoir consulté le directeur des douanes, fixe définitivement cette quantité. (*Idem, art. 3.*)

TITRE XV.

COLONIES ET COMMERCE DE L'INDE.

———

Les réglements sur le commerce avec les colonies et les établissements français sont résumés comme suit :

Dispositions générales ;

Armement et expédition des bâtiments pour les colonies ;

Retour des navires en France ;

Régime particulier au Sénégal et à l'île de Gorée ;

Retour des marchandises invendues ;

Comptoirs et établissemens français hors d'Europe.

CHAPITRE Iᵉʳ. — DISPOSITIONS GÉNÉRALES.

1514. Les colonies ou portions de territoire que la France possède hors d'Europe et que régissent des règles spéciales sont :

Au delà du cap de Bonne-Espérance, l'île Bourbon, Pondichéry ;

En deçà du cap, la Guiane française, les îles de la Martinique, de la Guadeloupe, de Marie-Galande, de la Désirade, des Saintes, une partie de celle de Saint-Martin et le Sénégal. (*Tarif officiel des douanes, et ordonnance du 15 octobre 1833.*)

1515. Les marchandises expédiées à destination des lieux indiqués ci-dessus, ou les denrées et autres objets arrivant de ces pays, jouissent du privilége colonial (voir ci-après) lorsque les expéditeurs ou consignataires ont satisfait aux conditions sous lesquelles ce privilége est accordé. (*Lois des 17 juillet 1791, 8 floréal an 11, 17 décembre 1814, 7 décembre 1815 et 27 juillet 1822.*)

1516. Le commerce a la faculté de réexporter de la Martinique à la Guadeloupe, et vice versâ, mais par bâtiments français seulement, les marchandises désignées aux tableaux 1 et 2 joints à l'ordonnance du 5 février 1826 (voir n° 1523, 8°), à charge de justifier, pour les marchandises énumérées au tableau n° 1, que ces marchandises ont acquitté les droits dans la colonie dans laquelle a eu lieu la première importation. (*Ordonnance du 5 février 1826.*)

CHAPITRE II. — ARMEMENT ET EXPÉDITION DES BATIMENTS POUR LES COLONIES.

NAVIRES POUVANT FAIRE LES TRANSPORTS.

1517. Les navires français, ou ceux nationalisés en vertu des lois, sont seuls autorisés a faire le commerce entre la France et ses colonies. (*Acte de navigation du 21 septembre 1793, art. 3 et 4.*)

26

1518. Il y a peine de confiscation des bâtiments et des cargaisons avec 3,000 francs d'amende, contre les propriétaires ou capitaines qui emploient des navires étrangers au commerce des colonies. (*Loi du* 21 *septembre* 1793, *art.* 3 *et* 4.)

1519. Les armateurs ont à déclarer en présence du juge de paix et à la douane que la cargaison de sortie pour les colonies n'est pas une propriété étrangère; ils s'obligent, sous cautionnement, à faire effectuer le retour du navire directement en France. (*Idem, art.* 2 *et* 4, *et* 17 *juillet* 1791.)

1520. Les transports de la métropole aux colonies ne peuvent avoir lieu que sur bâtiments de 60 tonneaux au moins. (*Loi du* 27 *juillet* 1832, *art.* 15; *circulaire du* 28 *octobre suiv.*)

PORTS D'ARMEMENT.

1521. L'armement et l'expédition des bâtiments destinés pour les colonies françaises ont lieu exclusivement par les ports d'entrepôt fictif ci-après :

Toulon, Marseille, Cette, Bayonne, Bordeaux, Rochefort, La Rochelle, Nantes, Vannes, Lorient, Brest, Morlaix, Saint-Brieux, Le Légué, Saint-Malo, Granville, Cherbourg, Caen, Honfleur, Rouen , le Havre, Fécamp, Dieppe, Saint-Valery-sur-Somme, Boulogne, Calais, Dunkerque. (*Lois des* 8 *floréal an* 11, *art.* 12; 28 *avril* 1816, *art.* 23 *et* 24; 21 *avril* 1818, *art.* 49, *et* 9 *février* 1832, *art.* 27.)

Un bâtiment qui a commencé son chargement dans un port français a la faculté d'aller le continuer dans un autre port du royaume. (*Circulaire du* 26 *janvier* 1834.)

MARCHANDISES DONT SE COMPOSENT LES CHARGEMENTS.

1522. On peut expédier pour les colonies françaises en franchise de droits :

1° Les marchandises ou denrées provenant du sol ou des fabriques de France ;

2° Les marchandises étrangères pour lesquelles les droits d'entrée ont été acquittés ;

3° Les objets nécessaires à l'avitaillement des navires ;

4° Les denrées et objets prohibés à la sortie, autres toutefois que les matières à fabriquer (*loi du* 17 *juillet* 1791, *art.* 3 *et* 4; *loi du* 3 *septembre* 1793, *art.* 3 *et* 20, *et décision administrative du* 2 *septembre* 1825) ;

5° Et les sels (ils ne sont soumis qu'au droit de sortie comme s'ils allaient à l'étranger). (*Circulaire du* 14 *octobre* 1808.)

1523. Les marchandises ci-après désignées, prises en entrepôt *réel*, peuvent aussi être réexpédiées aux colonies, d'après les règles ci-après :

1° Les fers et aciers non ouvrés.

Pour la Guiane française, en franchise. (*Décision ministérielle des* 2 *février* 1818, 30 *avril* 1817; *circulaire du* 5 *mai* 1827.)

Pour les autres colonies, le Sénégal excepté, moyennant le paiement du cinquième des droits d'entrée. (*Ordonnance du* 29 *mars* 1827; *circulaires des* 5 *mai et* 31 *décembre* 1829; *des* 29 *janvier*, 26 *août* 1833; *circulaire du* 5 *septembre.*)

2° Les chaudières en cuivre, ainsi que les clous à doublage.

Pour l'île Bourbon et le Sénégal, moyennant 12 fr. par 100 kilog. (*Loi du* 8 *floréal an* 11, *art.* 27.)

Pour la Guiane, en franchise. (*Décision ministérielle du* 2 *février* 1818.)

Nota. Ils ne peuvent l'être ni pour la Guadeloupe ni pour la Martinique. (*Ordonnance du* 5 *février* 1826; *circulaire du* 19 *septembre suivant.*)

3° Les tabacs exotiques en feuilles, reçus dans les entrepôts réels, et le tabac fabriqué étranger entreposé à Marseille (1). (*Décision ministérielle ; circulaire manuscrite du* 11 *mai* 1818.)

4° Lards, beurres salés et chandelles; ils sont expédiés en exemption de tous droits. (*Loi du* 17 *juillet* 1791, *art.* 5; *ordonnance du* 5 *février* 1826, *circulaire du* 19 *septembre suivant.*)

Nota. Il y a exception pour la Martinique et la Guadeloupe. L'expédition ne peut être faite pour ces deux colonies.

5° Le bœuf salé, les morues, saumons et autres poissons salés. Ils ne sont soumis à aucun droit d'entrée ni de sortie. (*Idem.*)

6° Les farines étran- { Pour la Martinique et la Guadeloupe, elles acquittent le droit
gères. { permanent de 21 fr. 50 cent. par baril de 90 kilog. (*Ordonnance du* 9 *novembre* 1832; *circulaire du* 19 *dudit.*)

7° Les marchandi- { On les expédie en franchise pour l'île Bourbon, sauf les *fers et*
ses étrangères non { *aciers bruts* soumis au cinquième des droits d'entrée. (*Décision*
prohibées. { *ministérielle du* 7 *novembre* 1827; *circulaire du* 15.)

8° Objets désignés { Ils sont expédiés francs de droits, sauf ceux de réexportation.
aux tableaux 1 et 2 { A destination de la Martinique, à la charge de les importer par
joints à l'ordonnance { *Saint-Pierre,* le *Fort-Royal* et la *Trinité.*.
du 5 février 1826. (2). { A destination de la Guadeloupe, à condition de les importer par
{ la *Basse-Terre* et la *Pointe-à-Pître.* (*Ordonnance du* 5 *février* 1826,
{ *décision ministérielle du* 19 *septembre suivant.*)

---

(1) Les tabacs exotiques fabriqués peuvent être réexportés pour l'île Bourbon (*Circulaire manuscrite du* 14 *mars* 1831.)

(2) Voici la nomenclature de ces objets :

TABLEAU N° 1er.

Marchandises dont l'importation est autorisée à la Martinique et à la Guadeloupe, en payant les droits ci-après indiqués :

Animaux vivants..	10 fr. p. 0/0 de la valeur.	
Bœuf salé..	15	par 100 kilogrammes.
Bois feuillard..	10	le millier.
Légumes secs...	3	50 c. par hectolitre.
Maïs en grains.......................................	2	par hectolitre.
Morue et autres poissons salés.......................	7	par 100 kilogrammes.
Riz...	7	par 100 kilogrammes.
Sel...	5	par 100 kilogrammes.
Tabacs..	7	par 0/0 de la valeur.
Bois de toute sorte, autres que le bois feuillard, y compris les essences, les planches et les merrains.......................		
Brai, goudron et autres résineux de pin, de sapin et de mélèze..........		
Charbon de terre....................................	4	pour 0/0 de la valeur.
Cuirs verts en poil, non tannés......................		
Fourrages verts et secs..............................		
Fruits de table.....................................		
Graines potagères...................................		

9° Les madras de l'Inde. { On peut les expédier pour la Guadeloupe et la Martinique. Ils acquittent dans la colonie le droit de 10 francs par pièce de 8 mouchoirs. (*Ordonnance du 10 octobre 1835, circulaire du 31 décembre suivant.*)

1524. Aucune autre denrée ou marchandise étrangère ne peut être expédiée de France à destination de la *Martinique* ou de la *Guadeloupe*, sous peine de confiscation du navire et du chargement. (*Ordonnance du 5 février 1826, art. 8 ; circulaire du 19 septembre suivant.*)

1525. Les boissons qui sont chargées à destination des colonies françaises sont exemptes du droit de circulation et de celui de consommation. (*Loi du 28 avril 1816.*)

1526. Des munitions de guerre peuvent être embarquées sur les navires destinés pour les colonies. Il est délivré aux armateurs, sur la demande qu'ils en font au ministre de la marine, et d'après leur soumission cautionnée, l'artillerie et la poudre nécessaires pour l'armement de leurs bâtiments. (*Décision administrative du 14 novembre 1817 (circulaire manuscrite) et circulaire du 16 mars 1816.*)

1527. Les futailles vides, montées ou démontées, neuves ou vieilles, que l'on expédie pour les colonies étrangères, ne sont soumises à aucun droit de sortie ; mais un acquità-caution doit assurer leur réimportation. Relativement aux futailles ayant servi, qui contiennent l'eau nécessaire pour les animaux vivants qui se trouvent à bord, elles sortent également franches de droits, accompagnées d'un simple passavant, et avec faculté de réimportation. (*Décision ministérielle du 8 mai 1832 ; circulaire du 23 du même mois.*)

1528. Les marchandises étrangères non prohibées à l'entrée, extraites des entrepôts réels, peuvent être expédiées en franchise de droits, sauf celui de réexportation, pour la *Guiane française, Saint-Pierre et Miquelon.* (*Décisions ministérielles des 2 février 1818 et 30 avril 1827 ; circulaire du 5 mai 1827.*)

1529. La douane permet aux bâtiments se rendant aux colonies d'exporter pour les pays hors d'Europe qui se trouvent sur leur route, ou au delà de la colonie où ils doivent se rendre, les marchandises dont l'exportation n'est pas prohibée, à charge d'ac-

---

TABLEAU N° 2.

Marchandises étrangères dont l'admission est autorisée dans les îles de la Martinique et de la Guadeloupe, à la charge de payer un droit de cinq centimes par 100 kilogrammes.

Baumes et sucs médicinaux, bois odorants, de teinture et d'ébénisterie, casse, cire non ouvrée, cochenille, coques de coco, cuivre brut, curcuma, dents d'éléphant, écailles de tortue, étain brut, fanons de baleine, girofle, gingembre, gommes, graines d'amone, grains durs à tailler, graisses, sauf celles de poisson, indigo, joncs et roseaux, kermès, légumes verts, laque naturelle, muscade, nacre, or et argent, os et cornes de bétail, peaux sèches et brutes, pelleteries non ouvrées, plomb brut, poivre, potasse, quercitron, quinquina, rocou, racines, écorces, herbes, feuilles et fleurs médicinales, substances animales propres à la médecine et à la parfumerie, sumac, vanille.

quitter les droits fixés par le tarif. (*Loi du* 21 *avril* 1818, *art.* 60 ; *circulaire du* 24 *dudit.*)

Déclaration, embarquement et expédition.

1530. L'embarquement des objets destinés pour les colonies françaises n'a lieu qu'après déclaration et visite, comme s'il s'agissait d'exportation ou de cabotage. (*Loi du* 17 *juillet* 1791, *art.* 16 *et* 35.)

Pour *l'exportation,* voir le titre XII.

Pour *le cabotage,* voir le titre XI.

1531. Les marchandises tirées de France et destinées pour les colonies sont soumises au plombage. On ne plombe celles extraites d'entrepôt que lorsqu'elles sont expédiées des ports de *Marseille, Bayonne, Bordeaux, Nantes* et *Rouen,* et qu'elles sont, à l'entrée en France, ou prohibées, ou taxées à plus de 10 p. 0/0 de la valeur. (*Circulaires des* 11 *août* 1817 *et* 14 *juin* 1822, *décision administrative du* 8 *septembre* 1817.)

Nota. Le ministre a permis, pour éviter des gênes au commerce, que l'on plombât seulement les ouvrages en cuir, la *tabletterie,* les verres et *cristaux,* les *tissus* de toute espèce, les *armes de luxe* et les *ouvrages en métaux,* à l'exception des objets d'arts. (*Circulaire des* 22 *août* 1818 *et* 10 *mars* 1825 , *manuscrites.*)

1532. La destination, pour les colonies françaises, des marchandises nationales ou étrangères, est assurée par un acquit-à-caution (formule nᵒ 50), comprenant tous les objets embarqués par *nombre* et *espèce* de colis, *marques* et *numéros, quantités, espèces* ou *qualités* et *valeur* des marchandises. Deux employés signent cette expédition. (*Loi du* 17 *juillet* 1791, *art.* 15 ; *circulaire du* 19 *vendémiaire an* 4.)

Primes.

1533. Les primes d'exportation allouées aux fabrications françaises sont dues pour les objets ayant pour destination les colonies françaises, lorsque l'embarquement s'effectue par l'un des bureaux que la loi désigne. (Voir le titre XII.) Leur expédition, dans ce cas, a lieu par simple passavant. (*Lois des* 7 *juin* 1820, *art.* 10, *et* 17 *mai* 1826, *art.* 9 ; *circulaire du* 9 *mars* 1827.)

1534. L'expéditeur reçoit, à titre de prime, le remboursement du droit du sel employé à la salaison du beurre et des viandes de bœuf et de porc, ainsi que de celui qui a servi à la fabrication du sel ammoniac, soit que ces objets aient été embarqués comme cargaison pour les colonies, soit qu'ils composent la provision de bord du navire. (*Lois du* 7 *juin* 1820, *art* 9, *et du* 17 *mai* 1826, *art.* 8.)

CHAPITRE III. — RETOUR DES NAVIRES EN FRANCE.

1535. Les capitaines de navires revenant des colonies en France peuvent composer le chargement de leurs bâtiments, savoir :

De denrées du cru des colonies : elles sont admises avec modération de droits. (Voir nᵒ 1536.)

De marchandises invendues aux colonies. Elles sont réadmises en franchise. (Voir nᵒ 1561.)

De denrées du cru non admises au privilége colonial. Ces denrées sont soumises aux réglements généraux. (*Circulaires des* 29 *juin* 1808, 29 *janvier* 1818 *et* 28 *juillet* 1822.)

Denrées du cru des colonies.—Modération des droits.

1536. Les produits des colonies françaises, auxquels il est accordé une modération de droits, sont ceux-ci :

Sucre et ses dérivés	Confitures...... Sirops.......... Rhum.......... Tafia........... Mélasses........

Miel . . . .⟩De quelque colonie qu'ils viennent.
Casse confite ou canéfice. . . . .
Café. . . . .
Cacao. . . . .
Bois de campêche. . . . .
Coton. . . . . ⟩
Liqueurs de la Martinique.
Girofle de Bourbon et de la Guiane française.
Cassia lignea. . . . . ⟩
Poivre et piment. . . . . ⟩De la Guiane française.
Rocou. . . . . ⟩
Bois d'ébénisterie de la Guiane française et du Sénégal.
Produits du Sénégal désignés aux nᵒˢ 1560 et 1560 bis. (Loi du 17 mai 1826.)

Conditions du privilége.

1537. Pour jouir de la modération de droits accordée par la loi, les produits doivent être apportés par navires français de 60 tonneaux au moins, *en droiture*, dans les ports d'entrepôt fictif, sans faire escale à l'étranger, à peine d'être traités comme étrangers. (*Loi du 27 juillet 1822*, *art.* 15; *circulaires des 28 du même mois et du 20 janvier* 1829.)

1538. Les capitaines qui importent des denrées sur des navires d'un tonnage au dessous de celui requis encourent une amende de 500 francs, pour sûreté de laquelle le navire et la marchandise peuvent être retenus. (*Loi du* 21 *avril* 1818, *art.* 36.)

1539. La preuve que les marchandises sont du cru de la colonie résulte des déclarations contenues tant au manifeste dont le capitaine est porteur, qu'au rapport de mer et aux acquits-à-caution remis dans les ports de chargement, et des quittances des droits de sortie.

1540. Un certificat d'origine, délivré par l'autorité supérieure, doit être exigé par la douane, si les denrées viennent de *Bourbon* ou de *Cayenne*. (*Lois du* 29 *mars* 1791, *art.* 6 *et* 10 ; *et du* 17 *juillet* 1791, *art.* 17 et 21; *décision du* 16 *juin* 1808; *ordonnance du* 22 *octobre* 1817; *circulaire du* 29.)

1541. Les denrées ou marchandises chargées dans les colonies françaises, et qui ne sont pas du cru de leur sol, sont, quoique accompagnées d'expéditions, traitées comme étrangères.

En cas de doute, les experts du gouvernement (voir nᵒ 220) sont appelés à se prononcer sur la véritable provenance des marchandises. (*Loi du* 27 *juillet* 1822, *art.* 19.)

1542. Lorsque les quittances des droits coloniaux ne sont pas représentées à l'arrivée du bâtiment en France, la douane exige le paiement des sommes qui étaient dues à la sortie de la colonie. (*Lois du 29 mars 1791, art. 10, et du 17 juillet même année, art. 21.*)

Vérification à l'entrée.

1543. Les dispositions générales de douanes relatives aux manifestes, aux déclarations, au débarquement et à la vérification, sont applicables à l'importation des marchandises arrivant des colonies françaises. (*Loi du 17 juillet 1791, art. 35.*) (Voir le titre V.)

1544. Dans la visite qu'ils opèrent, les vérificateurs doivent s'attacher à reconnaître, par la forme et la nature des emballages; par l'espèce, la couleur et la qualité des marchandises, si les objets présentés proviennent réellement des colonies françaises. (*Circulaires du 30 janvier 1815 et du 20 janvier 1829.*)

1545. Les receveurs des douanes, dans les ports de retour, s'assurent d'abord par l'interrogatoire du capitaine, et au besoin par la confrontation des gens de l'équipage, qu'au départ il n'y a pas eu de chargement *de bord à bord* et que toute la cargaison a été prise à terre. Ils réunissent toutes les pièces justificatives d'origine, et, tant par l'examen fait de ces pièces que par la reconnaissance des formes d'emballage, la nature du bois des caisses ou barriques, le tissu des sacs, la qualité, la nuance, le grain des sucres, ils s'éclairent sur la véritable provenance des denrées introduites. (*Circulaires précitées et du 24 avril 1818.*)

1546. Si la preuve est acquise sur la provenance coloniale, et que le bâtiment ait été armé dans la direction où il effectue son retour, l'admission de sa cargaison au privilège colonial est autorisée par le directeur. Si, au contraire, le navire revient dans une direction autre que celle où il a été expédié, ou qu'il existe quelques difficultés quant aux pièces produites, il en est référé à l'administration. Les directeurs peuvent, néanmoins, en attendant sa décision, autoriser, moyennant soumission, l'admission des marchandises aux droits modérés. (*Circulaires des 4 mars et 11 juillet 1816, 19 décembre 1817, 24 avril et 21 août 1818.*)

1547. Lorsqu'il existe des différences entre le poids exprimé par les acquits à-caution délivrés aux colonies, et celui résultant de la vérification faite au port d'arrivée, les acquits-à-caution ne sont déchargés que pour les quantités reconnues. (*Circulaire du 1ᵉʳ mars 1819.*)

1548. L'excédant de poids *au-dessous du 10ᵉ*, qui est reconnu au déchargement, est passible du simple droit d'entrée, l'excédant *du 10ᵉ et au dessus* donne lieu au paiement du double droit. (*Loi du 22 août 1791, titre II, art. 18 ; circulaire du 14 avril 1817.*)

Marchandises chargées sous voiles.

1549. Les capitaines de navires venant des colonies françaises sont obligés de mentionner séparément sur leur manifeste, les marchandises qu'ils ont chargées *sous voiles* auxdites colonies, au moment de leur départ. (*Loi du 17 juillet 1791.*)

1550. Les marchandises *chargées sous voiles* ne jouissent de la modération des droits, qu'autant qu'il est reconnu qu'elles proviennent du cru de la colonie, et que le bâtiment est arrivé *en droiture.*

Ne sont pas admis aux droits modérés, lorsqu'ils ont été pris sous voiles :

Les denrées ou marchandises venant de Cayenne ou de Bourbon.

Le bois de campêche venant de la Martinique et de la Guadeloupe ,

Le coton , la salsepareille , les feuilles ou follicules de séné venant du Sénégal. (*Circulaire du* 16 *février* 1818.)

Nota. Les faibles quantités sont admises par les directeurs; s'il s'agit de fortes parties, il en est référé à l'administration. (*Circulaire du* 16 *février* 1818.)

1551. Lorsque les marchandises chargées sous voiles sont admises au privilége colonial, elles acquittent en France , à titre de droits accessoires, les droits spéciaux qu'elles auraient dû payer à la sortie de la colonie. (*Loi du* 17 *juillet* 1791, *art.* 21 , *circulaire du* 16 *février* 1818.)

Dispositions diverses.

1552. Les sucres exportés des îles de la Guadeloupe et de la Martinique sont affranchis de tous droits de douanes. (*Ordonnance du* 10 *octobre* 1835 , *circulaire du* 31 *décembre suivant.*)

1553. Les denrées coloniales françaises auxquelles une modération de droits est accordée, et que l'on importe régulièrement par bâtiments français, peuvent être reçues en entrepôt fictif dans les ports ouverts au commerce de ces colonies (voir *Entrepôts fictifs* , titre IX). (*Loi du* 7 *décembre* 1815 , *art.* 2 ; *circulaires du* 18 *et du* 19 *juillet* 1825.)

1554. La faculté du transit est accordée aux denrées coloniales françaises importées par navires français dans les ports où elles sont admises en entrepôt.(*Lois des* 7 *décembre* 1815 , *art.* 3 , *et* 9 *février* 1832.)

1555. Lorsque des navires mexicains sont appelés à jouir de quelque privilége en raison de la provenance de leur cargaison, ils ne peuvent l'obtenir qu'autant que les produits qu'ils importent sont accompagnés de certificats d'origine délivrés par les agents des douanes du port d'embarquement. (*Circulaire du* 27 *juin* 1827.)

Nota. La circulaire précitée règle provisoirement les conditions auxquelles les navires mexicains et leurs cargaisons seront admis dans le royaume.

NON-RAPPORT DES ACQUITS-A-CAUTION.

1556. Les acquits-à-caution délivrés pour assurer la destination des marchandises et denrées doivent être rapportés revêtus du certificat de déchargement , savoir :

Ceux délivrés pour l'île Bourbon, dans le délai de dix-huit mois (*loi du* 21 *avril* 1818, *art.* 26);

Ceux délivrés pour les autres colonies, dans les six mois de leur date. (*Circulaire du* 27 *août* 1814.)

1557. En cas de non-rapport des expéditions régularisées, les soumissionnaires encourent les peines ci-après :

Le paiement de la valeur, avec amende de 500 francs, pour les marchandises prohibées à l'entrée réexportées d'entrepôt, et pour celles prohibées à la sortie. (*Lois des* 17 *juillet* 1791, *art.* 20, *et* 17 *mai* 1826, *art.* 20.)

Le double droit d'entrée du tarif général, pour les marchandises étrangères qui, à leur arrivée en France, n'avaient pas acquitté ce droit. (*Loi du* 17 *juillet* 1791, *art.* 20.)

Le double droit de sortie pour celles sujettes aux droits. (*Lois des* 22 *août* 1791, *art.* 12, *titre III, et* 7 *juin* 1820, *art.* 14.)

1558. Les capitaines, qui ne rapportent pas au bureau de départ les acquits-à-caution dans les délais prescrits, sont admis à justifier, par des rapports réguliers, des retards qu'ils ont éprouvés en mer. (*Loi du* 4 *germinal an* 2, *titre VII, art.* 2.)

1559. Les soumissionnaires cessent d'être garants de la fidélité des certificats de décharge délivrés sur les acquits-à-caution, savoir :

Six mois après la remise du certificat, pour l'île Bourbon; (*loi du* 21 *avril* 1818, *art.* 24);

Dix mois pour les Indes-Occidentales et l'Afrique jusqu'au cap de Bonne-Espérance. (*Loi du* 4 *germinal an* 2, *titre VII, art.* 3.)

CHAPITRE IV. — SÉNÉGAL ET ILE DE GORÉE.

Départ des navires.

1559 *bis*. Les marchandises dites *de traite*, que désigne l'article 24 de la loi du 8 floréal an 11 (elles sont indiquées par la circulaire n° 1411),

Les petits miroirs d'Allemagne,

Les fusils et sabres de traite, autres que les armes de luxe, fabriqués hors de France,

Les denrées coloniales du cru des Antilles françaises, de Cayenne et de Bourbon,

Les fers et aciers non ouvrés,

Et les poudres à tirer peuvent être expédiés des ports d'entrepôts réels pour le Sénégal, sous le seul paiement du droit de réexportation. (*Lois des* 8 *floréal an* 11, 21 *avril* 1818, *art.* 23; *circulaire du* 28 *octobre* 1820; *décision administrative du* 29 *juin* 1822, *et ordonnance du* 26 *août* 1833.)

La même faculté est accordée pour les armes de chasse autres que de luxe. (*Circulaire du* 4 *décembre* 1835.)

1559 *ter*. Les fusils *de traite* ne peuvent être embarqués qu'en vertu d'une permission du ministre de la guerre, à moins qu'il n'ait été reconnu par les officiers d'artillerie que les armes présentées ne sont pas de l'espèce prohibée. (Voir *armes*, n° 1463.)

1559 4. Il y a exemption des droits de sortie, pour les marchandises françaises non prohibées envoyées au Sénégal, sous la condition que leur destination se trouve garantie par un acquit-à-caution. (*Loi du* 17 *juillet* 1791, *décision ministérielle du* 24 *octobre* 1833, *circulaire du* 18 *novembre suivant*.)

1559 5. Un droit de 5 francs par pièce est perçu sur les toiles dites guinées réexportées des entrepôts de France pour le Sénégal, si elles sont venues par navires étrangers, ou par navires français d'ailleurs que de l'Inde. Les acquits-à-caution délivrés pour cette destination doivent indiquer la provenance de ces toiles, et le numéro de recette lorsque la perception a été effectuée. (*Loi du* 17 *mai* 1826, *art.* 6; *circulaire du* 3 *mars* 1830.)

1559 6. Les tabacs fabriqués peuvent être réexportés d'entrepôt à destination du Sénégal, à charge d'assurer la destination par un acquit-à-caution. (*Lettre administrative du* 16 *avril* 1835.)

1559 ⁷. Les marchandises d'entrepôt peuvent être expédiées pour le Sénégal sur des navires de 60 tonneaux et au dessus. (*Circulaire du 22 janvier* 1829.)

1559 ⁸. L'acquit-à-caution délivré au capitaine, pour assurer la destination des marchandises qu'il a chargées à bord de son navire, comprend tous les objets embarqués, par nombre et espèce de colis, marques et numéros, quantités, espèces ou qualités, et valeur des marchandises. Le certificat de décharge que délivrent à l'arrivée à la colonie les préposés, doit être visé par l'autorité supérieure pour légalisation des signatures. (*Loi du 17 juillet* 1791, *art.* 15; *circulaire du 18 novembre* 1833.)

1559 ⁹. En cas de non rapport de l'acquit-à-caution dans les dix-huit mois du départ, les soumissionnaires sont contraints, savoir:

Au double droit d'entrée, pour les marchandises tarifées réexportées d'entrepôt;

Au paiement de la valeur des objets, avec amende de 500 francs s'il y a prohibition;

Au double droit de sortie pour les marchandises sujettes aux droits. (*Même loi, art.* 20 *et* 35; *et loi du* 17 *mai* 1826, *art.* 20.)

1559 ¹⁰. Les marchandises extraites d'entrepôt ne sont sujettes au plombage que lorsqu'elles sont expédiées des ports de Marseille, Bayonne, Bordeaux, Nantes et Rouen, et qu'elles sont, à l'entrée en France, prohibées ou passibles d'un droit de 20 francs ou plus par 100 kilogrammes, ou répondant au dixième de leur valeur. (*Ordonnance du 29 juin* 1833, *art.* 5; *et circulaires des 7 août* 1819, *et* 14 *juin* 1822.)

Nota. Pour le plombage des marchandises françaises envoyées au Sénégal voir les exceptions que rappelle la circulaire du 18 novembre 1833.

Retour des bâtiments.

1560. Les chargemens rapportés du Sénégal se composent:

1° Des productions de l'établissement, admises en France à un droit privilégié (il faut, pour jouir du privilége, satisfaire aux conditions ci-après rappelées);

2° Des marchandises françaises rapportées à défaut de vente (voir la *circulaire du* 29 *janvier* 1818 *et les règles qui y sont rappelées*);

3° Des denrées qui ne jouissent pas du privilége. (On applique à celles-ci les règlemens généraux. (*Circulaire du 18 novembre* 1833.)

1560 *bis*. Les produits du Sénégal, admissibles à une modération de droits, sont ceux suivants:

Bois d'ébénisterie, grandes peaux brutes et sèches, cire brune non clarifiée, dents d'éléphants, gommes pures, salsepareille, feuilles et follicules de séné, coton sans distinction d'espèce. (*Loi des 28 avril* 1816, 27 *mars* 1817, 7 *juin* 1820 *et* 17 *mai* 1826.)

1560 *ter*. Les produits désignés en l'article précédent sont traités comme étrangers, s'ils n'arrivent pas *en droiture* dans les ports d'entrepôt fictif (voir nº 615), sans faire escale à l'étranger, sauf le cas de force majeure dûment justifié. (*Lois des 7 décembre* 1815, *art.* 2; 17 *juillet* 1791, *art.* 2; 27 *juillet* 1822, *art.* 15, *et circulaire* nº 740.)

1561. Les preuves de la provenance des marchandises admises à jouir du privilége s'établissent par les déclarations contenues au manifeste, par les acquits-à-caution délivrés au port de chargement, et par les quittances de droit de sortie dont les capitaines sont porteurs (voir, quant à ces justifications, les nᵒˢ 1539 et suivants). (*Loi du 17 juillet* 1791, *art.* 21; *décision du* 16 *juin* 1808; *circulaire du* 29.)

Nota. Pour les marchandises chargées sous voiles, voir nº 1550.

Ile de Gorée.

1561 *bis.* Toutes les marchandises, soit françaises, soit étrangères, qu'il est permis de conduire au Sénégal, peuvent être expédiées également pour l'île de Gorée. Les réglemens relatifs au Sénégal sont de tous points applicables à cette île. (*Circulaire du 18 novembre 1833.*)

1562. L'exclusif absolu établi par l'arrêté du 25 frimaire an 10 n'étant pas en vigueur à l'île de Gorée, les productions naturelles étrangères à l'Europe peuvent y être apportées par navires de tous pavillons, et y être reçues en entrepôt. (*Décision du 7 janvier 1822; circulaire du 27 dudit.*)

Nota. Voir, tant pour les conditions de cet entrepôt, que pour les marchandises qu'on peut y recevoir, et pour les droits à acquitter, la circulaire du 18 novembre 1833, nº 1411.

CHAPITRE V. — RETOUR DES MARCHANDISES INVENDUES AUX COLONIES.

1562 *bis.* Les marchandises nationales, de retour des colonies françaises pour défaut de vente, sont exemptes de tous droits à leur rentrée en France. (*Loi du 29 mars 1791, art. 8.*)

1563. Pour jouir de l'exemption des droits, l'armateur doit justifier :

1º De l'expédition antérieure des marchandises pour les colonies, en produisant les acquits-à-caution levés au départ;

2º Du renvoi des objets de la colonie, en exhibant une attestation délivrée par les employés des douanes. (*Circulaire du 29 janvier 1818.*)

3º Du chargement de ces mêmes marchandises à la colonie.

A défaut de ces justifications, les marchandises sont traitées comme étrangères. (*Loi du 17 juillet 1791, art. 32.*)

1563 *bis.* Lorsque la preuve d'origine française est régulièrement établie, et que l'armement du bâtiment a eu lieu dans la direction dans laquelle le retour est effectué, les directeurs autorisent eux-mêmes l'admission des objets non prohibés par le tarif, dans le cas contraire, l'autorisation doit émaner de l'administration. (*Circulaire du 29 janvier 1818.*)

1564. Les tissus et autres objets similaires de ceux frappés de prohibition à l'entrée, qui ont fait partie d'un chargement à destination des colonies, ne sont réadmis en France qu'après que leur origine a été constatée sur échantillons soumis aux experts du gouvernement. (*Idem.*)

1564 *bis.* Les directeurs sont autorisés à permettre la rentrée en franchise des vins qui, compris dans les acquits-à-caution, n'offrent à la dégustation aucun doute sur l'origine nationale; mais dans aucun cas les vins étrangers ne peuvent être réadmis. (*Idem.*)

1565. Les viandes salées en France, pour lesquelles on a obtenu la restitution du droit de consommation du sel à l'exportation (voir nº 1534), ne sont réintroduites qu'en acquittant les droits d'entrée dont sont passibles les viandes importées de l'étranger. (*Ordonnance du 22 juin 1820, art. 5; circulaire du 5 juillet suivant.*)

CHAPITRE VI. — COMPTOIRS ET ÉTABLISSEMENTS FRANÇAIS HORS D'EUROPE.

1566. Les comptoirs et établissements que la France possède hors d'Europe sont : Madagascar; Mahé, sur la côte de Malabar ; Pondichéry , Karical, sur la côte de Coromandel ; Yanaon , sur la côte d'Orixa ; Chandernagor, dans le Bengale ; l'île de Gorée , près le Sénégal ; les îles St-Pierre et Miquelon , près le banc de Terre-Neuve.

1567. Le commerce , entre la France et ses comptoirs , ne peut avoir lieu que par bâtiments français , et qu'après un serment attestant la propriété des cargaisons d'arrivée ou d'expédition , sous peine de 3,000 francs d'amende et de la confiscation des navires et des marchandises. (*Loi du 21 septembre* 1793 , *art.* 2 , 3 *et* 4.)

Armement et expédition.

1568. L'armement et l'expédition des navires se font par les ports du royaume qui ont un entrepôt *réel* (voir ces ports n° 534). (*Loi du 21 avril* 1818, *art.* 21.)

1569. On peut expédier pour les établissements français, en franchise de droits :

1° Les marchandises françaises ou nationalisées par le paiement des droits, dont la sortie n'est pas défendue ;

2° Les marchandises étrangères tarifées ou prohibées, tirées des entrepôts réels ;

3° Les vivres et munitions nécessaires au commerce de l'Inde, et dont l'expédition est autorisée (voir au titre XIV les articles : *Armes et poudres à feu*). (*Loi du 21 avril* 1818, *art.* 18 *et* 19.) (*Lettre administrative du* 8 août 1834.)

1570. Le plombage des marchandises et leur expédition par acquits-à-caution se règlent comme lorsqu'il s'agit de transports aux colonies françaises. Le non rapport des acquits-à-caution est soumis aux mêmes dispositions (voir n° 1556 et suivants). (*Lois des* 17 *juillet* 1791, *art.* 20 ; 21 *avril* 1818, *art.* 19 *et* 24 ; 7 *juin* 1820, *art.* 14, *et* 17 *mai* 1826, *art.* 20.)

Retour des navires.

1570 *bis.* Les bâtiments expédiés pour les comptoirs et établissements français hors d'Europe ne peuvent effectuer leur retour que par les ports d'entrepôt réel. (*Loi du* 21 *avril* 1818 *art.* 21.)

1571. Les droits à payer pour les marchandises provenant de ces comptoirs et établissements sont ceux dus pour les objets chargés dans les autres parties de l'Inde, et apportés par navires français. (*Loi du* 17 *mai* 1826, *art.* 1ᵉʳ; *circulaire du* 23.)

Nota. L'ordonnance du 13 octobre 1833 porte que les sucres arrivant de Pondichéry sont admis aux mêmes droits que ceux venant de Bourbon.

1572. Les marchandises que désigne l'article 23 de la loi du 28 avril 1816 (voir n° 249) ne peuvent, quoiqu'arrivant des comptoirs français dans l'Inde, être importées que par bâtiments de soixante tonneaux au moins pour l'Océan, et quarante tonneaux au moins pour la Méditerranée, à peine de 500 francs d'amende. (*Loi du 28 avril* 1816).

1573. Aucune exception n'est faite aux prohibitions générales prononcées par les lois de douanes, en faveur des tissus ou autres articles provenant du commerce français dans l'Inde. (*Loi du 21 avril* 1818, *art.* 22.)

ILES DE LA SONDE, OU DES PARTIES DE L'ASIE OU DE L'AUSTRALASIE SITUÉES AU
DELA DES PASSAGES FORMÉS PAR CES ILES.

1574. Les produits naturels de ces îles, le sucre excepté, jouissent d'une remise du cinquième des droits d'entrée, tels qu'ils sont établis pour les provenances les plus favorisées, autres que les colonies françaises, si l'importation s'effectue *en droiture*. (*Ordonnance du 8 juillet* 1834.)

1575. Il est permis toutefois aux navires venant de ces pays lointains de relâcher à Bourbon, et même d'y prendre un complément de cargaison, pourvu que des pièces authentiques, émanées de la douane de cette île, fassent mention de la cargaison primitive et des objets chargés dans la colonie. (*Décision ministérielle du 21 novembre* 1834; *circulaire du 31 décembre suivant.*)

Nota. On suit pour obtenir la justification de la provenance et de l'arrivée du navire *en droiture* ce qui est expliqué aux nᵒˢ 1559 et suivants. Si les directeurs jugent que les justifications sont complètes, ils autorisent, sous caution, l'admission des marchandises aux droits modérés, autrement ils en réfèrent à l'administration. (*Circulaire du 31 décembre* 1834.)

TITRE XVI.

SELS.

On a classé les dispositions concernant les sels dans l'ordre ci-après :
1° Importation des sels étrangers ;
2° Police des marais salants et salines de France ;
3° Sels extraits par terre des marais salants et salines, pour la consommation,
4° Sels expédiés par eau, pour les ports de France et pour les entrepôts ;
5° Eaux salées et sables ou sablons ; .
6° Sel ignigène ;
7° Sels raffinés ;
8° Sels de salpêtre ;
9° Police de circulation ;
10° Entrepôts ;
11° Sels exportés ,
12° Approvisionnement des états limitrophes de la France ;
13° Pêche et salaisons ;
14° Sels destinés à la fabrication de la soude ,
15° Sels délivrés pour le commerce de la troque ;
16° Restitution des droits sur les viandes salées, sur les beurres, etc., présentés à l'exportation ;
17. Contraventions aux règlements sur les sels.

CHAPITRE Ier. — IMPORTATIONS DES SELS ÉTRANGERS.

1576. L'entrée des sels étrangers est interdite dans toute l'étendue du royaume, sous les peines applicables aux marchandises prohibées. (*Lois des 22 mai 1790 et 15 mars 1791.*)

1577. Il y a exception à la prohibition absolue pour les sels ci-après dénommés :

1° Le sel *gemme* ou *fossile*, en masses solides, tel qu'on le tire de la mine : il est admis moyennant les droits fixés par le tarif. (*Loi du 17 décembre 1814 et tarif officiel.*)

2° Les sels *de prises :* ils acquittent, sans déduction de déchet, le droit de consommation imposé sur le sel de France. (*Loi du 1er pluviose an 13 ; circulaires des 28 mai 1806 , et 28 novembre 1807.*)

Nota. Les sels de prises ne jouissent pas des avantages réservés aux sels nationaux ; ils ne sont admis en entrepôt que dans le port d'arrivée , ils ne peuvent être employés aux salaisons , et le crédit dont jouissent les importateurs est celui accordé pour les *droits de douanes*. (*Circulaires des 28 novembre 1807 , et 3 avril 1810.*)

3° Les sels provenant *de saisies*, si le produit qu'on en retire lors de la vente est plus

élevé que le montant de la taxe de consommation cumulée avec les frais (voir n° 1873).
(*Circulaire du 26 mai 1828.*)

4° Les sels *de Saint-Ubes :* on admet seulement les quantités fixées par le ministre des finances, pour les armements destinés à la pêche de la morue. (*Ordonnances des* 11 *novembre* 1814, *art.* 1er ; *et* 30 *octobre* 1816, *art.* 10.)

Nota. Le sel de St-Ubes peut être reçu en entrepôt comme marchandise prohibée dans les ports ouverts au prohibé et être destiné à la pêche de la morue, si le crédit est accordé par le ministre. (*Lettre administrative du* 13 *juillet* 1835.)

1578. Les sels de Saint-Ubes ne sortent des magasins que pour être conduits à bord des bâtiments auxquels ils sont destinés. Un compte est ouvert à la douane pour établir successivement les importations et les exportations effectuées. Ces sels ne jouissent d'aucun déchet. (*Ordonnance du* 11 *novembre* 1814 ; *circulaire du* 8 *septembre* 1818 ; *lettre administrative du* 13 *juillet* 1835.)

CHAPITRE II. — POLICE DES MARAIS SALANTS ET SALINE DE FRANCE.

Surveillance des établissements.

1579. Les propriétaires de terrains voisins de la mer, ou des étangs alimentés par les eaux de la mer, peuvent librement établir des marais salants ou salines sur ces terrains, en remplissant les formalités indiquées aux articles ci-après : (*Avis du comité des finances du conseil-d'état du* 17 *janvier* 1815.)

1580. Avant l'établissement des marais ou salins, le propriétaire des terrains est tenu de faire sa déclaration au bureau des douanes le plus voisin ; il encourrait la confiscation des ustensiles et des objets propres à la fabrication, avec 100 francs d'amende, s'il contrevenait à cette disposition. (*Même avis* , *et loi du* 24 *avril* 1806, *art.* 51.)

1581. Un marais salant ne pourrait être établi s'il était construit de manière à ce que la surveillance des préposés et la perception des droits fussent rendues impossibles. (*Idem, et décision administrative du* 3 *juin* 1825.)

1582. Les préposés des douanes sont autorisés à se transporter en tout temps dans l'enceinte des marais salants ou salines, et dans les lieux de dépôt, pour y exercer leur surveillance dans l'intérêt du trésor public (1). (*Décret du* 11 *juin* 1806 , *art.* 8.)

Sels naturels.

1583. Les sels provenant de récoltes accidentelles sur des terrains non soumis à la

---

(1) Cette surveillance comprend , dans les salins du Midi , la grosseur à donner aux masses de sel , afin de ne pas inutilement multiplier leur nombre ;

Le placement de ces masses sur le point le plus convenable des feuilles du salin , de manière à rendre leur garde à la fois facile et sûre ;

L'écoulement fréquent des eaux de l'extérieur, afin d'éviter que ces eaux ne produisent des sels naturels qu'il faudrait garder par un service extraordinaire ;

La promenade des eaux *vertes* (celles arrivant immédiatement de la mer) dans les fossés des salins, pour empêcher que des eaux échauffées par un trop long séjour ne forment des sels dans ces fossés ; .

Enfin l'entretien des fossés d'enceinte , afin de pouvoir défendre le mieux possible l'abord de la saline contre les tentatives des fraudeurs.

garde permanente des douanes, ne peuvent être enlevés pour la consommation en payant les droits. Les préposés des douanes sont chargés de les détruire à mesure de leur formation. (*Décision ministérielle du* 31 *janvier* 1813; *circulaire du* 3 *février suivant.*)

CHAPITRE III. — SELS EXTRAITS DES MARAIS SALANTS OU SALINES POUR LA CONSOMMATION.

DÉCLARATION ET PERMIS.

1584. Aucun enlèvement de sel ne peut avoir lieu dans le rayon soumis à la police des douanes, sans une déclaration faite au bureau le plus voisin de la saline. (*Décret du* 11 *juin* 1806, *art.* 2.)

1585. La déclaration est consignée au registre n° 1ᵉʳ. Elle contient le nom du vendeur, celui de l'acheteur, la quantité en kilogrammes de sel vendue, le nom du voiturier ou capitaine, et le lieu de destination. (*Même décret, art.* 3; *loi du* 22 *août* 1791, *titre II, art.* 5.)

1586. Un permis (formule n° 2) est délivré par le receveur. Il fait connaître aux préposés placés sur les marais ou salins, qu'ils peuvent laisser extraire la quantité de sel énoncée. Tout enlèvement de sel, sans cette pièce, donne lieu à la confiscation des sels et des moyens de transport, avec amende de 100 francs. (*Loi du* 22 *août* 1791, *titre II, art.* 13; *décret du* 11 *juin* 1806, *art.* 16.)

1587. L'enlèvement des sels n'a lieu qu'après le lever et avant le coucher du soleil. (*Décret du* 11 *juin* 1806, *art.* 6.)

1588. Le permis délivré au bureau doit être revêtu d'un certificat des employés qui ont assisté à l'enlèvement et à la visite ; il exprime les quantités enlevées sur la saline, et celles reconnues au bureau. (*Même décret.*)

VÉRIFICATION.

1589. Pour toute quantité de sel qui excède 100 kilogrammes, on peut, pour vérifier le nombre de kilogrammes composant le chargement, employer le *mesurage.* La quantité de sel que contient la mesure est constatée par chaque expédition, en suivant le mode qui est ci-après indiqué (voir n° 1595). (*Même décret, art.* 17.)

1590. La seule mesure admissible pour opérer la vérification des sels est *le demi-hectolitre,* ayant la forme d'un cône tronqué, traversé horizontalement à son ouverture par une barre de fer (1). (*Circulaires des* 11 *janvier* 1809, 8 *août* 1816, *et* 7 *mars* 1817.)

1591. Le sel doit être jeté dans la mesure sans violence ni tassement (2). Cette mesure est ensuite radée uniformément par les mesureurs avant d'être renversée, soit dans la

---

(1) Voici sa dimension:

Diamètre de la base....................	51	centimètres.
Idem. de l'ouverture..............	51	*idem.*
Hauteur........................	37	*idem.*
Longueur des côtés.................	39	*idem.*

(2) La ferme générale employait pour défendre le tassement cette expression : *à pelle coulante et sans efforts.*

cale des navires, soit dans les sacs des voituriers. (*Circulaires des* 11 *janvier* 1809, 8 *août* 1816, *et* 7 *mars* 1817.)

1592. Dans les lieux où l'usage de la trémie en bois peut être praticable, le sel est versé d'abord dans cette espèce d'auge carrée, pour tomber ensuite dans le demi-hecto-litre, à une hauteur qui doit toujours être de 18 pouces. (*Circulaire du* 23 *décembre* 1813.)

1593. Il est placé sur les marais salants, dans les salins et dans les ports, des mesu-reurs et peseurs assermentés, commissionnés par les directeurs, qui les révoquent à volonté. Ces hommes de peine sont payés par le commerce. (*Décision ministérielle du* 1er *septembre* 1807, *circulaire du* 8, *décision administrative du* 5 *janvier* 1825.)

1594. Deux employés au moins, l'un du service sédentaire, l'autre du service des bri-gades, procèdent, sous la surveillance des chefs, par qui ils ont été préalablement cotés, à la vérification des sels enlevés; ils suivent les chargements et en constatent les détails et les résultats, le premier sur son carnet (formule n° 3), le second sur son livret (for-mule n° 4). (*Circulaire du* 19 *août* 1816.)

1595. Ces deux employés, pour prévenir toute erreur, comptent, au moyen d'un ap-pareil, le nombre de demi-hectolitres successivement mesurés, et ils en font écriture. Une mesure sur vingt est pesée, et c'est d'après le poids partiel reconnu par le vérifi-cateur, que le poids total du chargement est établi. (*Circulaire du* 19 *août* 1816.)

1596. Le vérificateur, en commençant et en finissant l'opération, constate la tare du demi-hectolitre; il fait ensuite déduction du poids que produit cette mesure vide et qu'il applique à toutes les mesures embarquées ou mises en sacs, sur le poids total brut du chargement. (*Idem.*)

1597. La pesée du demi-hectolitre de sel a lieu au moyen de balances uniformes; l'usage de la romaine est interdit. Les vérificateurs et leurs chefs ont à veiller à ce que les fléaux et les poids en usage pour ces opérations, aient toute la justesse possible, et soient conservés avec soin. (*Circulaire du* 19 *août* 1816.)

1597 *bis.* Les résultats de la vérification sont portés sur le registre de visite, série n° 5, même dans les bureaux où il n'existe pas de visiteur. (*Décision administrative du* 29 *mars* 1834.)

1598. Les receveurs des marais salants et salins sont tenus, quoique les opérations du mesurage et du pesage des sels aient lieu hors de leur bureau, de s'assurer que ces opé-rations se font exactement; ils sont responsables de l'inexactitude qu'apporteraient leurs subordonnés dans leur travail. (*Circulaire du* 19 *août* 1815.)

DÉCHET.

1599. Il est accordé à ceux qui enlèvent des sels des lieux de fabrication, soit pour la consommation immédiate, soit pour les entrepôts, une déduction de 5 p. 0/0, à titre de déchet. (*Décret du* 11 *juin* 1806, *art.* 12; *circulaire du* 18 *juillet* 1806.)

1600. Si les sels n'acquittent pas l'impôt immédiatement, l'acquit-à-caution délivré pour assurer leur destination (voir n° 1615) exprime la quantité totale enlevée des salins. Il est fait ensuite, au lieu d'arrivée, déduction du déchet accordé. (Voir *Cabotage des sels*, n° 1628.)

28

1601. Le déchet n'est pas alloué :

Aux sels délivrés pour le commerce de la troque (voir n° 1842.)

Aux sels expédiés à destination des fabriques de soude (voir n° 1817). (*Circulaires des 19 décembre 1809 et 14 mai 1817.*)

Nota. La portion du déchet non absorbée, quant aux sels mis en entrepôt à leur arrivée dans les ports, se nomme *boni.* Il en est tenu compte à l'entrepositaire. (Voir *Entrepôt des sels,* n° 1698.)

IMPÔT DE CONSOMMATION.

1602. Il est établi au profit du trésor, sur les sels enlevés des marais salants, salines ou fabriques de sel, après déduction de 5 p. 0/0 pour déchet, un droit de consommation de 3 décimes par kilogramme. (*Loi du 4 avril 1816; décret du 11 juin 1806, art. 13; lois de finances annuelles.*)

Nota. En Corse le droit n'est que de 7 centimes 1/2. (Voir n° 1238.)

La subvention du décime par franc n'y est pas ajoutée. (*Décision ministérielle du 1ᵉʳ mai 1806; circulaire du 2.*)

1603. Le droit de consommation n'est pas perçu sur les sels qui sont expédiés pour les colonies ; ces sels sont seulement soumis au droit de sortie de 1 centime par quintal. (*Circulaire du 14 octobre 1808.*)

1604. Le droit est dû par l'acheteur au moment de l'enlèvement, à moins cependant que les sels ne soient expédiés par eau. L'impôt est perçu, dans ce cas, au lieu de destination, soit immédiatement, soit à la sortie d'entrepôt si le sel est entreposé. (*Loi du 24 avril 1806, art. 52; décret du 11 juin 1806, art. 9; circulaire du 24 décembre 1806.*)

1605. Lorsque le droit a été légalement perçu, l'administration ne peut être tenue d'effectuer la restitution de ce droit, quel que soit le sort ultérieur qu'ait éprouvé la denrée après avoir supporté l'impôt. (*Décision ministérielle du 6 mars 1813.*)

1606. Quand la déclaration d'enlèvement donne ouverture à un droit de plus de 600 fr., le paiement peut être effectué en traites ou obligations. (*Loi du 24 avril 1806, art. 52 et 53.*) Un escompte de 6 p. 0/0 par an est accordé lorsque le paiement est fait comptant. (*Décisions ministérielles des 22 août 1806, 23 février 1814 et 9 décembre 1822.*)

(Voir, pour les *crédits* et *escomptes,* le titre *Acquittement des droits,* n° 443 et suiv.)

1607. Il est délivré, pour les sels qui ont acquitté le droit à l'extraction et qui sont transportés par terre, un acquit de paiement servant de congé, et exprimant *le lieu de destination, la route à tenir, la quantité de sel enlevée, le bureau où les sels devront être contrôlés,* et *le délai* accordé pour se rendre à ce bureau. (*Décret du 11 juin 1806, art. 3, 4, 5, 6, 7; circulaire du 20 novembre 1816.* (Voir *Police de circulation,* n° 1674.)

CHAPITRE IV.—SELS EXPÉDIÉS PAR EAU POUR LES PORTS DE FRANCE ET POUR LES ENTREPOTS.

PORT DE DÉPART.

1608. Les bâtiments français peuvent seuls transporter d'un port du royaume dans un autre port, les sels qui, n'ayant pas acquitté les droits, y sont expédiés sous acquit-à-caution. (*Décret du 21 septembre 1793; décret du 11 juin 1806, art. 25.*)

1609. Sont expédiés aussi par acquits-à-caution, sans acquittement préalable des droits, les sels qui se transportent par rivière, à destination des entrepôts établis dans les villes de l'intérieur. (*Décret du 11 juin 1806, art. 25.*)

1610. La douane doit s'opposer à ce qu'un navire charge à la fois des sels destinés pour un port de France et pour l'étranger. (*Décision administrative du 26 août 1817.*)

1611. Lorsque le commerce le demande, un chargement de sel peut avoir plusieurs ports français pour destination, pourvu toutefois que les sels soient placés séparément dans des sacs, et qu'il soit délivré un acquit-à-caution pour chacune des destinations indiquées. (*Décision administrative du 22 septembre 1817.*)

Vérification.

1612. La vérification des sels expédiés par eau est confiée à deux employés cotés à cette opération; ces employés suivent, pour établir les quantités embarquées, le mode prescrit pour les sels qui acquittent les droits à l'extraction immédiate (voir n° 1589). (*Circulaire du 19 août 1800.*)

1613. Le vérificateur et le préposé placés à bord du navire opèrent séparément, de manière à ce qu'il y ait contrôle mutuel. Tous deux doivent être témoins du jet de chaque mesure dans la cale : pendant la pesée, le mesurage doit être interrompu. (*Circulaire du 19 août 1816.*)

1614. Les employés ont à examiner, avant qu'on ne commence le chargement, si le navire est *net de vase* dans son fond, et à constater le résultat de leur examen. Lorsque l'embarquement est fini, ils ajoutent sur leur portatif et carnet, les indications suivantes : 1° le tirant d'eau du bâtiment; 2° sa hauteur hors de l'eau; 3° les vides que présente sa cargaison; 4° la température pendant le chargement.

Ces renseignements, reproduits sur l'expédition à délivrer, sont ainsi transmis au port de destination. (*Circulaires des 7 novembre 1818 et 22 décembre 1825.*)

Acquit-à-caution.

1615. L'acquit-à-caution énonce *le nom de l'expéditeur, celui de sa caution; le domicile* de tous deux; *la quantité de sel* extraite des marais, en poids et en mesure; *la valeur de la cargaison, droit compris; le poids commun* du demi-hectolitre; et *la couleur du sel.* Le receveur donne, en outre, les indications mentionnées en l'article précédent. (*Loi du 22 août 1791, titre III, circulaires des 18 juillet 1806, 7 nov. 1818, et 22 déc. 1825.*)

1616. Lorsque les sels sont expédiés par mutation d'entrepôt, l'acquit-à-caution énonce si le chargement est ou non *accompagné d'une portion de boni* (voir n° 1708); il fait connaître à combien s'élève ce boni, et le temps pendant lequel le sel est resté dans le premier entrepôt. (*Circulaire du 17 mai 1809.*)

1617. Si un négociant qui expédie des sels par cabotage, ne trouve pas au port de départ la caution qu'exige le receveur, il est admis à souscrire, dans le port de destination, une soumission cautionnée, en vertu de laquelle les acquits destinés à assurer le transport de la denrée lui sont délivrés. (*Circulaire du 18 juillet 1806.*)

1618. Les receveurs des bureaux de destination, dépositaires, dans le cas prévu à l'article précédent, des soumissions cautionnées, sont tenus, en cas de décès ou de faillite des parties obligées, d'informer immédiatement leurs collègues des bureaux d'expédition, des événemens qui sont survenus. (*Lettre administrative (manuscrite) du 23 mai 1823.*)

1619. Si des sels, *ayant acquitté les droits*, sont expédiés par mer, il est délivré un acquit-à-caution énonçant la valeur des sels et le montant du droit de consommation. (*Circulaires des* 19 *août* 1816 *et* 19 *avril* 1817.)

RELACHE DES NAVIRES.

1620. Quand un navire français chargé de sel entre en relâche dans un port ou dans une baie, les préposés des douanes ont à se rendre à bord, pour s'assurer si l'état de la cargaison et celui du navire sont conformes aux indications données par l'acquit-à-caution (voir n° 1614). Ils visent cet acquit; s'ils reconnaissent quelques différences, ils les mentionnent sur cette expédition. (*Circulaire du* 19 *août* 1816.)

1621. Si la relâche a été déterminée par des avaries survenues pendant le voyage, deux employés du service sédentaire se rendent à bord, et, en présence de l'inspecteur ou du sous-inspecteur, ils constatent, par un procès-verbal, le véritable état du navire et celui de la cargaison. (*Circulaires des* 25 *juin et* 2 *septembre* 1806.)

PORT D'ARRIVÉE.

1622. Les capitaines des bâtiments chargés de sel, remettent à la douane, à l'appui de leur déclaration d'entrée, les acquits-à-caution dont ils sont porteurs, lesquels peuvent leur servir de manifeste. (Voir n° 137.) Ils en certifient l'authenticité. (*Circulaire du* 26 *décembre* 1817.)

1623. Après que le manifeste, ou l'acquit-à-caution en tenant lieu, a été transcrit au registre (formule n° 18), et que la déclaration en détail (registre n° 19) a été enregistrée, le permis de débarquer est délivré, soit au capitaine, soit au consignataire. (*Idem.*)

1624. Le déchargement des navires a lieu, à tour de rôle, dans l'ordre des déclarations. Les capitaines sont tenus de commencer le débarquement dès que leur tour de déchargement est arrivé. Ils ne peuvent l'interrompre lorsqu'il est entrepris, à peine d'y être contraints par les voies de droit. En cas de refus de débarquer, les sels sont mis en entrepôt par les soins du receveur. (*Loi du* 22 *août* 1791, *titre II, art.* 13, *décisions ministérielles des* 14 *juillet* 1806 *et* 5 *avril* 1818; *circulaire manuscrite du* 7 *avril* 1818.)

Vérification.

1625. La vérification de la cargaison de sel transportée par voie de cabotage, est faite au port d'arrivée au moment du débarquement, et d'après le mode observé au port de départ. (Voir nᵒˢ 1612 et suivants.)

On y procède avec exactitude, afin d'empêcher l'introduction des sels que le navire aurait pu recevoir en fraude, soit avant son départ des marais, soit pendant le voyage (1). (*Circulaires des* 2 *et* 29 *juin* 1814, *et* 19 *avril* 1816.)

1626. Lorsque des sels qui arrivent dans un port sont destinés pour un bâtiment allant à l'étranger, le transbordement ne peut avoir lieu qu'après vérification préalable des sels ainsi transportés. (*Lettre administrative du* 25 *septembre* 1834.)

1627. L'inspecteur, le sous-inspecteur et le contrôleur de brigades sont tenus, lorsque

---

(1) Il est bien important de s'assurer que les balances n'ont rien de défectueux, que la justesse des poids n'est en rien altérée, et que la mesure conserve au moment de la pesée tout le sel qu'elle a reçu.

des navires chargés de sels arrivent dans de petits ports où le service est faiblement composé, de faire garder spécialement ces bâtiments, et ils doivent assister au débarquement. Le receveur, s'il est seul à son bureau, concourt, avec l'employé du service actif, à l'opération. (*Circulaire du 6 avril 1816.*)

Pénalité.

1628. Les différences reconnues au déchargement, donnent lieu à l'application des dispositions suivantes :

Déficit. Le déficit qui n'atteint pas le vingtième rentre dans la déduction légale. Il n'est soumis à aucun droit. Le propriétaire jouit de la portion du déchet qui n'a pas été absorbée. Le déficit qui dépasse le vingtième, sans provenir d'une avarie légalement reconnue, est soumis au double droit, lequel est réclamé au soumissionnaire au bureau de départ. (*Loi du 22 août 1791, titre III, art.* 12; *décret du 11 juin 1806, art.* 13.)

Nota. Si le déficit provient d'avaries, les droits sont perçus sur les quantités reconnues, voir n° 1630.

Excédant. Si l'excédant n'atteint pas le vingtième, le droit est dû au bureau d'arrivée (ou bien la soumission d'entrepôt est reçue) pour les 19/20es de la quantité reconnue. (*Loi du 8 floréal an 11, art.* 76; *circulaire du 7 octobre 1806; décision administrative du 12 juin 1818, et circulaire du 12 juillet 1819.*)

L'excédant qui dépasse le vingtième donne lieu à la saisie du sel et du bâtiment, avec amende de 500 francs. (*Loi du 8 floréal an 11, art.* 76; *décret du 11 juin 1806, art.* 16; *arrêt de cassation du 27 février 1808, et circulaire du 15 décembre 1809.*)

Pour les sels destinés à l'entrepôt : voir n° 1691.

Si les sels acquittent les droits : voir n° 1602.

Actes de décharge.

1629. Quel que soit le résultat de la vérification, les actes de décharge inscrits au dos des acquits-à-caution doivent toujours exprimer les quantités réellement reconnues. Il est fait mention ensuite, par une annotation, du déficit ou excédant reconnu.

Le receveur du bureau de départ, s'il y a déficit dépassant le vingtième, est chargé d'exercer des poursuites contre le soumissionnaire, pour le paiement des droits sur ce déficit. (*Circulaires des 7 octobre 1806, 29 juin 1814 et 1er mars 1826.*)

SELS AVARIÉS.

1630. Lorsque les bâtiments chargés de sel ont éprouvé, par suite d'échouement ou d'accidents de mer que les soins du capitaine n'ont pu prévenir, des avaries qui ont été légalement constatées, les droits ne sont perçus que sur les quantités reconnues par la vérification. (*Loi du 8 floréal an 11, art.* 79; *décret du 11 juin 1806, art.* 13, *et Code de commerce, art.* 405.)

1631. Les avaries annoncées ne sont admises, qu'autant que le capitaine a, dans les vingt-quatre heures de son arrivée dans le port, fait son rapport de mer, tant à la douane qu'au tribunal de commerce, ou devant le juge de paix, et que cette déclaration a été affirmée par son équipage. (*Code de commerce, art.* 243, 246 *et* 247; *décision administrative du* 7 *mai* 1808; *circulaires des* 14 *août* 1819 *et* 16 *décembre* 1818.)

Nota. A défaut de rapport dans le délai, la douane signifie au capitaine, par acte extra-judiciaire, qu'elle est dans l'intention d'exercer des poursuites contre le soumissionnaire. (*Circulaire du* 14 *août* 1819.)

1632. Il n'y a pas lieu à la réduction des droits par suite d'avaries, pour les sels ci-après :

1° Ceux destinés pour les entrepôts intérieurs. (*Décisions administratives des* 4 novembre 1806 *et* 12 *septembre* 1812.)

2° Ceux dont les droits ont été acquittés au départ. (*Décision ministérielle du* 6 *mars* 1813.)

Vérification des avaries.

1633. Dès qu'une déclaration d'avaries a été faite à la douane par un capitaine, deux employés doivent se rendre à bord pour y reconnaître l'état du bâtiment et celui de la cargaison. Un procès-verbal constate l'opération; l'agent supérieur, qui, autant que possible, est présent à la rédaction de cet acte, annonce, en établissant les aveux faits et les renseignements recueillis, *si le déficit lui paraît susceptible d'être affranchi du droit.* (*Circulaires des* 25 *juin*, 2 *septembre* 1806, *et* 19 *janvier* 1817.)

1634. Il est ouvert, dans les bureaux des douanes des petits ports, un registre spécial pour y transcrire les procès-verbaux de visite et de vérification des bâtiments chargés de sel déclarés en avarie. (*Circulaire du* 19 *janvier* 1817.)

1635. Le directeur de l'administration, d'après le procès-verbal des agents des douanes et les rapports d'experts assermentés qui peuvent y être joints, autorise, s'il y a lieu, l'admission des avaries. Le droit, dans ce cas, est perçu sur la quantité restante sans aucune déduction de déchet. (*Décisions administratives des* 27 *août* 1806, *et* 19 *mars* 1807; *arrêt de cassation du* 2 *avril* 1817, *circulaire du* 25 *juin* 1806.)

1636. Lorsque l'avarie est contestée par l'administration, le procès-verbal de vérification auquel est joint l'acquit-à-caution, est signifié au capitaine et au consignataire; le receveur qui a délivré l'acquit exerce ensuite des poursuites contre le soumissionnaire, pour le paiement du droit sur les quantités non représentées au port de destination. (*Circulaire du* 14 *août* 1819.)

1637. Les sels avariés par suite d'événements de mer, ou par toute autre cause, pour lesquels on n'acquitte pas les droits, doivent être submergés. Les préposés constatent cette submersion. (*Décisions administratives des* 12 *janvier* 1807 *et* 28 *mai* 1808.)

CHAPITRE V. — EAUX SALÉES ET SABLE OU SABLON.

Eau salée.

1638. Il y a défense d'enlever de l'eau de mer, quand la quantité est considérable et qu'il y a présomption que cette eau est destinée à faire du sel par ébullition. L'eau, dans ce cas, est saisie ainsi que les moyens de transport, avec amende de 100 fr. (*Loi du* 24 *avril* 1806, *art.* 51 *et* 57; *décret du* 11 *juin* 1806, *art.* 6; *et décision administrative du* 31 *mai* 1825.)

1639. L'administration autorise les propriétaires, lorsque ceux-ci le demandent, à prendre de l'eau de la mer pour humecter la nourriture des bestiaux, ou pour tout usage qui ne conduit pas à la confection du sel. (*Décision administrative du 31 mai 1825.*)

Sablon, varech, etc.

1640. Le sable de mer connu sous le nom de *sablon*, propre à la fabrication du sel, ne peut être enlevé des grèves, que sur un certificat du maire, annonçant le besoin qu'en ont les propriétaires pour l'engrais de leurs terres. Ce certificat est valable seulement pour l'année. (*Ordonnance du 19 juin 1816, art. 23 ; et ordonnance du 19 mars 1817, art. 3.*)

1641. Les sables non préparés connus sous le nom de *tangues*, ainsi que le *varech*, sont transportés librement sans aucune autorisation. (*Décisions des 26 juin 1807 et 26 mars 1817.*)

1642. La mouée, ou coupe à sel, réunie en meules sur les grèves pour la fabrication du sel ignigène, ne peut être délivrée, comme le sablon, pour les besoins de l'agriculture. (*Ordonnance du 19 mars 1817.*)

1643. Les transports de sablon, sans une autorisation de la douane, sont punis de la confiscation de la matière et des moyens de transport, avec amende de 100 francs. (*Ordonnance du 19 mars 1817, art. 3.*)

CHAPITRE VI. — SEL IGNIGÈNE.

Le sel ignigène s'obtient par l'ébullition de l'eau dans laquelle on a lessivé le sablon recueilli sur certaines grèves des départements d'*Ille-et-Vilaine*, des *Côtes-du-Nord*, de la *Manche* et du *Calvados*. (*Directions de Saint-Malo, de Cherbourg et de Rouen.*)

Établissement des fabriques.

1644. Pour établir une fabrique de sel à la chaudière, il faut en avoir obtenu la permission du ministre des finances, et avoir fait préalablement la déclaration au bureau des douanes le plus voisin, à peine de confiscation des ustensiles et de 100 fr. d'amende. (*Loi du 24 avril 1806, art. 51 ; ordonnance du 19 juin 1816, art. 4.*)

1645. En cas de mutation de propriété d'une saline, il en est fait déclaration à la direction des douanes et au greffe du tribunal de première instance dans le ressort duquel cette fabrique est située. (*Même ordonnance, art. 5 ; décision administrative du 10 juillet 1816.*)

1646. Les employés des douanes ont à rechercher les fabriques clandestines qui peuvent exister dans le rayon soumis à leur surveillance. Ils saisissent les ustensiles qu'ils y trouvent, et poursuivent, contre les propriétaires, le paiement d'une amende de 3 à 600 francs. (*Ordonnance du 19 mars 1817, art. 6 et 7.*)

1647. Les salines sont numérotées par les soins du directeur des douanes. La série de numéros de ces établissements est inscrite au greffe du tribunal de première instance. (*Ordonnance du 19 juin 1816, art. 3.*)

1648. Le temps accordé pour la fabrication du sel, est divisé par semestre, et il est limité comme suit : à 40 jours du 1ᵉʳ *janvier* au 30 *juin* ; et à quarante autres jours du 1ᵉʳ *juillet* au 31 *décembre*. (*Même ordonnance, art. 6.*)

On peut appliquer dans le même semestre, aux salines en état de faire du sel, les jours dont les autres fabriques n'ont pu profiter. (*Décision ministérielle du 3 janvier 1817.*)

Déclaration et permis.

1649. Un saunier ne peut se livrer à la fabrication du sel ignigène, qu'après avoir fait sa déclaration et avoir obtenu du receveur des douanes un permis de *bouillir*. L'établissement est exercé de nuit et de jour, pendant les travaux, par les préposés des douanes. (*Ordonnance du 19 juin 1816, art. 7 et 9.*)

1650. Le permis de *bouillir* est délivré sans frais, après qu'il a été reconnu que la fabrique se trouve pourvue de poids et de balances. Il énonce *le jour* et *l'heure* où doit commencer le *bouillage*, et le *nombre d'heures* consécutives de sa durée; cette durée ne peut excéder 72 heures, sous peines de confiscation des sels et de 100 fr. d'amende. (*Idem, art. 7 et 8.*)

1651. Des registres sont tenus par le fabricant et par les agents des douanes, pour y porter les quantités de sel fabriquées et celles successivement vendues. Les employés des douanes arrêtent les registres des sauniers quand ils le jugent convenable. (*Décret du 11 juin 1816; ordonnance du 19 juin 1816; art. 10.*)

1652. Les sauniers doivent être pourvus de poids et de balances étalonnés; ils les fournissent tant pour les ventes que pour les recensements qui ont lieu dans les fabriques. Les préposés opèrent les recensements des sels emmagasinés lorsqu'ils croient nécessaire d'y procéder. (*Idem, art. 7, 11 et 12.*)

1653. Dans chaque saline il ne peut y avoir que trois plombs en activité. Pareil nombre est tenu en réserve pour rechange. Chacun de ces plombs est de la contenance de 20 litres, et doit être rebattu après 18 heures de bouillon à peine de 100 fr. d'amende. (*Idem, art. 14.*)

1654. Chaque saunier doit remettre au bureau le plus voisin, dans la journée qui suit l'expiration du permis de bouillir, une déclaration énonçant les quantités fabriquées, à peine de confiscation du sel et de 100 fr. d'amende. (*Idem, art. 15.*)

Pénalité.

1655. Les différences reconnues lors des recensements, donnent lieu aux peines suivantes :

Déficit. Au-dessus du 10ᵉ : le double droit sur le sel manquant. (On réclame seulement le simple droit si le déficit est au-dessous du 10ᵉ.)

Excédant. Au-dessus du 10ᵉ : saisie de l'excédant avec amende de 100 fr. (On en fait seulement enregistrement si cet excédant est au-dessous du 10ᵉ.) (*Même ordonnance, art. 13.*)

Déchet alloué.

1656. Les sauniers jouissent, dans les lieux désignés pour fabriquer, d'un déchet de 2 pour cent réglé sur les quantités par eux déclarées après la fabrication; ce déchet est indépendant de celui de 5 pour cent qui est accordé à l'acheteur au moment de l'enlèvement. (*Idem, art. 16 et 20.*)

Vente des sels.

1657. Les personnes qui achètent des sels dans une saline sont tenues de déclarer au bureau des douanes les quantités qu'elles désirent enlever. Un permis leur est délivré (formule n° 66). Il est échangé, après la vérification faite au bureau, contre un acquit de paiement servant de congé. (*Même ordonnance, art.* 17.)

1658. L'acquit de paiement remis à l'acheteur indique la quantité *de sel enlevée*, celle *formant le déchet*, *l'heure du départ*, *la route à tenir*, l'obligation de représenter cette expédition aux employés, et *l'heure* où la sortie du rayon devra s'effectuer. (*Décret du 11 juin 1806*.)

1659. Toute sortie de sel de la fabrique sans un permis de la douane, donne lieu au paiement du double droit sur les sels vendus. (*Décret du 11 juin 1806, art.* 20.)

1660. Les sels pour lesquels les droits ont été acquittés ne peuvent être déposés dans une saline où le sel se fabrique par l'action du feu. (*Décision administrative du 9 février 1809*.)

1661. Défense est faite aux sauniers de déplacer ou vendre l'eau dans laquelle ont été lessivés le sablon, ainsi que les cendres, les calcins, curins et débris de fournaises, sous peine de 100 fr. d'amende. Toutefois, les directeurs autorisent, sur un certificat du sous-préfet, l'enlèvement de ces matières pour des engrais. Le permis que délivre le receveur doit être revêtu, sous la même peine, du visa du maire, attestant l'emploi des cendres ou débris. (*Même ordonnance, art.* 21, 22 *et* 24, *et ordonnance du 19 mars 1817*.)

CHAPITRE VII. — SELS RAFFINÉS.

Etablissement des fabriques.

1662. Les dispositions concernant les fabriques de sel à la chaudière, sont applicables aux raffineries de sel. Celles-ci ne peuvent être établies qu'avec l'autorisation du ministre des finances, et après déclaration faite au bureau des douanes le plus voisin, à peine de confiscation des ustensiles et de 100 fr. d'amende. (*Loi du 24 avril 1806, art.* 51; *décret du 11 juin 1806, art.* 15; *décision administrative du 3 mars* 1818.)

1663. Les raffineurs sont tenus d'ouvrir des comptes pour établir les quantités de sel par eux fabriquées et celles qu'ils ont vendues. Les employés des douanes ont à s'assurer par des recensements faits aux époques où ils le jugent convenable, qu'il y a exactitude dans les comptes ouverts par les fabricants. (*Décision administrative des 4 février et 3 mars* 1818; *décision ministérielle du 5 septembre suivant*.)

Droits à payer.

1664. Les sels raffinés dans le rayon des douanes, avec le seul produit du sel gris déjà soumis aux droits, n'acquittent pas de nouveau l'impôt. Si, au contraire, il y a mélange de sel gris avec une combinaison quelconque d'eau de mer, le droit est dû sur la totalité de la fabrication. (*Décisions ministérielles des 30 septembre 1806, 5 et 26 mai 1807; décision administrative du 24 décembre 1806*.)

1665. Lorsque les raffineries autorisées se trouvent placées sur la saline même, les résultats du raffinage ne sont soumis aux droits qu'au moment de la sortie des marais ou salins. Les sels, dans aucun cas, n'obtiennent de modération de droits. (*Décisions administratives des* 7 *octobre* 1806, 30 *septembre* 1806 *et* 7 *octobre* 1817.)

CHAPITRE VIII. — SELS DE SALPÊTRE.

Établissement des fabriques.

1666. Aucune fabrique de sel de salpêtre ne peut être établie dans le rayon des douanes sans une déclaration préalable faite au bureau le plus voisin, à peine de confiscation des ustensiles et de 100 fr. d'amende. (*Décret du* 16 *février* 1807, *décision du ministre des finances du* 2 *juin suivant* ; *circulaire du* 4 ; *loi du* 24 *avril* 1806.)

1667. Les préposés des douanes exercent leur surveillance sur les salpêtriers *libres*, sur ceux par *licence* et sur ceux *commissionnés* (1), pour assurer la perception de l'impôt sur le sel contenu dans leurs fabrications. (*Loi du* 10 *mars* 1819, *art.* 7.)

Paiement des droits.

1668. L'impôt est perçu d'après les bases suivantes :

Le droit sur deux kilogrammes et 1/2 de sel, pour 100 kilogrammes de salpêtre *brut*, livrés par les salpêtriers commissionnés.

Le droit sur 15 kilogrammes de sel, pour 100 kilogrammes de salpêtre *brut* que fabriquent les salpêtriers libres ou par licence.

Le droit sur 15 kilogrammes de sel, pour 100 kilogrammes de salpêtre *raffiné*. (*Loi du* 10 *mars* 1819, *art.* 7 ; *décret du* 16 *février* 1807.)

1669. Pour les fabriques qui sont au compte de l'État, les commissaires aux poudres remettent, tous les trois mois, à la direction des douanes, le bordereau des quantités de salpêtre brut et de salpêtre raffiné qui ont été fabriquées, et ils effectuent à la caisse du receveur des douanes le paiement du droit dû sur le sel provenant des fabrications. (*Circulaire du* 9 *juillet* 1807.)

1670. Ces fabriques peuvent se libérer de l'impôt, en remettant à la douane le sel marin fabriqué, ou en submergeant ce sel en présence des employés. (*Loi du* 10 *mars* 1819, *circulaire idem.*)

1671. La perception a lieu dans les fabriques libres et dans celles par licence, d'après les résultats présentés par les comptes ouverts tenus dans ces établissements.

Les quantités de sel passibles de l'impôt peuvent aussi être déterminées par expertise ou fixées par abonnement. (*Loi du* 10 *mars* 1819, *art.* 7.)

1672. Le sel fabriqué dans les nitreries est admis à jouir de la déduction de 5 p. 0/0 accordée par le décret du 11 juin 1806, pour déchet. (*Décision administrative du* 24 *août* 1818.)

1673. Les destinations privilégiées dont jouissent les sels des marais salants et salines pour la pêche, les salaisons, etc., sont accordées au sel de salpêtre. (*Décision administrative du* 24 *août* 1818.)

---

(1) Le salpêtrier *libre* est celui qui fabrique sans employer les matériaux réservés à l'État ; le salpêtrier *par licence* est celui qui fait emploi de ces matériaux ; et les salpêtriers *commissionnés* sont ceux dépendant de la direction générale des poudres et salpêtres.

CHAPITRE IX. — POLICE DE CIRCULATION DES SELS.

Rayon de surveillance.

1674. Les préposés des douanes exercent leur surveillance, pour la perception de l'impôt des sels, dans la distance d'un myriamètre et demi des côtes et des bords des rivières affluentes à la mer, jusqu'au dernier bureau des douanes. (*Décrets des 11 juin 1806, art. 1ᵉʳ, 25 janvier et 6 juin 1807.*)

1675. La distance du rayon spécial de surveillance se mesure de la manière suivante : du rivage de la mer vers l'intérieur, et de chaque bord des rivières aussi vers l'intérieur (1). (*Mêmes décrets, et circulaire du 17 novembre 1815.*)

1676. Les sels destinés à circuler dans ce rayon spécial sont accompagnés d'un congé ou d'un acquit de paiement en tenant lieu. Un acquit-à-caution remplace cette dernière pièce, si le droit n'a pas été acquitté. Le congé indique la quantité de sel enlevée, le nom du voiturier, la destination, la route à tenir et le délai pendant lequel le transport du sel doit s'effectuer. (*Décret du 11 juin 1806, art. 3, 4, 5, 6 et 7.*)

Contrôle des sels.

1677. Le congé, ou acquit de paiement, désigne, en outre, le bureau de contrôle par lequel les sels doivent passer pour y être contre-vérifiés. Le voiturier ou conducteur, arrivé à ce bureau, y subit la visite des sels compris dans son expédition. Le contrôleur, de concert avec un chef du service actif, s'assure par une pesée partielle, que les quantités présentées ont réellement acquitté l'impôt. Il délivre ensuite le brevet (formule nº 8) en échange de l'acquit ou congé qui lui est exhibé. (*Circulaire du 20 novembre 1816.*)

1678. L'opération du contrôle se fait ainsi : il est pesé 5 *sacs* de sel sur *vingt* pris indistinctement. Il n'y a pas lieu à la perception du droit, si cette pesée partielle ne donne pas 1 p. 0/0 d'excédant sur la quantité énoncée en l'acquit ; dans le cas contraire, tout le chargement est contre-vérifié et le droit est perçu sur l'excédant total. (*Décision administrative du 15 février 1834.*)

1679. Les détails et les résultats de la vérification faite au bureau de contrôle sont rapportés sur un registre particulier. Le contrôleur, après avoir opéré la contre-vérification, remet, s'il y a lieu, un acquit pour les droits qu'il a perçus. (*Idem.*)

1680. Les sels transportés dans le rayon des 3 lieues sans expédition de douane, ou ceux ne suivant pas la route indiquée par le congé ou l'acquit de paiement, sont saisis, ainsi que les moyens de transport, avec amende de 100 francs. (*Loi du 24 avril 1806, art. 57; décrets des 11 juin 1806, art. 6, et 25 janvier 1807, art. 2.*)

1681. A moins d'une autorisation expresse, accordée par le receveur, les transports de sel ne peuvent, sous les peines portées au précédent article, s'effectuer qu'après le lever et avant le coucher du soleil. (*Décret du 11 juin 1806, art. 6.*)

---

(1) Les bords des rivières sont assimilés aux côtes maritimes, et le dernier bureau est considéré comme étant placé au fond d'un golfe. Pour former le rayon, on décrit une demi-circonférence qui comprend les points extrêmes de ce rayon. (*Circulaire du 17 novembre 1815.*)

1682. Quelque faible que soit la quantité de sel qui est rencontrée sans permis à la sortie *immédiate* , soit des salins, soit des ateliers de saluisons, elle est saisissable. La circulation dans la ligne spéciale *au delà des bureaux* peut avoir lieu sans expédition , si la quantité transportée n'excède pas 4 kilogrammes. (*Circulaires des* 8 *février* 1816 *et* 23 *décembre* 1813.)

1683. Les marchands établis dans le rayon des salins ou marais sont tenus de déposer au bureau de leur résidence les acquits de paiement tenant lieu des congés qu'ils ont obtenus lors de l'enlèvement des sels. Ces pièces sont la base d'un compte ouvert où figurent, à valoir sur ces acquits, les quantités au dessus de 4 kilogrammes que ces marchands ont successivement vendues. (*Circulaires des* 8 *février* 1816 , *et* 8 *février* 1819.)

Circulation dans la ligne frontière.

1684. Lorsque des sels viennent de l'intérieur de la France vers les frontières de terre, ils doivent être présentés et vérifiés au premier bureau d'arrivée en seconde ligne. Ils sont saisissables si les conducteurs ont dépassé ce bureau sans se munir d'un congé ou passavant pour circuler légalement. (*Circulaires des* 19 *mars* 1807 *et* 9 *janvier* 1809.)

1685. Les sels, comme les autres marchandises, ne sont mis en circulation dans le rayon des frontières de terre, qu'accompagnés d'un passavant. Ceux rencontrés sans cette expédition doivent être saisis. (*Décision administrative du* 9 *juillet* 1807.)

1686. Les préposés des douanes ont à rechercher les dépôts frauduleux de sel qu'ils soupçonnent être formés dans le rayon soumis à leur surveillance. Les communes ayant moins de deux mille ames sont les seules où ces recherches puissent être faites, et il n'y a lieu à la saisie, qu'autant qu'il existe au moins 50 kilogrammes de sel dans ces dépôts. (*Loi du* 17 *décembre* 1814, *art.* 32.)

1687. Les visites ne peuvent se faire dans les maisons habitées, qu'après le lever et avant le coucher du soleil, et qu'avec l'assistance d'un officier public. (*Idem.*)

Transports en rivières.

1688. Lorsque les navires chargés de sels entrent dans les rivières, sans destination pour un entrepôt intérieur, les droits sont perçus au dernier bureau des douanes le plus avancé en rivière, les expéditions du capitaine sont visées dans le port situé à l'embouchure, et le bâtiment est ensuite escorté par des préposés depuis ce port jusqu'à sa destination. (*Décret du* 11 *juin* 1806, *art.* 11; *circulaire du* 2 *septembre* 1806; *décisions ministérielles des* 28 *juin et* 16 *août* 1808.)

1689. Des avaries survenues dans les transports en rivière ne peuvent motiver une remise de droits; la réfaction est accordée seulement aux avaries occasionnées par des événements *de mer.* (*Décisions ministérielles des* 4 *novembre* 1806 *et* 17 *novembre* 1809 ; *décisions administratives des* 3 *octobre* 1809 , 12 *septembre* 1816 *et* 22 *décembre* 1817.)

1690. Lorsque des sels sont exportés par les douanes de *Bordeaux*, *Nantes* et *Rouen* , le transport en rivière, pour gagner la mer, est assuré par un acquit-à-caution. Cette expédition est revêtue d'un acte de décharge que délivrent les employés placés au bureau le plus rapproché de la mer. (*Décision ministérielle du* 24 *janvier* 1816; *circulaire du* 30.)

CHAPITRE X.—ENTREPOTS.

Il existe trois sortes d'entrepôts des sels : l'entrepôt général; l'entrepôt spécial; les entrepôts intérieurs.

ENTREPÔT GÉNÉRAL.

Ports d'entrepôt.

1691. Les sels transportés par mer, à destination de l'intérieur, jouissent de la faculté de l'entrepôt dans les ports ci-après :

Dunkerque, Calais, Boulogne, Étaples, Saint-Valery-sur-Somme, Saint-Valery-en-Caux, Abbeville, Dieppe, Le Havre, Rouen, Honfleur, Fécamp, Caen, Cherbourg, Granville, Marans, Saint-Malo, Le Legué, Morlaix, Brest, Lorient, Quimper, Vannes, Redon, Nantes, Paimbœuf, La Rochelle, Les Sables, Rochefort, Charente, Bordeaux, Libourne, Bayonne, Narbonne, Cette, Agde, Marseille, Toulon, Cannes, Arles. (*Décret du 11 juin 1806, art.* 21; *lois des 21 avril 1818, art.* 28, *et 27 juillet 1822, art.* 11.)|

Conditions de l'entrepôt.

1692. L'entrepôt des sels est *réel;* il est soumis à toutes les conditions et formalités imposées pour les entrepôts de douanes établis par la loi du 8 floréal an 11 (voir le titre IX. (*Décret du 11 juin 1806, art.* 22.)

1693. Dans les villes qui n'ont pu fournir encore le local unique prescrit par la loi, la douane tolère que les sels soient mis dans les magasins de l'entrepositaire, sous la double clef de ce dernier et de la douane; le receveur veille, dans ce cas, à ce que les magasins n'aient qu'une issue extérieure, et à ce qu'ils offrent d'ailleurs, quant à leur disposition intérieure et à leur fermeture, toutes les sûretés désirables.

Sa durée.

1694. La durée de l'entrepôt général est de *trois ans,* lorsque l'entrepôt est légalement constitué (1). (*Loi du 17 mai 1826, art.* 14.)

Elle est de *dix-huit mois,* si le sel n'est pas emmagasiné dans un local unique fourni par le commerce et agréé par l'administration. (*Décret du 11 juin 1806, art.* 22.)

1695. Les prolongations d'entrepôt sont accordées par le chef de l'administration, sur les demandes que lui font parvenir les directeurs, et que doivent former les entrepositaires avant l'expiration des délais fixés par la loi. (*Circulaire du 19 août 1816.*)

Nota. On suit, relativement aux prolongations demandées, les règles établies pour les entrepôts de douanes. (Voir le titre IX.)

Entrée en entrepôt.

1696. Il est procédé, avant la mise des sels en entrepôt, à la vérification exacte du chargement. Cette vérification a lieu, pour les sels en grenier, en suivant le mode usité en pareil cas. (Voir n° 1612). Si, au contraire, la denrée est placée dans des sacs, chacun d'eux est soumis à la balance.

---

(1) C'est-à-dire composé (d'après la loi du 8 floréal an 11) de magasins sûrs réunis en un seul corps de bâtiment, fournis et entretenus par le commerce et agréés par l'administration.

1697. La douane a le droit de s'opposer, lors du placement des sels dans les magasins, à ce que les quantités appartenant à plusieurs soumissions soient confondues, le compte de chacune d'elles devant être séparément réglé. On ne pourrait réunir une nouvelle masse à une autre masse appartenant à un même soumissionnaire, qu'autant qu'il n'aurait été enlevé sur celle-ci aucune portion de sel. (*Instructions administratives.*)

Boni sur les chargements.

1698. La soumission à souscrire par l'entrepositaire (au registre n° 27) comprend seulement les 19/20es de la quantité expédiée des marais salants ou salines. La portion non absorbée des 5 p. 0/0 accordés pour déchet, forme un *boni* qui ne peut être délivré. Ce *boni* est placé séparément en entrepôt, pour couvrir les déchets ultérieurs de magasin.

La soumission doit porter l'obligation de payer les droits sur tout déficit constaté à la sortie. (*Circulaires des 18 et 27 juillet 1806, 9 novembre 1814 et 28 août 1816.*)

1699. Lorsque dans un chargement de sel où une partie est livrée à la consommation et une autre partie est mise en entrepôt, il existe un boni, ce boni se divise en deux parts; celle afférente au sel entreposé va à l'entrepôt, l'autre portion est remise au négociant. (*Décisions administratives des 14 juin 1809 et 1er avril 1819.*)

Soumissions et comptes.

1700. Quand les sels, au lieu d'être entreposés dans un local unique, sont placés dans les magasins de l'entrepositaire, la soumission de ce dernier doit être cautionnée par un négociant d'une solvabilité notoire. En cas de prolongation, la caution renouvelle sa soumission, comme en matière d'entrepôt fictif (voir le titre IX chap. X). (*Circulaire du 18 mars 1824.*)

1701. Une soumission particulière est exigée (formule n° 27 *bis*) si des sels de Saint-Ubes, arrivés dans un port de France, sont admis en entrepôt. (*Circulaire du 8 septembre 1818.*)

1702. Il est établi (sommier n° 29) un compte, par entrepositaire, des quantités de sel reçues en entrepôt, et de celles successivement sorties avec destinations diverses. Ce compte est balancé lors des recensements faits par la douane, ou à l'époque de l'évacuation définitive. Un second sommier est ouvert pour présenter la situation générale des entrepôts. (*Circulaires des 29 février 1820 et 8 avril 1826.*)

Recensements.

1703. Les contrôleurs aux entrepôts sont chargés de procéder, à l'expiration du trimestre ou de l'année, selon la nature de l'entrepôt, au recensement des sels emmagasinés. Ils constatent les détails et les résultats de leur opération sur un registre particulier. S'il y a déficit, le droit doit être perçu sur la quantité manquante. (Voir n° 1710 et suiv.) (*Circulaire du 29 février 1820.*)

Nota. Quelquefois des motifs particuliers s'opposent à ce que l'on procède au recensement par *le mesurage*; on reconnaît alors les quantités existantes par le moyen du cubage des masses.

Sortie d'entrepôt.

1704. Les sels mis en entrepôt général peuvent être expédiés, comme ceux des marais salants et salines, pour toutes les destinations, excepté pour le commerce de la troque. (*Décret du* 11 *juin* 1806, *et circulaire du* 20 *novembre* 1816.)

1705. A leur sortie d'entrepôt, les sels sont vérifiés soigneusement : on suit, pour cette opération, le mode qui a été observé pour constater les quantités emmagasinées (voir n° 1696). (*Circulaire du* 28 *août* 1816.)

1706. A moins que les sels en sortant pour la consommation n'acquittent immédiatement les droits, ou qu'ils ne soient exportés, leur destination ultérieure doit être garantie par des acquits-à-caution séparés, savoir :

Pour la petite pêche, formule n° 12 ;

Pour les fabriques de soude, formule n° 13 ;

Pour les mutations d'entrepôt, formule n° 36 ;

Pour les entrepôts de l'intérieur, formule n° 37.

1707. Si le sel entreposé a été mis intégralement en consommation, le restant du boni appartenant à la soumission (voir n° 1698) est immédiatement remis au propriétaire. Lorsqu'une partie du sel a été livrée à la consommation et une autre partie expédiée, soit pour l'étranger, soit pour la pêche, c'est seulement à l'évacuation de l'entrepôt que le boni est réglé, et que la portion afférente à la quantité livrée à la consommation est remise à l'entrepositaire. (*Lettre du* 5 *août* 1809, *et circulaires des* 9 *novembre* 1814 *et* 28 *août* 1816.)

Mutations d'entrepôt.

1708. Les sels sortant d'un entrepôt général par mer, sous acquits-à-caution, à destination d'un port de France, peuvent être entreposés dans ce second port, s'il jouit de l'entrepôt. (*Décret du* 11 *juin* 1806, *art.* 23.)

1708 *bis.* L'acquit-à-caution délivré pour opérer cette mutation énonce, outre les quantités embarquées, si le chargement est ou non accompagné d'une portion du boni ; il en exprime, s'il y a lieu, le *quantum,* et fait connaître le temps du séjour dans le premier port, afin de régler le temps restant à courir pour atteindre le terme du délai d'entrepôt.

Le *boni* suit la destination de la partie ainsi expédiée. (*Circulaire des* 17 *mai* 1809 *et* 28 *août* 1816.)

Sortie pour l'exportation.

1709. Il est délivré, pour les sels sortant d'entrepôt avec destination pour l'étranger, qui sont expédiés des grands ports situés en rivières, des acquits-à-caution que déchargent les receveurs placés à l'embouchure de ces rivières. Le certificat n'est donné qu'après que les employés du service actif ont fait connaître, par leur vu, que l'état de la cargaison est tel que l'exprime le visa apposé au lieu de départ. (*Décision ministérielle du* 24 *janvier* 1816, *et circulaire du* 30.)

Apurement de l'entrepôt.

1710. Tout déficit existant lors de l'apurement du compte sur les 19/20es soumissionnés, donne lieu au paiement du droit, à moins qu'il ne soit produit par un événement de force majeure actuel et légalement constaté. (*Circulaires du* 22 *juillet* 1817 *et du* 27 *juin* 1829.)

1711. Il ne peut toutefois être fait remise du droit, en cas de déficit, que lorsque les sels, se trouvant en entrepôt réel *régulièrement constitué,* sont arrivés avec les 3/5es au moins de boni; cette remise n'a lieu, ensuite, qu'autant qu'il ne s'élève aucun doute sur la cause naturelle du déficit. (*Décision ministérielle du* 19 *juin* 1829, *et circulaire du* 27.)

1712. Le bénéfice de la remise du droit n'est pas étendu aux sels avariés reçus en entrepôt sans aucune portion du boni, à moins que les circonstances de l'avarie et du séjour en entrepôt écartent évidemment toute idée de fraude. (*Idem.*)

1713. Dans aucun cas, la remise du droit n'est accordée pour un déficit existant sur des sels placés dans des entrepôts *non entièrement constitués* selon le vœu de la loi. (*Idem.*)

1714. Toute demande en remise de droits, après avoir été délibérée en conseil d'administration, doit être soumise à la décision du ministre des finances. (*Idem.*)

ENTREPÔT SPÉCIAL ET SES CONDITIONS.

1715. Les sels destinés à la pêche maritime faite par les petits bâtiments sur les côtes, et ceux destinés aux salaisons en atelier, jouissent, dans tous les ports où il existe un bureau de douanes, de l'entrepôt spécial.

La quantité de sel admise dans cet entrepôt est proportionnée au tonnage et au nombre des navires que l'on emploie à la pêche maritime. (*Décret du* 11 *juin* 1806, *art.* 27 ; *ordonnance du* 30 *octobre* 1816, *art.* 5, *et circulaires du* 20 *novembre* 1816 *et* 19 *janvier* 1817.)

1716. L'entrepôt spécial ne peut être établi là où il existe un entrepôt général. (*Décision administrative du* 30 *septembre* 1818.)

1717. Le transport des sels, d'un entrepôt spécial sur un autre, est interdit. (*Circulaire du* 24 *décembre* 1806.)

1718. Les conditions et les formalités prescrites pour les marchandises mises en entrepôt réel (voir titre IX) sont applicables aux entrepôts *spéciaux des sels.* (*Décret du* 11 *juin* 1806, *art.* 27.)

1719. Le délai de l'entrepôt spécial est d'*une année.* (*Décret du* 11 *juin* 1806, *art.* 27.)

1720. Si les sels entreposés n'ont pas été employés aux salaisons pendant la première année de la pêche, on peut les réintégrer en entrepôt pour s'en servir à la seconde pêche. Passé cette époque, ils sont soumis au paiement des droits. (*Idem*, *art.* 30 *et* 31.)

1721. Ils ne peuvent sortir des magasins pour entrer dans la consommation, avant que le délai d'entrepôt ne soit expiré. (*Circulaire du* 30 *mai* 1817.)

Entrée en entrepôt.

1722. A leur entrée en magasin, les sels sont vérifiés comme s'ils étaient placés dans un entrepôt général. La portion du déchet non absorbée pendant le transport est entreposée *comme boni* (voir nᵒ 1698). (*Circulaires des* 28 *août et* 22 *novembre* 1816, *et* 1ᵉʳ *août* 1818.)

1723. L'entrepositaire, après vérification du sel emmagasiné, souscrit la soumission prescrite par les réglements (formule nᵒ 28). Les quantités reconnues par la douane sont la base d'un compte établi au bureau du receveur, sur le sommier d'entrepôt nᵒ 29. (*Idem.*)

Sortie d'entrepôt.

1724. Les sels, à leur sortie de l'entrepôt, subissent la vérification des agens des douanes. Il est fait mention, tant aux comptes ouverts (formule 45 où 50) qu'au sommier d'entrepôt (formule n° 19), des quantités dont la sortie a été constatée. (*Décret du 11 juin 1806, art. 28.*)

1725. Au moment où se terminent les salaisons, on procède au recensement des sels non employés. Les quantités constatées par cette opération sont réintégrées dans l'entrepôt spécial ou soumises aux droits. Si d'après le compte d'emploi il y a déficit, ce déficit est passible du droit de consommation. (*Ordonnance du 30 octobre 1816, art. 5 ; circulaire du 12 juillet 1817.*)

1726. Le boni existant sur des sels placés en entrepôt spécial ne peut servir qu'à couvrir le déchet de la denrée pendant son séjour en magasin ; il ne vient jamais augmenter les économies de l'entrepositaire. (*Décision administrative du 1er août 1818.*)

ENTREPÔTS INTÉRIEURS.

Conditions générales.

1727. Il est établi un entrepôt général et *réel* des sels, dans les villes de *Paris, Lyon, Toulouse* et *Orléans ;* il est soumis à toutes les formalités prescrites pour les entrepôts des douanes (voir n°s 533 et suivants). Les sels destinés pour les entrepôts intérieurs peuvent être tirés, soit des lieux de fabrication, soit des entrepôts généraux maritimes. (*Décret du 11 juin 1806, art. 24 ; circulaire du 20 novembre 1816.*)

1728. Les sels qui ont été reçus dans les entrepôts intérieurs n'en peuvent sortir que pour la consommation et pour les fabriques de soudes. (*Circulaire précitée.*)

1729. Le transport de la denrée, du lieu de fabrication à celui d'entrepôt, est assuré par un acquit-à-caution, portant obligation de payer le double droit au delà du vingtième qui pourra être reconnu à l'arrivée. (*Décision ministérielle du 2 août 1808 ; circulaire du 6, et lettre au directeur de Nantes du 1er décembre 1834.*)

1730. Aucune réfaction de droits n'est accordée pour les sels qui, en cours de transport hors du rayon soumis à la police des douanes, auraient éprouvé des avaries. (*Décisions des 19 septembre et 3 octobre 1809.*)

Entrée en entrepôt.

1731. A leur arrivée dans l'entrepôt intérieur, les sels sont soumis, comme ceux destinés pour les entrepôts généraux maritimes, à une exacte vérification. (Voir n° 1696.)

Nota. Pour le placement des sels en magasin, les soumissions à passer, la tenue des sommiers, le délai d'entrepôt, les prolongations et l'application du *boni*, il faut suivre ce qui est établi à l'égard des entrepôts généraux des sels. (Voir n°s 1694 et suivants.)

1732. Les acquits-à-caution ne sont revêtus d'un acte de décharge qu'autant qu'il y a représentation effective des sels ; si ces expéditions ne sont pas représentées dans les délais avec les quantités qu'elles expriment, sauf le cas de force majeure légalement justifié, les soumissionnaires sont tenus de payer le double droit sur les quantités portées aux acquits. (*Décision ministérielle du 2 août 1808 ; circulaire du 6.*)

1733. Lorsqu'un événement de force majeure, attesté par un procès-verbal du juge de paix, empêche un bateau d'arriver à sa destination, l'administration permet que le sel dont il est chargé soit vendu ; l'expéditeur, dans ce cas, acquitte les droits au bureau de départ. (*Circulaire du 6 août* 1808.)

1734. Lorsque la vente est ainsi autorisée en cours de transport, le paiement des droits est calculé à la date de la délivrance de l'acquit-à-caution, et l'intérêt, le crédit ou l'escompte, sont établis à partir de cette époque. (*Décision administrative du* 17 *août* 1824.)

Sortie d'entrepôt.

1735. A leur sortie d'entrepôt, les sels, quelle que soit leur destination, sont soumis à une exacte vérification. On y procède comme s'il s'agissait de sels retirés des entrepôts généraux maritimes. (Voir n° 1705.)

Nota. Voir, pour les recensements et l'apurement des soumissions, les nᵒˢ 1705 et 1710.

CHAPITRE XI. — SELS EXPORTÉS.

1736. L'exportation des sels *par les frontières de terre* est interdite. (*Décision administrative du* 10 *juin* 1814, *rendue d'après l'art.* 52 *de la loi du* 24 *avril* 1806.)

Exportations par mer.

1737. Les sels exportés par mer ne peuvent être expédiés que par bâtiments de 30 *tonneaux* et au dessus. Ils acquittent pour droit de sortie 1 cent. par 100 kil. (*Loi du* 28 *avril* 1816, *art.* 9, *et circulaire du* 29 *octobre* 1818.)

1738. Les navires français qui, arrivés sur lest dans un de nos ports, y chargent des sels pour l'étranger, sont affranchis des droits de navigation si leur chargement est entièrement composé de sel. Lorsque le chargement en sel n'est pas complet, le droit est dû pour la partie du tonnage du bâtiment restée vide ou comprenant d'autres objets. (*Décision ministérielle du* 7 *juin* 1819 ; *circulaire du* 25.)

1739. Les bâtiments étrangers sont également dispensés de payer le droit de tonnage, s'ils viennent sur lest, soit de France, soit de l'étranger, prendre des sels dans nos ports, pourvu, toutefois, qu'en partant ils soient totalement chargés de cette denrée. Si la cargaison de sel n'est pas entière, le droit est dû pour le surplus du tonnage du navire (1). (*Ordonnances du* 31 *juillet et* 4 *décembre* 1816 ; *circulaire du* 9 *décembre* 1826.)

1740. Les sels destinés aux habitants des îles et îlots du littoral français pour leur consommation, leur sont remis en acquittant seulement les droits de sortie, sous la condition de faire fixer par l'autorité supérieure, les quantités à enlever, et d'assurer la destination de ces sels par un acquit-à-caution. (*Décision ministérielle du* 12 *août* 1819, *circulaire du* 16.)

---

(1) Le tonneau de mer étant évalué mille kilogrammes, on peut aisément reconnaître si le chargement de sel est en rapport avec le tonnage du bâtiment.

CHAPITRE XII. — APPROVISIONNEMENTS DES ÉTATS LIMITROPHES DE LA FRANCE.

1741. Les sels nécessaires aux approvisionnements des états limitrophes de la France ne peuvent être exportés en franchise des droits de consommation que par la compagnie des salines de l'est. (*Avis du conseil d'état du* 17 *février* 1815 ; *décision ministérielle du* 13 *juin* 1823.)

1742. Les quantités à expédier pour la *Savoie*, le *Valais*, le *pays de Genève* et la *Suisse*, sont préalablement déterminées, chaque année, par le ministre des finances.

1743. Le pays de *Gex* reçoit aussi ses approvisionnements de la même compagnie. La quantité à extraire annuellement est fixée à 3,000 quintaux métriques. (*Ordonnance royale du* 27 *novembre* 1816.)

On peut extraire des salines de Peccais les sels destinés pour la *Savoie*, le *pays de Genève* et le *Valais*. (*Décision ministérielle du* 26 *avril* 1815.)

1744. Les sels qui sortent des lieux de production pour passer dans les états voisins doivent être renfermés dans des sacs ficelés, plombés, et d'une contenance égale. (*Décision administrative du* 22 *décembre* 1815 ; *décision ministérielle du* 14 *août* 1823.)

1745. Le transport du sel, du lieu de fabrication à l'étranger, est assuré par un acquit-à-caution. Cette expédition indique la quantité de sel expédiée, le lieu de destination, la route à tenir, le bureau de sortie et le délai accordé. Elle est déchargée par le receveur du bureau frontière où l'exportation a été constatée. (*Décision ministérielle du* 10 *mars* 1807 ; *circulaires des* 11 *mars et* 2 *avril suivants ; décisions administratives des* 5 *octobre* 1824 *et* 8 *mars* 1825.)

1746. Les quantités comprises en l'expédition de douane sont vérifiées au bureau de l'extrême frontière. S'il est constaté un déficit, il est passible du double droit, à moins qu'il ne s'élève pas à 3 p. 0/0. (*Décisions ministérielles des* 18 *mars* 1826 *et* 22 *janvier* 1817.)

CHAPITRE XIII. — PÊCHE ET SALAISONS.

Les dispositions relatives à la pêche et aux salaisons sont présentées dans l'ordre suivant :

1° Sels délivrés pour la pêche lointaine ; 2° sels délivrés pour la petite pêche ; 3° sels alloués pour les salaisons de toute espèce de poisson, faites en mer et à terre ; 4° retour des navires de la grande et de la petite pêche ; 5° salaisons en atelier ; 6° salaisons pour la marine royale.

SELS DÉLIVRÉS POUR LA PÊCHE LOINTAINE (1).

1747. Le droit de consommation et celui de sortie ne sont point dus pour les sels employés à la pêche maritime lointaine. (*Loi du* 24 *avril* 1806, *art.* 55.)

1748. Les sels destinés à la pêche de la morue, ou *grande pêche*, ne peuvent être

_____

(1) Les dispositions présentées sous ce titre s'appliquent généralement au *cachalot*, au *saumon* et à tous les autres cétacés et poissons à lard.

tirés que des entrepôts généraux, ou directement des marais salants. (*Décision ministérielle du* 17 *avril* 1817; *circulaire du* 14; *circulaires des* 20 *novembre* 1816 *et* 19 *janvier* 1817.)

1749. Les armateurs des navires ont le droit d'embarquer à bord de leurs bâtiments telles quantités de sel qu'ils jugent convenables. (*Ordonnance du* 30 *octobre* 1816, *art.* 10.)

1750. La quantité de sel à mettre à bord du navire allant à la pêche est vérifiée par les agents des douanes, en suivant le mode ordinaire. (Voir n° 1612.)

Un passavant constate la quantité embarquée. Il est revêtu d'un certificat de sortie du bâtiment que signent deux agents du service actif dont un chef. Cette expédition est conservée comme preuve d'exportation pour être représentée au retour, et prouver que le poisson a été préparé avec du sel français. (*Circulaire du* 20 *décembre* 1823.)

1750 *bis*. Un acquit-à-caution devrait remplacer le passavant, si le bâtiment, au lieu de se rendre directement à la pêche, faisait escale dans un autre port du royaume. (*Circulaire manuscrite du* 10 *avril* 1835.)

1751. La douane peut permettre que l'on se livre à la pêche de la morue et du hareng sous l'obligation du compte ouvert en douane, et de l'acquit-à-caution pour justifier de l'emploi des sels embarqués. (*Circulaire manuscrite du* 27 *janvier* 1835.)

SELS DÉLIVRÉS POUR LA PETITE PÊCHE.

1751 *bis*. La pêche maritime sur les côtes de France ne peut être faite que par bâtiments français. (*Circulaire du* 24 *décembre* 1818.)

Nota. Une exception est cependant faite en faveur de petits bâtiments étrangers qui stationnent sur les côtes de la Provence.

1752. Les sels destinés à la petite pêche(1) sont extraits exclusivement soit *des marais salants*, soit des entrepôts *généraux*, soit des entrepôts *spéciaux*. Ils sont délivrés en franchise de tous droits. (*Loi du* 24 *avril* 1806, *art.* 55; *décret du* 11 *juin* 1806, *art.* 38 *et* 39; *ordonnance du* 30 *octobre* 1816, *art.* 5.)

1753. Le maître de barque ou propriétaire qui veut faire la petite pêche fournit sa déclaration au bureau des douanes le plus voisin (formule n° 44). Un certificat sur timbre lui est délivré, afin qu'il puisse justifier de son inscription. (*Décret du* 11 *juin* 1806, *art.* 47.)

1754. Le receveur placé près des marais salants ou des entrepôts, autorise, d'après ce certificat, l'enlèvement des sels nécessaires à la salaison du poisson en mer. Il ne peut être levé plus de 250 kilogrammes de sel par tonneau de mer, ni plus de 5,250 kilogrammes pour un même bâtiment. (*Même décret, art.* 48; *décision ministérielle du* 2 *septembre* 1806; *circulaire du* 5.)

1755. Les sels mis à bord du navire sont soumis à une exacte vérification, faite d'après le mode ordinaire (voir n° 1612). Un acquit-à-caution (formule n° 12) est délivré pour la quantité remise, et dont l'emploi devra être ultérieurement justifié. (*Même décret, art.* 49; *circulaire du* 21 *juin* 1817.)

---

(1) Les poissons qui font l'objet de cette pêche sont les *sardines, harengs, maquereaux, merluches, juliennes, congres, thons, melettes, sprats, anguilles.* (*Ordonnance de* 1816.)

1756. Il est ouvert au maître de barque, pour chaque acquit-à-caution qui lui a été délivré, un compte (formule n° 45) où la quantité de sel qu'il a reçue est préalablement inscrite ; ce compte se règle ensuite par le receveur, en raison des quantités de poisson qui ont été successivement débarquées dans les ports de retour (voir n° 1778). (*Circulaires des* 21 *juin* 1817 *et* 8 *novembre* 1818.)

1757. Un patron de barque rencontré en mer par les préposés, avec des sels et des salaisons, sans être muni d'une expédition régulière justifiant l'origine de ces sels ou salaisons, encourt la confiscation des marchandises et du bateau, avec amende de 100 fr. (*Décret du* 11 *juin* 1806, *art.* 16 *et* 51.)

SELS ALLOUÉS POUR LES SALAISONS FAITES EN MER ET A TERRE.

1758. Les quantités de sel allouées en franchise au retour de la pêche, pour la salaison en mer de chaque espèce de poisson et pour les salaisons en atelier, sont fixées comme suit :

Pour 100 kilog. de harengs blancs (1).............................. 27 k.
Pour 12,240 harengs saurs (2)............................... 155
Pour 12,240 harengs bouffis ou craquelotés........................ 75
Pour 100 kil. net de harengs blancs destinés pour les colonies.......... 40
Pour le paquage de cette dernière espèce de harengs................ 15
Pour 100 kil. net de harengs salés destinés à servir d'appât........... 20
Pour 100 kil. net de maquereau salé à terre....................... 40
Pour le paquage de cette même quantité.......................... 10
Pour 100 kil. de maquereau salé en mer 48
Pour le paquage de cette même quantité.......................... 15
Pour 100 kil. net de rogues de maquereau destinées à servir d'appât..... 40
Pour 100 kil. net de maquereau mariné dans les ports de la Méditerranée.. 25
Pour 100 kil. net de sardines salées et pressées en baril, et de celles salées
   en mer dans les ports de l'Océan (3)........................ 75
Pour 100 kil. net des mêmes poissons, préparés de la même manière dans
   les ports de la Méditerranée........... 48
Pour 100 kil. net de sprats salés, pour servir d'appât à la pêche de la sardine.. 40
Pour 100 kil. de sprats destinés à la consommation, et d'anchois préparés
   comme la sardine dans les ports de l'Océan. 75
Pour 100 kil. net des mêmes poissons préparés de même dans les ports de
   la Méditerranée. 48
Pour 100 kil. net de raie salée à terre dans les ports de l'Océan. 40
Pour 100 kil. net de gros poissons, tels que lieux, merluches, juliennes,
   congres, roussettes, chiens de mer, salés en sec dans les ports de

---

(1) Le hareng *salé caqué* obtient, *jusqu'au* 15 *novembre seulement*, 30 kil. de sel par 100 kil. de poisson. (*Décision ministérielle du* 14 *avril* 1818, *circulaire du* 16.)

(2) Il est accordé pour le hareng braillé, *jusqu'au* 15 *novembre seulement*, 180 kil. de sel pour 12,240 poissons. Après cette époque, on revient à la fixation de 155 kil. (*Même décision.*)

(3) Ou pour 1,000 sardines, 25 kil. de sel. (*Circulaire du* 8 *novembre* 1818.)

l'Océan.. 37
Pour 100 kil. net des mêmes poissons salés en vert, et représentés en baril
dans les ports de l'Océan.. 75
Pour 100 kil. net de thon salé en baril dans les ports de la Méditerranée. . 36
Pour 100 kil net de thon mariné dans les mêmes ports.. 25
Pour 100 kil. net d'anguilles salées, du 1ᵉʳ octobre au 30 avril, dans les
ports de la Méditerranée (1). 50
Pour 100 kil. net de même poisson salé, du 1ᵉʳ mai au 30 septembre, dans
les mêmes ports.. 75

RETOUR DES NAVIRES.

Retour de la pêche lointaine.

1759. Les capitaines, à leur retour de la pêche, sont tenus de déclarer à la douane le port et la date du départ, le nom de l'armateur, le lieu et la durée de la pêche, la quantité de morue expédiée directement du lieu de pêche aux colonies ou à l'étranger, celle rapportée en France, et la quantité de sel qui se trouve en nature à bord du navire. (*Ordonnances des 30 octobre 1816, art. 10, et 26 avril 1833, art. 4.*)

Nota. D'après les circulaires des 1ᵉʳ avril et 22 novembre 1816, nᵒˢ 135 et 224, le capitaine doit déclarer seulement qu'il existe à bord du sel non employé. La déclaration en détail est faite après vérification pour régulariser la mise en entrepôt.

1760. Les sels rapportés en nature peuvent, après vérification, être réintégrés en entrepôt. Ceux qui sont déclarés pour la consommation jouissent du déchet de 5 p. 0/0, s'ils ont été extraits des marais salants. Il n'est déduit que la partie de boni qui leur était applicable, s'ils ont été tirés d'entrepôt au moment de l'embarquement. (*Circulaire du 30 décembre 1817.*)

1761. Le journal de bord est produit à l'appui de la déclaration du capitaine. L'équipage peut être interrogé collectivement ou séparément, pour reconnaître l'exactitude de cette déclaration. Les employés examinent aussi les papiers de bord, et font toutes les recherches tendant à reconnaître si le poisson représenté n'a pas été acheté à des pêcheurs étrangers. (*Ordonnances des 27 septembre 1826, art. 2, et 26 avril 1833, art. 4.*)

1762. La vérification du poids total de la morue rapportée de la pêche se fait au moyen de pesées partielles d'un certain nombre de morues de diverses dimensions. Le nombre de poissons soumis à la balance et le poids reconnu à chaque pesée servent à établir le poids total du chargement. (*Circulaire du 26 novembre 1816.*)

Pénalité.

1763. L'introduction frauduleuse du poisson de pêche étrangère entraîne contre tous pêcheurs et autres la confiscation des poissons, bateaux et ustensiles, avec amende de 500 fr. (*Ordonnance des 14 août 1816 et 27 septembre 1826.*)

1764. Les contraventions aux réglements sur la pêche, que les agents des douanes

---

(1) Pour 100 kil. de molettes salées dans les ports de Cette et Marseille, il est alloué 17 kil. de sel. (*Décisions administratives des 6 janvier et 16 juin 1817.*)

constatent, soit séparément, soit avec le concours des syndics de pêche, sont poursuivies correctionnellement par les soins du procureur du roi. L'administration des douanes demeure étrangère aux poursuites comme aux frais de l'instance. (*Ordonnance du 3 janvier 1828; circulaire du 21 octobre 1833.*)

1765. Lorsque des indicateurs se sont fait connaître, dans le délai déterminé (voir nº 1871), ils reçoivent un tiers du produit net des contraventions, indépendamment de celui alloué aux préposés, lorsque ceux-ci ont constaté les infractions. (*Décision ministérielle du 10 mars 1834; circulaire du 25.*)

Sels de coussins.

1766. Au retour de la pêche, les agents des douanes peuvent accorder, pour la conservation de la morue verte en pile ou en grenier, destinée à entrer *en vert* dans la consommation, 9 kilogrammes de sel *de coussins* par 100 kilogrammes de morues débarquées. (*Décision ministérielle du 7 mai 1829; circulaire du 29.*)

Nota. Le sel *de coussins* est celui qui forme le lit sur lequel le poisson est placé dans le navire pêcheur, ou dans le bâtiment à bord duquel on le met à l'arrivée immédiate de la pêche, pour être conduit dans un autre port.

1767. Aucune allocation de sel n'est faite pour les morues qui, au lieu d'être consommées *en vert*, sont destinées à des *sécheries* et doivent ainsi passer à l'état de *morue sèche.* (*Décision ministérielle du 30 décembre 1833; circulaire du 17 janvier suivant.*)

1768. Le *sel de coussins*, délivré aux commerçants par les employés des douanes, doit être répandu en présence de ces employés sur le poisson, au fur et à mesure que les morues sont retirées du bâtiment pêcheur.

Les sels excédant la proportion allouée, qui existent à bord après le déchargement de la cargaison, sont submergés ou entreposés (voir nº 1771). (*Circulaires des 19 janvier 1822, 25 mai 1827 et 17 janvier 1834.*)

1769. Dans les ports où la morue à son arrivée de Terre-Neuve est transbordée du navire pêcheur dans un autre bâtiment, pour être transportée dans un second port par cabotage, il est également accordé 9 kilogrammes de sel par 100 kilogrammes de poisson, pour aliter la morue dans le navire qui la reçoit. (*Circulaire du 23 septembre 1828, décision ministérielle du 7 mai 1829, circulaire du 29.*)

Repaquage et ressalage (1).

1770. Le commerce peut obtenir pour repaquer ou ressaler la morue, ou pour achever la salaison en saumure de celle salée à plat, le sel neuf jugé nécessaire, à la condition d'en faire l'emploi en présence des préposés. Le sel n'est accordé pour le repaquage ou le ressalage que sur un certificat de l'autorité locale, attestant que la morue peut être livrée sans danger à la consommation. (*Ordonnance du 30 octobre 1816, art. 10; circulaires des 14 août 1818 et 17 novembre 1819.*)

Sels immondes.

1771. Les sels immondes (sels de coussins, ressels, saumures, etc.), provenant de sa-

----

(1) Le repaquage est une préparation que reçoit le poisson pêché en Islande et au Doggers-Banch, et qui, mis en saumure, est rapporté en tonnes. (*Circulaire du 6 octobre 1817.*)

laisons faites en mer, sont submergés par les soins des employés des douanes, qui constatent, à leur portatif, cette submersion. Cependant, si les armateurs le demandent, ces sels peuvent être mis en entrepôt réel pour la pêche suivante. (*Ordonnance du 30 octobre* 1816; *circulaire du 19 janvier* 1822.)

Ils ne peuvent être expédiés par cabotage ni par continuation d'entrepôt. (*Décision administrative du 11 février 1830.*)

1772. Toute soustraction de sels de coussins ou saumures entraîne l'amende de 100 francs et celle du triple droit sur les quantités détournées. En cas de récidive, le prévenu est privé de la franchise accordée pour les salaisons. (*Même ordonnance.*)

1773. Les sels immondes ne sont accordés en franchise aux armateurs ou capitaines des navires pêcheurs que pour être employés à la pêche; tout autre usage est interdit. (*Décisions ministérielles des* 16 *décembre* 1806 *et* 16 *juin* 1807.)

[Retour de la petite pêche.]

1774. Le maître de barque qui, ayant reçu du sel en franchise, aborde dans un port avec un chargement de salaisons, est tenu de déclarer à la douane, en représentant l'acquit-à-caution obtenu au départ, la quantité de poisson salé qu'il apporte, ainsi que la quantité de sel neuf non employée existant à bord de son navire. (*Décret du* 11 *juin* 1806, *art.* 49.)

Vérification.

1775. Le déchargement s'effectue en vertu d'un permis délivré gratis (voir n° 1172) que remet le receveur; il a lieu en présence des préposés; ceux-ci constatent les quantités de poisson mises à terre. (*Même décret, art.* 52.)

1776. La vérification, s'il s'agit de sardines, peut s'opérer *au poids* ou *au nombre*, au choix du patron de la barque revenant de la pêche, l'allocation du sel étant établie pour chacun de ces deux modes de visite (voir n° 1758). (*Circulaire du 8 novembre* 1818.)

1777. Tout débarquement de salaisons, sans justifier de l'extraction légale du sel avec lequel elles ont été faites, donne lieu à la confiscation du sel, du poisson et des moyens de transport, avec amende de 100 francs. (*Décret du* 11 *juin* 1806, *art.* 16 *et* 56.)

1778. Le compte tenu avec le maître de barque dans le port d'expédition (voir n° 1756), est déchargé d'après les quantités de poisson mises à terre, soit dans ce port, soit dans tout autre. Les quantités de sel à allouer au bureau de départ, en raison du poisson débarqué, sont établies d'après les fixations déterminées par l'ordonnance du 30 octobre 1816 (voir n° 1748). (*Circulaires des 8 novembre* 1818 *et* 21 *juin* 1817.)

1779. Lorsque les salaisons faites en mer sont mises à terre dans un port autre que celui où l'acquit-à-caution a été obtenu, la douane se borne à constater les quantités débarquées ainsi que le poids du sel neuf représenté; c'est d'après cette constatation que le compte du saleur est réglé au port de départ. (*Idem.*)

1780. Le maître de barque, abordant avec un reste de sel neuf dans un port autre que celui d'où il est parti, peut obtenir une nouvelle quantité de sel pour continuer la pêche. L'acquit-à-caution, dans ce cas, exprime que le sel qui restait à bord a été pris en charge sur le nouvel acquit-à-caution délivré. (*Idem.*)

1781. Si, après avoir mis à terre des poissons salés en mer, la pêche n'est pas continuée, le sel qui n'a pas été employé peut être mis en consommation en acquittant les droits, ou être rétabli en entrepôt, ou être replacé sur les salins. (*Décret du 11 juin 1806, art. 31 et 55; circulaire du 21 juin 1817.*)

Pénalité.

1782. Lorsque la quantité de sel consommée en salaisons ne se trouve pas proportionnée à la quantité de poisson représentée, il y a lieu au paiement du triple droit sur les sels non représentés ; plus à une amende de 100 francs.

Le bâtiment est retenu pour sûreté des condamnations. (*Décret du 11 juin 1806, art. 53 et 54.*)

Nota. Quand le déficit ne peut être attribué à aucune pratique frauduleuse, l'administration autorise le paiement du simple droit seulement.

1783. La douane est en droit de saisir le sel neuf non déclaré, qu'elle trouve à bord d'un bâtiment revenant de la petite pêche. Le maître de barque qui n'a pas fait la déclaration à laquelle il était obligé, est passible, outre la confiscation du sel, du paiement du triple droit et de l'amende de 100 francs. (*Même décret, art. 54.*)

1784. Les préposés des douanes sont appelés à constater, soit séparément, soit de concert avec les syndics de pêche, la répression des fraudes tendant à introduire en France du poisson de pêche étrangère. Ils provoquent l'application des peines encourues pour ces contraventions. (Voir n° 1764.)

Pêche du hareng et du maquereau.

1785. La pêche du hareng et du maquereau est soumise aux dispositions particulières qu'établit l'ordonnance du 14 août 1816. Les employés, dans les localités où cette pêche a lieu, s'assurent que les mesures prescrites par cette ordonnance sont ponctuellement observées. (*Circulaires des 20 août, 5 octobre 1818 et 23 décembre 1819.*)

SALAISONS EN ATELIER.

Sels alloués en franchise.

1786. L'administration des douanes accorde en franchise de droits les sels nécessaires à la salaison en atelier des produits de la pêche française. L'allocation a lieu dans les proportions déterminées, pour chaque espèce de poisson, par les réglements (voir, pour ces fixations, l'art. 1758). (*Décret du 8 octobre 1810, art. 3; ordonnance du 29 octobre 1816, art. 1er; décisions administratives des 28 octobre 1806 et 18 mars 1807.*)

Déclaration et soumission.

1787. Les saleurs sont tenus d'annoncer à la douane leur intention d'effectuer des salaisons en atelier ; ils font, à cet effet, au bureau de leur résidence, la déclaration (formule n° 49) destinée à établir leur qualité de saleur. (*Décret du 11 juin 1806, art. 36.*)

1788. Les sels à affecter aux salaisons en atelier ne peuvent être extraits que des entrepôts *spéciaux.* Si cependant le saleur a ses ateliers placés dans une ville qui jouit de l'entrepôt général, ou près des marais salants, il lui est permis d'extraire son sel, soit de l'entrepôt, soit de la saline. (*Décret du 11 juin 1806, art. 38 et 39; ordonnance du 30 octobre 1816; circulaire du 22 novembre 1816.*)

1789. L'extraction des sels des entrepôts n'a lieu qu'après que le saleur a fourni une soumission cautionnée par laquelle il s'oblige à justifier de l'emploi du sel en salaisons, dans les proportions déterminées par le règlement, ou d'en payer le droit (voir n. 178). (*Décret du 11 juin* 1806, *art.* 39; *ordonnance du 30 octobre* 1816, *art.* 5.)

1790. Les sels extraits des entrepôts généraux, ou des marais salants pour les salaisons à terre, ne peuvent arriver à l'atelier que par terre et en sacs plombés. (*Circulaire du* 23 *décembre* 1812.)

1791. Les salaisons commencées dans un port doivent, quelle que soit l'espèce de poisson que l'on ait salé, être complétées dans ce même port. (*Ordonn. du* 30 *octobre* 1816, *art.* 4.)

Police des ateliers.

1792. Les ateliers de salaisons de poissons ne peuvent être établis que dans une commune où il existe un bureau de douanes, et qu'après une déclaration faite à ce bureau. (*Décret du 11 juin* 1806, *art* 36; *ordonnance du 30 octobre* 1816, *art.* 5.)

1793. Chaque atelier doit être clos de manière à n'avoir qu'une seule issue donnant sur la rue dans laquelle il est situé. Ces ateliers, comme les bâtiments compris dans le même enclos, sont soumis à la visite des préposés des douanes. (*Décret du 11 juin* 1806, *art.* 41; *ordonnance du 30 octobre* 1816, *art.* 5.)

1794. On ne peut établir aucun magasin ni faire aucune vente en détail, de sels ayant acquitté les droits, qu'à une distance de plus de 25 mètres d'un atelier de salaison, à peine de 100 francs d'amende et du triple droit sur le sel existant en magasin. (*Même décret*, *art.* 45; *ordonnance du 30 octobre* 1816, *art.* 7; *circulaire du 18 juin* 1817.)

1795. La peine rappelée à l'article précédent est encourue, si les propriétaires d'ateliers réunissent dans leurs établissements d'autres sels que ceux affectés à la préparation du poisson. (*Idem.*)

1796. Les sels destinés aux salaisons à faire à terre sont retirés de l'entrepôt spécial et remis aux propriétaires ou locataires d'ateliers, en vertu d'un permis et au fur et à mesure de leurs besoins. (*Circulaires des 28 octobre* 1807 *et 22 novembre* 1816.)

1797. Ceux qui, sans déclaration préalable, emploient des sels en salaisons de poissons sans justifier de l'acquittement de l'impôt, encourent la confiscation des salaisons et des sels, avec amende du double droit fraudé. (*Même décret*, *art.* 40.)

1798. Les barils ou tonneaux qu'emploient les saleurs doivent être revêtus d'une marque destinée à indiquer le poids de chaque colis vide. Les employés ont à s'assurer que ces indications sont exactement données. (*Ordonnance du 30 octobre* 1816, *art.* 8.)

1799. Toute quantité de sel, quelque faible qu'elle soit, sortant des ateliers pendant la salaison, est saisissable. Le prévenu et le saleur sont passibles de l'amende de 100 fr. et du triple droit. Les ventes de sel, après la salaison, ne sont permises qu'autant qu'il est justifié aux préposés des douanes que l'impôt a été acquitté. (*Décrets des 11 juin*, 1806, *art.* 45 *et* 46, 25 *janvier* 1807 *et* 8 *octobre* 1810, *art.* 38; *ordonnance du 30 octobre* 1816, *art.* 6; *circulaires des* 14 *décembre* 1813 *et* 6 *janvier* 1814.)

Comptes des saleurs.

1800. Il est ouvert, au bureau des douanes, un compte à chacun des saleurs (formule n° 50), pour justifier de l'emploi en salaisons, des sels qui leur ont été délivrés en franchise.

Ceux extraits de l'entrepôt sont pris en charge à ce compte, et l'on y porte, en décharge, les quantités au *net* de poisson salé représenté. (*Ordonnance du 30 octobre 1816, art. 8.*)

1801. Chaque année, après les salaisons terminées, les ateliers des saleurs sont recensés par les employés; ceux-ci constatent l'opération. Le compte d'entrée et de sortie (formule n° 53) est balancé et définitivement arrêté. Les sels immondes sont submergés, (voir n° 1771). (*Décision administrative du 11 mai 1826.*)

Pénalité.

1802. Si, par la vérification, il est reconnu que les quantités employées en salaisons de poissons excèdent celles allouées par le réglement, le saleur est tenu de payer le double des droits sur cet excédant, plus une amende de 100 francs. (*Décret du 11 juin 1806, art. 43.*)

1803. Lorsque le saleur, ayant moins employé de sel qu'il ne lui en est accordé, se trouve par ce moyen en *économie*, la portion ainsi ménagée doit être réintégrée dans l'entrepôt spécial. (*Ordonnance du 30 octobre 1816, art. 5.*)

1804. Un propriétaire d'ateliers, qui, supposant des salaisons qu'il n'a pas faites, substitue, dans les barils ou tonneaux, à des poissons salés, d'autres matières, encourt l'amende de 100 francs et le triple droit du sel accordé pour les salaisons. Il peut, en outre, s'il se livre à des spéculations illicites, être privé de la franchise. (*Décret du 11 juin 1806, art. 46, et ordonnance du 30 octobre 1816, art. 13.*)

1805. Quand les préposés des douanes reconnaissent que des poissons sortant des ateliers n'ont pas reçu tout le sel qu'exigeait leur préparation et qu'il y a dès lors danger de les mettre en consommation, ils doivent en référer à l'autorité locale. (*Circulaire du 25 février 1817.*)

Expédition des salaisons.

1806. Les salaisons destinées pour l'intérieur du royaume sont expédiées par simple passavant (formule n° 52). Cette pièce est visée par les employés placés à la porte de la ville par laquelle la sortie a eu lieu, ou par ceux qui ont escorté le chargement hors de la commune. Les quantités comprises au passavant sont portées en décharge au compte du saleur. (*Circulaire du 28 octobre 1807.*)

1807. Lorsque les salaisons sont expédiées par mer, ou qu'elles passent d'un atelier dans un autre, le passavant qui les accompagne porte soumission de placer le poisson, à son arrivée, sous la clef de la douane. Si le transport a lieu par un bâtiment armé pour la petite pêche, un acquit-à-caution doit être délivré, afin de prévenir les abus. (*Circulaires des 28 octobre 1807, 9 novembre 1816 et 11 octobre 1827.*)

1808. Il n'est accordé aucune quantité de sel en franchise de droits pour les poissons qui se trouvent avariés à la suite d'un transport de salaisons par cabotage. (*Décision administrative du 15 janvier 1810.*)

SALAISONS DE LA MARINE ROYALE.

1809. Les sels employés aux salaisons destinées aux approvisionnemens de la marine royale sont affranchis de l'impôt. Toutefois, les sels distribués aux marins, avec la ration ordinaire, ne participent pas à cette exemption. (*Lois des 24 avril 1806, art. 55, et 7 juin 1826, art. 9; et circulaire du 13 août 1806.*)

Nota. On sale en franchise le *bœuf*, le *porc*, le *lard en planches*, le *jambon*. Le saucisson ni les me-
nues salaisons ne jouissent pas de l'immunité des droits. (*Circulaire du 24 mai* 1819.)

1810. On considère comme salaisons la *choucroute*, *l'oseille confite*, et les autres
légumes destinés à l'avitaillement des vaisseaux de l'État. (*Circulaire manuscrite du
20 novembre* 1834.)

1811. Les ports dans lesquels se trouve un entrepôt général des sels sont les
seuls où ces salaisons puissent avoir lieu en franchise. (*Circulaire du 20 novembre*
1816.)

1812. A leur arrivée dans les ports, les sels destinés aux salaisons sont entreposés,
sous soumission (formule n° 27), dans un magasin fermant à deux clefs. L'une reste
entre les mains de la marine, l'autre est déposée à la douane. Le nombre de kilogrammes
reconnu est pris en charge au compte d'entrepôt (formule n° 54). (*Décision ministérielle transmise par la circulaire du 10 août* 1809.)

1813. Les quantités nécessaires à une préparation de viandes salées, et celles réclamées pour ouillage de viandes après leur mise en baril, sont successivement remises
après déclaration (formule n° 33) et permis, à l'agent des vivres de la marine. Les
préposés des douanes assistent aux opérations; ils en constatent les résultats à leur
portatif et au dos de chaque permis. (*Décision ministérielle transmise par la circulaire
du 10 août* 1809.)

1814. Lorsque la préparation est complète, la douane, sur le permis qui lui est rapporté visé, opère la décharge au compte d'entrepôt qu'elle a ouvert à l'administration
de la marine. Les quantités non employées sont immédiatement rétablies en magasin.
(*Idem.*)

1815. Les sels immondes, formant le résidu de chaque préparation, sont submergés
en présence des préposés. L'administration de la marine peut cependant les faire
vendre, si bon lui semble, à charge du paiement des droits. (*Idem.*)

1816. Les employés des douanes sont prévenus, par la marine, des heures auxquelles
doivent s'effectuer les travaux de salaisons. Ils ne peuvent, sous aucun prétexte, faire
retarder les opérations pour lesquelles ils ont été appelés. (*Idem.*)

CHAPITRE XIV. — FABRIQUES DE SOUDE.

Établissement des fabriques.

1817. Aucune fabrique de soude ne peut être établie qu'en vertu d'une autorisation
préalable; qu'autant qu'elle est fermée par un mur d'enceinte à hauteur suffisante, et
qu'elle ne communique avec l'extérieur que par la porte d'entrée. (*Ordonnance du 8
juin* 1822, *art.* 9.)

1818. Il est fourni, dans l'enceinte de chaque établissement, savoir :

1° Un magasin pour servir au dépôt du sel;

2° *Idem*   pour le dépôt des soudes;

3° *Idem*   pour le dépôt du sulfate non converti immédiatement en soude ;

4° *Idem*   pour le dépôt des sulfates riches à livrer au commerce.

1819. Ces magasins doivent offrir les sûretés convenables; ils sont fermés à trois
clefs. Une clef est remise au fabricant; les deux employés de service sont dépositaires

des deux autres clefs. (*Décret du* 13 *octobre* 1819 , *art.* 6; *décision ministérielle du* 28 *novembre suivant; ordonnance du* 8 *juin* 1822 , *art.* 6; *arrêté ministériel du* 17 *du même mois; ordonnance du* 26 *juillet* 1826 , *art.* 1ᵉʳ.)

1820. Un logement doit être disposé dans l'intérieur de la fabrique , avec le nombre de pièces que les réglements déterminent, pour les deux préposés attachés à l'établissement. (*Décisions ministérielles des* 28 *novembre* 1809 , 30 *septembre* 1817 *et* 17 *juin* 1822.)

1821. Les fabriques de soudes reçoivent en franchise de droits les sels qu'elles emploient dans leurs fabrications, à la condition de ne pas excéder les fixations accordées pour ces fabrications. (Voir n° 1838.)

Exercice des fabriques.

1822. Deux employés , l'un contrôleur, l'autre commis aux soudes , sont chargés de la surveillance des magasins. Ils sont tenus de résider constamment dans l'enceinte de la fabrique. (*Ordonnance du* 8 *juin* 1822.)

Le fabricant, pour jouir de l'exemption de droits sur le sel qui lui est délivré, doit déclarer chaque année, avant le 1ᵉʳ novembre , pour l'exercice suivant :

1° Le nombre de fourneaux disposés pour les travaux ;

2° La quantité de soude qu'il entend fabriquer dans l'année ;

3° Les lieux d'où il veut tirer son sel. (*Décret du* 13 *octobre* 1809; *arrêté ministériel du* 17 *juin* 1822.)

1823. Chaque année, au moment même où se fait la déclaration , le fabricant est tenu de payer au receveur des douanes , à titre d'indemnité pour le trésor, une somme de 1 500 fr. (*Décret du* 18 *juin* 1810; *décision ministérielle du* 28 *novembre* 1809.)

1824. La quantité de sel à délivrer pour la fabrication de la soude ne peut excéder 67 kilogrammes par quintal métrique. (*Même décret, art.* 9 , *et décret du* 18 *juin* 1810.)

1825. Les directeurs déterminent, par des autorisations, les quantités de sel qui peuvent être délivrées pour les besoins des fabriques, calculés pour trois mois.(*Arrêté ministériel du* 17 *juin* 1822.)

Premier mélange des sels.

1826. Les sels extraits soit des entrepôts, soit des marais salants, ne sont délivrés pour les fabriques de soude qu'après avoir été mélangés, sous la surveillance des agents des douanes , avec des matières que ces derniers vérifient , et qui rendent l'usage du sel impossible pour les besoins domestiques. Ces matières sont fournies par les fabricants. (*Ordonnances des* 8 *juin* 1822 *et* 18 *octobre suivant.*)

Nota. L'ordonnance du 8 juin 1822 fait connaître qu'elles sont ces matières. Sur quatre-vingt-cinq kilogrammes de sel, on ajoute un demi-centième de charbon de bois pulvérisé et un demi-centième d'huile provenant de matières animales.

1827. Les sels ainsi mélangés sont expédiés sous plombs, par acquit-à-caution , en sacs avec couture en dedans , du poids de 100 kilogrammes chacun.

Le plombage n'est pas exigé , si le sel est expédié pour une fabrique située dans le rayon de surveillance des trois lieues. (*Décret du* 13 *octobre* 1809; *circulaire du* 30 *novembre suivant ; arrêté ministériel du* 17*juin* 1822.)

Le prix du plomb est fixé à 25 centimes. (*Décision administrative du 15 février 1833; circulaire du 27.*)

1828. Lorsque la fabrique avoisine le marais salant d'où le sel est tiré, l'acquit-à-caution est suppléé par la reconnaissance que font, au moment même de la vérification, le fabricant et les employés, des quantités mises en magasin. (*Arrêté ministériel du 17 juin 1822.*)

1829. L'acquit-à-caution délivré pour assurer le transport du sel dans une fabrique doit énoncer l'obligation de rapporter cette expédition revêtue d'un acte de décharge, ou de payer le quadruple droit sur le sel manquant. (*Décret du 12 octobre 1809; arrêté du 17 juin 1822.*)

Vérification à l'arrivée.

1830. A l'arrivée des sels à la fabrique, le contrôleur et le commis aux soudes reconnaissent l'intégrité du plombage ; ils vérifient le nombre, le poids et le contenu des sacs, constatent cette opération sur leur carnet, et font déposer le sel en magasin, en leur présence. (*Idem.*)

1831. Aucun déchet n'est accordé pour les sels destinés aux fabriques de soude. (*Décret du 11 juin 1806, et circulaire du 19 décembre 1809.*)

1832. Avant le dépôt du sel en magasin, il est procédé, en présence des deux préposés attachés à l'établissement, à un second mélange qui consiste à mettre 15 kilogrammes de sulfate à base de soude sur 85 kilogrammes de sel. (*Ordonnance des 8 juin et 18 octobre 1822.*)

Nota. L'instruction annexée à l'arrêté du 17 juin 1822, et la circulaire du 30 juillet suivant, indiquent comment on peut vérifier si le second mélange est fait convenablement.

1833. Le deuxième mélange dont il est question à l'article précédent, peut avoir lieu avec des sulfates provenant de nitrate de soude ; ces sulfates, dont le titre est soigneusement examiné, doivent être déposés dans un magasin séparé. Le contrôleur aux soudes constate sur un registre spécial (formule n° 59 *ter*) les entrées et les sorties, ainsi que la situation mensuelle de ce magasin particulier. (*Décision ministérielle du 22 janvier 1834 ; circulaire du 13 février suivant.*)

1834. Les sels mélangés existant en magasin ne peuvent être extraits de ce dépôt qu'en présence des préposés. Ils sont successivement délivrés au fabricant d'après les besoins de la fabrication. (*Arrêté ministériel du 17 juin 1822.*)

Compte des fabrications.

1835. La fabrication des sulfates de soude et celle de la soude sont suivies journellement par les employés aux exercices. Ils en vérifient le titre, font placer les matières dans les magasins dont ils ont les clefs, et ne laissent sortir ces produits que sur déclaration et permis (formule n° 60). (*Même arrêté.*)

Nota. Le mode de surveillance à exercer sur chaque espèce de fabrication et les mesures à prendre pour prévenir les fraudes sont rappelés tant dans les ordonnances des 8 juin 1822 et 26 juillet 1826 que dans l'arrêté ministériel du 17 juin 1822.

1836. Il est ouvert à chaque fabricant un compte des quantités de sel qu'il a successivement emmagasinées (formule n° 59), et de celles qu'il a fait sortir pour la fabrication.

Les préposés aux exercices procèdent, au moins une fois chaque année, au recensement des sels restant en magasin. (*Ordonnance du 26 juillet 1826, art.* 34.)

1837. Un compte est également tenu, pour constater les quantités de sulfates et de soudes fabriquées, et celles sorties de la fabrique. Les déficits, s'il en existe, sont déduits des charges comme s'il n'y avait pas eu fabrication. (*Idem, art.* 35.)

1838. Chaque année, la quantité totale de sel délivrée au fabricant est comparée à la quantité totale que représente la fabrication, à raison, savoir :

De 67 kilogrammes de sel par 100 kilogrammes de soude ;

De 93 kilogrammes de sel pour 100 kilogrammes de *sulfate ordinaire ;*

De 100 kilogrammes de sel par 110 kilogrammes de *sulfate riche.*

La quantité de sel employée au delà de cette proportion est soumise au droit. (*Ordonnances des 8 juin 1822, art.* 5, *et 26 juillet 1826, art.* 36.)

Nota. Il est déduit, dans les décomptes, 1 p. 0/0 sur les quantités de sel remises au fabricant, et sur celles restant en magasin. (Voir *la circulaire du 30 juillet 1822.*)

1839. En cas d'enlèvement sans une autorisation spéciale, soit des sels mélangés, soit des sulfates, soit d'autres produits, ou d'importations, dans la fabrique, de soudes déjà fabriquées, ou enfin de la non-justification de l'emploi régulier des sels, la franchise accordée peut être retirée. (*Ordonnance du 8 juin 1822, art.* 5, 6 *et* 10.)

CHAPITRE XV. — SELS DÉLIVRÉS POUR LE COMMERCE DE LA TROQUE.

Le commerce de la troque est l'échange du sel contre des grains rapportés en nature dans les communes habitées par les individus qui se livrent à ce genre de trafic. (*Ordonnance du 30 avril 1817, art.* 1ᵉʳ.)

1840. Les communes des côtes de la Bretagne, dont les sauniers se sont de tout temps livrés au commerce de la troque, jouissent, seules, de l'immunité attachée à ce commerce particulier. (*Idem, art.* 21.)

1841. Il est accordé, en franchise de droits pour la troque, à chaque paludier, autant de fois 100 kilogrammes de sel que sa famille se compose d'individus. (*Même ordonnance, art.* 4.)

1842. Les sels affectés à ce trafic doivent être extraits des marais salants. On ne peut les tirer des entrepôts ; ils ne jouissent d'aucun déchet. (*Décret du 11 juin 1806, art.* 14 ; *circulaires des 20 novembre 1816 et 14 mai 1817.*)

1843. La durée de la troque est fixée *du* 1ᵉʳ *novembre* de chaque année, *au* 1ᵉʳ *février* de l'année qui suit. Ce qui n'a pas été expédié sur la quantité de sel accordée n'est pas précompté dans la saison suivante. (*Ordonnance du 30 avril 1817, art.* 5 *et* 6.)

1844. Au commencement de l'année, les maires des communes habitées par les paludiers forment un état des personnes qui veulent faire la troque, avec indication des individus composant leur famille. Cet état, visé par le sous-préfet, est remis au directeur des douanes.

Sont considérés comme chefs de famille les veuves ayant des enfants et les aînés de famille chargés d'élever leurs frères et sœurs. (*Même ordonnance, art.* 2 *et* 3.)

1845. Un livret est délivré, chaque année, par la douane, à chaque chef de famille ; il indique la quantité de sel qu'il est permis de lever, celle faisant l'objet de chaque

transport, et, en regard, les quantités et espèces de grains rapportées. (*Même ordonnance, art.* 11.)

Bureaux d'expédition.

1846. Les seuls bureaux par lesquels on peut expédier des sels à destination de la
troque sont ceux suivants :

Direction de Nantes. Pouliguen, Guérande, Pont-d'Armes, Cariel, Le Croisic, Mes-
quer, Pornichet. (*Arrêté du préfet de la Loire-Inférieure, 10 septembre* 1823.)

Direction de Lorient. Saint-Armel, Quatre-Vents, Ambon, Noyalo, Caden, Tréguier,
Billon, Vanners, Port-Louis, La Trinité, Coël-er-hour. (*Arrêté du préfet du Morbihan,
du 4 octobre* 1821.)

Les expéditions et les retours ne peuvent s'effectuer que par un même bureau.
(*Ordonnance du* 30 *avril* 1817, *art.* 13.)

Départ pour la troque.

1847. La troque est défendue dans les communes du rayon où la douane exerce sa
surveillance (les trois lieues), ainsi que dans les bourgs et villes où il existe des magasins
de sel ; mais les sauniers peuvent vendre du sel aux habitants de ce même rayon comme
au dehors, en acquittant les droits. Ils jouissent alors de la déduction de 5 p. 0/0. (*Même
ordonnance, art.* 16, 17 *et* 22.)

1848. Un conseil, composé du maire, de ses adjoints, du curé et du receveur des
douanes, établit, avant l'ouverture de la troque, les quantités de chaque espèce de
grains qui devront être rapportées en échange de la valeur de 100 kil. de sel, droit compris. La délibération, soumise au sous-préfet, est remise au directeur, qui en suit
l'exécution. (*Même ordonnance, art.* 7, 8, 9 *et* 10.)

1849. Le transport des sels destinés au commerce de la troque ne peut se faire ni par
voiture ni par eau ; il n'a lieu qu'à dos de chevaux ou de mulets. (*Décret du* 11 *juin* 1806,
art. 14 ; *décision ministérielle du* 3 *janvier* 1815 ; *circulaire du* 9.)

1850. Si les sauniers et paludiers n'ont pas préalablement obtenu un permis d'enlèvement des sels, ils sont tenus de suivre, pour se rendre des marais salants au bureau
des douanes, la route directe que fixe l'arrêté du préfet. Ceux qui s'écartent de cette
route, ou qui, sur des chemins obliques, déposent des sels sous des hangars ou dans
des maisons, encourent la confiscation avec amende de 100 francs. (*Même ordonnance,
art.* 18 *et* 19.)

1851. La vérification étant faite, il est délivré un acquit-à-caution (formule n° 14) portant soumission de représenter, au retour, une quantité de grains proportionnée à la
quantité de sel que cette expédition comprend. (*Même ordonnance, art.* 14.)

Retour des paludiers.

1852. Les paludiers, à leur retour, sont tenus de se présenter au plus prochain bureau
de deuxième ligne, ou, à défaut de bureau, à la brigade la plus voisine, pour y faire
connaître les quantités et espèces de grains qu'ils rapportent. Ils se rendent ensuite au
bureau d'expédition où leur chargement est vérifié (*Idem, art.* 20.)

1853. Le receveur des douanes tient un registre (formule n° 15), sur lequel les sels
délivrés aux chefs de famille et les grains par eux rapportés sont mentionnés. Les comptes

ainsi établis sont arrêtés au retour des paludiers, après exacte vérification de leurs chargements. (*Même ordonnance*, art. 12.)

1854. S'il résulte de la vérification faite au bureau de retour que le nombre de kilog. de grains apportés n'est pas proportionné à la quantité de sel délivrée au départ, la différence reconnue est soumise au double droit. (*Même ordonnance*, art. 14.)

CHAPITRE XVI. — RESTITUTION DU DROIT SUR LES VIANDES, LES BEURRES SALÉS, ETC., QUI SONT EXPORTÉS.

VIANDES SALÉES.

1855. Le droit du sel employé à la salaison des viandes de bœuf et de porc, exportées par mer, est remboursé dans les proportions fixées pour chaque espèce de salaison, selon la classe à laquelle elle appartient. (*Loi du 7 juin 1820, art. 9.*)

Nota. Cette disposition ne s'applique pas aux salaisons de la marine royale, qui ont leur régime particulier (voir n° 1809).

1856. Les viandes salées ayant droit au remboursement forment deux classes :

La 1ʳᵉ comprend les viandes embarquées, comme cargaison ou provision, sur les navires allant *aux colonies* ou dans les pays étrangers situés *hors d'Europe.*

Dans la 2ᵉ classe sont rangées les viandes mises à bord des bâtiments destinés pour les *pays étrangers d'Europe*, ou allant *à la pêche de la morue et à la pêche de la baleine.* (*Ordonnance du 22 juin 1820, art. 1ᵉʳ; lettre au directeur de La-Rochelle du 3 décembre 1830.*)

1857. La restitution du droit a lieu, pour chaque classe, dans les proportions suivantes :

Sur les salaisons de la 1ʳᵉ classe.	Pour 100 kil. net de bœuf ou porc, on restitue le droit dû pour...	40 kil. de sel.
	Pour 100 kil. de jambon, le droit de...	30 *id.*
	Pour 100 kil. de lard en planches, le droit de....	32 *id.*
Sur les salaisons de la 2ᵉ classe.	Pour 100 kil. net de bœuf ou porc, le droit de...	30 *id.*
	Pour 100 kil. de jambon, le droit de...	25 *id.*
	Pour 100 kil. de lard en planches, le droit de....	27 *id.*

(*Même ordonnance, art. 2.*)

1858. Pour établir le poids net des salaisons, il est fait déduction du poids des futailles dans lesquelles elles sont contenues, en prenant le poids effectif des futailles vides de mêmes forme et capacité. (*Même ordonnance, art. 3.*)

1859. Chaque restitution de droits est autorisée par l'administration des douanes, mais seulement sur la production de pièces justificatives de la bonne confection des salaisons embarquées, de leur exportation effective et du lieu de leur destination. (*Idem.*)

Nota. La circulaire du 5 juillet 1820 indique à quels signes on peut reconnaître que les salaisons de viandes sont bien préparées. Les vérificateurs ont à donner leurs soins particuliers à cet examen.

32

1860. Les pièces à produire par les exportateurs, pour jouir du remboursement du droit, sont :

1° Le permis d'embarquer, revêtu du certificat des vérificateurs constatant la bonne confection des viandes, leur poids net et leur embarquement ;

2° Un certificat des préposés du service actif, attestant la reconnaissance des colis à bord du navire, et annonçant que le bâtiment a pris la mer ;

3° Une copie du manifeste de sortie, délivrée par le receveur et par un autre employé. (*Circulaires des 5 juin et 22 novembre* 1820.)

Nota. Si le navire a pris son chargement dans deux ports, voir, quant aux dispositions à prendre, la circulaire du 26 janvier 1824.

1860 *bis.* Lorsque les viandes ont été salées dans des lieux enclavés dans la circonscription des marais salants, on doit en outre exhiber :

1° Les acquits de paiement du droit du sel employé aux fabrications ;

2° Un certificat du saleur qui a préparé les viandes, certificat légalisé par le maire de la commune où sont placés les ateliers de salaison. (*Ordonnance du 22 juin 1820, art.* 4.)

1861. Toute quantité de viande salée en France, ayant joui de la restitution du droit, et qui est réimportée sous un prétexte quelconque, ne peut être mise en consommation dans le royaume qu'en payant les droits d'entrée. (*Circulaire du 22 juin* 1820.)

Cependant si des salaisons embarquées sur des navires allant à la pêche de la morue sont rapportées dans le port d'embarquement à défaut de consommation, et si les employés y trouvent un caractère de nationalité et de similitude justifié d'ailleurs par les permis et autres papiers de douanes, elles sont remises aux propriétaires en remboursant la somme allouée pour prime. (*Décision ministérielle du 22 mars 1834, circulaire manuscrite du 1er avril suivant.*)

S'il y a fraude reconnue par la douane, dans la nature des objets présentés, l'exportateur encourt la confiscation avec amende. (Voir au titre XII l'article *Exportations avec prime.*)

Beurres salés.

1862. Le sel employé à la préparation des beurres donne lieu, à l'exportation, aux restitutions suivantes :

1° Du droit perçu sur 8 kilogrammes de sel, pour 100 kilogrammes net de beurre salé exporté pour *les pays étrangers d'Europe ;*

2° Du droit de 12 kilogrammes de sel, pour 100 kilogrammes de beurre expédiés *pour les colonies* ou pour les *pays étrangers hors d'Europe.* (*Ordonnance du 23 novembre 1825, art.* 1er.)

Les beurres exportés à destination de la pêche de la morue et de la baleine ont droit à la plus forte prime, c'est-à-dire à 12 kil. de sel pour 100 kilogrammes de beurre. (*Lettre administrative du 12 août* 1831.)

Nota. Les mesures d'exécution prescrites pour les viandes salées (n° 1860) sont celles à suivre pour les beurres exportés. Ceux-ci sont réadmis aux conditions établies pour les viandes. (Voir n° 1861.)

1862 *bis.* S'il y a fraude dans les déclarations, quant à la nature des objets présentés, l'exportateur encourt la confiscation avec amende. (Voir le titre XII, chap. V.)

Sel ammoniac.

1863. Les exportations de sel ammoniac, régulièrement constatées, donnent lieu au remboursement du droit perçu sur le sel employé à la fabrication de ce produit, dans la proportion de 160 kilogrammes de sel marin pour 100 kilogrammes de sel ammoniac. (*Ordonnance du 23 novembre 1825, art.* 1ᵉʳ.)

Nota. La circulaire du 15 décembre 1825 indique les moyens à l'aide desquels on peut reconnaître si la substance présentée est réellement du sel ammoniac.

1864. L'exportateur est tenu de présenter, à l'appui de sa demande en restitution, un certificat d'origine délivré par le fabricant, visé par le maire et légalisé par le sous-préfet. (*Même ordonnance, art.* 3.)

1865. Les exportations ne donnent droit à la prime qu'autant qu'elles ont lieu par les points ci-après, savoir :

Par les ports de : Marseille, Bayonne, Bordeaux, Nantes, Le Havre, Rouen, Dunkerque.

Les bureaux de : Lille, Valenciennes, Forbach, Strasbourg, Saint-Louis, Pont-de-Beauvoisin. (*Même ordonnance, art.* 2.)

Nota. Les mesures d'exécution prescrites pour les viandes salées sont celles à suivre pour le sel ammoniac. (Voir n° 1860.)

1865 bis. S'il y a fraude reconnue à la vérification, le contrevenant est passible d'amende avec confiscation. (Voir n° 1048.)

CHAPITRE XVII. — CONTRAVENTIONS AUX RÉGLEMENTS SUR LES SELS.

1866. Les procès-verbaux qui constatent des contraventions aux lois sur les sels sont assujétis aux mêmes formalités que celles prescrites lorsqu'il s'agit d'établir les infractions aux lois de douanes. (Voir le titre XVII, n° 1874 et suiv.) (*Loi du 24 avril 1806, art.* 57.)

1867. Les enlèvements de sel en fraude des droits sont punis de la confiscation de la marchandise et de celle des moyens de transport, avec amende, savoir : de 100 fr., s'il y a moins de trois personnes saisies ; de 200 fr. au moins, et de 500 fr. au plus, si le nombre des fraudeurs excède trois individus, ou si le délinquant est en récidive. Dans l'un et l'autre cas, l'amende est individuelle. (*Mêmes loi et art., et loi du 17 décembre 1814, art.* 29 *et* 30.)

Nota. Pour établir le cas de récidive, il faut que la contravention antérieure ait été suivie d'un jugement, et qu'elle ait été constatée et jugée dans l'année qui précède la seconde infraction. (*Arrêt de cassation du 8 septembre 1820 ; circulaire du 17 ; décision administrative du 20 mai 1822.*)

1868. Lorsque les contrevenants sont au nombre de trois et plus, ils sont arrêtés et peuvent être condamnés à un emprisonnement de quinze jours au moins et de deux mois au plus. (*Loi du 17 décembre 1814, art.* 30.)

1869. Les juges de paix sont seuls compétents pour connaître des contraventions aux réglements sur les sels, excepté si le contrevenant est en récidive, ou si la fraude est commise par une réunion de trois individus et plus ; l'affaire, dans ce cas, est portée au tribunal correctionnel. (*Même loi, art.* 26 *et* 31.)

1870. La vente des moyens de transport dont la main-levée aurait été refusée a lieu en suivant ce qui est rappelé pour les saisies ordinaires au titre XVII, n° 1850.

1871. Dans les directions de *La Rochelle*, *Nantes* et *Lorient*, toute bête de somme saisie portant du sel en fraude, qui, à la vente, n'atteint pas 25 fr., doit être abattue. (*Décision ministérielle du 6 octobre 1807 ; circulaire des 10 janvier 1808 et 6 octobre 1814.*)

1872. Les sacs renfermant des sels saisis sont abandonnés aux saisissants pour être vendus à leur profit. (*Décision ministérielle, circulaire du 6 octobre 1814.*)

1873. Selon que les saisissants y trouvent avantage, les sels sont vendus pour la réexportation comme marchandise prohibée, ou pour la consommation en acquittant la taxe.

La vente pour la consommation n'a pas lieu, et les sels sont submergés, lorsque le prix des enchères ne s'élève pas au dessus du montant du droit cumulé avec les frais. (*Décision ministérielle du 23 février 1815 ; circulaire du 9 mars suiv.; décision administrative du 28 décembre 1818, et circulaire du 26 mai 1828.*)

TITRE XVII.

CONSTATATION DES DÉLITS ET CONTRAVENTIONS, ET SUITE IMMÉDIATE DES SAISIES.

On a réuni sous ce titre :

1° La forme obligée à donner aux procès-verbaux des employés ;
2° L'assignation et la citation ;
3° le dépôt et la garde des objets saisis ;
4° Les saisies de minuties ;
5° La vente des marchandises saisies ;
6° Les saisies irrégulièrement constatées ;
7° Le concours des indicateurs ;
8° La revendication des objets saisis ;
9° Les transactions.

Les dispositions relatives à la procédure et à ses suites comporteraient, à elles seules, une sorte de traité ; on donnera seulement à leur égard quelques indications générales.

CHAPITRE Iᵉʳ. — FORME OBLIGÉE A DONNER AUX PROCÈS-VERBAUX.

1874. Les procès-verbaux de saisies de marchandises pour contravention aux lois de douanes sont nuls si les formalités prescrites par les dix premiers articles de la loi du 9 floréal an 7 ne sont pas observées (1). (*Loi du 9 floréal an 7, titre IV*.)

1875. « *Deux préposés de l'administration des douanes, ou autres citoyens français,* « *suffisent pour constater une contravention aux lois relatives aux importations, exporta-* « *tions et circulations.* » (Loi du 9 floréal an 7, titre IV, art. 1ᵉʳ.)

Jurisprudence.

1876. Quoique plus de deux préposés assistent à la saisie, deux d'entre eux suffisent pour rédiger le rapport. (*Arrêt de cassation du 1ᵉʳ février 1810.*)

1877. « *Ceux qui procèdent aux saisies doivent faire conduire dans un bureau de* « *douanes, et, autant que les circonstances peuvent le permettre, au plus prochain du* « *lieu de l'arrestation, les marchandises et moyens de transport. Ils y rédigent de suite* « *leur rapport.* » (Loi du 9 floréal an 7, titre IV, art. 2.)

Jurisprudence.

1878. Des circonstances impérieuses peuvent exiger que les objets soient conduits à un bureau autre que celui le plus près du lieu de la saisie ; le procès-verbal doit, dans

---

(1) Voir, pour la rédaction des rapports, les observations qui se trouvent en note à la page 79, tome 5 de la collection générale.

ce cas , le mentionner. (*Arrêts de cassation des 18 floréal an 12 et 3 décembre 1817.*)

1879. Les procès-verbaux sont considérés comme rédigés de *suite* , lorsque , entre le moment de la saisie et celui de la rédaction , il n'y a eu d'autre intervalle que celui nécessité par la fin du jour , et que les préposés ont rédigé leur rapport *sans divertir à d'autres actes.* (*Arrêts de cassation des 28 thermidor an 8 , 26 septembre 1833 et 27 décembre 1834 ; circulaires des 28 octobre 1833 et 29 janvier 1835.*)

1880. La rédaction des rapports a lieu tous les jours , sans exception des jours fériés. (*Décision administrative du 18 pluviôse an 7 ; arrêt de cassation du 23 brumaire an 8.*)

1881. Un procès-verbal peut être commencé *au lieu de la saisie* , et clos *au bureau* lorsqu'il y a impossibilité de conduire immédiatement les marchandises à ce bureau. (*Arrêt de cassation du 10 août 1833 ; circulaire du 14 septembre.*)

1882. Les frais de transport des *marchandises* saisies, au bureau où l'on doit les déposer, sont à la charge du prévenu , et sont dès lors susceptibles d'être admis en taxe par le tribunal auquel est attribué le jugement de l'affaire. (*Circulaire du 11 avril 1835, nᵒ 1483.*)

1883. « *Le procès-verbal énonce la date et la cause de la saisie , la déclaration qui en a* « *été faite au prévenu ; les noms , qualités et demeures des saisissants , et de celui qui* « *sera chargé des poursuites ; l'espèce, le poids ou le nombre des objets saisis ; la présence* « *de la partie à leur description, ou la sommation qui lui a été faite d'y assister ; le nom* « *et la qualité du gardien ; le lieu de la rédaction du rapport et de sa clôture.* » (Loi du « 9 floréal an 7 , titre IV, art. 3.)

1884. Lorsqu'il s'agit d'opposition à l'exercice des fonctions des préposés , ou de rébellion , il importe de bien caractériser , dans le rapport , la *simple opposition* qui est de la compétence du juge de paix , ou *le délit* qui se trouve de la compétence des tribunaux correctionnels , de *la rébellion* qualifiée *crime,* qui devient du ressort des cours d'assises. (*Circulaire du 16 janvier 1834.*)

1885. Le défaut de concordance entre la date de l'*original* d'un rapport et celle de la *copie* entraîne la nullité. (*Arrêt de cassation du 22 juillet 1808.*)

1886. Il faut rapporter exactement les faits pour caractériser la saisie , mais sa *cause* est suffisamment indiquée lorsqu'on a énoncé pourquoi cette saisie a eu lieu. (*Arrêt de cassation du 3 ventôse an 10.*)

1887. Le rapport est valable dès que la demeure de *deux* des saisissants est indiquée. (*Arrêt de cassation du 1ᵉʳ février 1810.*)

. L'énumération collective des qualités et demeures des employés n'est pas un motif de nullité. (*Arrêt de cassation du 5 décembre 1834.*)

1888. Lorsque les moyens manquent pour constater le poids des objets saisis à domicile , il suffit que le procès-verbal en contienne l'évaluation. (*Arrêts de cassation des 8 août 1804 et 30 mars 1831.*)

1889. Le prévenu qui , sommé d'accompagner les préposés au bureau , refuse de s'y rendre , ne peut se prévaloir ensuite de ce qu'il ignore le lieu et l'heure de la rédaction du rapport. (*Arrêt de cassation du 30 mars 1831.*)

1890. La nature des marchandises permet de juger si c'est le *poids* ou le *nombre* des objets saisis qu'il faut exprimer dans le procès-verbal. (*Arrêt de cassation du 7 nivôse an 13.*)

1891. Les préposés saisissants doivent s'emparer avec soin de tous les papiers dont les conducteurs de marchandises sont porteurs, afin, à l'aide de ces documents, de pouvoir découvrir les propriétaires et leurs adhérents. (*Jugement du 24 mai 1822; circulaire du 22 octobre suivant.*)

1892. Dans la désignation des marchandises, l'indication des *marques* et *numéros* des ballots n'est obligée que pour les saisies faites sur les bâtiments de mer *non pontés*. (*Arrêt de cassation du 3 ventôse an 10.*)

1893. Un rapport n'est pas nul parce que le receveur dépositaire a omis de le signer. (*Arrêt de cassation du 7 brumaire an 8.*)

1894. Ne pas indiquer *l'heure* de la clôture après les mots *fait et clos*, n'est pas une cause de nullité. (*Arrêt de cassation du 20 thermidor an 12.*)

1895. « *Dans le cas où le motif de la saisie porte sur le faux ou l'altération des expé-*
« *ditions, le rapport énonce le genre de faux, les altérations ou surcharges; lesdites*
« *expéditions signées et paraphées des saisissants, ne varietur, sont annexées au rap-*
« *port, qui contient la sommation faite à la partie de le signer, et sa réponse.* » (Loi du 9 floréal an 7, titre IV, art. 4.)

Jurisprudence.

1896. La douane qui a laissé introduire des marchandises avec de fausses expéditions, peut, le faux étant reconnu, poursuivre la confiscation, quoiqu'il n'y ait eu ni saisie ni procès-verbal. (*Arrêt de cassation du 19 décembre 1806.*)

1897. La cour d'assises qui statue sur la falsification d'expéditions avec lesquelles on voulait tenter une introduction frauduleuse est appelée à prononcer sur la saisie des marchandises. (*Même arrêt.*)

1898. «*Il doit être offert main-levée, sous caution solvable, ou en consignant la valeur,*
« *des bâtiments, bateaux, voitures, chevaux et équipages saisis pour toute autre cause*
« *que pour prohibition de marchandises dont la consommation est défendue, et cette*
« *offre, ainsi que la réponse de la partie, est mentionnée au rapport.* » (Loi du 9 floréal an 7, titre IV, art. 5.)

Jurisprudence.

1899. L'offre de remettre sous caution les moyens de transport, quand il s'agit d'objets non prohibés, est obligatoire; elle est purement facultative, s'il est question de marchandises prohibées. Il est néanmoins recommandé d'offrir la main-levée pour éviter les frais de fourrière et autres. (*Arrêt de cassation des 25 juillet 1806, 9 juin 1817 et 10 novembre 1832; lettre du 13 vendémiaire an 9; circulaire du 31 décembre 1832.*)

Lorsque le prévenu refuse la main-levée des chevaux ou autres animaux servant au transport, on doit énoncer dans le rapport que ces chevaux laissés au receveur dépositaire vont être mis en fourrière. (*Idem.*)

Nota. Il est immédiatement rédigé un acte de mise en fourrière stipulant le prix convenu par jour pour nourriture et pansement.

1900. Un bâtiment saisi (il en est de même de toute marchandise) ne peut être rendu, par suite de main-levée, que sur la reconnaissance écrite du propriétaire. (*Circulaire du 25 décembre 1816.*)

1901. Tous les moyens de transport qui ont servi à l'introduction de la contrebande sont saisissables, quand même ils n'auraient pas été indispensables. (*Arrêt de cassation du 25 octobre 1827.*)

1902. « *Si le prévenu est présent, le rapport énonce qu'il lui en a été donné lecture ;* « *qu'il a été interpellé de le signer, et qu'il en a de suite reçu copie avec citation à com-* « *paraître, dans les vingt-quatre heures, devant le juge de paix de l'arrondissement. En* « *cas d'absence du prévenu, la copie est affichée, dans le jour, à la porte du bureau.* « *Ces rapport, citation, affiches doivent être faits tous les jours indistinctement.* » (Loi du 9 floréal an 7, titre IV, art. 6.)

Jurisprudence.

1903. Le défaut de mention, dans la seconde partie d'un procès-verbal constatant le dépôt des marchandises, qu'il en a été *donné lecture* au prévenu présent, serait une cause de nullité. (*Arrêt de cassation du 24 nivôse an 11.*)

1904. Un procès-verbal n'est pas nul à l'égard de prévenus fugitifs et inconnus parce qu'on y aurait omis de mentionner que lecture en a été donnée à des prévenus *présents.* (*Arrêt de cassation du 1er février 1810.*)

1905. Un prévenu qui n'a pas d'abord figuré dans un procès-verbal ne peut arguer de la nullité de cet acte parce qu'il ne l'a pas signé. (*Arrêt de cassation du 26 brumaire an 7.*)

1906. La mention de la délivrance de la copie du procès-verbal au prévenu n'est pas obligatoire sur cette *copie* comme sur l'*original.* (*Arrêts de cassation des 18 mai 1808 et 22 mai 1834.*)

1907. Il doit être remis autant de copies du rapport qu'il y a de prévenus, à peine de nullité. (*Lettre administrative du 25 février* 1818.)

1908. L'assignation peut être donnée pour comparaître devant le juge de paix dans les vingt-quatre heures, quoique le lendemain soit un jour férié. (*Arrêt de cassation du 3 ventôse an 10.*)

1909. La citation donnée par le procès-verbal n'est soumise à aucun droit d'enregistrement. (*Circulaire du 14 février 1834.*)

1910. En cas d'absence de plusieurs prévenus, il suffit d'afficher *une seule copie* du procès-verbal à la porte du bureau. (*Arrêt de cassation du 11 avril 1831.*)

1911. Le vœu de la loi est rempli par l'apposition d'une copie du rapport à la porte du bureau, quoique le prévenu présent à la clôture du procès-verbal ne se soit retiré qu'au moment de la signature de l'acte. (*Arrêt de cassation du 27 décembre 1834.*)

1912. Dès que le prévenu est absent du bureau, il y a nécessité d'afficher le procès-verbal, bien que le domicile de ce prévenu soit connu des préposés. (*Arrêt de cassation du 16 décembre 1833.*)

1913. Quand on procède contre inconnus, le procès-verbal est affiché sans qu'il soit besoin de le signifier au maire. (*Arrêt de cassation du 7 brumaire an 8.*)

1914. « *Lorsqu'il y a lieu de saisir dans une maison, la description y est faite, et le* « *rapport y est rédigé. Les marchandises dont la consommation n'est pas prohibée ne sont* « *pas déplacées, pourvu que la partie donne caution solvable pour leur valeur ; si la partie* « *ne fournit pas caution, ou s'il s'agit d'objets prohibés, les marchandises sont transpor-* « *tées au plus prochain bureau.* » (*Loi du 9 floréal an 7, titre IV, art. 7.*)

Jurisprudence.

1915. Le rapport peut être rédigé au bureau, toutes les fois que le prévenu s'oppose à ce qu'on dresse cet acte dans sa maison. (*Arrêt de cassation du 23 octobre 1807.*)

1916. Les objets saisis ne sont laissés à la disposition du prévenu qu'autant qu'ils ne sont prohibés ni à l'importation ni à l'exportation. (*Arrêt de cassation du 1er février* 1806 ; *décision ministérielle du 9 prairial an 8.*)

1917. L'enlèvement et le dépôt des marchandises au bureau peuvent être effectués hors la présence des prévenus, lorsque ceux-ci ne défèrent pas à la sommation d'y assister. (*Arrêt de cassation du 17 brumaire an 14.*)

1918. Dans une saisie *à domicile*, on peut, pour ce qui s'applique à l'enlèvement des objets et à leur dépôt, terminer le rapport *au bureau* (*Même arrêt.*)

1919. « *A l'égard des saisies faites sur des bâtiments de mer pontés, lorsque le déchar-* « *gement ne peut avoir lieu de suite, les saisissants apposent les scellés sur les ferrements* « *et écoutilles des bâtiments ; le procès-verbal, qui est dressé au fur et à mesure du dé-* « *chargement, fait mention du nombre des marques et des numéros des ballots, caisses* « *et tonnéaux ; la description en détail n'est faite qu'au bureau, en présence de la par-* « *tie, ou après sommation d'y assister : il lui est donné copie après chaque vacation.* « *L'apposition des scellés sur les portes, ou d'un plomb ou cachet sur les caisses et bal-* « *lots a lieu toutes les fois que la continuation de la description est renvoyée à une autre* « *séance ou vacation.* » (*Loi du 9 floréal an 7, titre IV, art. 8.*)

Jurisprudence.

1920. Excepté pour ce qui a rapport aux dispositions de détail, et à moins d'opposition à l'exercice des fonctions des préposés, le procès-verbal doit être rédigé à bord, à peine de nullité. (*Arrêt de cassation du 1er ventôse an 8.* (*Voir la circulaire du 12 floréal an 7.*)

1921. On procède à l'égard des saisies faites sur bâtiments *non pontés*, comme pour celles faites sur les voitures ; ainsi, les ballots sont cachetés si le départ ne peut être effectué dans le jour, et il suffit que le rapport énonce le *nombre* de ces colis, l'*espèce* de marchandises et le *poids total*. (*Arrêt du 6 floréal an 11.*)

1922. Les marques et numéros des colis doivent être énoncés au procès-verbal, si le bâtiment est *ponté*. (*Arrêt de cassation du 3 ventôse an 10.*)

1923. « *Les rapports de saisie ne sont dispensés de l'enregistrement qu'autant qu'il ne* « *se trouve pas de bureau dans la commune du dépôt de la marchandise ni dans celle* « *où est placé le tribunal qui doit connaître de l'affaire ; le rapport, dans ce cas, est visé* « *le jour de sa clôture ou le lendemain avant midi, par le juge de paix du lieu, ou à son* « *défaut, par le maire ou son adjoint.* » (*Même loi du 9 floréal an 7, titre IV, art. 9.*)

33

Jurisprudence.

1924. C'est seulement après sa *clôture* qu'un rapport est enregistré.

Le droit d'enregistrement est de 2 francs.

Le délai pour remplir cette formalité est de quatre jours. (*Loi du 22 frimaire an 7, titre X, art. 35, et titre III, art. 20 ; circulaire du 14 février 1834.*)

1925. Le procès-verbal n'est pas nul pour avoir été enregistré postérieurement à l'audience indiquée par la citation, si d'ailleurs il l'a été dans les 4 jours de sa date. (*Arrêt de cassation du 12 août 1835 ; circulaire du 21 octobre suivant.*)

1926. Le défaut de mention d'enregistrement sur une *copie* du rapport n'est pas une cause de nullité. (*Arrêt de cassation du 26 vendémiaire an 8.*)

1927. Le visa destiné à tenir lieu d'enregistrement peut n'être apposé que le surlendemain de la date du procès-verbal, si le lendemain est un jour férié. (*Arrêt de cassation du 3 ventôse an 10.*)

1928. L'affirmation d'un rapport fait le lendemain de sa rédaction *avant midi* peut tenir lieu du visa que prescrit la loi pour tenir lieu d'enregistrement. (*Arrêt de cassation du 21 pluviôse an 9.*)

1939. « *Les rapports doivent être affirmés au moins par deux saisissants, devant le « juge de paix, dans le délai donné pour comparaître : l'affirmation énonce qu'il en a « été donné lecture aux affirmants.* » (*Loi de floréal an 7, titre IV, art. 10.*)

Jurisprudence.

1930. Quel que soit le nombre des saisissants, *deux* d'entre eux suffisent pour affirmer un rapport. (*Arrêt de cassation du 9 vendémiaire an 9.*)

1931. C'est du *procès-verbal* et non de *l'affirmation* qu'il doit être donné lecture, aux termes de la loi, à ceux qui affirment. (*Arrêt de cassation du 11 février 1808.*)

1932. Les employés n'ont point à appeler la partie saisie chez le juge de paix, lors de l'affirmation de leur procès-verbal. (*Arrêts de cassation des 15 frimaire et 4 floréal an 10.*)

1933. L'affirmation est nulle si les préposés refusent, sur la réquisition qui leur est adressée, de la faire sous la religion du serment. (*Arrêt de cassation du 10 janvier 1810.*)

1934. Le délai pour l'affirmation est de *trois jours*, si la contravention est poursuivie par voie correctionnelle ou criminelle. (*Arrêt de cassation du 17 janvier 1818.*)

1935. Il y a nécessité d'affirmer les rapports, même lorsqu'il s'agit de contraventions qui sont étrangères aux douanes. (*Circulaire du 29 février 1828.*)

1936. L'affirmation par motif de sûreté peut être reçue par le juge de paix dans le ressort duquel la marchandise a été déposée, quoique la saisie ait eu lieu dans un autre ressort. (*Arrêts de cassation des 15 frimaire an 10 et 15 floréal an 12.*)

1937. Quand il y a nécessité de conduire les marchandises ailleurs qu'au bureau le plus prochain, l'affirmation peut être reçue par un juge de paix et le jugement rendu par un autre. (*Arrêt de cassation du 28 nivôse an 8.*)

1938. « *Les rapports ainsi rédigés et affirmés sont crus jusqu'à inscription de faux.* (*Loi du 9 floréal, titre IV, art. 11.*)

Jurisprudence.

1939. De simples omissions ne peuvent être qualifiées de *nullités* : il n'y a de nullités que celles que la loi qualifie telles. (*Arrêts de cassation des* 26 *brumaire an* 7 *et* 23 *octobre* 1807.)

1940. Le procès-verbal rédigé contre plusieurs individus, parmi lesquels plusieurs se sont inscrits en faux, reste entier pour ceux de ces prévenus à l'égard desquels il n'y a pas eu inscription. (*Arrêt du* 20 *novembre* 1807.)

1941. Les saisies faites dans l'intérieur du royaume, en exécution de la loi de 1816, ne sont pas soumises aux dispositions de rigueur de la loi du 9 floréal an 7. (*Arrêts de cassation des* 1ᵉʳ *mai* 1818, 10 *mars* 1820, 27 *décembre* 1834.)

1942. La nullité d'un procès-verbal n'empêche pas la confiscation des marchandises lorsque ces marchandises sont prohibées à l'entrée ou à la sortie. (*Arrêts de cassation des* 15 *prairial an* 8, 1ᵉʳ *germinal an* 9, *et* 29 *octobre* 1813.)

(Voir les dispositions relatives aux saisies irrégulièrement constatées, au chapitre VI du présent titre).

1943. Lorsqu'un procès-verbal est régulier, on ne peut ni modérer les condamnations ni séparer la confiscation de l'amende. (*Arrêts de cassation des* 14 *pluviôse et* 20 *prairial an* 11, *et* 7 *floréal an* 2.).

1944. Il n'y a admission de preuves par témoins, contre un procès-verbal non argué de faux, que lorsqu'il s'agit, avec la saisie, d'injures, de voies de fait ou autres délits. (*Arrêts de cassation des* 27 *thermidor an* 9, 5 *frimaire an* 13 *et* 3 *mai* 1811.)

1945. Si les employés supérieurs jugent que les préposés appelés en témoignage à l'occasion des procès-verbaux qu'ils ont rédigés, ne doivent pas être déplacés, ils en rendent compte au directeur. (*Circulaire du* 19 *novembre* 1812.)

CHAPITRE II. — ASSIGNATION ET CITATION.

1946. L'assignation, en matière civile, est donnée au prévenu, par le rapport même, sous peine de nullité, pour comparaître devant le juge de paix dans les vingt-quatre heures. (*Loi du* 9 *floréal an* 7, *titre IV*, *art.* 6.)

1947. Si le procès-verbal est rédigé contre une femme en puissance de mari, l'assignation à comparaître doit aussi être donnée à ce dernier. (*Arrêts de cassation des* 3 *messidor an* 9 *et* 15 *février* 1806.)

1948. La citation donnée par le rapport ne fait avec ce rapport qu'un seul acte ; elle ne donne conséquemment ouverture à aucun droit d'enregistrement. (*Circulaire du* 14 *février* 1834.)

1949. Lorsqu'il s'agit d'affaires de la compétence correctionnelle, la citation est donnée par le rapport même ou séparément. Un délai de trois jours, plus un jour par trois myriamètres de distance, doit exister entre la citation et le jour de la comparution. (*Loi du* 28 *avril* 1816, *art.* 45.)

1950. La citation est donnée au prévenu lui-même, s'il est arrêté ; s'il n'est pas arrêté, qu'il soit connu, et qu'il réside dans le ressort du tribunal, il est cité à son domicile.

La citation, s'il ne réside pas dans le ressort du tribunal, est donnée au procureur du roi, près le tribunal dans le ressort duquel le prévenu a son domicile. (*Mêmes loi et article*.)

1951. La citation peut être donnée par les préposés, puisqu'ils sont autorisés par la loi à remplir le ministère d'huissiers. (*Loi du 22 août 1791, titre XIII, art. 18.*)

1952. Une citation est valable lorsque, sans énoncer tous les faits constitutifs de la prévention, elle fait suffisamment connaître l'objet des poursuites. (*Arrêt de cassation du 25 novembre 1831; circulaire du 25 février 1834.*)

CHAPITRE III.—DÉPOT ET GARDE DES OBJETS SAISIS.

1953. Aussitôt qu'une saisie est effectuée, les marchandises qui en sont l'objet sont transportées au plus prochain bureau, et remises à la garde du receveur, qui en est responsable. Sous aucun prétexte les objets saisis ne peuvent être détournés. (*Délibération du 3 juin 1793, art. 1ᵉʳ et 2; loi du 14 fructidor an 3; loi du 9 floréal an 7, titre IV, art. 2.*)

1954. Si la saisie porte sur des tissus, un échantillon doit être envoyé à l'administration. (*Circulaire manuscrite du 4 février 1835.*)

1955. Le bureau du dépôt, s'il y a nécessité, peut n'être pas le bureau le plus rapproché du lieu d'arrestation; dans ce cas le rapport doit en faire mention. (*Arrêts de cassation des 18 floréal an 12 et 3 décembre 1817.*)

1956. Le dépôt des objets saisis cesse aussitôt que ces objets ont été acquis à l'administration en vertu d'un jugement, ou par transaction. (*Instruction du 20 janvier 1792.*)

1957. Dans aucune circonstance, les marchandises saisies ne sont déposées dans les greffes des tribunaux comme pièces de conviction. (*Lettre ministérielle du 22 juillet 1811.*)

1958. Le receveur des douanes n'est pas le dépositaire des marchandises saisies, dans les cas suivants :

1° Si le prévenu en a accepté la main-levée.

2° S'il s'agit d'armes. (Elles sont versées dans les arsenaux de l'artillerie) (*Circulaire du 22 décembre 1822.*)

3° Si la saisie porte sur des poudres et salpêtres. (Ces matières sont déposées dans les magasins de la régie des contributions indirectes.) (*Ordonnance du 17 novembre 1819.*)

4° Si l'on a saisi des tabacs. (Leur dépôt a lieu, pour les saisies à la circulation, dans les magasins de la régie.) (*Ordonnance du 31 décembre 1817; circulaire du 10 janvier 1818.*)

5° Si ce sont des livres qu'on a arrêtés. (Ils sont envoyés à la préfecture voisine. Voir le titre XIV, chapitre X.)

6° S'il s'agit d'ouvrages d'or et d'argent saisis pour fausses marques. (On les dirige sur le bureau de garantie. (Voir n° 1394.)

CHAPITRE IV. — SAISIES DE MINUTIES.

1959. Une faible partie d'étoffe ou de denrées coloniales, importée par un individu à l'usage duquel on suppose qu'elle est destinée, est une saisie *de minuties*. On range dans la même classe les petites parties de marchandises ou denrées transportées et abandonnées par des personnes qui, à l'aspect des préposés, ont pris la fuite. (*Instructions des 2 janvier* 1813 *et 5 novembre* 1818.)

1960. Les saisies de l'espèce sont constatées sur un registre spécial ; un procès-verbal rappelle les saisies ainsi opérées pendant le cours d'*un mois*, et pour toutes ces saisies il n'est sollicité qu'un seul jugement. (*Loi du 5 septembre* 1792, *art.* 5 *et* 6; *circulaire du 5 novembre* 1818.)

1961. Dans les saisies sur inconnus, le receveur doit faire prononcer la validité de ces saisies, avec réserve de poursuivre le paiement des amendes si le domicile des prévenus est découvert. (*Circulaire du 27 septembre* 1820.)

1962. Trois jours après la signification et l'affiche du jugement, s'il n'est pas adressé de réclamations motivées, il est disposé des objets de minuties saisis sur inconnus. (*Loi du 5 septembre* 1792; *circulaire du 2 octobre suivant.*)

1963. L'affiche est apposée à la porte des bureaux où ont été déposés les objets, et la signification est faite à chacun des maires d'où dépendent ces bureaux. (*Loi du 22 août* 1791, *et circulaire du 2 octobre* 1792.)

CHAPITRE V. — VENTE DES MARCHANDISES SAISIES.

1964. Les marchandises et moyens de transport provenant de saisies peuvent être vendus, soit avant le jugement pour éviter le dépérissement et les frais d'entretien, soit seulement après que l'autorité judiciaire a donné le droit d'en disposer. (*Lois des 22 août* 1791 *et 9 floréal an* 7; *décret du 18 septembre* 1811.)

VENTE AVANT JUGEMENT.

1965. Le receveur des douanes, dépositaire des objets qui ont été saisis par les préposés, réclame, par une requête qu'il présente, soit au juge de paix, soit au juge d'instruction, l'autorisation de procéder à leur vente. (*Décret du 18 septembre* 1811.)

1966. La permission de vendre est signifiée, dans le jour, à la partie, si elle a un domicile réel ou élu dans le lieu de l'établissement du bureau, ou, à défaut de domicile connu, au maire de la commune. (*Idem.*)

1967. La vente a lieu, nonobstant opposition, après affiches préalables et sur enchères, dans la huitaine de la date du procès-verbal. Le produit de cette vente est versé au receveur, qui en fait recette au livre-journal et mentionne cette recette au registre de comptabilité des saisies. (*Idem, et circulaire du* 13 *décembre* 1823.)

1968. Il est procédé à la vente sans que le receveur des douanes soit tenu de faire au bureau de l'enregistrement la déclaration préalable prescrite par la loi du 22 pluviôse an 7. (*Délibération du* 1er *mai* 1792, *et lettre du* 14 *floréal an* 7.)

1969. Les objets frappés de prohibitions locales ou conditionnelles sont admis, en acquittant les droits, par les bureaux où ils ont été vendus, quoique ces bureaux ne soient pas ouverts à l'importation des articles saisis. (*Circulaire du* 23 *mai* 1816.) (Voir nos 257 et 409.)

1970. Les marchandises prohibées d'une manière absolue et que l'on met en vente, sont réexportées. Le délai de réexportation est *d'un mois* pour les douanes de terre, et de *trois mois* pour celles maritimes.

La réexportation par mer doit s'effectuer par l'un des ports d'entrepôt réel, aux conditions imposées pour les expéditions d'entrepôt ou de transit. (*Circulaires des 12 mars 1816 et 3 février 1825.*)

1971. Si la sortie de France a lieu par terre, la douane prend, quant au transport dans la ligne frontière, à l'escorte, etc., tous les moyens propres à assurer la sortie effective de la marchandise et à empêcher la réintroduction dans le royaume. (*Circulaire du 3 février 1825.*)

1972. Les moyens de transport saisis pour contravention aux lois sur les sels et dont la main-levée a été refusée, sont vendus provisoirement sur une autorisation du juge de paix, signifiée dans le jour à la partie. (*Décret du 20 novembre 1806.*)

(Voir les articles suivants, parmi lesquels se trouvent quelques dispositions applicables aux ventes *avant jugement.*)

VENTE APRÈS JUGEMENT OU TRANSACTION.

1973. Aussitôt qu'un jugement qui a prononcé la confiscation des marchandises saisies est devenu définitif, ou que l'objet est acquis à l'administration par suite d'une transaction, le receveur annonce, par une affiche sur timbre, apposée à la porte du bureau et à celle du tribunal de paix, qu'il va être procédé à la vente de ces marchandises. (*Lois des 14 fructidor an 3, art. 7, et 28 avril 1816, titre III, art. 65.*)

Nota. Le jugement est définitif si, dans la huitaine, en matière civile, ou dans les dix jours, en matière correctionnelle, il n'y a pas eu appel.

1974. Toutefois, un délai de cinq jours doit exister entre l'apposition des affiches et l'adjudication. (*Loi du 14 fructidor an 3, art. 7.*)

1975. La vente se fait publiquement et aux enchères. Le procès-verbal que rédige le receveur en précise les conditions ; il désigne ensuite les objets à vendre par *espèce, qualité* et *quantités*. (*Même loi, art. 8.*)

1976. Les marchandises sont vendues à la charge du paiement du *minimum* des droits fixés par le tarif (en sus du prix de vente) si l'objet vendu est admis à la consommation, ou avec condition de réexportation, s'il est prohibé à l'entrée. (*Même loi, art. 8 ; circulaires des 9 juillet 1830 et 23 février 1832.*)

1977. S'il arrive que le montant de la vente d'une marchandise tarifée soit inférieur aux droits à percevoir, le prix de cette vente, déduction faite des frais, est porté en recette. (*Circulaire du 2 décembre 1825.*)

1978. Lorsque la saisie porte sur des *moutons*, sur des *bestiaux*, ou sur des *sels*, on peut, s'il y a avantage pour les saisissants, opérer la vente à charge de réexportation. (*Même circulaire, et décision administrative du 28 novembre 1818.*)

1979. Quand on suppose que la vente des objets saisis doit être plus avantageuse dans un lieu autre que celui où ils se trouvent, on peut les y faire transporter. Ce transport a lieu aux frais des employés. (*Circulaires des 20 juillet 1792 et 25 octobre 1798.*)

1980. Le receveur des douanes doit exiger que l'acquéreur, sous peine de revente à la folle enchère, verse entre ses mains, au moment de l'adjudication, le cinquième du prix de vente et le surplus dans les trois jours qui suivent. S'il admet des cautions, il est responsable de la solvabilité de ces engagés. (*Circulaire du 12 mars 1816 ; décision du 5 brumaire an 7.*)

1981. Il est interdit aux agents des douanes de se rendre adjudicataires des objets saisis qui sont mis en vente. (*Décision administrative du 11 janvier 1800.*)

1982. Les sacs renfermant des sels saisis sont abandonnés aux saisissants. Ils sont vendus à leur profit. (*Décision ministérielle, transmise par circulaire du 6 octobre 1814.*)

1983. Les procès-verbaux de vente sont soumis à l'enregistrement dans les quatre jours de leur clôture.

Il est perçu, sur le prix total de l'adjudication, un droit de 2 p. 0/0. (*Loi du 22 frimaire an 7, art. 69, et circulaire du 8 janvier 1814.*)

CHAPITRE VI. — SAISIES IRRÉGULIÈREMENT CONSTATÉES.

1984. Les saisies irrégulièrement constatées sont celles à l'égard desquelles il y a eu violation des formes prescrites par les dix premiers articles de la loi du 9 floréal an 7. (Voir nᵒ 1874 et suiv.)

1985. La nullité d'un procès-verbal n'empêche pas, si la marchandise saisie est prohibée à l'entrée ou à la sortie, que la confiscation ne soit prononcée; seulement il n'y a pas lieu à appliquer l'amende. (*Loi du 22 août 1791, titre X, art. 23; décret du 15 août 1793; arrêt de cassation du 15 prairial an 8, et circulaire du 1er mai 1816.*)

CHAPITRE VII. — CONCOURS DES INDICATEURS.

1986. On nomme indicateurs les individus qui se présentent aux agents des douanes, et leur donnent des renseignements au moyen desquels des saisies de marchandises sont effectuées; ces individus ont droit à un tiers dans le produit net des saisies. (*Arrêté des 27 vendémiaire an 3 et 9 fructidor an 5.*)

1987. Pour avoir droit à cette récompense, l'indicateur doit se faire connaître, soit directement, soit par l'intermédiaire de l'inspecteur, au directeur ou à l'administration, *immédiatement après la saisie.* Le directeur, dans le compte qu'il rend des affaires de cette nature, doit annoncer positivement qu'il y a un indicateur, et faire connaître la nature des avis donnés. (*Circulaires des 7 juin 1823 et 29 octobre 1825.*)

1988. Lorsqu'une saisie a justifié le mérite des indications données, il peut être avancé à l'indicateur, avant la mise en répartition, savoir : dans les saisies ordinaires, une somme équivalente au tiers qui lui revient; dans les saisies faites dans l'intérieur, la moitié de ce qui doit lui appartenir. (*Décision administrative du 15 avril 1822, manuscrite.*)

CHAPITRE VIII. — REVENDICATION DES OBJETS SAISIS.

1989. Les objets saisis ou confisqués, et leur produit, ne peuvent être revendiqués ni par les propriétaires ni par les créanciers de ceux-ci. Les propriétaires qui ont un recours à exercer font valoir leurs droits contre les auteurs de la fraude. (*Loi du 22 août 1791, titre V, art. 12; arrêts de cassation des 7 brumaire an 7, 3 mars 1809 et 6 septembre 1834.*)

1990. La revendication ne pourrait non plus s'exercer sur des marchandises qui auraient été retenues par la douane, pour sûreté des condamnations encourues par des voituriers ou conducteurs. (*Arrêt de cassation du 11 floréal an 9.*)

CHAPITRE IX. — TRANSACTIONS.

1991. L'administration a le droit de transiger avec les contrevenants aux lois de douane, soit avant, soit après le jugement, sur les procès relatifs aux contraventions par eux commises. (*Lois des 22 août 1791, titre XII art. 4, et 23 brumaire an 3 ; arrêté du 14 fructidor an 10 ; instruction du 28 juillet 1820.*)

1992. La remise des peines encourues pour faits de fraude et de contrebande s'applique aux peines corporelles comme aux condamnations pécuniaires. (*Arrêt de cassation du 30 juin 1820, arrêt de la cour royale de Pau du 9 décembre 1833, arrêt de cassation du 26 mars 1830; circulaire du 24 mai 1835.*)

1993. La somme offerte par le prévenu pour tenir lieu des peines infligées par la loi n'est acceptée par le receveur, qu'autant qu'elle est en rapport avec la nature du délit, les habitudes du contrevenant, ses facultés connues et la valeur des marchandises saisies.

Aucune transaction n'est d'ailleurs passée avant que le receveur principal n'ait pris, sur ces divers points, l'avis du sous-inspecteur divisionnaire ou de l'inspecteur de l'arrondissement, et qu'il n'ait eu des chefs du service actif les renseignements que ces derniers ont à produire. (*Circulaires des 7 mai 1814, 3 mars 1818 et 5 mai 1834.*)

1994. C'est le prix courant en France des marchandises saisies, ou de celles analogues, qui doit servir de base à l'estimation des objets arrêtés. Cette estimation est faite, au besoin, par experts. (*Circulaires des 23 septembre 1816, 19 janvier 1817 et 5 mars 1821.*)

1995. La première condition de tout arrangement avec un prévenu doit être celle du paiement des frais. (*Circulaire du 1er juin 1816.*)

1996. Les sommes payées par transaction pour tenir lieu d'amendes, ou de doubles droits sont passibles du décime additionnel. (*Décision ministérielle du 21 août 1832; circulaires des 22 août et 6 décembre 1832.*)

1997. Dans les arrangements passés en matière civile, la somme consenti doit être immédiatement déposée par le prévenu : sinon le receveur exige une caution solvable pour garantir le paiement de cette somme. (*Circulaire du 13 septembre 1822.*)

1998. En matière correctionnelle entraînant l'arrestation du saisi, celui-ci ne peut être admis à transiger, qu'autant qu'il fournit, indépendamment de la caution relative aux condamnations civiles, une autre caution pour assurer qu'au besoin il se constituera prisonnier. (*Idem.*)

1999. Les transactions non précédées de jugement, passées entre le receveur et la partie saisie, qui portent abandon des marchandises, sont soumises à l'enregistrement.

Le droit à percevoir est d'un franc fixe. (*Décision ministérielle du 6 avril 1833; circulaires des 19 octobre 1832 et 19 avril 1833.*)

2000. Les transactions sont soumises à la sanction de l'administration. Elle les approuve, si elle le juge convenable, quand les condamnations n'excèdent pas 3,000 fr. L'approbation du ministre des finances est nécessaire si les condamnations s'élèvent à plus de 3,000 fr. (*Ordonnances des 27 novembre 1816 et 30 janvier 1822.*)

CHAPITRE X. — PROCÉDURE.

Les règles sur la procédure et sur l'exécution des jugements sont fort étendues; on ne peut les indiquer ici que d'une manière sommaire.

POURSUITES EN MATIÈRE CIVILE.

1re Instance.

2001. La poursuite de toutes contraventions aux lois de douanes, n'entraînant pas l'arrestation des prévenus, a lieu, en première instance, devant le juge de paix dans l'arrondissement duquel est situé le bureau dépositaire des objets saisis. (*Lois des* 14 *fructidor an* 3, *art.* 10, 9 *floréal an* 7, *titre IV, art.* 6; 27 *mars* 1817, *art.* 15, *et* 21 *avril* 1818, *art.* 35.)

2002. Les juges de paix connaissent aussi des contraventions aux lois sur les sels, toutes les fois que les prévenus ne sont pas en récidive et qu'ils sont d'un nombre inférieur à trois.

2003. Ils sont également compétents lorsqu'il s'agit de demandes en paiement de droits. (*Lois du* 17 *décembre* 1814, *art.* 30 *et* 31, *et* 14 *fructidor an* 3.)

Opposition.

2004. Lorsque, faute de comparution du prévenu, il est rendu un jugement par défaut, le condamné peut, dans les trois jours de la signification, former opposition à ce jugement en donnant assignation de comparaître devant le même tribunal dans les vingt-quatre heures. (*Code de procédure civile, art.* 20.)

Appel.

2005. Les tribunaux civils de première instance connaissent des appels qui sont interjetés des jugements rendus par les juges de paix. Le tribunal compétent pour prononcer sur ces appels est celui dans le ressort duquel se trouve le tribunal de paix qui a rendu le jugement. (*Loi du* 14 *fructidor an* 3, *art.* 6; *arrêt de cassation, du* 8 *août* 1815.)

2006. Le délai pour interjeter appel est de huit jours. Ce délai compte pour les jugements contradictoires à partir du jour de leur signification, et pour les jugements par défaut, du jour où l'opposition n'est plus recevable. (*Mêmes loi et arrêt; Code de procédure, art.* 443.)

2007. L'acte d'appel contient assignation à comparaître dans les trois jours devant le tribunal civil. Ce délai est augmenté d'un jour par chaque deux myriamètres de distance de la commune où siège le juge de paix, à celle où est établi le tribunal civil. (*Lois des* 14 *fructidor an* 3 *et* 9 *floréal an* 7.)

2008. Le tribunal civil saisi de l'appel d'un jugement d'un juge de paix est tenu de prononcer dans la huitaine. (*Loi du* 14 *fructidor an* 3, *art.* 6.)

Pourvoi en cassation.

2009. Le pourvoi en cassation pour fausse application de la loi est ouvert contre tout jugement du tribunal d'appel devenu définitif. (*Loi du* 1er *décembre* 1790.)

2010. Le délai pour émettre le pourvoi en matière civile est de trois mois, à partir de la signification du jugement. (*Idem.*)

2011. Les employés des douanes sont dispensés, pour se pourvoir en cassation, de produire un pouvoir spécial de leur administration. (*Arrêts des 25 brumaire et 26 nivôse an 7, 17 floréal an 2, 6 juin 1811, et 12 août 1833.*)

2012. L'administration n'est pas tenue de consigner entre les mains du receveur de l'enregistrement, le montant de l'amende encourue pour fol appel. (*Loi du 2 brumaire an 4, titre XIII, art. 17.*)

En matière civile, la demande en cassation n'arrête pas l'exécution du jugement. (*Loi du 1ᵉʳ décembre 1790, art. 16.*)

POURSUITES EN MATIÈRE CORRECTIONNELLE.

1ʳᵉ Instance.

2013. Les infractions en matière de douanes et de sels, qui, outre les condamnations civiles, donnent lieu à des peines corporelles non infamantes, sont, en première instance, de la compétence des tribunaux correctionnels. (*Code d'instruction criminelle, art. 179; lois des 17 décembre 1814, art. 30 et 31; 28 avril 1816, art. 41; 21 avril 1818, art. 37.*)

2014. Les tribunaux correctionnels connaissent, par exception, quoiqu'il n'y ait pas lieu à des peines corporelles, savoir :

1° Des saisies de grains à l'exportation, si la sortie est prohibée. (*Loi du 26 ventôse an 5*). (Cette loi est inapplicable maintenant.)

2° Des saisies d'armes. (*Ordonnance du 24 juillet 1816.*)

3° Des saisies effectuées dans l'intérieur. (*Loi du 28 avril 1816, art. 65.*)

Opposition.

2015. Si, par suite de non-comparution, il a été rendu un jugement par défaut qui condamne le prévenu, il peut être formé opposition à ce jugement. (*Code d'instruction criminelle, art. 186 et 187.*)

2016. L'opposition doit être déclarée dans les *cinq jours* de la notification, outre un jour par cinq myriamètres de distance. Cette notification est faite tant au ministère public qu'à la partie civile. (*Idem.*)

2017. L'opposition à un jugement rendu par défaut, contient citation à la partie de comparaître devant le tribunal correctionnel, à sa première audience. (*Idem.*)

Appel.

2018. Il est appelé des jugements que rendent les tribunaux correctionnels, par une déclaration qui est faite au greffe du tribunal d'où émane le jugement. (*Code d'instruction criminelle, art. 203.*)

2019. Le délai pour l'appel est de dix jours, à partir de celui où le jugement a été prononcé, s'il est contradictoire, ou du jour de sa signification s'il a été rendu par défaut ; plus, d'un jour par trois myriamètres de distance. (*Même code, art. 203.*)

2020. L'appel est porté, savoir : pour les jugements des tribunaux d'arrondissement, aux tribunaux du chef-lieu du département; et pour ceux du tribunal du chef-lieu de département, au chef-lieu du département voisin situé dans le ressort de la même cour royale.

2021. Là où siège une cour royale les appels lui sont déférés. (*Code d'instruction criminelle, art.* 200 *et* 201.)

2022. Les receveurs principaux des douanes présentent eux-mêmes, sans ministère d'avoué, les affaires dont la suite leur est confiée; ils les défendent devant les tribunaux. Si cependant les saisies ont de l'importance ou offrent des difficultés, ils peuvent recourir à un ministère étranger. (*Arrêt de cassation du* 1ᵉʳ *germinal an* 9; *lettre administrative du* 1ᵉʳ *avril* 1809.)

Pourvoi en cassation.

2023. Les arrêts ou jugements rendus sur appel, sont attaqués par voie de cassation, en émettant un pourvoi dans un délai de trois jours. (*Code d'instruction criminelle, art.* 373 et 418.)

2024. Les receveurs des douanes sont dispensés, pour se pourvoir en cassation, d'un pouvoir spécial de leur administration. (Voir nᵒ 2011.)

2025. La déclaration de recours en cassation est faite au greffe du tribunal ou de la cour qui a rendu le jugement ou l'arrêt. Une expédition de ce jugement est jointe aux pièces produites par le receveur. (*Code d'instruction criminelle, art.* 417.)

2026. Le pourvoi en cassation est signifié à la partie dans le délai de trois jours si elle est détenue; si elle est libre, ce délai est augmenté d'un jour par chaque distance de trois myriamètres. (*Idem, art.* 418.)

POURSUITES CRIMINELLES.

2027. Les affaires de douanes dont la poursuite a lieu devant les cours d'assises sont celles qualifiées *crimes*, et qui donnent lieu à des peines afflictives ou infamantes; ces crimes sont :

1ᵒ La rébellion et la contrebande avec attroupement et port d'armes. (*Loi du* 13 *floréal an* 11, *art.* 4 *et* 5.)

2ᵒ Les voies de fait graves exercées contre les employés, ou par ceux-ci hors le cas de légitime défense. (*Code pénal, art.* 174, 186, 209 *et* 218.) (*Voir un arrêt de cassation du* 5 *décembre* 1822 *et la circulaire nᵒ* 783.)

3ᵒ Les importations et exportations faites ou favorisées par des employés des douanes, et les perceptions illégales effectuées par eux. (*Loi du* 13 *floréal an* 11 *et* 21 *avril* 1818.)

4ᵒ Le détournement, par les comptables, des deniers publics qui leur sont confiés. (*Loi du* 13 *floréal an* 11.)

5ᵒ Le faux et l'altération des expéditions ou des marques de marchandises. (*Code pénal, art.* 142 *et* 147.)

2028. L'instruction des affaires criminelles est suivie par le ministère public. La douane lui remet les procès-verbaux qu'elle a reçus de ses agents, avec tous les renseignements propres à l'éclairer sur la nature des crimes ou délits constatés et sur les circonstances qui s'y rattachent.

2029. Avant la clôture des débats, le poursuivant au nom de l'administration doit prendre des conclusions et former sa demande, afin d'obtenir la confiscation des marchandises saisies et le paiement des amendes encourues. (*Code d'instruction criminelle, art.* 359; *arrêt de cassation du* 4 *novembre* 1818.)

EXÉCUTION DES JUGEMENTS.

2030. Le jugement , après avoir acquis force de chose jugée, n'est exécuté qu'autant qu'il a été signifié à la partie. (*Code de procéd., art.* 147.)

.**2031.** La signification en matière civile est faite au domicile du condamné, s'il en a un réel ou élu dans l'arrondissement du bureau, sinon à celui du maire de sa commune. (*Loi du* 14 *fructidor an* 3.)

2032. En matière correctionnelle, les jugements et arrêts rendus sont signifiés au domicile du procureur du roi, lorsque les prévenus n'ont point de domicile réel ni élu dans le lieu où le bureau est établi. (*Arrêts de cassation du* 24 *juin* 1825 *et* 3 *mai* 1833 ; *circulaire du* 7 *juin suivant.*)

2033. Les préposés des douanes ont qualité pour faire tous actes et exploits que nécessitent l'exécution des jugements. (*Loi du* 22 *août* 1791, *titre XIII, art.* 18.)

2034. Les jugements rendus en matière de douanes sont exécutés par toutes les voies de droit et même par corps. (*Lois du* 22 *août* 1791, *titre XII, art.* 6, *et* 4 *germinal an* 2, *titre VI, art.* 4.)

Nota. Deux instructions, l'une du 13 septembre 1832, nº 1344, l'autre du 15 mai 1834, nº 1439, résument l'opinion de l'administration sur l'application de la loi en matière de contrainte par corps.

2035. Les jugements, soit qu'ils prononcent des amendes seulement, soit qu'ils adjugent des amendes et des confiscations, ne sont assujétis qu'au seul droit d'enregistrement de 1 franc. (*Décision ministérielle du* 24 *juin* 1830 ; *circulaire du* 19 *juillet suivant.*)

FRAIS DE JUSTICE.

2036. L'administration n'est personnellement passible des frais de justice que dans les instances auxquelles elle a un intérêt matériel et pécuniaire. Il n'en est pas ainsi dans les instances relatives aux délits non prévus par les lois fiscales. (*Décret du* 18 *juin* 1811, *art.* 158, *arrêt de cassation du* 19 *mars* 1830, *circulaire du* 11 *septembre* 1835.)

CHAPITRE XI. — RÉPARTITION DU PRODUIT DES SAISIES.

2036 *bis.* Le produit net des sommes provenant des amendes et confiscations encourues pour contraventions aux lois de douanes, déduction faite du prélèvement pour la caisse des retraites (1), est réparti comme suit :

1º Un sixième appartient aux retraites ;

2º Trois sixièmes reviennent aux saisissants ;

3º Deux sixièmes se partagent entre les employés supérieurs, qui sont : les directeurs, inspecteurs, sous-inspecteurs, receveurs, contrôleurs de brigades et lieutenants d'ordre. (*Arrêtés des* 9 *fructidor an* 5 *et* 16 *frimaire an* 11.)

PREMIER SIXIÈME AUX RETRAITES.

Toute saisie indistinctement supporte le prélèvement du sixième appartenant aux retraites. Ce prélèvement a lieu quelle que soit la quotité de la somme à répartir, la nature

_____

(1) Le prélèvement pour la caisse des retraites est de vingt-cinq centimes pour franc. (*Ordonnance du* 21 *mai* 1817.)

des objets saisis et la qualité des saisissants. (*Circulaire du 25 mai 1817, et décision administrative du 6 août 1835.*)

Dans les saisies opérées par des employés de plusieurs administrations financières, la part revenant aux chefs et saisissants n'est grevée pour la caisse des retraites que d'une seule et unique retenue. (*Décision ministérielle du 7 novembre 1827, circulaire du 19; et circulaire du 20 décembre 1834.*)

RÉPARTITION DES TROIS SIXIÈMES AUX SAISISSANTS.

Directeurs, inspecteurs et contrôleurs de brigades concourant à une saisie.

Dans la distribution des trois sixièmes appartenant aux saisissants, celui qui a commandé la saisie a *deux parts*, ou part et demie, suivant son grade ; si après lui il se trouve un brigadier au nombre des saisissants, il a *part et quart*. Chacun des autres saisissants a *une part*. (*Arrêté du 16 frimaire an 11, et réglement y annexé.*)

Un contrôleur de brigades présent à une saisie a droit à *deux parts*; s'il est seulement intervenant et rédacteur du rapport, il ne lui revient que *part et demie*. (*Arrêté du 9 fructidor an 5, art. 5.*)

Lorsqu'un directeur, un inspecteur ou un contrôleur de brigades assistent à une saisie, le directeur et l'inspecteur ont chacun *deux parts*; le contrôleur de brigades n'a que *part et demie*; les préposés de grades inférieurs une *part et quart*, et les autres *une part*. (*Idem, art. 6.*)

Employés de bureaux saisissants avec des préposés de brigades.

Un premier commis de direction présent à une saisie faite d'après l'avis du directeur, et à laquelle assiste un contrôleur de brigades, a comme celui-ci *deux parts de saisissants*. Le second commis a *part et demie*. (*Lettre administrative du 4 messidor an 7.*)

Dans une saisie faite à domicile par un receveur, un vérificateur et deux contrôleurs de brigades, tous sont rétribués comme chefs, et partagent par égale portion la somme à répartir. (*Idem du 7 mars 1806.*)

Les vérificateurs qui, hors du bureau, effectuent une saisie de concert avec les préposés du service actif, ont une part égale à celle des contrôleurs de brigades. S'ils ont à leur tête un sous-inspecteur sédentaire, celui-ci a *deux parts*, chaque vérificateur *une part*, et chaque préposé de brigade une *demi-part*. (*Circulaire du 2 messidor an 6, et décision du 24 prairial même année.*)

Lorsqu'un ou plusieurs vérificateurs coopèrent à une saisie faite en campagne avec des préposés de brigades, ils ont *deux parts* de saisissants. (*Décisions des 22 nivôse et 4 floréal an 7.*)

Les surnuméraires qui se trouvent présents à une saisie ont droit seulement à une part de saisissant. (*Lettre administrative du 24 février 1806.*)

Les emballeurs qui figurent dans un rapport de saisie jouissent d'une demi-part. (*Idem du 11 messidor an 7.*)

Il ne peut y avoir d'autres saisissants que ceux dont les noms se trouvent dans les rapports, et qu'autant qu'ils étaient sur le lieu de l'arrestation au moment où elle a été faite. (*Circulaires des 3 octobre 1812 et 15 septembre 1815.*)

Les employés appelés pour concourir aux fins d'une saisie ne sont plus qu'*intervenants,* et comme tels ne jouissent que de la moitié de la rétribution qu'ils auraient eue comme saisissants. (*Idem.*)

Lieutenants principaux ou d'ordre, brigadiers, sous-brigadiers et préposés saisissants.

Dans une saisie où il ne se trouve qu'un seul employé supérieur saisissant, le lieutenant principal ou d'ordre qui figure au rapport a droit à une *part et demie* dans la répartition du produit, et non à une *part et quart.* (*Lettres des* 2 *messidor an* 6 *et* 15 *thermidor an* 7.)

Les brigadiers n'ont droit qu'à une part et quart dans les saisies où ils figurent, quoiqu'il n'y ait que le contrôleur de brigades pour chef de ces saisies. (*Lettre administrative du* 2 *prairial an* 8.)

Un préposé qui, quoique compris dans un rapport, est convaincu d'avoir cherché à favoriser la fraude ou à détruire l'effet de ce rapport, ne peut prendre part à la répartition ; sa portion vient en accroissement de celles des autres saisissants. (*Décision du* 19 *pluviôse an* 8.)

Lorsqu'une saisie a été opérée par de simples préposés sans chefs, le plus ancien de ces préposés peut être considéré comme chef de saisie, et recevoir la part et demie qu'accorde le réglement. (*Décision administrative du* 23 *octobre* 1832.)

Dans une saisie opérée en mer par les marins d'une patache, le capitaine qui commande l'embarcation jouit de deux parts de saisissants. (*Lettre du* 24 *prairial an* 6.)

RÉPARTITION DES DEUX SIXIÈMES REVENANT AUX CHEFS NON SAISISSANTS.

Les deux sixièmes accordés aux chefs dans le produit des saisies sont partagés entre le directeur, l'inspecteur, le sous-inspecteur divisionnaire, le receveur, le contrôleur de brigades et le lieutenant d'ordre. Ce dernier, toutefois, n'a que *moitié part.* (*Arrêté du* 9 *fructidor an* 5, *art.* 7.)

Les sous-inspecteurs sédentaires jouissent de la part de l'inspecteur ou du contrôleur de brigades, dans les lieux où ils leur sont substitués. Les capitaines et lieutenants d'ordre, qui se trouvent sous la surveillance immédiate du directeur, de l'inspecteur ou du sous-inspecteur, sont traités comme les contrôleurs de brigades. (*Idem, art.* 8.)

Là où les brigades se trouvent placées sous la surveillance immédiate de l'inspecteur sédentaire, le sous-inspecteur, s'il en existe un, n'a rien à prétendre dans le partage du produit d'une saisie faite par les préposés de brigades, *sans* le concours des employés de bureau. (*Décision administrative du* 15 *février* 1834.)

Si une affaire qui a pris naissance sous la gestion d'un directeur se termine sous la gestion de son successeur, la part se divise entre eux par portions égales. Ce dernier n'aurait droit à aucune part au produit, si le jugement et la décision qui amènent la répartition étaient intervenus avant son entrée en exercice. (*Décision administrative du* 7 *thermidor an* 8.)

Un employé supérieur, dès qu'il est installé, continue, s'il s'absente avec autorisation, à jouir de ses parts de saisies, à l'exclusion de l'employé chargé de l'intérim de sa place. (*Circulaire du* 31 *octobre* 1820.)

L'inspecteur qui a concouru à une saisie a droit à la totalité de la part afférente à son grade, quoiqu'il quitte l'inspection avant la conclusion de l'affaire. (*Lettre administrative du* 5 *germinal an* 8.)

La portion attribuée à un employé supérieur ne peut être cumulée avec la part qui lui est allouée comme saisissant. Cet employé est tenu d'opter. La part qu'il abandonne calculée *au net* est réunie à celle des saisissants. (*Arrêté du 9 fructidor an 5, art. 9, et circulaire du* 31 *octobre* 1820.)

Lorsqu'une saisie a été faite dans deux directions, les directeurs, inspecteurs et contrôleurs sous la surveillance desquels sont les préposés, partagent entre eux la part attachée à leurs grades respectifs. (*Même arrêté, art.* 10.)

Les inspecteurs, sous-inspecteurs, contrôleurs de brigades et lieutenants d'ordre n'ont aucune part dans les saisies faites sans le concours des préposés. Celles qui leur sont réservées appartiennent aux saisissants. (*Même arrêté, art.* 11.)

Receveur dépositaire et poursuivant.

Lorsque les objets saisis sont déposés dans un bureau subordonné, le receveur de ce bureau a les deux tiers de la part attribuée par les réglements au receveur. L'autre tiers appartient au receveur principal chargé de donner ses soins à la saisie. Si d'autres agents sont chargés des poursuites, le receveur dépositaire n'a plus que moitié part; le surplus est réparti entre le receveur principal et les autres préposés poursuivants. (*Même arrêté, art.* 14.)

Quand le receveur subordonné est à la fois *dépositaire* et *poursuivant*, il jouit des trois quarts de la part du receveur; l'autre quart revient au receveur principal. (*Lettres des* 2 *nivôse an* 2 *et* 4 *complémentaire an* 5, *et circulaire du* 23 *janvier* 1817.)

Un receveur qui succède à un receveur stipulant dans une saisie n'a rien à réclamer dans la portion revenant à ce receveur en sa qualité de stipulant, mais il a droit, comme dépositaire, au tiers appartenant au receveur pour le dépôt. (*Décision administrative du* 2 *pluviôse an* 8.)

Lorsque des marchandises saisies dans une douane sont, dans la vue d'en favoriser la vente, expédiées sur un autre point, le receveur du premier bureau a trois quarts de part comme *poursuivant* et *premier dépositaire*, et son collègue un quart de part comme *deuxième dépositaire* et *vendeur*. (*Décision administrative du* 19 *mai* 1834.)

Un receveur par intérim, lorsque le rapport a été rédigé pendant sa gestion, jouit de la part revenant au receveur qu'il remplace. Il y a partage si la saisie commencée sous l'intérimaire a été terminée sous le receveur titulaire. (*Lettres administratives des* 23 *pluviôse an* 8 *et* 17 *juin* 1812.)

Premiers commis de direction.

La remise des *cinq centimes par franc*, que l'on est dans l'usage d'accorder sur les parts de saisies aux premiers commis de direction, à cause de leur concours à la conclusion des affaires, est essentiellement volontaire. On ne peut l'exiger. Elle ne se prélève, d'ailleurs, que sur les parts des employés supérieurs à partir du grade de lieutenant d'ordre. (*Circulaire du* 25 *mai* 1817.)

Saisies faites dans les bureaux.

Les employés des bureaux qui ont concouru à une saisie en partagent également entre eux le produit. Les préposés de brigades ne participent à ces saisies qu'autant qu'ils sont appelés par les receveurs et qu'ils y assistent. (*Arrêté du* 9 *fructidor an* 5, *art.* 12 *et* 13.)

Dans les saisies qui sont le résultat de la visite des marchandises, on n'admet aux répartitions comme saisissants que les vérificateurs ou les employés désignés pour les suppléer, qui ont *signé* les procès-verbaux. (*Circulaire du 7 mai 1817.*)

Lorsqu'à la suite du recensement d'un entrepôt il est reconnu des soustractions, le contrôleur aux entrepôts a droit à deux parts de saisissant comme chef. (*Lettre administrative du 3 complémentaire an 8.*)

Femmes visiteuses.

Dans une saisie faite au bureau par suite de la visite d'une voyageuse qui s'y présente spontanément, la femme visiteuse a *une part* de saisissant ; il ne lui revient qu'une *demi-part* si la personne subit la visite après avoir été arrêtée pour avoir dépassé le bureau. (*Circulaire du 25 octobre 1827.*)

Saisies dues à des indicateurs.

2036. Le tiers du produit net accordé au dénonciateur ne lui est compté sur la quittance de l'employé auquel il a donné avis qu'autant que ce dénonciateur s'est fait connaître au directeur et à l'administration. (*Arrêté du 9 fructidor an 5, art. 15.*)

Les préposés qui donnent des avis indirects d'après lesquels une saisie est opérée sont admis dans la répartition du produit pour une fraction de part de saisissant. (*Circulaire du 5 avril 1830.*)

Un receveur subordonné qui fait connaître à un chef du service actif un indicateur aux avis duquel une saisie est opérée, est rétribué d'une part et demie dans le produit de cette saisie. (*Décision administrative du 15 juillet 1830.*)

Saisies faites par les militaires seuls.

Dans les saisies effectuées par des militaires seuls, les deux seconds sixièmes se partagent entre le directeur des douanes, le receveur dépositaire et les chefs militaires commandant le détachement ; les trois autres sixièmes appartiennent aux militaires qui ont saisi ; celui qui les commande a *une part et demie* dans le produit. (*Arrêté du 16 frimaire an 11.*)

Saisies faites concurremment par des militaires et des préposés.

Dans les saisies de l'espèce, la répartition se fait ainsi : on prélève sur les deux seconds sixièmes une somme égale au dixième du produit net ; cette somme appartient par égale portion au commandant et aux capitaines ; le surplus revient aux employés supérieurs des douanes.

Les soldats et préposés partagent par portions égales les trois autres sixièmes. Ceux qui commandent ont *part et demie*. (*Arrêté du 16 frimaire an 11, et circulaire du 7 janvier 1817.*)

Nota. Ces dispositions sont communes à la gendarmerie. (*Arrêté du 9 fructidor an 5.*)

Les militaires ou gendarmes qui protègent des préposés effectuant une saisie obtiennent une gratification. La somme allouée figure à titre de frais dans la répartition. (*Décisions administratives des 6 mars 1832 et 1ᵉʳ juin 1835.*)

Amendes pour rébellion, opposition, etc.

Lorsque des amendes sont prononcées pour fait de rébellion, la répartition n'a lieu qu'entre les préposés ou autres personnes qui ont éprouvé cette rébellion, et le receveur poursuivant y participe pour un 10e. (*Arrêté du 9 fructidor an 5, art. 22.*)

Une amende pour fait de *simple* opposition à l'exercice des fonctions des préposés est répartie comme s'il s'agissait d'un produit ordinaire de saisie.

Un chef arrivé sur les lieux *lorsque l'acte d'opposition est consommé* ne doit être rétribué que comme *intervenant*. (*Décision administrative du 27 novembre 1835.*)

Double droit pour non rapport d'acquits-à-caution.

Les sommes payées en sus du droit de sortie, à défaut de rapport des certificats de décharge ou de falsification de ces certificats, sont réparties comme celles provenant de saisies. (*Même arrêté, article 23, et circulaires des 19 ventôse an 6, et 13 vendémiaire an 9.*)

Les préposés en fonctions au jour où l'acquit-à-caution a été délivré ne prennent pas part à la répartition; les employés en exercice au moment où, par le non rapport de l'acte de décharge, la contravention se trouve établie, sont ceux qui doivent y figurer. (*Circulaires des 28 avril et 19 octobre 1812.*)

Saisies pour infractions aux lois sur la navigation.

Le produit des amendes en matière de navigation est réparti comme suit:

Un 6e aux retraites; les cinq autres 6es sont divisés par tiers; le 1er tiers est partagé entre le directeur et l'inspecteur; le 2e tiers appartient au receveur du port où les soumissions ont été souscrites; le 3e tiers revient au commis principal à la navigation ou à l'employé qui en fait les fonctions. (*Décisions administratives des 12 fructidor an 11 et 30 brumaire an 12.*)

Saisies faites dans l'intérieur.

(L'article 1er de l'ordonnance du 17 juillet 1816 et les circulaires des 22 septembre et 6 novembre 1817 établissent les règles d'après lesquelles a lieu le partage du produit de ces saisies.)

Saisie par les préposés des douanes à la requête d'une autre administration.

Lorsque les préposés constatent une saisie à la requête d'une administration autre que celle des douanes, la somme qui leur est remise est distribuée comme suit:

Un quart est défalqué pour la caisse des retraites.

Les trois quarts suivants sont divisés en cinq portions qui sont réparties ainsi : 3/5mes aux saisissants, et les deux autres 5mes aux employés supérieurs. (*Circulaire du 17 avril 1816, ordonnance du 17 mai 1817.*)

Dans les saisies pour fraude en matière de pêche, le tiers accordé aux préposés qui ont découvert la fraude est réparti comme il est expliqué à l'article précédent. (*Circulaire du 28 mars 1820.*)

Saisies des poudres et salpêtres.

Dans les saisies de cette nature, la moitié de la valeur des objets confisqués appartient aux agents des douanes. Cette moitié est divisée en 5 portions; 2 de ces portions appartiennent aux employés supérieurs, et les 3 autres aux saisissants. (*Loi du 13 fructidor an 5, art. 23, et décision administrative du 8 octobre* 1809.)

Saisies faites par les préposés des douanes et par les agents de la police.

Le produit des saisies de l'espèce est réparti ainsi :

Un 6ᵉ aux retraites ;

Un 6ᵉ aux agents supérieurs de la police ;

Un 6ᵉ aux employés supérieurs des douanes ;

Trois 6ᵐᵉˢ à partager par tête, sans distinction de grade, entre les agents de la police et les préposés des douanes saisissants. (*Décision ministérielle du 27 septembre* 1811.)

Saisies faites par les employés des contributions indirectes, seuls ou concurremment avec ceux des douanes.

Lorsque les employés des contributions indirectes procèdent seuls à une saisie en matière de douanes, les trois 6ᵐᵉˢ du produit attribués aux saisissants sont augmentés de la moitié des deux 6ᵐᵉˢ affectés aux chefs. Chacun des employés de la régie n'est rétribué que d'une part de saisissant, si les préposés des douanes ont concouru à la saisie. (*Décision ministérielle du 16 juin* 1817, *circulaire du* 26.)

Le montant des parties afférentes aux employés étrangers est remis en masse aux employés supérieurs de l'administration de laquelle les saisissants dépendent. (*Circulaire du 25 septembre* 1826.)

Si la saisie a été faite par les préposés des deux administrations des contributions indirectes et des douanes , le partage de la portion revenant aux saisissants se fait *par tête* ; les agents des douanes , jusques et compris le grade de sous-brigadier, comptent chacun pour *deux têtes*. (*Circulaire du 2 octobre* 1822.)

Approbation des répartitions.

2036. Les répartitions qui s'élèvent à 500 fr. et au dessus sont soumises à l'approbation de l'administration. Celles au dessous de 500 fr. ont leur effet sur le visa du directeur. (*Circulaire du 3 février* 1827.)

DEUXIÈME PARTIE.

TITRE XVIII.

ADMISSION DANS LES BUREAUX ET DANS LES BRIGADES.

CHAPITRE Iᵉʳ. — ADMISSION DANS LES BUREAUX.

2037. L'admission avec traitement dans les *bureaux* de douanes n'a lieu qu'après un surnumérariat, et qu'après avoir satisfait aux conditions plus loin rappelées. L'admission dans les *brigades* est immédiate si le postulant réunit les conditions voulues par les réglements. (*Loi du 22 août 1791, titre XIII, et décision administrative du 9 septembre 1824.*)

2038. On ne peut recevoir dans les bureaux, pour l'y occuper, aucun individu étranger, dans la vue de le faire ensuite admettre au surnumérariat.

Pour obtenir un emploi de bureau dans les douanes, il faut avoir été surnuméraire pendant au moins trois ans. (*Décision du 9 septembre 1824, et circulaire du 16 juin 1816.*)

2039. Il y a toutefois exception à la règle qui précède, pour les contrôleurs et capitaines de brigades, lieutenants principaux et lieutenants d'ordre, reconnus être hors d'état de supporter les fatigues du service. Ils sont admis à remplir les emplois vacants dans les recettes subordonnées. (*Ordonnance du 30 décembre 1829.*)

2040. Pour être reçu surnuméraire, il faut être âgé de dix-huit ans, et en avoir moins de vingt-quatre. (*Décision du 9 septembre 1824, et circulaire du 4 juin 1830.*)

2041. Les surnuméraires ne sont pas reçus dans le service actif qui leur est étranger, et, par suite, ils ne peuvent toucher aucun traitement de préposés de brigades. (*Circulaire du 1ᵉʳ octobre 1802.*)

2042. Tout candidat au surnumérariat doit justifier :

Qu'il a fait ses premières études ;

Qu'il connaît et applique les règles de sa langue ;

Qu'il a une bonne écriture et qu'il calcule facilement. (*Circulaire du 4 juin 1830.*)

2043. Les aspirants sont admis à offrir la preuve, par un examen qu'autorise le chef de l'administration, qu'ils possèdent des connaissances autres que celles élémentaires. Un conseil d'examen est formé ; il se compose, à Paris, de trois chefs d'administration ; et dans les départemens, du directeur, de l'inspecteur et du receveur principal. (*Idem.*)

2044. Avant d'être pourvu d'un emploi dans les bureaux, un surnuméraire est tenu de passer une année dans un bureau de perception. (*Circulaire du 4 juin* 1830.)

2045. L'ancienneté au surnumérariat ne détermine pas seule l'ordre de placement, mais bien l'instruction acquise et la bonne conduite. (*Idem.*)

2046. Pour être admis avec traitement dans le service des douanes, il faut être âgé de vingt ans. (*Loi du 22 août* 1791, *titre XIII.*)

CHAPITRE II. — ADMISSION DANS LES BRIGADES.

Conditions pour être admis.

2047. Aucun individu ne peut être reçu dans les brigades s'il n'est âgé de vingt ans. Ceux ayant plus de trente ans ne peuvent être admis, excepté, cependant, s'ils ont été employés dans d'autres administrations publiques. (*Idem.*)

2048. Les hommes ayant servi pendant huit ans dans les troupes de terre ou de mer, qui se présentent dans l'année de leur congé, peuvent entrer dans les brigades jusqu'à quarante ans. (*Loi du 22 août* 1791, *titre XIII*, *art.* 12.)

2049. On admet également comme brigadiers, sous-brigadiers ou préposés, les militaires réformés, retraités, lorsqu'ils sont encore en état de servir activement. (*Décret du 8 mars* 1811 ; *décision du 4 mai* 1816.)

2050. Les directeurs sont autorisés à recevoir dans les brigades les fils des préposés âgés seulement de dix-huit ans : ceux-ci jouissent jusqu'à vingt ans de la demi-solde, à la condition, toutefois, qu'ils sont en état de faire le service. (*Circulaires des 22 mai* 1817 *et* 24 *février* 1831.)

2051. Un individu renvoyé d'une direction où il a été employé ne peut être reçu préposé dans une autre direction où il se présente. (*Circulaire du* 15 *février* 1817.)

2052. Une des conditions essentielles de l'admission dans les brigades est que l'aspirant ait une bonne constitution, qu'il soit sans infirmités, qu'il ait la taille et la représentation convenables. (*Circulaire du* 28 *septembre* 1802.)

Pièces à produire.

2053. Un postulant pour être admis doit produire : 1° son acte de naissance; 2° son congé, s'il a été militaire; 3° un certificat de moralité délivré par trois notables, certifié par le maire et visé par le sous-préfet; 4° un certificat constatant qu'il a satisfait à la loi sur le recrutement; 5° un certificat de non-infirmités; 6° un acte de déclassement s'il a été marin. (*Loi du 22 août* 1791, *titre XIII*, *art.* 12 ; *circulaire du 23 novembre* 1815.)

2054. La nomination à l'emploi de préposé de brigades, à celui de sous-brigadier et à celui de brigadier, appartient au directeur. (*Ordonnance du 30 janvier* 1822.)

Engagement à contracter.

2055. Pour faciliter le recrutement des brigades, les directeurs sont autorisés à faire jouir les employés admis avant le 21 de chaque mois des appointemens du mois entier. (*Réglement du 25 février* 1815.)

2056. Les préposés souscrivent, lors de leur entrée au service, l'engagement de ne pas habiter pendant cinq années le rayon frontière s'ils quittent l'administration par suite de révocation, à moins, cependant, qu'ils ne retournent au domicile qu'ils avaient dans le même rayon avant leur admission. Ceux révoqués, qui n'obtempèrent pas dans le mois à la sommation de remplir leur engagement, sont poursuivis par le procureur du roi. (*Loi du 21 avril 1818, art.* 14; *circulaire du* 14 *octobre* 1822.)

2057 Les préposés révoqués qui se refusent à quitter le rayon frontière, sont placés sous la surveillance de la haute police, lors même qu'il existerait en leur faveur des circonstances atténuantes. (*Arrêt de cassation du* 25 *juin* 1835.)

CHAPITRE III.— RÉVOCATIONS, DÉMISSIONS, CHANGEMENTS.

2058. Le droit de révoquer les préposés, les sous-brigadiers et les brigadiers, est donné aux directeurs. La révocation des employés des bureaux ne peut être prononcée qu'en conseil d'administration. (*Ordonnance du* 30 *janvier* 1822, *art.* 9.)

2059. Si les préposés de brigades démissionnaires demandent à reprendre du service, ils ne sont réadmis que sur la demande de leur ancien directeur, et en vertu d'une autorisation du chef de l'administration. (*Circulaires des* 15 *février* 1817 *et* 27 *février* 1823.)

2060. Un employé qui a quitté le service par démission ou révocation n'a pas le droit de conserver sa commission ni son uniforme; ces objets lui sont retirés. Il est tenu, s'il est comptable, de remettre ses registres, de rendre ses comptes, sous peine d'y être contraint par corps. (*Loi du* 22 *août* 1791, *titre XIII; circulaire du* 8 *mai* 1817.)

2061. Les armes des préposés démissionnaires ou destitués ne peuvent passer dans le commerce; elles leur sont reprises sur estimation; leur valeur, fixée avec exactitude par le contrôleur de brigades, est remboursée. (*Règlement du* 23 *février* 1815, *art.* 37 *; circulaire du* 16 *novembre suivant.*)

2062. S'il s'agit d'un comptable destitué, en fuite ou en débet, il y a lieu d'apposer les scellés sur ses effets, registres, papiers, et de prendre toutes les mesures propres à s'assurer de sa personne et de ses biens. L'inspecteur local est spécialement chargé de l'exécution de ces mesures. (*Arrêté du* 29 *janvier* 1821 *; circulaire du* 22 *février suivant; loi du* 22 *août* 1791, *titre XIII, art.* 21.)

2063. En cas de mutation ou d'admission à la retraite d'un employé, la comptabilité est arrêtée par l'inspecteur; ce dernier assiste ensuite à la remise, sur bordereau et inventaire, des valeurs, papiers, documents, etc. (*Circulaire du* 30 *mars* 1822.)

2064. Un fonctionnaire qui détourne des fonds ne doit pas seulement être poursuivi pour le paiement du montant de son débet; il doit les intérêts des sommes qu'il a employées à son usage personnel. (*Code civil, art.* 1996 *; circulaires des* 29 *août* 1808 *et* 11 *avril* 1809.)

AGENTS FAISANT LA CONTREBANDE ET MISE EN JUGEMENT.

2065. Les agents des douanes qui sont surpris favorisant ou faisant la contrebande sont punis de la peine des fers; il y a peine de mort si la contrebande a été faite avec armes. (*Loi du* 8 *floréal an* 11, *art.* 6; *loi du* 21 *avril* 1818, *art.* 39.)

2066. Les agents du gouvernement ne peuvent être poursuivis pour des faits relatifs à leurs fonctions qu'en vertu d'une décision du conseil d'état. (*Acte constitutionnel du* 22 *frimaire an* 8, *art.* 75.)

Toutefois, sur la demande du directeur ou de l'inspecteur, un préposé prévenu d'un délit grave peut être provisoirement arrêté. (*Circulaire du 7 avril* 1807.)

2067. Le chef de l'administration, d'après les rapports circonstanciés qui lui sont adressés, autorise, s'il y a lieu, la mise en jugement des préposés inculpés. (*Arrêté du 29 thermidor an* 11.)

2068. S'il n'est pas d'avis de la mise en jugement, l'affaire est déférée au conseil d'état, qui statue. (*Ordonnance du 21 septembre* 1815; *circulaire du 28 février* 1826.)

TITRE XIX.

OBLIGATIONS PARTICULIÈRES AUX EMPLOYÉS ET AVANTAGES DONT ILS JOUISSENT.

CHAPITRE Ier. — OBLIGATIONS DES EMPLOYÉS.

Serment.

2069. Les employés des douanes prêtent serment de fidélité au roi, d'obéissance à la Charte et aux lois. (*Loi du* 30 *août* 1830.)

2070. Le serment est valable pour tout le temps où l'employé reste en exercice. (*Loi du* 21 *avril* 1818, *art.* 65.)

2071. Il est prêté devant le tribunal de première instance de l'arrondissement dans lequel se trouve la direction où l'employé est placé; il est enregistré au greffe sans frais dans les cinq jours. Lorsque cet employé passe dans une autre direction, il est tenu seulement de faire transcrire et viser son serment au tribunal auquel ressortit sa nouvelle direction. (*Même loi, et circulaire du* 13 *février* 1827.)

2072. Les employés ne sont pas assujétis à renouveler le serment lorsqu'ils changent de grade, a moins d'interruption de service. (*Circulaire du* 8 *février* 1833.)

2073. Le droit d'enregistrement de l'acte de serment est, savoir :

Pour les employés à la nomination du ministre ou du chef de l'administration. 15 fr.

Pour ceux à la nomination des directeurs 3

(*Circulaire du* 3 *novembre* 1817.)

2074. L'acte de serment est enregistré dans le délai de vingt jours. (*Circulaire du* 13 *février* 1827.)

Cautionnement.

2075. Les fonctions d'employé des douanes sont soumises à un cautionnement. (*Loi du* 15 *mars* 1800.)

2076. Ce cautionnement est affecté à la gestion du titulaire, dans quelque lieu qu'il réside; il sert de garantie pour les faits résultant des diverses gestions dont l'employé peut être chargé. (*Ordonnance du* 25 *juin* 1835; *circulaire du* 13 *août suivant.*)

2077. Les agents assujétis à un cautionnement ne peuvent, avant d'avoir fourni cette garantie, être admis à prêter serment, ni être installés dans les fonctions auxquelles ils sont appelés. (*Loi du* 28 *avril* 1816, *art.* 96; *circulaires des* 9 *septembre* 1825 *et* 1er *juillet* 1828.)

2078. Les employés supérieurs et autres, tenus de fournir un cautionnement, sont :

Les directeurs, inspecteurs, sous-inspecteurs, receveurs principaux, contrôleurs aux entrepôts, commis principaux à la navigation, vérificateurs, receveurs aux déclarations et receveurs subordonnés.

(Ce qui concerne le versement et le privilége du second ordre est réglé par la circulaire du 9 septembre 1825.)

Nota. La circulaire du 13 août 1835 indique comment le cautionnement est appliqué sans distinction d'emploi, partout où le titulaire est appelé à exercer.

2079. Le versement du montant du cautionnement est effectué, soit à la caisse du trésor, à Paris, soit à une recette générale ou à une recette particulière. (*Circulaire précitée.*)

Obligations diverses.

2080. C'est une obligation pour les préposés des douanes d'être munis de leur commission dans l'exercice de leurs fonctions. (*Loi du 22 août* 1791, *titre XIII, art. 16.*)

2081. Les directeurs, les inspecteurs et sous-inspecteurs se font accréditer à leur arrivée au poste qui leur est confié, auprès du préfet. Ils donnent ultérieurement à cet administrateur les renseignements qu'il demande sur les préposés placés sous leurs ordres. (*Circulaire du 30 août* 1828.)

2082. Tout comptable, convaincu d'avoir omis ou retardé de se charger en recette au compte du trésor public des sommes à lui versées, encourt la destitution. Il est passible, en outre, des peines portées aux articles 169 et 172 du Code pénal. (*Arrêté du 27 prairial an 10.*)

2083. La remise des fonds appartenant au trésor public à une autorité non préposée pour les recevoir, engage la responsabilité d'un comptable. Un receveur répond personnellement des sommes versées dans sa caisse, et dont il a disposé autrement qu'en vertu d'ordres de l'administration. (*Arrêté du 15 nivôse an 8.*)

2084. Les receveurs sont tenus de s'assurer de la solvabilité des personnes qui contractent dans leurs bureaux des engagements; ils sont responsables du montant des soumissions et cautionnements non acquittés aux époques fixées par les engagements. (*Décision du 14 frimaire an 9.*)

2085. Les vols de caisse sont à la charge du comptable, s'il ne justifie pas qu'il y a eu force majeure, et qu'indépendamment des précautions ordinaires il avait eu celle de faire coucher un homme dans le lieu où il tenait ses fonds. (*Arrêté du 8 floréal an 10.*)

2086. Les Inspecteurs ont à exercer le privilége accordé à l'administration, de préférence à tous autres créanciers, sur les biens meubles *des comptables* pour leurs débets. (*Loi du 22 août 1291, titre XIII, art. 21; Code civil, art. 2101 et 2102; circulaire* nᵒ 639..)

2087. Le privilége du trésor peut être réclamé sur les immeubles acquis à titre onéreux par les comptables, à la charge d'une inscription qui doit être prise dans les deux mois de l'enregistrement de l'acte translatif de propriété. (*Loi du 5 septembre* 1807.)

2088. Le trésor a hypothèque légale sur les biens que le comptable possédait avant sa nomination, et postérieurement, à la condition de prendre l'inscription voulue par les articles 2121 et 2134 du Code civil.

2089. Lorsque des préposés de brigades sont cités devant les tribunaux, à raison de procès-verbaux qu'ils ont rédigés pour donner des renseignements à la justice, ils sont tenus de comparaître après, toutefois, y avoir été autorisés par leur directeur. (*Circulaires des 3 avril et 19 novembre 1812.*)

2090. La preuve testimoniale ne peut être admise contre un procès-verbal qui constate un trouble ou opposition sans violence aux fonctions de préposés. (*Arrêt de cassation du 15 avril 1835, circulaire du 8 juin suivant.*)

2091. Les préposés de brigades ne peuvent contracter mariage qu'après en avoir obtenu l'autorisation de leur directeur. (*Décisions administratives.*)

2092. Il est défendu aux employés des douanes d'acheter aucune arme provenant des manufactures de l'état, et aux chefs de service d'en admettre. (*Circulaire du 2 juillet 1810.*)

2093. Les brigadiers, sous-brigadiers et préposés appelés à concourir au maintien de toutes les mesures d'ordre public doivent, autant que leur service à la côte le leur permet, porter leur surveillance sur les établissements maritimes et autres appartenant à l'état, et informer les autorités locales des délits qu'ils reconnaissent (*Circulaire du 10 octobre 1818.*)

2094. Autant que le service pour lequel ils sont commissionnés leur en laisse la possibilité, les employés des douanes concourent à la répression des fraudes en matière de *boissons* circulant sans expédition, de *tabacs* colportés en fraude, de *transport des lettres*, etc. (*Loi du 28 avril 1816; circulaires des 29 mai 1806, 20 septembre 1815 et 8 novembre 1826.*)

CHAPITRE II. — AVANTAGES ET PRÉROGATIVES DES EMPLOYÉS.

Sauve-garde et force publique.

2095. Les préposés des douanes sont, dans l'exercice de leurs fonctions, sous la sauve-garde de la loi. Il est défendu de les injurier. (*Loi du 22 août 1791, titre XIII, art. 14.*)

2096. Les commandants militaires, préfets, sous-préfets, maires, la gendarmerie, la garde nationale, sur leur réquisition, leur doivent main forte. (*Mêmes loi et titre.*)

2097. On considère que les employés des douanes sont dans l'exercice de leurs fonctions lorsqu'ils se trouvent en observation à la côte, ou sur la frontière, ou qu'ils sont en tournée. (*Arrêt de la cour de cassation du 15 janvier 1807.*)

2098. Les préposés des douanes font partie de la force publique. (*Arrêts de cassation.*)

2099. Les voies de fait exercées contre les employés donnent lieu à des dommages et intérêts. Si un préposé des douanes a, par suite de violences, été pillé, maltraité ou homicidé, les habitants de la commune sont tenus envers lui, et, en cas de mort, envers sa veuve et ses enfans, à des dédommagements. (*Lois des 4 germinal an 11, titre IV, art. 2, et 10 vendémiaire an 4, titre IV, art. 6.*)

2100. Les préposés ont, pour l'exercice de leurs fonctions, le port d'armes à feu et autres. Ils ne doivent faire usage de leurs armes qu'autant que les voies de fait sont commandées, soit par l'autorité légitime, soit par la nécessité actuelle de la légitime défense. (*Loi du 22 août 1791; circulaire du 19 juin 1821; Code pénal, art. 186.*)

36

2101. Ils remplissent le ministère d'huissier; ils peuvent faire tous exploits sans distinction, ou choisir tel huissier que bon leur semble pour les faire. (*Loi du 22 août 1791, titre XIII , art.* 18; *arrêt de cassation du* 1ᵉʳ *décembre* 1830; *circulaire du 29 décembre suivant.*)

2102. Les préposés des douanes, sauf le cas d'invasion du territoire français, ne peuvent être détournés du service constamment actif pour lequel ils sont salariés et commissionnés. (*Arrêt du* 12 *floréal an* 12 , *et ordonnance du* 31 *mai* 1831.)

Exemption de diverses charges.

2103. Les brigadiers, sous-brigadiers et préposés n'ayant pas d'habitation fixe sont exempts de la contribution personnelle et mobilière, ainsi que des charges locales. (*Lois des* 22 *août* 1791, 17 *nivôse an* 5 , *et* 8 *thermidor an* 12; *décision du ministre des finances du* 22 *février* 1833 , *circulaire manuscrite du* 20 *août* 1833.)

2104. Ils ne concourent pas à la formation de la garde nationale. (*Loi du* 22 *mars* 1831.)

2105. Ils n'ont pas à supporter les frais de casernement des troupes dans les lieux où ils sont placés. (*Arrêté du* 30 *vendémiaire an* 4.)

2106. La dispense de loger des troupes accordée aux comptables est ainsi entendue : ils ne peuvent être forcés de recevoir des militaires dans la maison où leur caisse est renfermée, mais ils sont obligés de fournir le logement chez d'autres habitants. (*Décret du* 23 *mai* 1792.)

2106 *bis.* Les préposés, lorsqu'ils sont malades, sont admis dans les hôpitaux militaires, en payant, comme les soldats, 1 franc 20 centimes par jour. (*Décision du ministre de la guerre; circulaire manuscrite du* 6 *octobre* 1830.)

2107. Les personnes qui, dans les casernes des douanes, sont chargées de l'*ordinaire*, ne sont pas assujéties à la licence ni à l'exercice établis par la loi. On ne les considère pas comme *débitants*, pourvu toutefois qu'elles ne vendent pas de boissons à des étrangers et à des préposés ne participant pas à l'ordinaire. (*Circulaire du* 11 *décembre* 1827.)

Saisie des appointements.

2108. Les appointements des employés sont garantis de toute saisie arbitraire. On ne peut faire opposition au paiement de leur traitement qu'en vertu d'un titre légal, et dans la proportion que la loi détermine. Cette proportion est celle suivante : On saisit jusqu'à concurrence du cinquième sur les premiers mille francs ; du quart sur les cinq mille francs suivants, du tiers sur la partie excédant six mille francs. (*Loi du* 21 *ventôse an* 9 ; *décret du* 18 *août* 1807; *circulaire du* 17 *germinal an* 9.)

Escortes de fonds.

2109. Lorsque les receveurs effectuent des transports de fonds qui exigent l'escorte de la gendarmerie, ils sont autorisés à réclamer cette escorte. Elle est demandée par l'intermédiaire de l'autorité locale, dans les formes qui sont déterminées. (*Circulaires des* 27 *juillet* 1809 *et* 11 *juin* 1825.)

Pension de retraite.

2110. Les employés des douanes ont droit à une retraite, dans les cas fixés par les réglements; les principales cond tions pour obtenir la pension sont celles suivantes :

Avoir soixante ans d'âge et trente ans accomplis de service, dont au moins vingt années au ministère des finances ou dans une administration financière. Il suffit de vingt-cinq ans d'exercice pour les employés du service actif. (*Ordonnance du 12 janvier 1825, art. 6.*)

2111. Tout employé reconnu hors d'état de continuer utilement ses fonctions peut, quel que soit son âge, être admis à la pension, s'il réunit la durée et la nature des services qui y donnent droit. (*Idem, art. 7.*)

2112. Les agents du service actif des douanes obtiennent aussi une pension, quels que soient leur âge et le nombre de leurs années de services, lorsqu'à la suite d'un engagement avec des fraudeurs ou des rébellionnaires, ils sont mis dans l'impossibilité de continuer leurs fonctions. (*Idem, art. 8.*)

2113. Peuvent également être pensionnés les employés notoirement devenus infirmes par le résultat de l'exercice de leurs fonctions, s'ils ont quarante-cinq ans d'âge et comptent quinze ans de services dans le département des finances, ou quarante ans et dix années d'exercice dans la partie active. (*Idem, art. 9.*)

Nota. La pension accordée après trente années est de la moitié du traitement fixe. Il est fait une année moyenne du traitement fixe dont les employés ont joui pendant les quatre dernières années de leur activité. (*Idem, art. 10 et 11.*)

2114. Les pensions de retraite sont insaisissables et incessibles. (*Ordonnance du 27 avril 1817, circulaire du 25 septembre suivant.*)

Naturalisations.

2115. La naturalisation des fils de préposés peut être autorisée lorsque ceux-ci sont nés dans des pays qui ont fait précédemment partie de la France, et que leurs pères ont obtenu, en vertu de la loi du 14 octobre 1814, leurs lettres déclaratives de naturalité. (*Circulaire du 31 octobre 1826.*)

Franchises et contre-seings.

2116. Dans les lieux où la correspondance ne peut être transportée par les préposés, l'administration des postes en est chargée, dans ce cas, les directeurs, inspecteurs et sous-inspecteurs divisionnaires sont autorisés à correspondre *sous bandes* en franchise, pour affaires de service, avec les receveurs, les contrôleurs et les capitaines sous leurs ordres, *et vice versâ*. (*Circulaires des 28 septembre 1827, 18 mai 1829, 21 octobre 1831.*)

2117. Les receveurs principaux et les receveurs subordonnés jouissent également de cette franchise pour les communications qu'exige le service. (*Idem.*)

2118. La même exemption existe : 1° pour la correspondance officielle que les directeurs entretiennent avec les préfets. (*Circulaire du 2 décembre 1831.*)

2° Pour celle des directeurs maritimes entre eux, lorsqu'ils s'expédient réciproquement des expéditions de douanes, et pour les receveurs des douanes et des bureaux d'entrepôt qui s'adressent directement des extraits d'acquits-à-caution. (*Décision ministérielle du 4 mai 1832; circulaire du 21.*)

2119. La franchise ne s'opère qu'en remplissant les conditions suivantes :

Mettre sa signature sur l'adresse des lettres ou paquets.

Indiquer son grade et sa résidence.

Se servir de bandes qui n'excèdent pas le tiers de la surface des dépêches.

Remettre les paquets au directeur, et non les jeter à la boîte.

Si on contresigne pour un fonctionnaire malade ou absent, l'énoncer et indiquer sa qualité. (*Circulaires des 15 octobre 1833 et 4 mars 1834.*)

Indemnités et gratifications.

2120. Les agents des *brigades* ont droit à des indemnités ou gratifications, dans les cas ci-après, savoir :

1° Lorsqu'ils assistent aux naufrages ;

2° Lorsqu'ils convoient des bâtiments de commerce destinés à remonter les rivières. Ils reçoivent, dans ce cas, 2 francs par jour, qui doivent leur être payés, pour éviter les abus, par le receveur principal sur états émargés. (*Décision du 2 février 1810, et réglements spéciaux.*)

Il n'y a lieu à indemnité qu'autant que le déplacement n'est pas compris dans les devoirs du service. (*Circulaire du 17 mars 1830.*)

3° Lorsqu'ils arrêtent des déserteurs. (La gratification est de 25 francs par homme. Elle leur est due lors même que l'arrestation a lieu dans les quarante-huit heures accordées au repentir ; les procès-verbaux expriment, dans ce cas, que les militaires étaient hors des limites de la garnison.) (*Décisions des 12 mai 1817, et 25 novembre même année ; lettre du ministre de la guerre du 19 novembre 1821.*)

4° Lorsqu'ils s'emparent d'individus portant des tissus. (La gratification est de 5 à 30 francs, selon les cas.) (*Décision du 12 juillet 1816.*)

5° Lorsqu'ils arrêtent des colporteurs de tabac. (La gratification est de 15 francs par colporteur, avec une prime de 30 francs par 100 kilogrammes si les tabacs étant impropres à la fabrication n'offrent aucun avantage pour les saisissants (voir n° 1446). (*Ordonnances des 31 décembre 1817 et 10 avril 1818 ; circulaire du 24 juin 1824.*)

6° Lorsqu'ils surprennent des individus en contravention aux lois sur la poudre à feu. (La prime est de 15 francs par personne. (*Ordonnance du 19 novembre 1819.*)

7° Lorsqu'ils saisissent des bâtiments ou des marchandises pour contravention aux lois de douanes. (Ils ont trois sixièmes sur le produit net des saisies.) (*Arrêté du 9 fructidor an 5.*)

Nota. L'arrêté du 9 fructidor an 5 réunit toutes les dispositions concernant la répartition du produit des confiscations et amend s entre les saisissants et leurs chefs. (Voir, quant au mode de répartition, le titre XVII, chapitre XI.)

8° Lorsqu'ils arrêtent des individus sortant des marais, emportant des sels, et que ces individus sont hors d'état de payer l'amende. Il est accordé 15 fr. par homme et 10 fr. par femme. Il est aussi alloué 10 fr. par bête de somme lorsqu'elle ne peut être vendue au dessus de 25 fr. (*Décision relative aux directions de Lorient, Nantes et la Rochelle, transmise par la circulaire du 6 octobre 1814.*)

8° Enfin lorsque, par un zèle soutenu, ils ont concouru à assurer la perception régulière de l'impôt du sel. (L'administration détermine dans ce cas la quotité de la gratification à allouer.) (*Circulaire du 24 avril 1809.*)

2121. Les employés des *bureaux* participent de leur côté :

1° A la remise allouée sur les crédits (voir n° 457) ;

2° Aux indemnités accordées pour les naufrages (voir n° 325) ;

3° A la répartition du produit des saisies (voir le chapitre XI, du titre XVII),

4° Aux gratifications sur le produit de l'impôt du sel (les directeurs, les inspecteurs, et les sous-inspecteurs exceptés) (*Circulaire du 24 avril 1809*) ;

5° Au partage du produit des plombs et estampilles, dans les proportions que les réglements déterminent (voir n° 2179). (*Circulaires des 14 juillet 1817, 21 décembre 1825, 22 avril 1830 et 19 décembre 1832.*)

TITRE XX.

MATIÉREL.

2122. Le matériel dependant de l'administration des douanes comprend les embarcations, les meubles dont les bureaux et les postes sont pourvus, les poids, balances et ustensiles de toute nature nécessaires à la visite des marchandises ; les plombs, cordes et instruments concernant le plombage ; les registres et impressions , les objets d'habillement et d'armement des préposés, et le mobilier de casernement.

CHAPITRE Ier. — EMBARCATIONS ET OBJETS MOBILIERS.

2123. L'administration tient en mer et sur les rivières les bâtiments armés ou non armés qu'elle juge convenables à son service (voir n° 2269). (*Loi du 22 août* 1791, *titre XIII, article* 6).

Nota. Le droit de battre la flamme au grand mât et de porter le pavillon déployé à la poupe est accordé aux bâtiments employés par le service des douanes ; mais les canots montés par les chefs ne peuvent déferler le pavillon à l'arrière. (*Décision du ministre de la marine, du* 25 *août* 1817.)

2124. Lorsque, par suite d'un abordage de navire, des avaries sont causées à des embarcations des douanes , l'administration a droit à une indemnité pour la réparation du dommage causé par ces avaries. (*Code de commerce, art.* 407, 408 *et* 436 ; *circulaire du* 26 *décembre* 1835.)

Nota. Voir, pour les formalités à remplir, la circulaire n° 1520.

2125. Il est ouvert, dans chaque direction, un registre sur lequel sont présentés : 1° les embarcations appartenant à l'état, avec indication de leur capacité , gréement, armement, etc.; 2° les meubles et ustensiles de toute espèce, payés par l'administration.

Sur ce registre sont rapportés les réparations et remplacements successivement effectués, la date des ouvrages et fournitures et le montant des dépenses qui en sont résultées. (*Circulaires des* 29 *février* 1816, *et* 10 *janvier* 1817.)

2126. Le 1er avril de chaque année , le directeur remet à l'administration l'état général des meubles, ustensiles et embarcations existants ; il indique les changements survenus depuis l'année précédente, et donne ainsi la situation du matériel qui se trouve dans sa direction. (*Idem.*)

2127. Il est fait usage, pour plomber les colis expédiées soit par acquits-à-caution, soit par toutes autres expéditions, d'instruments pouvant empreindre les deux faces et la tranche de chaque plomb, et il est fabriqué sur un même modèle des flaons qui, pressés par la fermeture de l'instrument, empêchent de dégager la ligature nouée dans le plomb même. (*Ordonnance du* 8 *janvier* 1817.)

2128. Les instruments affectés au plombage, les flaons, les cordes, etc., sont constamment sous la main de la douane. Ils sont placés sous la clef du receveur. (*Arrêté du* 21 *septembre* 1800.)

2129. Lorsqu'il s'agit d'objets à acquérir pour le service, ou de travaux à faire, un devis est formé ; il spécifie, par article, la nature des travaux ou des fournitures. Sur cette pièce, qui contient l'engagement du fournisseur, le receveur principal (ou le contrôleur de brigades s'il s'agit de service actif), atteste que les prix demandés n'excèdent pas ceux du cours et qu'ils ont été suffisamment débattus; l'inspecteur le certifie également. Ce devis est soumis ensuite à l'administration. (*Circulaires des* 20 *octobre* 1823 *et* 17 *janvier* 1825.)

2130. Les travaux étant faits, ou les objets livrés, les mêmes chefs certifient que les ouvrages ou les articles vendus sont convenablement confectionnés, et que les conditions du devis ont été exactement observées; l'allocation de la dépense est ensuite sollicitée. (*Circulaire des* 20 *octobre* 1823 *et* 17 *janvier* 1825.)

2131. Les états, lorsqu'ils montent à plus de 10 francs, doivent être faits sur papier timbré; le coût du timbre est acquitté par le fournisseur. (*Idem.*)

2132. Les mémoires ou quittances doivent indiquer *la date* des travaux; lorsqu'ils s'étendent d'une année à l'autre, la date à faire connaître est celle à laquelle ces travaux ont commencé. (*Circulaire du* 4 *avril* 1834.)

2133. Autant que possible les travaux pour radoubs d'embarcations doivent se faire dans la belle saison. (*Circulaire manuscrite du* 21 *avril* 1834.)

2134. L'administration étant déchargée après trois ans de la garde des registres de recettes et autres, ces vieilles archives, comme objets mobiliers non susceptibles d'être gardés, sont vendues au profit de l'état; les directeurs sont autorisés à les remettre au directeur des domaines, chargé de faire procéder à la vente. (*Arrêté du ministre des finances du* 25 *décembre* 1822, *art.* 4 *et* 5; *circulaires des* 20 *et* 28 *octobre* 1823 *et* 2 *août* 1827.)

Nota. Les instructions de l'administration indiquent quels sont les registres qu'il convient de conserver.

2135. Lorsque, dans un marché à passer avec un fournisseur ou marchand, l'on trouve à échanger des objets inutiles au service, leur valeur peut être imputée sur le prix de ceux à acquérir; le devis dans ce cas exprime cette valeur, et la présente en déduction de la somme nécessitée par l'achat nouveau. (*Idem.*)

2136. Le marché à passer pour le transport des impressions et des fournitures de plombage de Paris dans les départements est mis en adjudication, après affiches préalables, en conseil d'administration. Les frais de transport des impressions sont payés à Paris; ceux concernant les fournitures de plombage sont acquittés à destination. (*Circulaires des* 3 *août* 1829, 9 *octobre* 1832, *et* 29 *août* 1835.)

Nota. Deux tableaux joints à la circulaire du 29 août 1835 indiquent les prix et les délais, par le roulage ordinaire et par le roulage accéléré, du transport tant aux chefs-lieux de direction qu'à chaque bureau.

2137. Les circulaires transmises par l'administration aux chefs de service sont la propriété des places et non celle des titulaires; ceux-ci doivent les conserver avec soin pour les remettre à leurs successeurs. Les inspecteurs s'assurent de l'exécution de cette règle dans leurs tournées. (*Circulaire du* 21 *janvier* 1832.)

CHAPITRE II. — HABILLEMENT ET ARMEMENT DES PRÉPOSÉS.

2138. Les objets nécessaires à l'habillement des préposés leur sont fournis par suite de marchés passés par le directeur, avec le concours des employés supérieurs composant le conseil d'équipement. La comptabilité relative à ce matériel est tenue à la direction; là sont déposés les articles achetés et non encore livrés dans les brigades. (Voir *Uniforme* et *Masse d'équipement*, titre XXI, chapitre X.)

2138 *bis*. Les armes destinées aux préposés des douanes sont tirées des manufactures royales; les cartouches sont fournies par les directeurs d'artillerie. Les hommes qui quittent le service ne peuvent emporter les fusils et briquets qu'ils ont reçus. (Voir n° 2278 et suivans.)

CHAPITRE III. — CASERNEMENT.

2139. Dans les postes où les préposés des brigades vivent en commun, il est pourvu, au moyen de retenues exercées sur leur traitement, à l'achat des meubles et ustensiles nécessaires pour meubler ces postes. Il est tenu registre, à la direction, des recettes effectuées et de tous les objets dont les casernes ont été pourvues. (*Circulaire du 5 août 1814.*)

2139 *bis*. Les contrôleurs de brigades tiennent un état des meubles qui leur ont été remis et de ceux qu'ils ont distribués dans les postes. Les inspecteurs s'assurent dans leurs tournées que les articles non distribués existent réellement dans le magasin des contrôleurs. (*Même circulaire.*)

2140. Il est formé, pour les objets à acquérir et pour les réparations que réclame l'entretien du mobilier, des devis dans la forme accoutumée (voir n° 2129); les prix portés à ces devis sont discutés par les chefs de service, qui certifient ensuite la bonne confection des ouvrages. (*Idem, et circulaire du 17 janvier 1825.*)

CHAPITRE IV.—REGISTRES ET IMPRESSIONS.

2140 *bis*. Les registres et états de toute nature, envoyés par l'administration aux directeurs, sont l'objet d'un compte ouvert que ces derniers font tenir dans leurs bureaux. (Série E, n° 4.) Ce compte sert à justifier la réception, la distribution ou l'emploi des impressions remises.

Les receveurs principaux tiennent de leur côté (même registre, n° 4) un compte de tous les registres et imprimés qu'ils ont reçus et distribués; leurs demandes sont vérifiées par les inspecteurs; ces agents, une fois par année, s'assurent qu'il y a exactitude dans les restes en magasin; ils le constatent par procès-verbal. (*Circulaire du 23 septembre 1831.*)

2141. Les registres et impressions dont il est fait un usage journalier dans les postes et bureaux sont indiqués par la nomenclature suivante :

DOUANES MARITIMES (SÉRIE M).

ENTRÉE.

Manifestes........	Formule à fournir aux capitaines............................	N°	1
	Transcriptions des ma-⎰ de l'étranger.......................		3
	nifestes des navires⎱ des colonies françaises..................		4
	venant.......... des ports de France par cabotage.........		5

DOUANE DE TERRE (SÉRIE T).

TITRE XXI.

SERVICE DANS LES DÉPARTEMENTS.

Le service des douanes se partage en deux branches, le *service des bureaux* et le *service des brigades.*

BUREAUX.

Le service sédentaire ou de bureau se diversifie selon que les bureaux sont *principaux* ou *subordonnés ;* qu'ils sont *maritimes* ou de *frontière*, de *première* ou de *deuxième ligne ;* qu'ils offrent de l'importance par leurs produits ou par la nature et par le nombre des opérations qui s'y font, etc.

Les éléments principaux du service des bureaux sont :

1° La *déclaration* du redevable : elle forme la première garantie que la loi a donnée à la perception,

2° La *visite :* elle engage la responsabilité des employés, chargés de l'effectuer, en les rendant juges de la déclaration, acte sans lequel ils ne peuvent procéder ;

3° La *liquidation* et la *recette :* elles s'opèrent l'une et l'autre immédiatement si la marchandise est de suite mise en consommation, ou elles ont lieu toutes deux à la sortie de l'entrepôt, si l'objet a été entreposé. (*Circulaire du* 30 *janvier* 1817.)

L'ordre dans lequel se trouvent placés les chefs et employés, et les obligations imposées à chacun d'eux sont ci-après indiqués.

CHAPITRE Ier. — RECEVEUR PRINCIPAL OU SUBORDONNÉ (1).

2142. Le receveur principal est rangé dans la classe des employés supérieurs. Il prend sa place après le sous-inspecteur divisionnaire. Il ne s'occupe dans les grandes douanes que de sa caisse, de la comptabilité, et de la suite des affaires contentieuses ; l'inspecteur sédentaire le supplée pour les autres opérations intérieures. Dans les autres bureaux, il est le premier chef de la douane. (*Circulaire du* 30 *janvier* 1817.)

Les obligations d'un receveur principal peuvent se résumer comme ci-après :

COMPTABILITÉ.

Caisse et porte-feuille.

2143. Réunir dans une seule caisse, ou au moins dans une même pièce, à la fin de

---

(1) Aucune différence n'existe, quant aux *déclarations à recevoir,* à *l'acquittement des droits,* aux perceptions et *formalités* concernant la *navigation,* au *cabotage,* au *transit,* aux *primes,* etc., entre un bureau *principal* et un bureau *subordonné.* On procède dans l'un comme dans l'autre ; seulement le receveur principal, chef des receveurs subordonnés, centralise les recettes, paie les dépenses, donne suite aux affaires contentieuses, et correspond avec le directeur pour tout ce qui concerne la principalité.

chaque journée, les fonds de sa recette, quelle que soit la nature des produits recou-vrés. (*Instruction ministérielle du 26 septembre* 1821.)

2144. Placer les fonds appartenant au trésor dans un lieu sûr où couche, soit le comptable, soit une personne de confiance. (Voir n° 2085.)

Si des enlèvements ou pertes de fonds ont lieu, en informer immédiatement la comptabilité générale des finances. (*Circulaire du 26 décembre* 1833.)

2145. N'avoir qu'un seul porte-feuille pour y renfermer les valeurs reçues et non encore versées, les obligations cautionnées, les traites en souffrance, etc. (*Instruction du 26 septembre* 1821.)

2146. Justifier, quant aux traites en souffrance qui se trouvent en porte-feuille, des démarches faites pour accélérer leur paiement, et faire figurer ces effets au registre auxiliaire qui doit les présenter.

Consignations.

2147. Porter en recette au registre (n° 22 *ter*, ou 23 A, B ou C), à la date où les opé-rations ont lieu, et avec indication de la valeur reçue, les sommes consignées en ga-rantie, 1° des droits dus pour les marchandises remises au commerce immédiatement après la vérification (voir n° 428); 2° de la réexportation des voitures des voyageurs (voir n° 1345); 3° du retour en France, ou de la sortie, des chevaux ou bêtes de somme (voir n° 1293); 4° du renvoi à l'étranger de l'argenterie admise en franchise (n° 1400).

Nota. On doit exiger aussi la consignation des droits pour les marchandises sortant d'entrepôt fictif, quoiqu'il existe pour l'entrepôt une soumission. (*Lettre administrative du 5 août* 1834.)

2148. Appliquer sans retard à la recette qui est faite des droits liquidés les valeurs qui ont été consignées en garantie desdits droits, pour obtenir l'enlèvement des mar-chandises avant que la liquidation ait pu être arrêtée. (*Circulaire du 15 ventôse an* 9, *et circulaire de la comptabilité générale du 12 novembre* 1832.)

2149. Tenir des registres spéciaux des consignations effectuées en garantie de droits, afin de justifier que ces consignations ont eu la suite convenable dans le délai fixé par la loi. (*Circulaires des 20 avril* 1831 *et 28 mai* 1832.)

2150. Faire recette, au chapitre des *droits et produits*, des sommes consignées aux cas prévus à l'article précédent, lorsqu'il s'est écoulé un délai de plus de six mois après que les conditions souscrites par l'acte de consignation auraient dû être remplies. (*Circulaires des 20 avril* 1831 *et 28 mai* 1832.)

2151. Constater l'entrée en caisse, ou en porte-feuille, des valeurs qui sont remises en paiement des droits dont le montant, porté en recette, était représenté par des *soumis-sions cautionnées* (1) (voir n° 2153).

Registres à souche de recettes.

2152. Enregistrer exactement jour par jour tous les articles de perception, de manière à ce qu'il y ait toujours concordance parfaite entre les registres de recette et ceux de liquidation.

Distinguer, à l'entrée, dans quelle valeur le paiement a lieu;

---

(1) Le délai pour remettre les fonds ou effets ne doit être que du temps nécessaire au réglement des droits, et ne pas excéder vingt jours. (*Circulaire du 15 ventôse an* 9.)

Totaliser les recettes de chaque journée, et donner, quant à l'escompte qui comprendrait plusieurs articles pour une même allocation, l'indication des numéros des quittances pour lesquelles l'escompte est accordé. (*Circulaire du 25 septembre* 1833, *lithographiée.*)

Livre-journal.

2153. Faire écriture jour, par jour sur ce livre, des recettes et dépenses à quelque titre qu'elles aient été effectuées, et de toutes les mutations de valeurs qui ont lieu dans la caisse et dans le portefeuille. (Voir n° 2151.) S'assurer de la conformité journalière, quant aux produits, tant avec le registre de recettes, totalisé par jour, qu'avec celui de visite et celui de consignation également totalisés par journée.

Comparer les recettes avec les dépenses, et présenter à la fin de la journée le chiffre des valeurs qui restent en caisse et en portefeuille.

Distinguer, dans le solde établi, les traites, les effets divers représentant des valeurs réelles, et les sommes appartenant aux soumissions cautionnées. (*Arrêté ministériel du 9 novembre* 1820; *circulaires des 11 janvier,* 23 *décembre* 1824, *et circulaire de la comptabilité générale du 1er décembre* 1827.)

2154. Porter en recette à la fin de chaque journée (obligation imposée aux receveurs principaux et subordonnés) le montant des timbres et celui des droits de permis perçus dans le jour. (*Circulaire du 9 mai* 1834, *n° 1438.*)

2155. Faire recette au commencement de chaque mois, d'après l'état nominatif arrêté et certifié par le directeur, du montant des timbres des commissions d'emploi. (*Circulaire de la comptabilité générale du 25 août* 1834.)

Nota. Les timbres à percevoir, et les permis à faire payer pour les déclarations, sont ci-après indiqués :

TIMBRES A PERCEVOIR DANS LES BUREAUX.

Recette.

Série M n° 22 *ter.* Quittances de consignations en garanties de droits..		25 ou 5 c.
23	*Idem* idem de la réexportation de l'argenterie des voyageurs..............	75
40	Quittances de droits de douanes. Entrée.......	25 ou 5
43	*Idem* idem. Sortie... ...	25 ou 5
Série S n° 6	*Idem* de droits de consommation sur les sels......	25 ou 5
Série F B n° 52	*Idem* d'escompte du droit sur le sel, payé en espèces	» 25
53	*Idem* idem de droits dont le crédit est restreint à 3 et 6 mois.	» 25
90	*Idem* à souche, escompte sur les droits d'importation acquittés en numéraire et au-dessus de 10 fr.............	» 25
91	*Idem* idem idem pour les droits de 10 fr. et au-dessous..	» 5
99	*Idem* d'escompte sur la taxe de consignation des sels, acquittés en numéraire, de 10 fr. et au-dessous	» 5
	Commissions des employés, timbres dont le montant est versé par la direction..............	» 75

Navigation.

Série N....	Acte de francisation....................................	»	75
n° 6	Congés des navires français...............................	»	75
7	Passeports des navires étrangers	»	75
14	Recette des droits de navigation, au-dessus de 10 fr.............	»	25
	Idem idem de 10 fr. et au-dessous..........	»	5
	Droits de bassins idem au-dessus de 10 fr..............	»	25
	Idem de 10 fr. et au-dessous.........	»	5

38

Navires chargés de sels. . . . . Série S, n° 19 . . Déclarations en détail , pour les sels venant par cabotage.

19*bis*. . . *Id*. pour les navires venant de la pêche de la morue.

Entrée des marchandises abandon-
nées, en entrepôt réel. . . . . . . Série N, n° 34 et 34 *bis*. Permis délivrés pour les marchandises déposées à défaut de déclaration en détail.

Nota. Les droits de permis sont réunis en une même colonne au registre de navigation sous le titre : Acquits, Permis et Certificats.

Livre de dépouillement. (Série. F B , n° 3).

2156. Tenir ce livre constamment à jour; suivre, pour l'établissement des divers comptes , les classifications adoptées pour les comptes annuels ; y rapporter avec exactitude les recettes et les dépenses inscrites *au livre-journal.*

Totaliser les comptes a la fin de chaque mois , et s'assurer que les résultats qu'ils présentent , concordent avec ceux *du livre-journal* et des livres auxiliaires pour les parties où ces livres existent. (*Circulaire de la comptabilité générale du 25 août 1834.*)

Bordereaux mensuels.

2157. Présenter dans ces bordereaux les opérations successivement effectuées dans l'année ; s'assurer qu'il y a concordance entre ces états et le livre de dépouillement , et , relativement au solde ou excédant de recettes, avec les résultats présentés par le livre-journal. (*Idem.*)

Donner avec exactitude les développements particuliers que ces bordereaux doivent présenter.

Accusés de crédits et pièces de dépenses.

2158. Adresser au commencement de chaque mois , au ministère des finances, les pièces de dépenses acquittées qui sont comprises dans le bordereau du mois précédent ;

Se conformer pour les pièces justificatives à produire , à la nomenclature arrêtée par le ministre des finances , le 8 novembre 1826 , transmise par la circulaire de la comptabilité générale du 30 décembre suivant , et aux circulaires de la comptabilité générale des 12 novembre 1832 et 15 mars 1833.

2159. Représenter comme justification des dépenses des mois antérieurs , savoir :

1° Les accusés de crédits du ministère pour les dépenses qui sont l'objet des crédits législatifs ;

2° Les pièces originales dûment quittancées pour les dépenses non comprises dans les accusés de crédits ;

3° La preuve de la reprise en recette , pour les dépenses dont le résultat doit être *l'application aux droits et produits* , telles que le décime des amendes , consignations , etc. (*Idem.*)

Ne porter au chapitre *fonds en dépôt* , que les sommes réellement déposées. (*Circulaire du 25 août 1834.*)

Avances à régulariser par des tiers.

2160. S'abstenir de porter au chapitre des avances à régulariser les paiements effectués pour dépenses publiques, à l'exception des fonds remis aux contrôleurs de brigades pour solder les appointemens des préposés du service actif.

2161. Ne comprendre d'autres avances dans la comptabilité, que celles qui sont autorisées. Le bordereau les indique comme suit :

1° Frais de poursuites contre les ex-receveurs principaux en débet ; 2° pensions et provisions de retraites acquittées pour le compte des receveurs des finances ; 3° fonds de masse d'habillement des préposés de brigades ; 4° fonds de retenue pour le service de santé ; 5° fonds de retenue pour le casernement des préposés de brigades ; 6° frais de saisies ; 7° parts de saisies à des indicateurs et à des saisissants ; 8° primes de capture ; 9° plombage, estampillages et marques pour les bestiaux ; 10° fonds remis aux receveurs subordonnés pour subvenir aux remboursements des consignations et au paiement de dépenses ; 11° préemptions exercées pour le compte des préposés.

2162. Justifier, quant aux avances non encore régularisées, de l'exactitude de la somme indiquée pour solde, par la représentation de pièces régulièrement acquittées.

2163. Établir, quant à ce qui concerne les saisies, un état détaillé par saisie dont les résultats soient en conformité avec le registre spécial de comptabilité n° 71, et avec le sommier de dépouillement. (*Circulaires de l'administration du* 24 *décembre* 1816, *et* 5 *février* 1821, *et de la comptabilité générale du* 1ᵉʳ *décembre* 1827.)

Nota. Les avances faites pour achats d'instrumens de plombage et de ficelle sont remboursées avant tout prélèvement par les employés.

Versements.

2164. *Pour ceux en numéraire* effectuer le versement des fonds reçus, tous les dix jours, et plus fréquemment s'il existe en caisse 5,000 francs. (*Circulaires des* 2 *juillet* 1797, 16 *mai* 1799 *et* 18 *janvier* 1821.)

Ne faire des versements qu'en sommes rondes, c'est-à-dire sans fractions de franc. (*Circulaire du* 10 *décembre* 1823.)

2165. Ne recevoir d'autre quittance pour justifier chaque versement, qu'un récépissé à talon ; faire viser ce récépissé, dans les vingt-quatre heures, par le préfet ou le sous-préfet. (*Circulaire de la comptabilité générale du* 31 *mai* 1833.)

2166. Si des sommes ont été payées sur mandats du receveur des finances de l'arrondissement, en passer immédiatement écriture, et comprendre ces mandats dans le plus prochain versement. (*Idem.*)

2167. Ne conserver à la fin du mois, soit à la recette principale, soit dans les bureaux subordonnés, que les sommes indispensables à l'acquittement des dépenses du service. (*Circulaire de la comptabilité générale du* 31 *mai* 1833.)

2168. *Pour les versements en traites,* adresser au caissier central du trésor public les 1ᵉʳ, 11 et 21 de chaque mois, avec un bordereau double que vise l'inspecteur, les effets de crédits dont le versement doit être effectué à sa caisse.

Ne point admettre dans les traites à verser, de fractions de franc, ni de coupures au-dessus de 10,000 francs.

Justifier de ces versements, par les récépissés du caissier du trésor visés au contrôle, ou par des accusés de crédits. (*Circulaires de l'administration des* 29 *décembre* 182, 11 *janvier* 1821, 19 *avril* 1822; *et de la comptabilité générale du* 10 *septembre* 1833.)

Fonds de subvention.

2169. Ne réclamer des fonds de subvention aux receveurs des finances qu'autant que l'insuffisance réelle des recettes de la principalité ne permet pas d'acquitter toutes les dépenses du service. (*Circulaire du 11 janvier 1821.*)

Conserver dans cette vue, au lieu d'en faire le versement, les fonds qui peuvent être appliqués prochainement à des dépenses prévues.

Virements de comptes.

2170. N'effectuer de paiements pour le compte d'autres receveurs principaux, pour appointements, parts de saisies, gratifications, etc., qu'avec l'autorisation du directeur ou celle de l'administration, selon que l'employé intéressé réside dans la direction ou qu'il y est étranger. (*Circulaire du 15 mars 1831.*)

2171. Fournir à la comptabilité générale, au fur et à mesure des recettes, le bordereau de recouvrement n° 79, et quant aux acquits de paiement, lui remettre, à la fin de chaque mois, le bordereau n° 78 de ces acquits, en justifiant du visa du directeur sur celles de ces pièces pour lesquelles l'autorisation de paiement était nécessaire. (*Circulaire du 25 mars 1831, de la comptabilité générale.*)

Caisse des dépôts et consignations.

2172. Verser à cette caisse, par l'intermédiaire du receveur des finances,

1° Le produit de la vente des marchandises non retirées des entrepôts après les délais ;

2° Le montant de la vente des objets non réexportés ;

3° Le produit des marchandises non retirées des bureaux (*circulaire de l'administration du 6 septembre 1827, et de la comptabilité générale du 31 janvier 1828*) ;

4° Le montant des actifs de masse revenant à des préposés hors des cadres qui ne peuvent leur être remboursés pour cause d'absence (*circulaire de la comptabilité générale du 21 décembre 1835*) ;

5° Le produit de contraventions dont la restitution ordonnée par l'administration ne peut avoir lieu pour la même cause (*circulaire de la comptabilité générale du 25 août 1834*) ;

6° Le montant des sommes dues à des créanciers de l'état, et dont le paiement est frappé d'opposition. (*Loi du 29 janvier 1831, art. 9.*)

Droits constatés par suite de contraventions aux lois.

2173. Faire figurer exactement au sommier des droits constatés les sommes à recouvrer par l'effet de jugements ou de transactions, et par suite indiquer à ce même sommier les recouvrements opérés, les remises accordées et les non-valeurs justifiées. (*Circulaires de la comptabilité générale des 25 août 1834 et 21 décembre 1835.*)

Crédits et escomptes.

2174. N'admettre au crédit des droits que les individus préalablement désignés comme pouvant en jouir, et, s'il s'agit des *grands ports*, que les personnes d'une solvabilité notoire. (Voir n° 458.)

Recevoir des effets remplissant les conditions voulues par les réglements (voir n° 450), et faire courir les termes du crédit, de la date de la liquidation des droits.

Tenir exactement le sommier des crédits et le registre des comptes ouverts.

Balancer les comptes par les extinctions, à la fin de chaque mois.

N'admettre à l'escompte de 4 p. 0/0 accordé sur les droits de douanes payés comptant, et à celui de 6 p. 0/0 concernant les sels, qu'autant que la somme atteignant le minimum de 600 francs comprend des droits payés dans le même jour (voir n° 473.)

L'escompte ne pouvant être fractionné, n'en faire jouir des redevables que quand le règlement en numéraire a lieu immédiatement, ou au plus tard dans les trois jours de la liquidation. (Voir n° 475.)

Receveurs subordonnés.

2175. Se faire remettre dans les premiers jours de chaque mois, les états mensuels de comptabilité de ces receveurs.

Prendre toutes les dispositions que les localités comportent, afin qu'ils règlent tous les mois avec la recette principale.

Leur faire verser leurs fonds aussi exactement que l'exige l'importance des recettes.

Délivrer, pour les sommes qu'ils versent, le récépissé à talon extrait du registre n° 57.

Employer les produits de leur recette au paiement des appointements des préposés des brigades voisines.

N'autoriser aucune opération étrangère au service.

Veiller à ce que ces receveurs n'admettent des effets de crédits qu'après autorisation préalable.

S'assurer qu'ils font écritures de toutes les sommes qui entrent dans leur caisse. (*Circulaires des 27 mai 1820, 8 octobre 1824 et 25 août 1834.*)

Dépenses publiques.

2176. N'admettre parmi les pièces fournies à l'appui des dépenses acquittées aucuns mémoires (spécialement pour l'entretien des édifices publics) qui n'indiqueraient pas distinctement la date des services faits, ou dans lesquels cette date serait effacée ou altérée.

N'acquitter que les dépenses régulièrement ordonnancées.

Si des états de traitement ont été émargés d'avance par des employés qui sont décédés avant d'avoir acquis des droits au traitement intégral, suivre à l'égard de ces pièces les formalités prescrites par la comptabilité générale. (*Circulaires des 26 décembre 1833 et 4 avril 1834.*)

Fonds de masse d'habillement.

2177. Produire, pour la justification des sommes qui figurent en recette, 1° les états mensuels de retenues fournis par les contrôleurs de brigades; 2° les états des recettes accidentelles; et pour justifier la régularité des dépenses, les pièces et états ordonnancés par le directeur ou des récépissés en tenant lieu. (*Circulaire du 2 mars 1832.*)

Service de santé.

2178. (Mêmes justifications à donner que pour les fonds de masse d'habillement).

(*Circulaires des* 12 *décembre* 1832 (*de l'administration*), *et* 31 *mai* 1833 (*de la comptabilité générale.*)

Service de casernement.

2178 *bis.* (Mêmes justifications à produire que pour les fonds de masse d'habillement). (*Mêmes circulaires.*)

Plombage et estampillage.

2179. Faire recette, jour par jour, au livre-journal du produit de la taxe de plombage et d'estampillage, et tenir un registre présentant, mois par mois, le montant des dépenses et des recettes, et le tableau de la répartition du produit net émargé par les parties prenantes (1). (*Circulaires de l'administration du* 14 *juillet* 1817, *et de la comptabilité générale du* 31 *mai* 1833.)

Compte annuel.

2179 *bis.* Remettre, avant le 20 janvier, à la comptabilité générale, comme élément du compte d'année à fournir à la cour des comptes pour l'année précédente, les bordereaux de situation qu'elle réclame.

Accompagner ces pièces du procès-verbal des valeurs existant en caisse à la fin de la gestion annuelle.

Rédiger le compte annuel; l'appuyer pour la recette, comme pour la dépense, des justifications demandées, et le transmettre au ministère, dès l'avis reçu que les résultats de la comptabilité ont été arrêtés. (*Ordonnance du* 8 *novembre* 1820; *circulaires des* 13 *décembre* 1820, 11 *janvier* 1821; *circulaires de la comptabilité générale des* 25 *juillet* 1830, 22 *novembre* 1831 *et* 12 *novembre* 1832.)

Satisfaire complètement aux injonctions portées aux arrêts prononcés par la cour des comptes, pour les comptes qu'elle a jugés.

IMPORTATIONS.

Manifeste et déclarations.

2180. S'assurer, dans les ports, que les manifestes des capitaines sont remis dans les vingt-quatre heures de l'arrivée des navires (voir n° 142). (Il faut voir s'il y a concor-

---

(1) La répartition du produit net a lieu comme suit :

Receveur principal ou subordonné........................	Une part.
Sous-inspecteur sédentaire (ou inspecteur le remplaçant)	Id.
Contrôleur aux entrepôts....	Id.
Vérificateurs...	Id.
Commis principal à la navigation.............................	Id.
Commis à la balance du commerce........................	Id.
Receveurs aux déclarations.................................	Demi-part.
Aides-vérificateurs	Un quart de part.
Emballeurs...	Un huitième de part.

Nota. L'employé absent par congé conserve sa part s'il n'est pas remplacé. Il n'en a que la moitié s'il y a un intérimaire. (*Circulaires des* 14 *juillet* 1817, 22 *avril* 1830 *et* 19 *décembre* 1832.)

dance quant au *tonnage,* au *pavillon* du bâtiment, à sa provenance, etc., avec les bulletins journaliers remis par le chef du poste, et avec le registre de mouvement de port.)

Examiner si le bâtiment importateur a, pour certains cas déterminés (voir nᵒ 249), le tonnage requis, et si le bureau est au nombre de ceux désignés pour recevoir les marchandises que l'on veut importer. (Voir nᵒ 406.)

Veiller à ce que la transcription des manifestes se fasse exactement au registre (nᵒˢ 3, 4 ou 5), et à ce que ces pièces indiquent par *espèces* et *quantités* les provisions de bord que l'équipage n'a pas consommées. (Voir titre V, chapitre X.)

Apurer les manifestes par les déclarations en détail fournies; s'assurer qu'il y a concordance dans le nombre de colis, et conserver ces manifestes enliassés. (*Circulaire du* 17 *janvier* 1815.)

Si les déclarations en détail ne sont pas produites dans les trois jours de l'arrivée du navire, faire mettre les marchandises en dépôt. (Voir nᵒ 249.)

Exiger des déclarants toutes les énonciations de *quantités*, *espèce*, *qualité*, *nombre*, etc., n'admettre que les rectifications permises et qu'autant qu'elles ont lieu dans les vingt-quatre heures. (Voir nᵒ 184.)

Délivrer les permis de débarquer en nombre égal à celui des déclarations, les libeller convenablement, et y énoncer avec soin les marques et numéros des colis.

Dans les douanes *de terre,* remettre à l'importateur la formule nᵒ 1 sur laquelle il doit fournir sa déclaration si les marchandises qu'il présente sont taxées à plus de 20 francs par 100 kilogrammes, et s'assurer que toutes les indications exigées par la loi sont données.

Observer à l'égard des courriers et des conducteurs de voitures publiques les formalités qui les concernent, (Voir titre XIV, chapitre VII.)

Si les droits doivent être acquittés au second bureau frontière, recevoir au premier bureau la déclaration sommaire; expédier les marchandises sur le second bureau, avec les garanties voulues par la loi et opérer à ce second bureau la vérification détaillée des marchandises. (Voir nᵒ 387.)

Annoter les registres de déclarations en détail, des numéros de visite et de recette qu'ils doivent présenter pour faciliter le contrôle des opérations.

Visite.

2181. Reconnaître s'il y a conformité entre les déclarations et les permis; s'assurer que ces dernières pièces sont revêtues des certificats réguliers de débarquement ou d'embarquement. (Voir nᵒ 197.)

A défaut de sous-inspecteur dans la localité, diriger et surveiller les vérificateurs; coter ces derniers sur les permis.

Examiner si les colis débarqués sont en même nombre que ceux vérifiés, et si le registre de visite et le certificat du vérificateur donnent les mêmes résultats que les portatifs;

Contrôler de tous points les opérations; voir s'il y a concordance, pour le nombre de colis, avec le carnet du préposé; s'assurer que les différences passibles d'amendes, s'il en existe, ont été constatées par procès-verbaux. (*Circulaire du* 30 *janvier* 1817, *et instruction du* 6 *décembre* 1796.)

Se conformer, pour l'allocation des tares, aux fixations du tarif. (Voir n° 244.)

Se faire remettre jour par jour les liquidations des droits, pour éviter que les recettes ne soient différées.

N'autoriser l'enlèvement des marchandises qu'autant que les droits ont été acquittés ou consignés. (Voir n° 426.)

N'admettre de réfactions de droits, qu'autant qu'il y a avarie causée par un événement de *mer*, et que la dépréciation est constatée par une vente publique. (Voir n° 485.)

Si des *préemptions* sont exercées soit pour le compte de l'État, soit pour celui des employés, observer, quant aux délais dans lesquels les offres doivent être faites, et aux garanties à obtenir, ce que prescrit la loi. (Voir n° 228.)

TENUE DES REGISTRES DE RECETTE.

2182. Enregistrer à leur date, et après examen, les liquidations de droits remises par les vérificateurs; tenir les registres de recette constamment en rapport avec ceux de visite et avec le livre-journal; mentionner exactement les valeurs dans lesquelles les droits ont été payés. (*Circulaire lithographiée du 25 septembre 1833.*)

Rappeler sur ces différents registres les numéros de renvoi qui doivent y être annotés pour faciliter les vérifications.

ENTREPÔTS ET DÉPÔTS.

2183. Surveiller, de concert avec le sous-inspecteur sédentaire, l'admission des marchandises dans les entrepôts; suivre personnellement les dépôts d'objets prohibés accidentellement importés, et ceux des marchandises non déclarées ou provenant de saisies.

Tenir exactement écriture, au registre 23, de tous les dépôts effectués, et signer chaque enregistrement avec le vérificateur; faire vendre les objets déposés dans le délai voulu.

Suivre, soit qu'il s'agisse d'entrepôt réel ou fictif, d'entrepôt des sels ou d'entrepôt des grains, le mouvement des marchandises, et s'assurer, par l'examen des registres et des carnets, que les entrées et les sorties sont régulièrement justifiées.

Veiller à ce que les réexportations ou l'acquittement des droits aient lieu dans les délais fixés par la loi, et provoquer, si le terme de l'entrepôt est dépassé, les mesures que prescrivent les règlements. (Voir n° 548.)

Exiger que les soumissions et les transferts soient signés des déclarants. (Voir n°° 549 et 636.)

S'assurer que les entrepôts fictifs sont recensés tous les trois mois (n° 639), et l'entrepôt réel, chaque année (voir n° 561); faire connaître le résultat de ces opérations; veiller à ce que les marchandises soient classées dans les magasins par espèce et par soumissions, afin de rendre les recensements faciles.

EXPORTATIONS. (Voir le titre XII.)

2184. Exiger que les déclarations de marchandises à exporter, produites par les expéditeurs, présentent toutes les indications d'*espèce, qualité, mesure*, etc., qu'elles doivent offrir. (Voir n°° 922 et 979.)

S'assurer que la visite de l'objet déclaré a été faite, et que l'embarquement a été constaté régulièrement.

Concourir à assurer l'exportation régulière des boissons, en veillant à ce qu'elles soient présentées et vérifiées ; faire délivrer les actes destinés à justifier leur sortie de France. (Voir n° 1414.)

Dans les bureaux des douanes *de terre,* se faire justifier de l'origine des objets à exporlorsque l'expédition a lieu par le bureau de l'extrême frontière. (Voir n° 92.)

S'il s'agit de marchandises de *primes,* de *transit* ou de *réexportation,* suivre, à défaut de sous-inspecteur, les opérations dans tous leurs détails ; s'assurer de la régularité des vérifications, et de la sortie effective des objets déclarés. (*Circulaires des* 20 *décembre* 1814, 31 *juillet* 1822 *et* 3 *février* 1832.)

NAVIGATION. (Voir le titre XIII.)

2185. Tenir exactement le registre de mouvement de port (n° 8), et opérer avec les registres de recette (n°° 14 et 15) les rapprochements propres à donner la certitude que les perceptions de droits de tonnage, congés, etc., sont exactes. (*Arrêté du* 22 *avril* 1795.) (Cette obligation et celles qui suivent concernent le commis principal à la navigation s'il en existe un dans le bureau.)

Recevoir, dans les vingt-quatre heures de l'arrivée des bâtiments, les rapports de mer que font les capitaines pour jouir des immunités qu'accorde la loi ; surveiller la rédaction et l'affirmation de ces rapports. (Voir titre V, chapitre III.)

Faire enregistrement, lorsqu'il y a lieu, des marchandises sauvées à la mer. (Registre n° 12.)

N'exiger pour les expéditions des rapports de mer, délivrées au commerce, d'autre rétribution que celle de 1 fr. 50 cent. par rôle que la loi accorde.

Percevoir les droits de tonnage, d'expédition, etc., dans les *vingt jours* de l'arrivée des bâtiments, d'après la jauge reconnue par le vérificateur et suivant les fixations établies (voir, n°° 1158 et suiv.); surveiller, à défaut de sous-inspecteur, la jauge des bâtiments étrangers.

Faire acquitter le droit de congé, toutes les fois que le navire entreprend un nouveau voyage, et veiller a ce que les bateaux soumis au congé annuel, renouvellent cette expédition chaque année. (Voir, n°° 1134 et suiv.)

N'accorder le privilège de la nationalité qu'aux seuls navires qui ont droit à la francisation, soit comme nationaux, soit comme étrangers, et faire remplir les formalités voulues. (Voir, n°° 1088 et suiv.)

Présenter sur le registre de compte ouvert des francisations (formule n° 4) l'effectif des bâtiments du port; faire opérer annuellement le recensement de ces bâtiments et exiger le droit de sortie de ceux non représentés. (Voir, n° 1195.)

Classer avec ordre les papiers appartenant à chaque navire, dans leurs dossiers respectifs (formule n° 5). Suivre les mutations de propriété, et faire acquitter les droits de transfert qui n'auraient pas été payés au moment des transmissions.

COMMERCE DES COLONIES. (Voir le titre XV.)

Départ des navires.

2186. Observer pour l'expédition des marchandises envoyées aux colonies, soit qu'on les ait extraites de l'intérieur, soit qu'on les ait tirées de l'entrepôt, les conditions applicables à cette nature d'opérations.

Faire exécuter, relativement au navire exportateur, la condition de tonnage établie par la loi.

Si des munitions de guerre sont expédiées de France exiger l'autorisation préalable du ministre de la guerre.

Faire constater exactement la visite et l'embarquement des marchandises, et recevoir les soumissions qui doivent assurer le transport de ces mêmes marchandises à leur destination.

Retour des bâtiments.

Établir régulièrement l'identité du navire; s'assurer qu'il arrive en droiture des colonies françaises, et ne demander l'admission au privilège colonial que des marchandises dont le cru et l'origine sont légalement constatés.

Observer pour les marchandises prises sous voiles les formalités exigées pour justifier leur origine.

Si des objets invendus aux colonies sont réintroduits, ne les admettre qu'autant que leur provenance nationale est régulièrement établie.

CABOTAGE.

Port de départ. (Voir nᵒˢ 833 et suiv.)

2187. Ne permettre le cabotage qu'aux navires autorisés à le faire; s'assurer de la régularité des déclarations fournies à la douane par les expéditeurs, et exiger; quant a la désignation des marchandises, toutes les indications voulues par la loi.

A défaut de sous-inspecteur, surveiller la visite, le plombage et l'embarquement des marchandises. (*Instruction du 6 décembre* 1796.)

Délivrer, avec les indications voulues, l'expédition (passavant ou acquit-à-caution) que comporte l'objet expédié, et n'y comprendre que les marchandises dont la visite et l'embarquement ont été justifiés.

Port d'arrivée.

Exiger que le capitaine produise à son arrivée un manifeste ou une expédition en tenant lieu, et faire certifier l'authenticité des expéditions exhibées. (Voir, nᵒ 137.)

Suivre les opérations du débarquement et de la visite des marchandises présentées.

Si des sels sont débarqués, s'assurer qu'ils sont soumis à une exacte vérification.

N'accorder la décharge des expéditions de cabotage, qu'autant que le débarquement a été légalement constaté et la vérification partielle effectuée; si des différences passibles d'amendes ont été reconnues dans les quantités, appliquer la loi. (Voir, nᵒ 900 *bis*.)

PÊCHE DE LA MORUE, DE LA BALEINE, ETC. (Voir titre XIV, chapitre IX.)

Départ des navires.

2188. Vérifier la nationalité du bâtiment partant pour la grande pêche.

S'assurer que les sels livrés au capitaine sont vérifiés, et que les quantités portées au passavant sont bien celles constatées par les employés.

Suivre avec soin l'embarquement des viandes, beurres et autres salaisons faites en franchise; exercer sur ces opérations une surveillance propre à prévenir les abus.

Retour des bâtiments.

Faire justifier l'origine française des sels ayant servi à la pêche, recevoir la déclaration des sels neufs rapportés par les capitaines, et faire mettre ces sels, s'il y a lieu, en magasin, pour empêcher qu'il n'en soit détourné quelque partie.

Réprimer les fraudes qui pourraient être tentées par les capitaines en important comme produit de leur pêche, du poisson de pêche étrangère; provoquer les mesures propres à éclairer sur ce point l'administration.

PETITE PÊCHE.

Départ des navires. (Voir n° 1731.)

2189. Recevoir les déclarations des capitaines, et s'assurer qu'elles sont exactes.

N'accorder des sels que dans la proportion du tonnage du navire.

Tenir le compte ouvert (registre 45) des sels délivrés en franchise, et y établir les justifications produites ultérieurement pour faire connaître l'emploi du sel.

Poursuivre le paiement des amendes en cas de déficit.

Retour de la pêche. (Voir n° 1774.)

Recevoir la déclaration des sels neufs rapportés; faire emmagasiner ces sels pour prévenir les abus; faire opérer une vérification exacte du produit de la pêche; ne décharger les acquits-à-caution que pour les quantités de poisson vérifiées.

Si les salaisons sont débarquées au port de départ, apurer immédiatement le compte du capitaine pour ces mêmes quantités.

Appliquer, en cas de déficit passible d'amende, les dispositions de la loi.

SALAISONS EN ATELIER. (Voir n° 1786 et suiv.)

2190. Recevoir des saleurs les déclarations et soumissions qui doivent précéder l'enlèvement du sel destiné aux salaisons.

S'assurer que les sels reçus en magasin ont été exactement vérifiés;

Tenir, d'après les quantités de sels délivrées successivement aux saleurs, et celles des poissons expédiées par eux, les comptes d'emploi que prescrivent les réglements.

SELS EXTRAITS DES MARAIS SALANTS.

2191. Ne délivrer qu'après une déclaration préalable faite au bureau le permis d'enlever les sels sur le marais ou sur la saline. (Voir n° 1584.)

Faire vérifier, pour chaque acquittement, les quantités de sels extraites de ce marais.

Ne remettre l'expédition à l'acquitteur qu'après avoir acquis la certitude que les quantités livrées ont été exactement vérifiées en présence du visiteur et d'un préposé, et que l'opération a été régulièrement constatée aux carnets.

Diriger les sels sur le bureau de contrôle placé sur la route que doit suivre le marchand ou voiturier, afin qu'ils soient contre-vérifiés à ce bureau. (Voir n° 1607.)

POLICE DE LA FRONTIÈRE.

Bureaux placés dans la demi-lieue frontière. Voir (titre IV, chapitre ɪᴠ.)

2192. Ouvrir un compte (registre n° 27) aux marchandises existant chez les marchands qui habitent le territoire de l'extrême rayon, afin de constater l'origine de ces marchandises.

Se faire justifier de l'existence en magasin des objets pour lesquels des passavants sont demandés; prendre, relativement à ces passavants, toutes les mesures de surveillance propres à prévenir les fraudes.

Bestiaux. (Voir titre XIV, chapitre IV.)

2193. Tenir avec les détenteurs de bœufs ou vaches, qui résident dans la demi-lieue frontière, les comptes prescrits par l'ordonnance du 28 juillet 1822 (registres nᵒˢ 22, A, B, C et 22 *bis*).

Veiller à ce que les passavants destinés à assurer la circulation dans la ligne des douanes donnent les indications propres à faire reconnaître les bestiaux.

Faire contrôler semestriellement le compte de chaque détenteur.

Circulation dans le rayon des 4 lieues. (Voir le titre IV, chapitre VII.)

2194. Surveiller, au moyen des passavants, la circulation des marchandises dans les deux myriamètres frontières, notamment quand il s'agit d'objets soumis à un droit de 20 francs et plus par 100 kilogrammes.

Obtenir, avant de remettre aux déclarants des expéditions pour circuler dans le rayon frontière, les justifications légales sur l'origine des marchandises et sur leur dépôt régulier dans ce rayon. (Voir nᵒ 110 et suivant.)

Lorsqu'il s'agit de marchandises allant de l'intérieur à l'étranger, avec acquits de paiement, acquit-à-caution de *transit*, ou passavant de *primes*, ne viser ces expéditions au bureau de seconde ligne, qu'après un examen scrupuleux de l'état des colis et de l'intégrité du plombage.

Constater exactement, quant à ces colis, les contraventions reconnues; mentionner, dans tous les cas, le résultat de ces visites sur le registre spécial nᵒ 28.

Pour les objets venant de l'étranger et qui sont présentés à un bureau *d'extrême frontière*, indiquer le bureau de *seconde ligne* où l'expédition devra être contrôlée, le délai pour s'y rendre, la route à parcourir, etc.

Dans les bureaux de *seconde ligne*, s'assurer de la régularité des expéditions délivrées en première ligne; vérifier l'exactitude des droits perçus, et constater les résultats de cette vérification sur un portatif.

PACAGE DES BESTIAUX (Voir titre XIV, chapitre IV.)

2195. Assurer, par une entière exécution des réglements, le renvoi à l'étranger des bestiaux amenés au pacage en France, ou la réimportation de ceux qui vont au pacage à l'étranger.

Donner sur les expéditions délivrées, toutes les indications propres à faciliter la reconnaissance des animaux lors de leur sortie ou de leur rentrée.

En cas d'excédant ou de déficit, appliquer les peines prononcées par les réglements.

CHEVAUX ET BÊTES DE SOMME SERVANT AUX VOYAGEURS (voir titre XIV, chapitre IV).

2196. Recevoir des voyageurs, qui doivent momentanément traverser la frontière, les soumissions ou consignations qu'ils ont à fournir pour garantir, selon les cas, soit le renvoi à l'étranger, soit la réimportation de leurs chevaux ou bêtes de somme.

Délivrer, avec les indications voulues de *taille*, *âge*, *pelage*, les expéditions dont les voyageurs doivent être porteurs ;

N'effectuer le remboursement des consignations, qu'après une reconnaissance entière des animaux décrits aux expéditions.

RÉCOLTES LIMITROPHES (voir titre XIV, chapitre Ier).

2197. Exiger des étrangers propriétaires de biens situés sur les frontières, ou des Français propriétaires à l'étranger, les déclarations et justifications qu'ils ont à produire relativement à la récolte de ces biens.

Veiller à ce que les importations ou les exportations du produit des récoltes aient lieu dans les délais déterminés ;

Tenir, quant à ces produits, les comptes destinés à en indiquer l'importance et la destination.

RÈGLES SPÉCIALES A DIVERSES MARCHANDISES.

2198. Observer relativement *à la librairie*, *aux effets et voitures des voyageurs*, *aux ouvrages d'or et d'argent*, *aux tabacs*, *aux armes*, *aux drilles*, *aux boissons*, les dispositions particulières qui régissent ces marchandises (voir le titre XIV).

ACQUITS-A-CAUTION ET PASSAVANTS (voir particulièrement les titres IV, IX, X, XI et XIV).

2199. En délivrant, selon les cas, les acquits-à-caution ou passavants destinés à justifier l'origine des marchandises expédiées, donner tant sur les expéditions que sur les souches, les indications qu'elles doivent présenter.

N'accorder d'autre délai que celui nécessaire pour se rendre au lieu indiqué ; si des acquits-à-caution ne sont pas rapportés dans les délais fixés, en poursuivre la rentrée contre les soumissionnaires, faire toutes les diligences nécessaires dans ce but.

AFFAIRES CONTENTIEUSES.

2200. Donner aux saisies constatées les soins et la suite convenables.

Tenir exactement le registre destiné à présenter celles faites dans la principalité, leur résultat et leur comptabilité. (*Circulaires des 30 janvier 1805 et 13 décembre 1823.*)

S'il y a offre de terminer l'affaire par une transaction, proportionner la somme à exiger à la nature et à l'importance du délit, et prendre préalablement auprès de l'inspecteur et des agens du service actif, des renseignements sur les ressources et la moralité du prévenu (voir n° 1993).

Enregistrer jour par jour, au registre à souche n° 71 B, les sommes reçues sur le produit des confiscations et amendes, et les dépenses effectuées. (*Circulaire lithographiée du 26 décembre 1884.*)

Inscrire sans retard les saisies de minutes sur le registre à ce destiné, et donner à ces saisies la suite prescrite. (Voir n° 1959.)

IMMEUBLES ET MATÉRIEL (voir les titres XX, XXIII et XXIV).

2201. Conserver et tenir au courant les feuilles relatives aux immeubles possédés en propriété ou temporairement par l'administration.

Si des baux sont passés, y insérer que *le propriétaire n'aura rien à payer pour contributions des portes et fenêtres*, ces contributions étant à la charge des employés logés dans les bâtiments. (*Circulaire du* 19 *octobre* 1835.)

Tenir le registre (formule n° 4) destiné à indiquer la réception et la distribution des impressions envoyées par la direction.

Placer dans un lieu non exposé à l'humidité les imprimés non distribués, et les classer avec ordre.

Donner à l'entretien et à la conservation des meubles et ustensiles composant le matériel de la principalité, les soins nécessaires; et lorsque des devis pour fournitures ou entretien sont formés, en débattre soigneusement les prix.

ÉTATS DE COMMERCE.

2202. Faire faire exactement les dépouillements journaliers des marchandises importées ou exportées.

Former, suivant les instructions données par l'administration, le cahier du *commerce général,* et celui du *commerce spécial.* (*Circ. du* 8 *juillet* 1825, n° 925.)

Présenter à l'époque prescrite l'état annuel des importations et des exportations destiné à appuyer le compte des recettes. (*Circulaires des* 27 *juillet* 1830, 24 *mars et* 10 *novembre* 1831.)

ÉTATS DIVERS.

2203. Transmettre exactement, tant à la direction qu'au ministère des finances, les états et bordereaux à fournir périodiquement pour les diverses branches de service.

Satisfaire, sur ce point, à toutes les prescriptions qui résultent de la correspondance de la comptabilité générale, et de celle de l'administration ou de la direction.

CHAPITRE II. — COMMIS PRINCIPAL A LA NAVIGATION.

2204. Le grade de commis principal à la navigation a été créé par l'arrêté du 22 avril 1795.

Placé sous la dépendance du receveur principal et sous la surveillance du sous-inspecteur sédentaire, le commis principal à la navigation est chargé de la tenue des registres et de la délivrance de toutes les expéditions concernant la navigation des bâtiments étrangers et français (voir n° 2185).

S'il effectue des recettes, c'est pour le compte du receveur qui l'y a préalablement autorisé et à qui il rend compte chaque jour. (*Circulaire du* 30 *janvier* 1817.)

Le commis principal peut se rendre à bord pour assister à l'opération de la jauge des navires. (*Décision du* 12 *juin* 1798).

Il a droit à une rétribution pour les copies de rapport de mer qu'il délivre. Cette rétribution est fixée à 1 franc 50 centimes par rôle, chaque page ayant vingt lignes de sept syllabes. (*Décret du* 16 *février* 1807.)

Il reçoit une part dans la répartition du produit des plombs. (*Circulaire manuscrite du* 17 *septembre* 1827.)

CHAPITRE III. — CONTROLEUR AUX ENTREPOTS.

2205. Le contrôleur aux entrepôts, placé sous la dépendance du receveur principal et sous la surveillance du sous-inspecteur sédentaire , tient tous les registres relatifs à la manutention et au service des entrepôts réels et fictifs (voir la nomenclature n° 2141). Il forme les états destinés à présenter la situation de ces entrepôts. Aidé des employés placés près de lui, il délivre toutes les expéditions qui ont rapport à cette partie du service. (*Circulaire du 30 janvier 1817.*)

Il vérifie personnellement , tous les trois mois , l'existence , dans les entrepôts fictifs, des marchandises soumissionnées (voir n° 639) ; il n'admet les soumissionnaires et leurs cautions qu'avec l'autorisation du receveur.

Le contrôleur aux entrepôts reçoit une part dans le produit des plombs. (*Lettre du 14 juillet 1817.*)

CHAPITRE IV. — VÉRIFICATEUR ET AIDE-VÉRIFICATEUR.

2206. Le vérificateur , que l'on appelle *visiteur* dans les petits bureaux, est sous les ordres immédiats du sous-inspecteur sédentaire , sans cesser cependant d'être sous la dépendance du receveur principal. (*Circulaires du 30 janvier 1817.*)

Il vérifie , après avoir été préalablement désigné à cet effet, les marchandises qui sont déclarées en douane à l'entrée ou à la sortie, et celles expédiées par cabotage, en transit , etc. (Voir nᵒˢ 205, 368, 731, 779, 884, 395.)

Il rapporte les détails de sa vérification sur un carnet, liquide les droits quand il y a lieu, et donne son certificat du tout. Les résultats de son travail, s'il y a acquittement, sont reportés sur le registre de visite et liquidation. (*Circulaires du 31 janvier 1817, et arrêté du 4ᵉ complémentaire an 8.*)

Le vérificateur opère ses vérifications avec le concours des employés du service actif. (*Idem.*)

Il revient au vérificateur une part dans le produit des plombs. L'aide-vérificateur a droit à un quart de part. (*Lettre du 14 juillet 1817.*)

Les vérificateurs sont chargés de procéder à la jauge des navires; ils se conforment , pour ces vérifications, au mode indiqué par la loi du 12 nivose an 2. (Voir n° 1184).

Lorsqu'ils en sont requis, ils coopèrent au travail des commis aux expéditions. (*Circulaire du 30 janvier 1817.*)

CHAPITRE V. — RECEVEURS AUX DÉCLARATIONS.

2207. Le receveur aux déclarations a pour chef le receveur principal , et pour surveillant le sous-inspecteur sédentaire. Il transcrit les manifestes , les déclarations en détail, d'entrée et de sortie ; rapproche les déclarations des acquits et passavants pour s'assurer de la régularité de ces pièces ; délivre les permis, tient les registres d'acquits-à-caution , et concourt au travail que lui indique le receveur. (*Circulaires des 29 septembre 1796 et 30 janvier 1817.*)

Le receveur aux déclarations a une demi-part dans le produit des plombs. (*Circulaire du 14 juillet 1817.*)

CHAPITRE VI. — COMMIS AUX EXPÉDITIONS OU DE RECETTE.

2208. Les commis aux expéditions ou de recette sont chargés, sous les ordres exclusifs du receveur, et sous la surveillance du sous-inspecteur sédentaire, de toutes les écritures relatives à la délivrance des différentes expéditions, à la correspondance du receveur, à la formation des états, et a la tenue des registres de recette, d'ordre, de saisies, etc. (*Circulaire du* 30 *janvier* 1817.)

CHAPITRE VII. — CONTROLEURS AUX SOUDES.

2209. Ces contrôleurs assistent à toutes les opérations qui ont lieu dans la fabrique à laquelle ils sont attachés; ils ont mission de surveiller cet établissement; ils doivent être présents à l'emmagasinement des sels et à leur délivrance pour les besoins journaliers; ils constatent les entrées en magasin, les délivrances de sel, ainsi que les quantités de matières fabriquées. (*Ordonnance du* 8 *juin* 1822.)

CHAPITRE VIII. — EMBALLEUR.

2210. L'emballeur est un homme de peine de l'ordre des simples préposés. On le place dans les bureaux importants, où il est employé par les receveur, sous-inspecteur, contrôleur aux entrepôts et vérificateur, au travail manuel de la visite.

Il reçoit un 8° de part dans le produit des plombs. (*Circulaires des* 30 *janvier et* 14 *juillet* 1817.)

CHAPITRE IX. — CONGÉS.

2211. Aucun employé des douanes ne peut s'absenter de sa résidence, ni interrompre l'exercice de ses fonctions, sans une autorisation spéciale qui entraine la retenue au profit de la caisse des retraites, *de la moitié* du traitement, excepté dans le cas où l'absence a pour cause l'accomplissement d'un des devoirs imposés par la loi. (*Arrêtés du ministre des finances des* 10 *avril* 1829 *et* 21 *mai* 1833.)

(*Voir, pour le mode de calculer la retenue, la circulaire du* 25 *juillet* 1832.)

2212. Le congé cesse d'être valable, si l'agent qui l'a obtenu n'en fait pas usage dans les quinze jours de la notification qui lui en est faite. (*Arrêté du* 10 *avril* 1829.)

2213. Un employé qui s'absente sans congé, ou qui ne rentre pas à son poste à l'expiration de sa permission, est, selon le cas, réputé démissionnaire ou privé de son traitement pour un temps double de celui pour lequel il s'est absenté. (*Idem.*)

2214. Les congés de moins de *dix jours*, accordés aux employés de brigades à la nomination des directeurs, ne donnent lieu à aucune retenue d'appointements. (*Circulaire du* 22 *décembre* 1829.)

2215. Ceux accordés aux mêmes employés pour se rendre dans les hôpitaux sont également exempts de retenue. (*Circulaire du* 30 *août* 1833.)

2216. Il est interdit aux directeurs de délivrer des congés provisoires d'urgence pour Paris. Les congés ne peuvent être accordés que sur la proposition du directeur, appuyée de pièces justificatives. (*Circulaire du* 4 *février* 1831.)

2217. C'est aussi par l'intermédiaire des directeurs que doivent parvenir à l'administration les demandes de prolongation de congés. (*Circulaire du* 30 *décembre* 1831.)

40

TITRE XXII.

SERVICE DANS LES BRIGADES.

———

Aucune règle fixe ne constitue le service des brigades. Il est organisé, suivant les lieux et en raison des forces mises à la disposition de chaque directeur, dans le but d'empêcher l'introduction, ou la sortie, des marchandises prohibées, et la fraude des droits établis.

Le service actif varie en raison des localités. Il est tout autre dans les ports et sur les côtes que sur les frontières de terre : là, il consiste presque uniquement en factions, en observations et patrouilles continues ; ici, il se compose de marches, de combinaisons particulières, de mouvements secrets et d'embuscades propres à déjouer les tentatives des contrebandiers. (*Circulaire du 30 janvier 1817.*)

L'administration signale à l'attention de ses employés les moyens déjoués par le service, et à l'aide desquels on cherchait à tromper leur vigilance ;

La répression de la fraude n'indique pas, seule, les efforts des préposés ; des maisons étant établies pour assurer les entreprises de la contrebande, on apprécie, en général, l'activité des brigades, en raison de l'élévation du taux de la prime d'assurance sur les points où ces maisons existent. (*Circulaires des 3 février 1815, et 30 janvier 1817.*)

Les divers services qu'exécutent les brigades sont ceux ci-après.

CHAPITRE Iᵉʳ. — SERVICE EN MER.

2218. A l'aide d'embarcations commandées par des capitaines ou par des patrons, les agents des douanes procèdent à la visite des navires ; ils empêchent, par une surveillance continuelle en mer, que de petits bâtiments chargés de marchandises prohibées ou tarifées n'approchent de nos côtes pour y effectuer des versements frauduleux ; ils arrêtent les bâtiments au-dessous de cent tonneaux, étant à l'ancre ou louvoyant dans les quatre lieues des côtes autrement que dans les cas de relâche forcée, et ils obligent les capitaines à représenter leurs manifestes de chargement. Les pataches et chaloupes des douanes forment, du côté de la mer, une première ligne de défense, pour empêcher la contrebande de pénétrer, par cette voie, dans l'intérieur du royaume. (Voir le titre IV, chapitre I et III.)

Les capitaines ou patrons des embarcations destinées à aller en surveillance au dehors ont à indiquer sur des registres *ad hoc* les visites faites en mer ou en rade ; ils font connaître les résultats de leurs recherches. Les chefs de poste qui ont un canot affecté à ces visites doivent remplir le même devoir. (*Instruction du 30 janvier 1817.*)

CHAPITRE II. — SERVICE DE LA COTE.

2219. Le travail des brigades, pour la garde des côtes, se divise en trois parties : *service de jour ou d'observation, service de nuit, et service des rebats et contre-rebats.*

Service de jour.

Les observateurs de jour examinent ce qui se passe en mer; leur surveillance a pour but de prévenir les embarquements et les débarquements clandestins; ils suivent la marche des bâtiments, afin de se rendre au besoin vers les lieux suspects où ces bâtiments pourraient aborder; s'ils reconnaissent que la mer a apporté quelques marchandises sur la plage, ils en informent immédiatement leur chef; celui-ci, de son côté, en donne aussitôt connaissance à ses supérieurs, à l'agent de la marine et à l'agent sanitaire. (Voir *Service sanitaire*, chapitre VII du présent titre.)

Lorsque des animaux marins sont jetés à la côte, on doit empêcher qu'ils ne soient dépécés, afin de conserver ceux qui peuvent intéresser la science. (*Circulaire du 26 janvier* 1829.)

Les objets naufragés, ou ceux que les flots déposent sur le rivage, restent sous la surveillance du poste jusqu'à ce que le chef de la police sanitaire ait statué. L'administration de la marine les fait ensuite emmagasiner, de concert avec la douane, afin d'assurer par là leur réexportation s'ils sont prohibés, ou le paiement des droits s'ils sont tarifés. (Voir titre V, chapitre X II.)

Le chef qui a pris le service pour vingt-quatre heures s'assure par plusieurs rondes que les préposés remplissent exactement leurs devoirs; il les dirige dans leur surveillance; il les éclaire sur la nature de leurs obligations, et il excite leur zèle par son exemple.

Service de nuit et rebats.

2220. Le service de nuit commence dès que se termine celui de jour; le chef qui est de garde réunit en un ou plusieurs pelotons, selon la force de la brigade, les hommes placés sous ses ordres, parcourt la penthière jusqu'à l'heure déterminée par l'ordre écrit, prend ensuite embuscade jusqu'au jour, sur le point indiqué par le même ordre, et rentre à son poste où il inscrit son rapport sur le registre de travail.

Le rebat (1) se fait par un ou plusieurs préposés, qui, le matin, partent du poste, parcourent toute l'étendue de leur penthière, en liant leur surveillance avec celle des brigades voisines, à droite et à gauche, pour s'assurer que la mer n'a apporté sur la plage aucune marchandise, et aussi pour examiner si des traces n'indiqueraient pas que des embarquements ou des débarquements frauduleux se sont opérés.

A la rentrée des rebatteurs, le chef de garde fait le *contre-rebat;* il parcourt, à son tour, le front de la penthière, et voit si le rapport des préposés de rebat est exact; il vérifie, s'il y a lieu, les pistes indiquées. (*Circulaire du 10 mars* 1819.)

Responsabilité des chefs de postes.

Le chef de service, qui a pris la garde pour vingt-quatre heures, répond de tous les

---

(1) C'est-à-dire le parcours du terrain appelé *la Penthière.*

événements qui surviennent dans cet intervalle de temps; il les rapporte exactement sur son registre de travail, et il informe ses chefs de ceux de ces événements qui présentent assez d'intérêt pour exiger un rapport spécial.

Le chef de service doit se tenir en garde contre les versements frauduleux et les embarquements défendus, contre les abords des bâtiments dans les lieux autres que ceux ouverts au commerce ou habituellement fréquentés par lui, contre les naufrages et contre le jet à la côte des marchandises recueillies par les flots.

Les individus qui abordent furtivement à la côte, sans y être contraints par une force majeure, doivent, quoique ne portant pas de marchandises, être arrêtés et conduits devant l'autorité de police la plus voisine, conformément aux règlements sanitaires. Des pêcheurs qui auraient favorisé leur débarquement devraient être signalés au commissaire de la marine. (*Circulaire du 26 août 1817.*)

Police en deçà des côtes.

Les préposés s'assurent que des tissus de fils de coton, des poissons salés et des denrées coloniales, ne sont pas transportés *pendant la nuit* dans la distance de deux lieues des côtes. Ils sont en droit de saisir la fraude en deçà des deux lieues de la mer et des rivières, quand ils l'ont vu pénétrer dans l'intérieur, et l'ont suivie sans interruption. (Voir titre IV, chapitre II.)

Ordres de service.

2221. Le service de chaque poste est ordonné pour vingt-quatre heures et exécuté par la moitié de la brigade. Il est inscrit sur le registre de travail, par le brigadier, avant son exécution.

L'ordre indique le genre de service à exécuter, sa durée et les points à garder; les préposés qui y ont pris part certifient ensuite ce qu'ils ont fait; le chef tient note exacte, de son côté, des résultats de sa surveillance, des découvertes qui ont été faites, des incidents qui se sont présentés, etc.

Les inspections faites par les chefs locaux sont rappelées dans les rapports avec indication de l'heure à laquelle elles ont eu lieu. Les événements qui ont quelque importance sont mentionnés sur un registre spécial. (*Circulaire du 30 janvier 1817.*)

CHAPITRE III. — SERVICE DES PORTS.

Embarquements, débarquements et visites.

2222. Les préposés placés dans les ports veillent à ce qu'il ne soit embarqué à bord des bâtiments qui s'y trouvent, ni débarqué de ces mêmes navires, aucune marchandise sans un permis délivré par le receveur. (*Loi du 22 août 1791, titre XIII, art. 2.*)

Ils se rendent à bord des navires en rivière et en rade, font exhiber aux capitaines leurs manifestes, font ouvrir les écoutilles, chambres, armoires, etc., pour y faire leur visite, et restent à bord jusqu'au déchargement. (Voir titre IV, chapitre III.)

Les préposés des ports concourent à la vérification des marchandises en reconnaissant *le nombre* de colis embarqués ou débarqués; ils sont, à cet effet, désignés par leurs chefs sur les permis, pour assister aux chargements et déchargements qu'ils suivent sans interruption jusqu'à leur complément. (*Arrêté du 4 complémentaire an 8.*)

Si le grand nombre d'arrivages exige que les chefs de poste et les sous-brigadiers suppléent les vérificateurs, ils sont, dans ce cas, exclusivement chargés de la vérification; c'est lorsque ces opérations présentent d'ailleurs peu d'importance, qu'elles leur sont confiées.

Les préposés sont occupés sous les ordres de leurs chefs, soit sur le port, soit à bord des bâtiments, soit dans les magasins ou dans les entrepôts, à tous les détails de surveillance auxquels peut donner lieu le mouvement des marchandises. (*Circulaire du* 30 *janvier* 1817.)

Mouvement du port.

2223. Pour constater d'une manière régulière l'entrée des bâtiments français ou étrangers dans le port confié à sa surveillance, et leur sortie, le chef de la brigade ouvre un registre où il présente la *nature* des chargements et, autant que possible, le *nombre* des colis qui se trouvent à bord. Il se rend compte, au moyen de ce registre, de l'exactitude des opérations auxquelles les préposés ont assisté. Il s'assure que le nombre de colis porté au manifeste a été soumis à la visite. (*Circulaire du* 30 *janvier* 1817.)

Ordres de service.

2224. Le service est ordonné par le chef du poste. Il est exécuté comme on l'a expliqué à l'article *Service de la côte*, chapitre II, de manière à assurer la garde du port dans toutes ses parties, et celle des bâtiments qui y sont entrés.

Le service actif concourt aussi à l'exécution des mesures sanitaires (voir plus loin chapitre VII.)

CHAPITRE IV. — SERVICE DES MARAIS SALANTS OU SALINES.

2225. Les marais salants, les salines et tous les établissements propres à la fabrication des sels sont placés sous la surveillance des agents des douanes. Ceux-ci sont chargés d'empêcher qu'aucune extraction n'ait lieu autrement qu'en vertu d'une permission légale. (*Décret du* 11 *juin* 1806.)

Les employés supérieurs déterminent, avec l'approbation du directeur, quel est, d'après les localités, le genre de surveillance qu'il est préférable d'opposer aux entreprises de la fraude.

Service de jour.

2226. Sur les marais salants, le service est d'observation, ou d'ambulance et d'embuscade. Il est d'observation, si le personnel du poste et le peu d'étendue du terrain permettent que l'on puisse garder d'une manière permanente les issues les plus dangereuses qui aboutissent de l'intérieur dans les marais; il est d'ambulance et d'embuscade, si le territoire sur lequel les sels sont disséminés est trop étendu pour pouvoir être constamment couvert sur tous les points.

Pour la garde des sels, comme pour celle des côtes, le service est ordonné pour vingt-quatre heures par le brigadier. Celui des deux chefs qui est de garde s'assure dans le jour, par plusieurs rondes, dont il fait mention dans son rapport, que les observateurs sont à leur poste, et qu'ils s'y occupent exclusivement de l'objet confié à leurs soins. (*Circulaires des* 14 *décembre* 1815 *et* 30 *janvier* 1817.)

Service de nuit.

2227. Un des deux chefs de la brigade est toujours placé à la tête du service de nuit ; il s'assure, si le service est d'observation, que les veilleurs gardent fidèlement le point qu'on leur a confié ; il stimule leur zèle. Si le service est d'ambulance, celui qui le commande dirige son peloton, ou ses pelotons, selon que le comportent la localité, les avis qu'il a pu recueillir, les craintes qu'il a conçues, etc. Il combine leur marche de manière à empêcher tout enlèvement de sel. (*Circulaire du* 30 *janvier* 1817.)

On suit ces règles dans les salins comme dans les marais salants, seulement, les sels des salines étant réunis dans un espace plus resserré, ils sont gardés par des factionnaires. Le nombre de ceux-ci se multiplie en raison de l'importance de l'établissement, de la disposition et de la quantité des masses de sel.

Vérification des pilots ou mulons.

2228. La visite et la reconnaissance de l'état des masses ou pilots sont nécessaires pour éclairer les chefs sur l'état de la saline. Elles ont lieu au moment où chaque brigadier ou sous-brigadier prend le service ; on constate ainsi, autant que possible tous les jours, la situation des sels ; on s'assure par là qu'aucune extraction frauduleuse n'est dissimulée, et s'il y a eu un enlèvement de cette espèce, que la quantité annoncée n'a pas été atténuée. (*Correspondance administrative.*)

Les sels naturels qui se forment au bord des étangs ou des plages, dans la Méditerranée, sont confiés à la garde des préposés des douanes, qui sont ensuite chargés de détruire ces sels (voir n° 1583).

Concours aux visites.

Les préposés du service actif assistent à la vérification des sels enlevés après déclaration ; ils constatent les quantités délivrées, et ils apposent leur certificat sur les permis d'enlèvement qui leur sont représentés (voir n° 1594).

Les opérations de visite auxquelles ils sont appelés à concourir ne peuvent se faire qu'après le lever et avant le coucher du soleil. (*Loi du* 4 *germinal an* 2, *titre VI, art.* 1er.)

CHAPITRE V. — SERVICE SUR LES FRONTIÈRES DE TERRE EN PREMIÈRE ET EN SECONDE LIGNE.

2229. Le service, sur la première comme sur la seconde ligne de terre, éprouve dans son exécution de nombreuses variations ; elles résultent des difficultés du terrain, de la nature des tentatives à repousser, de l'espèce de fraude propre à la localité, des moyens employés pour la faire, du nombre plus ou moins grand des passages fréquentés par les contrebandiers, etc.

Sur quelques points, en première ligne, il consiste en patrouilles continues et liées ; sur d'autres, lorsque surtout le terrain est découvert, on donne la préférence à un service d'embuscade, dirigé selon les avis que l'on a pu recueillir par soi-même ou des indicateurs, sur la nature des tentatives, et sur la marche des contrebandiers. (*Circulaire du 30 janvier 1817.*)

Les chefs locaux ont à examiner quel est le meilleur parti à tirer de leurs forces; retirer pour une nuit quelques hommes des brigades de première ligne, en former, sous les ordres d'un contrôleur, ou d'un lieutenant d'ordre, des détachements que l'on place momentanément, et d'une manière secrète, derrière la première ligne sur les points suspects, est un bon moyen de surveillance. (*Idem.*)

Rebats et pistes.

2230. Sur les frontières de terre comme à la côte, les brigades font à la pointe du jour des rebats et contre-rebats, afin de vérifier si, dans la nuit, une bande n'aurait traversé la penthière. Pour mieux s'assurer de l'exactitude de ces rebats, on fait parcourir le terrain d'une brigade par des préposés de la brigade voisine et réciproquement. (*Idem.*)

Dès que des traces du passage d'une bande ont été découvertes, la piste, s'il s'agit d'une introduction, doit être suivie jusqu'au poste intermédiaire ou de seconde ligne, même plus loin si, sur les derrières, il se trouve une brigade de ligne spéciale. Les recherches se font en sens inverse si la bande va à l'étranger. (*Idem.*)

Qu'il s'agisse d'exportation ou d'introduction, le terrain parcouru par la fraude doit être exactement reconnu, afin de pouvoir découvrir les entrepôts frauduleux qui peuvent être formés dans la ligne, et aussi pour vérifier pourquoi les points par où une bande s'est dirigée n'étaient pas convenablement gardés. (*Idem.*)

Service de seconde ligne.

2231. Le service de seconde ligne est principalement destiné à arrêter ce qui pourrait échapper aux brigades de l'extrême frontière, et à doubler la force de ces brigades. Il exerce par là sur elles une espèce de contrôle, comme aussi, à son tour, il est contrôlé par la première ligne, toutes les fois que par des rapports de pistes ou autres, on aperçoit que des fraudeurs qu'il aurait dû arrêter se sont ouvert un passage difficile et ont traversé la ligne. (*Idem.*)

2232. L'administration a expliqué dans quelles circonstances les préposés attaqués par des bandes à cheval pouvaient faire usage de leurs armes. (*Voir une lettre administrative du 1ᵉʳ juillet 1816.*)

Lorsque de telles affaires se présentent, il faut en rapporter avec beaucoup de soin toutes les circonstances dans les procès-verbaux; la sûreté personnelle des préposés exige impérieusement; ils ne peuvent commettre des voies de fait, qu'autant qu'ils agissent *étant en fonctions,* et dans *l'intérêt de leur propre défense.* (*Circulaire des 19 31 juin 1821 et 20 janvier 1823.*)

CHAPITRE VI. — SERVICE DES BRIGADES AMBULANTES.

2233. Les brigades ambulantes sont établies sur les lignes de terre, aux approches des marais salants et salins, et quelquefois près des ports. Leur objet est d'appuyer et de surveiller le travail des brigades en arrière desquelles elles sont placées; elles y parviennent·en déployant une activité soutenue et variée dans la partie de territoire qui leur est assignée. (*Instruction du 30 janvier* 1817.)

Leur travail est dirigé par les contrôleurs de brigades, ou par les sous-inspecteurs et inspecteurs, lorsque ceux-ci le jugent convenable. Ces brigades renforcent les points menacés, et se portent là où le besoin du service l'exige ; par la variété de leur marche, par leur activité continuelle, elles inquiètent et déconcertent les contrebandiers. (*Idem.*)

Quoique les brigades ambulantes exercent, par la nature de leur travail, une sorte de surveillance sur les postes sédentaires, elles n'ont à s'immiscer en rien dans ce qui concerne le travail de ces postes. (*Idem.*)

CHAPITRE VII. — SERVICE SANITAIRE.

La loi du 3 mars 1822 et l'ordonnance du 7 août suivant règlent ce qui concerne les mesures de police sanitaire ; ces deux documents déterminent en outre la nature du concours que les douanes sont appelées à exercer.

PROVENANCES PAR MER.

2234. Dans les provenances par mer, on distingue celles qui proviennent de pays *habituellement sains*, de celles venant de pays *qui ne sont pas sains*. Pour ces deux provenances, il y a obligation de faire connaître l'état sanitaire des personnes et des choses.

2235. Pour les provenances venant *d'un pays sain*, l'admission à la libre pratique suit immédiatement la vérification de l'état sanitaire, à moins cependant d'accidents survenus depuis le départ.

2236. Les provenances des pays non réputés *sains*, c'est-à-dire où règne une maladie pestilentielle, ou qui y sont sujets, ou qui sont en relations avec des lieux suspects, sont placés sous l'un des régimes de la patente *brute*, de la patente *suspecte*, de la patente *nette*.

2237. Ces provenances sont soumises à des quarantaines plus ou moins longues ; jusque-là elles restent en état de séquestration.

2238. Il y a exemption de reconnaissance de l'état sanitaire, à moins de circonstances extraordinaires :

1° *Sur les côtes de l'Océan*, pour les bateaux pêcheurs, les bâtiments de douanes, et les navires français faisant le petit cabotage ;

2° *Sur les côtes de la Méditerranée*, pour les bâtiments de douanes qui ne sortent pas de l'étendue de leur direction. (*Loi du 3 mars* 1822, *ordonnance du 7 août suivant*.)

Bâtiments des douanes et concours des préposés.

2239. Les bâtiments de douanes destinés aux visites que les préposés sont chargés de faire à bord des navires, dans les quatre lieues en mer et dans les ports, pour y rechercher la fraude, cessent de jouir de l'exemption s'ils communiquent en mer avec des bâtiments qui ne sont pas en état de libre pratique. Les capitaines ou patrons doivent, dans ce cas, s'abstenir de tout contact défendu, et faire à l'agent sanitaire, aussitôt leur retour dans le port, des déclarations entièrement exactes. (*Circulaire du 15 août* 1822)

2240. Les préposés des douanes ne peuvent être requis par les autorités locales que pour un service d'urgence et momentané. Les ordres devraient émaner du ministre des finances s'il s'agissait d'un service de durée. (*Circulaire du* 15 *août* 1822.)

2241. Les brigadiers des douanes peuvent, avec le consentement de leur directeur, être nommés *agents sanitaires*, et les préposés *gardes de santé.* (*Ordonnance du* 7 *août* 1822.)

2242. Les préposés ont à empêcher, dans l'intérêt sanitaire, les débarquements illicites, les abords et les arrivées de navires dans les lieux autres que ceux habituels, le débarquement furtif des individus, les versements de marchandises, l'abandon des navires sur mer, les naufrages, les marchandises venant en épaves, etc. (*Idem.*)

2243. Lorsque des marchandises naufragées, effets, hardes, sont débarqués ou déposés par les flots sur le rivage, ils doivent être surveillés comme suspects de contagion, jusqu'à ce que l'agent sanitaire, averti de l'événement par le chef du poste, ait interposé son autorité, et ait prescrit les mesures propres à prévenir tout accident.

Nota. Une ordonnance du 27 septembre 1821, donne une nomenclature des marchandises et effets réputés *susceptibles*, de ceux *douteux*, et de ceux *non susceptibles;* mais il n'appartient qu'à l'agent sanitaire de prendre à cet égard une décision.

Les drilles et chiffons venant des échelles du Levant, ou des côtes septentrionales de l'Afrique, sont prohibés à l'entrée dans tous les ports du royaume. (*Ordonnance du* 20 *juillet* 1835; *circulaire du* 20 *août* 1835.)

PROVENANCES PAR TERRE.

2244. Le roi détermine, par des ordonnances, les pays dont les provenances doivent être habituellement ou temporairement soumises au régime sanitaire, et les mesures extraordinaires que l'invasion ou la crainte d'une maladie pestilentielle rend nécessaires sur les frontières de terre ou dans l'intérieur. (*Loi du* 3 *mars* 1822.)

2245. Les provenances par terre ne sont soumises à faire reconnaître leur état sanitaire que lorsqu'elles viennent de pays qui ne sont pas sains, et avec lesquels les communications ont été restreintes, soit par décision royale, soit en cas d'urgence par les autorités sanitaires locales. (*Ordonnance du* 7 *août* 1822.)

L'entrée du royaume par les frontières de terre est interdite à tous les effets d'habillement vieux, ou même simplement supportés, constituant le commerce de friperie, ainsi qu'aux garnitures de lits et aux fournitures des hôpitaux, casernes, camps ou lazarets.

Sont exceptés de cette prohibition absolue les hardes, vêtements et effets appartenant aux voyageurs. (*Ordonnance du* 16 *août* 1831; *circulaire du* 12 *mars* 1832.)

CHAPITRE VIII. — CONTROLEURS DE BRIGADES OU CAPITAINES.

Le contrôleur de brigades ou capitaine est le premier chef du service actif après les employés supérieurs. Il a sous son autorité des lieutenants principaux ou d'ordre, et un certain nombre de brigades qui forment son contrôle. (*Circulaire du* 30 *janvier* 1817.)

Ses principales fonctions sont celles-ci :

41

Surveillance générale.

2246. Se porter fréquemment de jour et de nuit dans les postes et sur le terrain, pour s'assurer que le service ordonné par chaque brigadier est bien conçu et ponctuellement exécuté.

Rectifier ce qu'il y a de défectueux dans les ordres donnés par les brigadiers.

Si les circonstances l'exigent, ordonner le service, sauf à en rendre compte immédiatement à l'inspecteur.

Viser les registres de travail des brigades sur les lieux mêmes (*indiquer l'heure*).

Informer, sans retard, l'inspecteur des événements qui présentent quelque intérêt.

Commander, lorsqu'il y a lieu, le travail des brigades ambulantes.

S'assurer que, dans les ports dépendant du contrôle, on garde exactement les bâtiments qui s'y trouvent.

Surveiller, sur les frontières de terre, la circulation des marchandises, et empêcher les dépôts défendus. Présenter, jour par jour, ses opérations sur un registre de travail, et les résumer à la fin du mois dans un journal (*Circulaires des* 17 *novembre* 1795, 5 *juin* 1800, 3 *février* 1815 *et* 30 *janvier* 1817.)

Fraude et contrebande.

2247. S'attacher à connaître les objets sur lesquels s'exerce la contrebande et concourir à l'exécution des mesures prises pour déjouer les tentatives des contrebandiers.

S'éclairer sur l'importance des introductions présumées, et s'assurer, par l'élévation du taux de la prime d'assurance, que la fraude est activement combattue.

Recourir, lorsqu'il y a lieu, à l'emploi des indicateurs.

Surveiller la conduite des préposés qui seraient soupçonnés d'avoir des intelligences coupables; examiner quelles sont leurs facultés pécuniaires, et voir si leurs dépenses sont en rapport avec leurs ressources connues. (*Circulaires des* 10 *et* 29 *novembre* 1814, *et* 30 *janvier* 1817.)

Personnel des postes.

2248. Si le personnel de quelques postes n'est pas en rapport avec les besoins du service, l'indiquer dans les rapports.

Ne détourner aucun préposé de son travail ordinaire pour des objets étrangers au service.

Si des préposés à demi-solde ne sont pas présents au poste auquel ils sont attachés, réclamer ces agents.

Signaler à l'inspecteur et au directeur les hommes impropres au service. (*Circulaires des* 25 *mai et* 6 *août* 1817.)

Paiement des appointements.

2249. Former aux époques prescrites les rôles d'appointements; n'y faire figurer les préposés que pour le temps pendant lequel ils ont servi, et y désigner chacun des employés à demi-solde partageant le traitement d'une même place. (*Circulaire nº* 1473.)

Payer exactement, dans les premiers jours de chaque mois, le traitement des chefs et préposés; veiller à ce que ces derniers ne fassent pas de dettes. (*Circulaire du* 3 *février* 1815.)

N'exercer sur les appointements payés d'autres retenues que celles ordonnées par le directeur, et celles que nécessite le paiement des dépenses de l'ordinaire si les hommes vivent en commun.

Faire inscrire les paiements et retenues au registre n° 94 *bis.* (*Circulaire du 8 juin* 1827.)

Si des escortes de bâtiments ont eu lieu dans le contrôle, faire acquitter les frais alloués d'après les fixations déterminées ; veiller à ce que l'intégralité des sommes accordées soit comptée aux préposés qui ont réellement escorté, et en justifier par des états émargés (1).

Embarquements, débarquements.

2250. Désigner au sous-inspecteur sédentaire, et à son défaut au receveur, les préposés en état d'être cotés aux embarquements et débarquements ; ne comprendre sur les états remis que les hommes qui peuvent réellement concourir au travail. (Voir le titre XXII.)

Surveiller la régularité des opérations confiées à ces préposés, soit à l'importation, soit en matière de cabotage ; s'assurer que ces opérations sont exactement constatées. (Voir titre VI et XI.)

S'attacher à connaître si quelques employés ne recevraient pas des émoluments interdits. Faire cesser les abus de ce genre s'il en existe.

Concourir à la visite des bâtiments ; suivre notamment les exportations qui ont lieu avec *primes,* et les *réexportations,* pour s'assurer qu'il y a eu embarquement et sortie effective des marchandises.

Assister de temps en temps aux chargements et aux déchargements de sel, afin d'empêcher qu'il ne se commette des abus. (Voir le titre XVI et la circulaire du 23 octobre 1800.)

Masse d'équipement.

2251. Ouvrir à chaque préposé un compte pour y établir les retenues exercées sur ses appointements, et les livraisons qui lui ont été faites pour son habillement et son armement.

Enregistrer ces retenues et ces livraisons sans retard sur les livrets.

Présenter mensuellement la situation du compte de chaque homme du contrôle.

Avoir un relevé toujours au courant, des effets reçus, distribués ou restant en dépôt.

Tenir le registre des objets d'équipement et d'armement repris aux préposés démissionnaires et de ceux replacés ; apporter à l'estimation de ces objets tout le soin convenable.

Justifier, quant aux objets en dépôt, de leur existence réelle en magasin.

Si des plaintes ont été élevées sur la qualité des effets, sur la quotité des retenues, etc., le faire connaître à l'inspecteur de la division et au directeur.

Déposer les armes et les effets non distribués, dans un lieu propre à leur conser-

---

(1) Les frais d'escorte ont été accordés aux préposés chargés de convoyer des bâtiments, par une lettre administrative du 2 février 1810 et par des décisions spéciales.

vation. (*Réglement du 25 février 1815, et circulaires des 15 octobre 1827 et 30 mars 1829.*)

Casernement.

2252. Veiller à la tenue des casernes, à la bonne confection et à la conservation des objets dont elles sont pourvues, et faire exécuter ponctuellement les réglements qui concernent ces établissements.

Présenter mensuellement la situation du matériel, dans les états remis à la direction.

Si des hommes vivent en commun, régler les dépenses de l'ordinaire avec ordre et économie, et s'assurer que les fournisseurs sont payés exactement. (*Circulaire des 5 août 1814 et 26 novembre 1817.*)

Service de santé.

2253. Veiller à ce que les médecins chargés de visiter les postes se rendent dans chacun d'eux aux époques fixées, et à ce qu'ils se transportent ensuite auprès des préposés dont l'état peut exiger leur présence immédiate. (*Application de la circulaire du 15 juin 1821.*)

Surveiller l'emploi des médicaments et leur achat.

Vérifications des bureaux subordonnés.

2254. Suivre le travail des receveurs subordonnés, et recueillir dans leurs bureaux, sur les opérations du commerce, toutes les notions qui peuvent intéresser le service. (*Circulaires des 4 juin 1800, 3 février 1815 et 30 janvier 1817.*)

Dépenses.

2255. Ne proposer à l'approbation de l'inspecteur que les travaux ou fournitures dont la nécessité a été positivement reconnue.

Indiquer les moyens de concurrence propres à diminuer la dépense, et débattre soigneusement les prix portés aux devis ou mémoires, afin d'obtenir des fixations modérées.

Suivre ou faire suivre la confection des ouvrages; s'assurer qu'on remplit exactement les conditions du marché, et présenter à l'inspecteur les observations qui pourraient avoir été faites à ce sujet. (Voir le titre XXV.)

Matériel.

2256. Tenir un carnet indiquant les impressions reçues pour le service du contrôle et celles qui ont été distribuées. (*Circulaire du 23 septembre 1831.*)

CHAPITRE IX. — LIEUTENANT D'ORDRE OU PRINCIPAL.

2257. Le lieutenant d'ordre est chargé de surveiller, sous les ordres du contrôleur de brigades, la nuit surtout, le service des brigades de son arrondissement particulier. Il le dirige en concertant sa marche avec celle des brigadiers. Son devoir est aussi de partager souvent le travail de nuit des préposés. (*Circulaire du 30 janvier 1817.*)

Ses fonctions se résument comme suit :

Coopération au service.

2258. Faire mention, à son registre de travail, des circonstances dans lesquelles il a dû partager le service; y rappeler, ainsi que dans les rapports, les résultats obtenus, les incidents qui se sont présentés, etc.

Si des chefs sont intervenus, et s'ils ont pris part au service exécuté, le mentionner au rapport. (*Circulaires des 5 juin 1800 et 30 janvier 1817.*)

Surveillance générale.

2259. Se porter fréquemment de jour et de nuit dans les postes et sur le terrain, afin de s'assurer que le service est bien ordonné et ponctuellement exécuté; viser les registres de travail.

Porter à la connaissance des chefs les faits qui, ayant quelque intérêt, peuvent exiger des ordres particuliers.

S'éclairer sur les introductions frauduleuses des marchandises ; présenter, dans les rapports mensuels les observations auxquelles les renseignements recueillis ont pu donner lieu. Présenter, jour par jour, ses opérations sur un registre de travail. (*Circulaire du 5 juin 1800, 30 janvier 1817.*)

Débarquements, embarquements.

2260. Surveiller la régularité des embarquements et des débarquements, soit à l'importation ou à l'exportation, soit en matière de cabotage.

Concourir à la visite des navires et à toutes les mesures propres à empêcher les introductions ou expéditions de marchandises en contravention aux réglements. (Voir le titre IV, chapitre III, et le titre V, chapitre V.)

Escortes.

2261. Si des bateaux doivent être escortés pour remonter ou descendre les rivières, veiller à ce que les préposés soient réellement placés à bord,

Si des difficultés se présentent pour effectuer les escortes, les indiquer au contrôleur et à l'inspecteur de la division.

Armement et équipement.

2262. Donner communication à ses chefs des réclamations qui peuvent s'élever sur la qualité des objets fournis aux préposés.

Veiller à l'entretien des armes et à la bonne tenue des préposés. (Voir chapitre X du présent titre.)

Casernement.

2263. Surveiller ce qui a rapport à la police intérieure des casernes; suivre les dépenses de l'ordinaire, pour s'assurer qu'elles sont faites avec ordre et économie; veiller à ce que les fournisseurs soient exactement payés.

Personnel.

2263 *bis.* Ne pas détourner les préposés de leur service habituel pour des occupations étrangères à leurs fonctions, et surveiller la conduite des brigadiers, sous-brigadiers et préposés de la division. (*Circulaires des 5 juin 1800 et 30 janvier 1817.*)

CHAPITRE X. — BRIGADIERS ET SOUS-BRIGADIERS.

Les brigadiers n'ont pas seulement à ordonner le service de leur brigade, à concourir à son exécution, et à rapporter ses résultats; la surveillance à exercer sur l'ensemble des opérations, la police intérieure de leur poste, la conduite de leurs préposés, doivent aussi les occuper.

Leurs principales obligations peuvent être entendues ainsi :

2264. Donner à leurs chefs tous les renseignements qu'ils peuvent recueillir sur la fraude locale et sur les moyens de la déjouer ;

Veiller à ce que les hommes appartenant au poste y soient présents aux heures fixées par l'ordre; qu'aucun d'eux n'en soit détourné abusivement, ou ne s'absente sans permission ; s'assurer que chaque homme qui a été coté s'occupe de l'opération pour laquelle il a été désigné ;

Mentionner les événements de service qui ont quelque intérêt, au registre n° 97 *bis ;*

Apporter le discernement convenable dans les punitions infligées aux hommes inexacts dans leur service, et mentionner ces punitions au registre spécial n° 97 *bis* (1) ;

Réclamer pour les préposés les objets d'armement et d'équipement qui leur sont nécessaires ; si des observations sont faites sur la qualité des fournitures, les communiquer ;

Tenir avec soin les registres d'inscription des retenues et des paiements faits aux préposés (registre n° 94 *bis*). (*Circulaires des 5 juin* 1800, *8 juin* 1827 *et* 31 *mars* 1829.)

Si la brigade est casernée, surveiller l'entretien des meubles et ustensiles appartenant à la caserne; chercher à obtenir, à un prix modéré, les objets de consommation destinés aux hommes vivant en commun, et veiller à ce que les sommes dépensées soient acquittées exactement aux fournisseurs.

Préposés des brigades.

Le préposé, le matelot et le cavalier sont tous trois de simples agents d'exécution, et dès lors irréprochables quand ils ont fait ponctuellement, uniquement et fidèlement, le travail qui leur a été commandé par le brigadier ou le sous-brigadier dont ils dépendent. (*Circulaire du* 31 *janvier* 1817.)

CHAPITRE XI. — MARINE DES DOUANES.

COMPOSITION DES ÉQUIPAGES.

La composition des équipages des bâtiments des douanes est soumise aux règles suivantes :

2265. Les équipages des chaloupes, canots et autres embarcations attachées au service des douanes, naviguant à la rame ou à la voile *sans manœuvres hautes*, sont composés d'hommes non compris dans l'inscription maritime. (*Décret du* 2 *messidor an* 12.)

2266. On peut néanmoins prendre, pour patrons de ces embarcations, des marins âgés

---

(1) Voici, quant aux punitions, la règle généralement suivie : la première punition pour négligence, inexactitude, manque de subordination, inconduite, etc., des préposés, est l'*annotation.* Cette peine donne lieu à un rapport préalable aux chefs. Trois annotations suspendent l'avancement; la quatrième entraîne la révocation. Pour les brigadiers et les sous-brigadiers, une première annotation interdit l'avancement pendant un an ; la deuxième produit la dégradation ; les autres la révocation. (*Circulaire administrative du* 8 *octobre* 1802, *et instructions particulières.*)

de 50 ans et plus, qui sont, en raison de cet âge, exempts d'être levés pour le service. (*Décret du 2 messidor an 12.*)

2267. Les équipages des pataches, felouques et chebecks, naviguant *avec manœuvres hautes*, sont pris parmi les hommes soumis à l'inscription maritime, dans les proportions que la loi détermine. (*Idem.*)

2268. On entend par *manœuvres hautes* celles que l'on fait agir de dessus les hunes, et dont le gréement ne tombe pas jusqu'en bas. (*Circulaire du* 19 *janvier* 1825.)

2269. Chaque année un rôle d'équipage est délivré par l'administration de la marine, pour constater l'état des marins attachés aux embarcations des douanes. (*Circulaire du* 19 *août* 1802.)

CHAPITRE XII. — UNIFORME ET MASSE D'ÉQUIPEMENT.

UNIFORME.

2270. Les employés supérieurs, chefs et préposés des douanes, portent un uniforme. (*Arrêté du* 7 *frimaire an* 10; *ordonnance du* 30 *juin* 1835, *et circulaire du* 11 *août suivant.*)

Nota. L'ordonnance fixe l'uniforme de chaque grade. Il est déposé dans chaque direction des modèles destinés à servir de type pour la nuance des draps et la forme des vêtements. (*Circulaire du* 11 *août* 1835.)

MASSE D'ÉQUIPEMENT.

2271. Il est pourvu, dans chaque direction, à l'équipement des préposés de douanes, au moyen d'une masse formée des retenues mensuelles faites sur leur paie, et dont la quotité est déterminée à raison de la date de leur admission dans les brigades. (*Arrêté ministériel du* 25 *février* 1815, *art.* 3 *et* 4.)

2272. Le taux des retenues mensuelles est ainsi fixé :

Après le mois d'admission jusqu'à parfait équipement :

Pour les cavaliers . . . . 12 fr.
Pour les préposés à pied. 10
Pour les marins. 8

Après complet équipement :

La moitié des sommes ci-dessus jusqu'à ce que l'actif de masse ait atteint :

Pour les cavaliers . . . . 100 fr.
Pour les préposés à pied 80
Pour les marins. 60

Après que le maximum ci-dessus a été atteint :

Pour les cavaliers. . . . . 3 fr.   par mois.
Pour les préposés à pied . . . . 2 fr. 50 c.
Pour les marins. 2

(Même arrêté, art. 5, 6, 7 *et* 8.)

2272 *bis.* Les nouveaux sujets qui désirent être équipés de suite, peuvent verser à la masse les sommes qu'ils ont à leur disposition : mais il ne peut être effectué sur leurs traitement de plus fortes retenues que celles autorisées. (*Même arrêté, art.* 14, *et circulaire n°* 1043.)

2273. Les contrôleurs de brigades, capitaines, lieutenants principaux, lieutenants d'ordre et emballeurs, ne sont pas soumis à la retenue. (*Arrêté précité.*)

2273 *bis.* Le montant des retenues ainsi exercées est versé, chaque mois, par les contrôleurs de brigades à la caisse du receveur principal. (*Idem.*)

Conseil d'équipement.

2274. Il est formé un conseil d'équipement composé du directeur président, des inspecteurs et sous-inspecteurs divisionnaires, de l'inspecteur particulier et du contrôleur de brigades le plus ancien de chaque inspection, pour vérifier et arrêter le compte annuel des recettes et des dépenses, que rend l'employé comptable. (*Arrêté du 25 février 1815, et circulaire manuscrite du 8 novembre 1828.*)

2275. Les marchés à passer pour se procurer les objets nécessaires à l'équipement des préposés sont faits avec l'attache du conseil d'équipement; tout marché de *draps*, pour être exécutoire, doit recevoir l'approbation du chef de l'administration.

La quantité des objets à commander est fixée, après examen de la situation du magasin d'habillement et d'armement, par le conseil d'équipement; le procès-verbal de la séance en fait mention. (*Circulaires des 11 juillet 1825, 12 avril et 15 octobre 1827, et 30 mars 1829.*)

2276. Le conseil d'équipement règle le mode de fournitures et de confection le plus favorable aux intérêts de la masse. (*Idem.*)

Prix de vente des effets.

2277. Les effets d'armement et d'équipement ci-après indiqués sont les seuls qui puissent être fournis aux préposés, et les prix de vente portés comme maximum, ne peuvent jamais être dépassés, savoir :

Pantalons de petite tenue, en drap gris bleuté....................	20f00c	Porte-giberne pour cavalier.........	5f00c
Pantalons et guêtres de toile.......	7 00	Fourreau de baïonnette..............	1 00
Idem *Idem* de coutil blanc....	12 00	Tire-balle........................	40
Demi-guêtres noires................	5 00	Épinglette........................	25
Idem. en drap gris bleuté.......	4 00	Dragonne ou cordon de sabre, en laine verte...................	1 00
Capote militaire en drap gris bleuté....	36 00	Chabraque ordinaire..............	20 00
Grand collet de même drap..........	30 00	*Idem* de grande tenue.........	40 00
Manteau de même drap.............	60 00	Porte-manteau.................	12 00
Idem de drap vert pour cavalier.....	100 00	Livret..........................	30
Hulot pour les marins, en étoffe bleue. .	40 00		
Col noir en étoffe de laine plissée.......	1 00	Shakos pour { brigadier.......... sous-brigadier......	10 00
Gants pour cavalier................	5 00	{ préposé..........	
Sac de peau ou havre-sac garni de toutes ses courroies....................	9 00	*Idem* pour cavalier..............	14 00
		Coiffes de shakos.................	2 00
Sac dit *à chasse* ou *carnier*.............	13 00	Pompons........................	1 00
Fusil.............................	36 00	Chapeau de marin.................	6 00
Mousqueton ou carabine.............	30 00	Bonnet de police.................	6 00
Pistolets (la paire)...................	18 00	Casquette garnie de sa coiffe	6 00
Sabre pour préposé.................	8 00	Habit de drap vert (grande tenue) . . .	40 00
Idem pour cavalier...................	14 00	Habit vert, à revers et à retroussis, pour les cavaliers (grande tenue)...	40 00
Bretelles de fusil..................	1 00	Veste ronde en drap vert pour les marins.	32 00
Porte-mousqueton ou de carabine......	9 00	Galons pour chefs...............	4 00
Baudrier de sabre pour préposé........	4 50	Gilet rond, à manches, de petite tenue, en drap gris bleuté.	20 00
Idem pour cavalier...................	10 00		
Giberne pour préposé..............	4 00	Gilet rouge pour les marins........	9 00
Idem pour cavalier...............	7 00	Pantalon vert de grande tenue.	25 00
Couvre-giberne en toile..............	60	*Idem* pour cavaliers.............	30 00
Petite giberne avec ceinturon........	3 00	*Idem* pour matelots.	25 00
Porte-giberne pour préposé...	4 50		

(*Circulaires des 12 avril 1827 et 30 mars 1829.*)

Armes des préposés.

2278. Les fusils et les armes blanches destinés à l'armement des préposés sont tirés des manufactures du gouvernement. Les fusils dont on fait la demande doivent être ceux du *modèle régulier de* 1822. (*Circulaires des* 20 *juin* 1816, 11 *février* 1817 *et* 14 *décembre* 1832.)

2279. Les cartouches sont fournies par les directeurs d'artillerie, d'après les demandes que les chefs de service adressent à ces officiers. (*Correspondance administrative.*)

2280. La valeur des armes tirées des arsenaux militaires devant se balancer avec celle des armes saisies qui y sont versées, il est établi, entre l'administration des douanes et le département de la guerre, un compte de compensation qui est réglé chaque année. (*Instruction du* 22 *décembre* 1822.)

2281. Les fusils et briquets remis aux préposés ne peuvent être emportés, lorsque ces préposés quittent le service ; ils sont retenus par les contrôleurs de brigades. Ceux-ci en remboursent la valeur d'après une évaluation aussi exacte que possible. Ces armes sont ensuite livrées aux nouveaux admis avec plus-value de 5 p. 0/0, indépendamment du montant des frais de réparation et de remise à neuf. (*Circulaire du* 30 *mars* 1829.)

2282. Les hommes nouvellement admis dans les brigades reçoivent, dès leur arrivée, pour être en état de faire le service, une arme, un bonnet de police ou casquette, et une capote. (*Circulaire du* 30 *mars* 1829.)

Remboursements.

2282 *bis.* Les préposés démissionnaires ou révoqués, ont droit au remboursement de leur actif de masse, sauf les prélèvements établis. (*Arrêté du* 25 *février* 1815, *art.* 33.)

Bon de masse.

2283. L'excédant de l'actif sur le passif constaté par le compte annuel forme un *bon de masse ;* sa comptabilité n'est pas distincte de celle de la masse. Le *bon de masse* se compose des prélèvements faits sur l'actif de masse des préposés démissionnaires ou destitués, et de l'excédant en matières provenant des *bons de coupe,* des remises et plus-value. (*Règlement du* 25 *février* 1815.)

2284. Le *bon de masse* est destiné à couvrir les frais de gestion et les dépenses extraordinaires et imprévues faites dans l'intérêt des préposés. Les dépenses au dessous de 50 fr. sont ordonnancées par le directeur ; celles au dessus de cette somme sont autorisées par le chef de l'administration. (*Idem et circulaire du* 9 *novembre* 1832.)

Compte annuel.

2285. Le compte des recettes et des dépenses de la masse d'équipement est rendu, par l'employé comptable de la direction, à la cour des comptes. Il est vérifié et arrêté dans les trois premiers mois de l'année par les membres formant le conseil. (*Circulaire du* 2 *mars* 1832.)

2286. Les directeurs sont personnellement responsables des fonds de la masse d'équipement. Les fautes ou négligences commises par les employés comptables sont à leur charge. (*Circulaire du* 12 *avril* 1827, *n°* 1043.)

42

CHAPITRE XIII. — CONGÉS.

2287. Aucun employé des douanes ne peut interrompre l'exercice de ses fonctions sans une autorisation préalable (voir pour ce qui concerne les congés, le chapitre IX du précédent). (*Arrêté du ministre des finances du 10 avril 1829, et circulaire du 25 juillet 1832.*)

CHAPITRE XIV. — ORGANISATION MILITAIRE.

2288. Les agents du service actif des douanes sont appelés, en cas d'invasion du territoire, soit par terre, soit par mer, à concourir au service militaire. Il est établi un contrôle de guerre pour les brigades, tant sur les frontières de terre, que sur le littoral du continent et des îles. (*Ordonnance du 31 mai 1831; circulaire du 13 juin suivant, ordonnance du 11 mai 1832; circulaire du 30 mai suivant.*)

2289. Chaque direction forme une légion, dont le directeur est colonel. Chaque inspection forme un bataillon que commande l'inspecteur de la division : les sous-inspecteurs divisionnaires sont chefs de bataillon à la suite. Chaque contrôle, autant que le permet l'effectif, forme une compagnie. (*Même ordonnance.*)

2290. A dater de leur mise en activité, les bataillons et compagnies font partie intégrante de l'armée, jouissent des mêmes droits, honneurs et récompenses, que les corps de troupes qui la composent. (*Ordonnance du 11 mai 1832; circulaire du 30 mai suivant; ordonnance du 9 septembre 1832; circulaire du 4 octobre suivant.*)

2291. Les employés sédentaires, placés sur les frontières et sur les côtes, suivent le bataillon formé avec les brigades de l'inspection dont ils dépendent; ils participent, comme gardes nationaux, au service de la garnison affectée au bataillon qu'ils ont suivi, ils ont droit au logement et aux prestations attribuées aux corps de troupes. (*Idem.*)

2292. Les officiers, sous-officiers et caporaux des bataillons sont pris dans les brigades de douanes en observant l'assimilation suivante :

DOUANES.	ARMÉE.
Sous-brigadier.....................	Caporal.
Brigadier......................	Sous-officier.
Lieutenant d'ordre et Lieutenant principal. } .... {	Sous-lieutenant et Lieutenant.
Capitaine de brigade et Contrôleur }	Capitaine.
Sous-inspecteur et Inspecteur. }	Chef de bataillon.

(*Ordonnance du 31 mai 1831; circulaire du 13 juin suivant.*)

TITRE XXIII.

AGENTS DE SURVEILLANCE.

CHAPITRE I⁰ʳ. — SOUS-INSPECTEURS SÉDENTAIRES OU INSPECTEURS (1).

2293. Le sous-inspecteur sédentaire est indépendant du receveur principal, mais il n'est pas son supérieur. Il a le droit seulement de vérifier toutes ses écritures et ses registres de recettes, de viser ses bordereaux et pièces de dépenses. Il surveille tous les employés de la douane autres que les vérificateurs et aides-vérificateurs, dont il est le chef direct et immédiat. (*Circulaire du 30 janvier 1817.*)

Il a également la surveillance du service des brigades de sa résidence. (*Idem.*)

La délibération du 21 septembre 1800, une circulaire du 2 décembre 1802, et quelques instructions postérieures règlent les devoirs des sous-inspecteurs sédentaires. On peut résumer ainsi ces instructions :

VISITE DES BATIMENTS. (Titre IV, chapitre III.)

2294. Faire prendre aux préposés du service actif la surveillance des navires dès leur entrée dans le port ;

S'assurer que ces préposés opèrent immédiatement la visite sommaire des bâtiments ; qu'ils se font représenter le manifeste du capitaine, et qu'ils font à bord toutes les recherches nécessaires pour reconnaître s'il ne s'y trouve pas d'autres colis que ceux manifestés.

Assister quelquefois à ces visites, et en faire constater les résultats sur les registres de la brigade. (*Délibération du 21 septembre 1800, et circulaires des 2 décembre 1802 et 7 novembre 1822.*)

GARDE DU PORT ET DES NAVIRES. (Titre IV, chapitre III.)

2295. Faire garder convenablement toutes les parties du port.

S'assurer que les préposés ne laissent mettre à terre aucune marchandise sans la permission écrite de la douane.

Si des points où abordent les navires sont à découvert, aviser au moyen de les faire garder.

---

(1) Dans les douanes de premier ordre, telles que Marseille, Bordeaux, le Havre, Nantes, Rouen, etc., tout ce qui se rattache aux opérations du dehors, à la vérification des marchandises et aux détails intérieurs du bureau, est placé sous l'autorité d'un *inspecteur sédentaire* ayant sous ses ordres plusieurs sous-inspecteurs qu'il dirige. Le receveur principal, entièrement livré au travail de sa recette, à la comptabilité et à la suite des affaires contentieuses, ne prend aucune part aux autres opérations de la douane. L'inspecteur sédentaire, dans ce cas, réunit les attributions rappelées au titre XXI. (*Circulaire du 30 janvier 1817.*)

Prescrire, à l'égard des bâtiments étrangers chargés de marchandises, les mesures de surveillance nécessaires; placer, autant que cela est possible, des préposés à bord de ces navires pour empêcher les débarquements clandestins.

Surveiller en se portant sur les lieux, de jour et de nuit, le mouvement des hommes de faction.

Examiner si les préposés cotés sur les navires font bonne garde; et si les brigadiers on sous-brigadiers en les inspectant s'assurent que le service se fait exactement. (*Délibération du 21 septembre 1800; et circulaires des 23 octobre 1800 et 2 décembre 1802.*)

.MANIFESTES ET DÉCLARATIONS. (Titre V, chapitre I et IV.)

2296. Tenir la main à ce que, dans les vingt-quatre heures de l'arrivée des bâtiments, chaque capitaine dépose son manifeste à la douane.

Suivre l'apurement de cette pièce, et, s'il y a des différences entre le manifeste et les déclarations des consignataires, le faire constater.

S'assurer que les déclarations en détail sont fournies dans les trois jours de l'arrivée du bâtiment dans les douanes *maritimes,* et immédiatement si l'arrivée a lieu par *terre*.

Faire déposer en douane les marchandises prohibées portées au manifeste et qui sont accidentellement importées, ou celles non prohibées comprises au manifeste, pour lesquelles la déclaration en détail n'a pas été fournie.

Dans les douanes *de terre,* faire mettre en dépôt les objets qui ne sont pas immédiatement déclarés. (*Délibération du 21 septembre* 1800, *et circulaires des 23 octobre* 1800, *et 2 décembre* 1802.)

EMBARQUEMENTS, DÉBARQUEMENTS ET VISITE. (Titre V, chapitre V et VI, et titre XII, chapitre Ier.)

2297. Veiller à ce que les embarquements des marchandises et les débarquements s'effectuent dans l'enceinte des ports, à tour de rôle, et aux heures fixées par la loi.

Ne permettre les transbordements qu'autant qu'ils se font avec un permis de la douane et en présence des employés.

Se faire remettre la liste des préposés susceptibles d'être placés à bord des bâtiments et d'y constater le nombre des colis successivement embarqués ou débarqués.

Désigner les hommes à affecter aux différents navires, et faire en sorte qu'ils suivent l'opération jusqu'à ce qu'elle soit terminée.

Si des bâtiments doivent être escortés pour monter ou descendre des rivières, s'assurer que les préposés désignés pour les convoyer montent réellement à bord, qu'ils y demeurent le temps nécessaire, et qu'ils touchent l'indemnité qui leur est allouée.

Coter les vérificateurs chargés de procéder à la visite des marchandises.

Les choisir de manière à les faire concourir à un nombre à peu près égal d'opérations.

S'assurer qu'ils se rendent au lieu de la visite, aux heures fixées par la loi, et qu'ils inscrivent immédiatement et avec soin sur leur carnet les détails de leur opération.

Exercer une surveillance éclairée sur les vérifications; y concourir autant que possible.

Procéder, lorsqu'il y a lieu, à des contre-visites, après s'être concerté avec l'inspecteur ou le directeur pour les rendre opportunes et utiles. Mentionner ces opérations aux portatifs. (*Délibération du 21 septembre* 1800; *circulaires des* 23 octobre suivant *et* 2 *décembre* 1802.)

Si des marchandises prohibées ayant *transité* sont présentées au bureau, reconnaître l'intégrité du plombage; assister à la visite de ces marchandises ; concourir également à la vérification de celles de *primes* et de transit. (*Circulaires des* 31 *juillet* 1822, 12 *décembre* 1827, 16 *mai* 1818, *et* 3 *février* 1832.)

Donner aux opérations *de cabotage* et aux chargements et déchargements de *sels* l'attention qu'ils réclament. (*Circulaires des* 19 *et* 30 *août* 1816, *et* 20 *octobre* 1834.)

SURVEILLANCE DU BUREAU. (Titre II, chapitre V; titres V, X et XI.)

2298. Pourvoir le bureau, de poids, balances, objets de plombage et autres ustensiles nécessaires à la visite; s'assurer que les balances sont justes et que les poids et les mesures sont étalonnés.

Veiller à ce que les coins et bouterolles ne sortent jamais de la douane; ne pas permettre que les plombs soient apposés hors de son enceinte.

Tenir la main à ce que le bureau soit ouvert et fermé aux heures indiquées par la loi, et à ce que les employés et les emballeurs soient exacts à s'y trouver;

A ce que les registres de perception soient paraphés par le juge de paix, et les numéros de renvoi exactement indiqués sur chaque registre ;

A ce que les droits des marchandises vérifiées soient liquidés chaque jour, et qu'il y ait concordance, pour chaque journée, entre le registre de visite et le journal de recette;

A ce que les registres de comptabilité soient tenus avec soin ;

A ce que les acquits-à-caution et passavants soient délivrés dans les cas déterminés, et contiennent dans leur libellé toutes les indications de poids, d'espèce, de valeur, qu'ils doivent présenter. (*Délibération du* 21 *septembre* 1800, *et circulaires des* 23 *octobre suivant et* 2 *décembre* 1802.)

SERVICE DE LA BRIGADE.

2299. Donner à la brigade du port des directions qui assurent la régularité du service dont elle est chargée, et surveiller ce service à l'extérieur.

Suivre le travail personnel du brigadier et des sous-brigadiers, et examiner la tenue des écritures du poste. (*Mêmes délibération et circulaires, et lettre administrative du* 29 *mai* 1817.)

ENTREPÔTS. (Titre IX.)

2300. Examiner si les locaux servant d'entrepôt réunissent les sûretés voulues par la loi ; faire fermer soigneusement les magasins, et faire tenir les clefs en lieu sûr.

Surveiller l'admission des marchandises conduites en entrepôt; faire observer, quant à cette admission, les conditions déterminées par la loi.

S'assurer par le rapprochement des déclarations, permis, actes de visite, registres de recette ou d'acquits-à-caution, que les entrées et les sorties sont régulièrement justifiées.

Donner des soins particuliers à la mise en entrepôt réel des marchandises prohibées accidentellement importées, et au dépôt de celles provenant de saisies et autres.

Examiner si les délais d'entrepôt sont écoulés ; provoquer, dans ce cas, les mesures que prescrit la loi.

Faire procéder annuellement dans l'entrepôt *réel*, et chaque trimestre dans les entrepôts *fictifs*, au recensement des marchandises restant en magasin ; s'il existe des différences dans les quantités, en informer le directeur et l'administration. (*Délibération du 21 septembre 1800, et circulaires des 23 octobre suivant et 2 décembre 1802.*)

Faire classer avec ordre dans les entrepôts chaque nature de marchandises, de manière à rendre faciles les recensements partiels que l'on voudrait effectuer.

GRANDE PÊCHE. (Titre XIV, chapitre IX.)

2301. Concourir à faire constater, dans les formes prescrites par les réglements, la nationalité des bâtiments allant à la grande pêche.

Obtenir, au retour des navires, les justifications propres à établir que le poisson ne provient pas de pêche étrangère.

Faire déclarer et mettre en magasin le sel neuf rapporté de la pêche, et constater les fraudes qui peuvent être reconnues. (*Circulaires des 1ᵉʳ avril 1816 et 20 décembre 1833.*)

JAUGE DES BATIMENTS.

2302. Assister à la jauge des navires, s'assurer que les dimensions des bâtiments sont exactement prises, que les calculs sont bien établis, et certifier l'opération du vérificateur. (*Délibération du 21 septembre 1800.*)

SURVEILLANCE PARTICULIÈRE AUX DOUANES DE TERRE. (Titres IV, VI et XIV.)

2303. Veiller à ce que les comptes à ouvrir aux marchands qui habitent dans la demi-lieue frontière soient tenus conformément aux réglements ;

A ce que les passavants de circulation ne soient délivrés qu'après les preuves de justification produites ;

A ce que les règles particulières applicables *aux bestiaux, aux récoltes limitrophes, aux chevaux des voyageurs, au pacage des bestiaux*, etc., soient observées ponctuellement.

RAPPORTS MENSUELS.

2304. Consigner sur un portatif journalier les faits de service dont il doit être rendu compte, y mentionner les découvertes que la surveillance du service a amenées ; y spécifier ce qui a été reconnu de contraire aux ordres de l'administration et aux intérêts du trésor.

Résumer ces faits au commencement de chaque mois dans un journal à adresser au directeur ; appeler l'attention de l'administration sur les affaires de quelque importance auxquelles il n'aurait pas été donné suite.

S'éclairer sur l'espèce de fraude tentée le plus habituellement dans la localité ; rendre compte des moyens employés pour la réprimer.

Signaler les employés qui seraient jugés impropres aux fonctions qui leur sont confiées ; provoquer, quant au personnel du bureau, ou à celui de la brigade, les mesures commandées par l'intérêt du service. (*Circulaires des 2 décembre 1802, 3 février 1815 et 30 janvier 1817.*)

CHAPITRE II. — INSPECTEURS DIVISIONNAIRES OU PRINCIPAUX (1).

Comme agents supérieurs de surveillance, les inspecteurs s'assurent par de fréquentes tournées, chacun dans l'arrondissement qui lui est assigné, si les lois et réglements concernant la perception des droits et les prohibitions, sont observées, et, quant aux objets de régie intérieure, si les réglements administratifs sont exécutés. (*Circulaire du 30 janvier 1817.*)

En cas d'absence ou de maladie, l'inspecteur est remplacé par un employé intérimaire que désigne le directeur. (*Circulaire du 5 janvier 1835.*)

Les devoirs d'un inspecteur divisionnaire peuvent être résumés ainsi :

SURVEILLANCE DES POSTES ET BUREAUX.

2305. Se transporter au moins une fois par mois dans les postes et bureaux de sa division : voir, en se rendant sur le terrain (y aller quelquefois la nuit), si les points confiés à chaque brigade sont convenablement gardés, et si le service qui a été ordonné est exécuté ponctuellement.

Se rendre compte par les introductions qui ont eu lieu, et par le taux de l'assurance pour l'entrée des marchandises étrangères, du plus ou moins d'activité que la fraude acquiert sur les lignes.

S'assurer, dans les ports, que les préposés de faction veillent activement ;

Que ceux placés sur les bâtiments étrangers chargés de marchandises font bonne garde ;

Que tous les points accessibles du port sont gardés,

Que les embarquements et les débarquements sont régulièrement constatés ;

Que les réglements sur le cabotage sont observés ;

Que les transbordements faits en présence des employés ne favorisent aucun abus, et, si des bâtiments sont escortés, que les hommes d'escorte sont réellement placés à bord, et qu'ils touchent exactement, sur états émargés, l'indemnité qui leur est due.

Justifier de cette surveillance par des visa apposés sur le registre de travail de chaque poste (2).

Présenter dans des rapports spéciaux ou périodiques, suivant la nature et l'importance des faits, les observations qui sont le résultat des vérifications opérées, et provoquer dans l'intérêt des perceptions, ou de la répression de la fraude, les mesures que réclame l'état du service.

Surveiller, à des époques rapprochées, le travail des employés des bureaux ; examiner les expéditions délivrées, et s'assurer de leur exactitude.

Suivre, dans leurs divers détails, les opérations d'*entrepôt*, de *dépôt*, de *transit*, de *réexportations*, ainsi que les *exportations avec primes* ; s'assurer que les chefs y concou-

---

(1) Les inspecteurs divisionnaires dans les grands ports ont le titre *d'inspecteurs principaux*; leurs fonctions ne sont cependant pas différentes de celles des autres inspecteurs divisionnaires.

(2) Ces visa doivent être apposés à la suite des ordres établis, et non en marge du registre. (*Instructions données par l'administration.*)

rent comme ils le doivent. (*Circulaires des* 30 *mai* 1795, 4 *juillet* 1797, 23 *octobre* 1800, 24 *mars* 1802, 10 *et* 29 *novembre et* 20 *décembre* 1814, 2 *février* 1815 *et* 30 *janvier* 1817.)

CAISSE ET COMPTABILITÉ.

2306. Procéder au moins une fois par mois, et toujours à l'improviste, à la vérification de la caisse des receveurs principaux de l'arrondissement ; reconnaître l'existence de chaque espèce de valeurs ; constater cette opération, et rendre compte de ses résultats.

Vérifier les registres de comptabilité de chaque bureau ; s'assurer qu'ils sont bien tenus, et que les résultats présentés par les bordereaux sont exacts ; reconnaître la régularité des perceptions ; former, à la fin de chaque année, le bordereau de situation à joindre au compte de chaque receveur.

Examiner si, par les réfactions de droits qui ont été accordées pour cause d'avaries, on a observé toutes les formalités prescrites par les réglements. (*Circulaires des* 30 *mai* 1795, 27 *mars* 1802, 25 *mars* 1809, 24 *juin* 1824, 10 *novembre* 1829 *et* 17 *mars* 1830.)

DÉPENSES ET MATÉRIEL.

2307. Ne proposer pour achat ou réparation d'immeubles, meubles et embarcations, que les dépenses dont la nécessité a été bien reconnue.

S'assurer par la concurrence ou par tous autres moyens que les prix portés dans les devis soumis à l'approbation de l'administration sont en rapport avec ceux du commerce, qu'ils ont été débattus, et qu'ils sont aussi modérés que possible.

Surveiller, ou faire surveiller l'exécution des travaux autorisés et reconnaître la bonne confection des ouvrages et fournitures avant de solliciter l'ordre de paiement.

Veiller à l'entretien et à la conservation des meubles, ustensiles et objets de gréement des embarcations déposés dans les postes et bureaux.

Si des embarcations des douanes éprouvent des avaries par suite d'un abordage de navire, les faire constater dans les formes voulues pour obtenir des dommages et intérêts.

Vérifier l'existence en magasin, chez les contrôleurs de brigades, des objets d'armement, d'équipement et de casernement, que ces chefs ont en dépôt ;

Recenser chaque année le magasin d'impressions des recettes principales. (*Circulaires des* 5 *juin* 1800, 11 *août* 1812, 20 *octobre* 1823, 17 *janvier* 1825, 28 *septembre* 1829 *et* 26 *décembre* 1835.)

CRÉDITS.

2308. Examiner si les chefs de service conservent avec soin les circulaires pour les remettre, en cas de changement, à leurs successeurs. Former chaque trimestre pour les bureaux principaux, autres que ceux de premier ordre (voir n° 454), le tableau des négociants, ou autres, dont la signature peut être acceptée ; n'indiquer les sommes pour lesquelles ces individus peuvent être admis au crédit qu'après s'être éclairé sur leurs facultés pécuniaires.

Fournir au directeur tous les renseignements recueillis sur la solvabilité des principaux obligés et de leurs cautions, afin de prévenir les pertes que le trésor public pourrait éprouver.

Se rendre compte du nombre et de l'importance des effets de crédits non acquittés après protêt ; s'assurer qu'il en est tenu registre, et que toutes les mesures conservatrices ont été prises.

Justifier par la correspondance, par les notes et états conservés à l'inspection, des soins donnés à tout ce qui se rapporte aux crédits.

(*Arrêté du 9 décembre* 1822 ; *circulaires des* 16 *du même mois et* 17 *mars* 1830.)

COMPTABLES EN FUITE, RÉVOQUÉS, ETC.

2309. Prendre immédiatement, en cas de disparition d'un comptable, les mesures propres à garantir les droits du trésor, telles qu'appositions de scellés sur tous ses papiers et effets, rédaction de procès-verbal présentant sa situation, diligences pour s'assurer de sa personne et de ses biens, etc.

Veiller à ce que le privilége de l'administration soit exercé en temps utile.

Donner au directeur, par un rapport spécial, tous les renseignemens que comporte la nature de chaque affaire.

Lorsqu'il s'agit de désigner un intérimaire pour remplacer un receveur décédé ou absent, faire porter le choix sur un sujet méritant toute confiance, et exercer, d'ailleurs, sur la gestion de cet employé une surveillance particulière.

(*Circulaires des* 22 *février* 1821, 30 *mars* 1822 *et* 8 *janvier* 1826.)

MASSE D'HABILLEMENT.

2310. S'assurer, dans les tournées, que les objets d'armement et d'équipement fournis aux chefs et préposés de brigades sont conformes aux types ou échantillons déposés à la direction.

Recueillir, sur la qualité des fournitures, les observations qui seraient faites par ces préposés ; les communiquer au directeur ; provoquer les mesures propres à faire cesser les plaintes qui auraient été élevées avec fondement.

Veiller à ce que les livrets des préposés présentent exactement les retenues mensuelles qui ont été exercées, les objets successivement fournis, et la valeur de ces objets.

Examiner les comptes tenus par le contrôleur de brigades en ce qui a rapport à cette partie du service ; reconnaître leur régularité, et leur conformité avec le matériel en dépôt. (*Réglement du* 25 *février* 1815, *et circulaires des* 12 *avril et* 15 *octobre* 1827, 30 *mars et* 30 *novembre* 1829, *et* 9 *novembre* 1832.)

CASERNEMENT.

2311. Surveiller l'exécution des dispositions arrêtées par le directeur, relativement aux brigades casernées ;

Indiquer, dans les rapports périodiques, les améliorations que réclame l'intérêt des préposés ;

Voir, dans les postes où les hommes vivent en commun, si les dépenses de l'ordinaire sont régulièrement faites, et si les fournisseurs sont exactement payés ;

S'assurer que les contrôleurs de brigades justifient légalement de la réception et de la distribution des objets mobiliers qui leur sont envoyés pour les casernes ; voir si ceux désignés comme étant en magasin s'y trouvent effectivement.

(*Circulaires des* 5 *août* 1814, 26 *novembre* 1817 *et* 12 *décembre* 1832.)

43

SERVICE DE SANTÉ.

2312. S'informer si le médecin chargé de la visite des postes et de donner ses soins aux préposés fait, aux jours indiqués, les tournées qui lui sont imposées, et si ensuite il se rend exactement là où il est appelé.

Veiller à ce que les médicaments fournis soient de bonne qualité; si la rétribution mensuelle allouée n'est pas convenablement fixée, adresser au directeur des observations, afin de la proportionner aux facultés des préposés.

PERSONNEL DES POSTES.

2313. Veiller à ce que la marche du service soit active et régulière; examiner, dans ce but, si les préposés ne sont pas détournés de leurs fonctions pour des objets étrangers au service.

Éviter de donner suite à toute proposition de détachements de préposés, qui amènerait sans nécessité l'affaiblissement momentané des postes.

S'abstenir de multiplier les simples mutations entre préposés; prévenir ainsi les vides que des changements trop nombreux occasionnent dans les postes.

Signaler au directeur les préposés qui n'ont pas la taille requise et les forces nécessaires pour le service; lui désigner ceux hors d'état, par suite d'infirmités, de remplir des fonctions actives.

Si la composition des brigades n'est pas en rapport avec les besoins du service, le faire connaître; provoquer les suppressions ou augmentations reconnues nécessaires.

Suivre le travail extérieur des contrôleurs de brigades et celui des lieutenants d'ordre, et s'assurer que ces agents déploient suffisamment d'activité.

Ne viser les rôles d'appointements qu'après s'être assuré de la présence des préposés, à solde entière ou à demi-solde, dans les postes auxquels ils sont attachés. Veiller à ce que les appointements soient exactement payés; à ce qu'aucune retenue autres que celles autorisées, ne soit faite, et à ce que les préposés ne contractent pas de dettes.

Signaler chaque année, par des feuilles individuelles, la moralité, la conduite, le zèle et la capacité des employés à la nomination du ministre ou à celle du chef de l'administration.

Tenir avec ordre les feuilles de signalement des employés des brigades et des bureaux, et adresser exactement ces feuilles à l'inspecteur de la division dans laquelle passent les employés qui changent d'inspection.

(*Circulaires des 27 mars 1802, 3 février 1815, 23 avril 1816, 30 janvier 1817, 9 décembre 1831, et 25 juillet 1831.*)

SURVEILLANCE DANS LES DOUANES DE TERRE. (Titres IV et XIV.)

2314. Veiller, dans les douanes de *terre*, à ce que les comptes à ouvrir aux marchands qui habitent dans la demi-lieue frontière, soient exactement tenus; à ce que les passavants de circulation ne soient délivrés qu'après les justifications d'origine produites; à ce que les dépôts défendus soient activement recherchés; et à ce que les règles particulières, applicables aux *bestiaux*, aux *récoltes limitrophes*, aux *chevaux des voyageurs*, au *pacage*, etc., soient observées exactement.

CHAPITRE III. — SOUS-INSPECTEURS DIVISIONNAIRES.

2315. Le sous-inspecteur divisionnaire exerce dans son arrondissement particulier la surveillance attribuée à l'inspecteur dans toute l'inspection. Il vérifie comme lui le service des bureaux et celui des brigades. La règle en cette matière est que le sous-inspecteur suppléant l'inspecteur duquel il relève, doit en tout l'aider et le seconder en partageant son travail. (*Circulaire du 17 mars 1830.*)

Les instructions concernant le service sont adressées par les directeurs sans intermédiaire aux sous-inspecteurs. Par le même motif la correspondance courante et habituelle du sous-inspecteur est envoyée, sans passer par l'inspection, au directeur, sauf, toutefois, les exceptions que les inspecteurs jugent à propos de déterminer, ou qui sont prescrites par les instructions générales. (*Circulaire du 17 mars 1830.*)

Les devoirs des sous-inspecteurs diffèrent peu de ceux des inspecteurs; on en jugera par ce qui suit :

Surveillance des postes et bureaux (Comme l'inspecteur.)

Caisse et comptabilité. (Comme l'inspecteur, sauf la formation, à la fin de l'année, du bordereau de situation.)

Dépenses et matériel. (Comme l'inspecteur.)

Crédits. (Concerne l'inspecteur seul; il est du devoir du sous-inspecteur, néanmoins, de transmettre à l'inspecteur tous les renseignements qui parviennent à sa connaissance, sur la solvabilité des principaux engagés et de leurs cautions.)

Comptables en fuite, décédés, etc. (Comme l'inspecteur.)

Masse d'habillement. (Idem.)

Casernement. (Idem.)

Service de santé. (Idem.)

Personnel des postes. (Idem.)

Service dans les douanes de terre. (Idem.)

TITRE XXIV.

DIRECTEURS.

———

Le directeur régit tout le service de sa direction ; il en répond en ce sens qu'il doit être informé très-exactement de tous les ordres de service donnés par les différents chefs, et de leur exécution.

Les principales obligations d'un directeur peuvent être ainsi entendues :

CHAPITRE Iᵉʳ. — ORGANISATION.

2316. S'assurer par sa propre inspection, comme par les renseignements qu'il obtient de ses subordonnés, que le nombre et la force des brigades répondent aux besoins de chaque localité ; qu'il n'y a surabondance ou insuffisance sur aucun point.

Veiller à ce que le nombre et la force des embarcations destinées à la visite des bâtiments soient proportionnés aux exigences du service.

Si le personnel des bureaux n'est pas en rapport avec l'importance actuelle des opérations, proposer les réductions ou additions jugées indispensables.

Indiquer, quant aux arrondissements d'inspection ou de sous-inspection, les changements de circonscription ou modifications, dont l'expérience aurait démontré l'utilité.

Faire exécuter, quant aux inspecteurs et sous-inspecteurs, la règle qui veut qu'ils soient montés, et s'ils ont un cavalier d'ordre pour les accompagner en tournée, que ce cavalier ait également un cheval.

N'admettre dans les brigades, à solde entière comme à demi-solde, que des homme réunissant, quant à leur moralité, à leur âge, à leur taille, etc., les conditions voulues par les réglements.

Faire souscrire aux préposés nouvellement admis, l'engagement, en cas de révocation, de quitter la frontière.

Faire constater avec exactitude les mouvements qui ont lieu dans les postes par suite de décès, démissions et révocations.

Veiller à ce que les propositions de changements, par simples mutations, soient faites avec mesure ; éviter ainsi que des déplacements fréquents de préposés ne dégarnissent momentanément les postes.

(*Circulaires des* 5 *mai* 1799, 5 *juin* 1800, 25 *mars* 1802, 30 *janvier et* 22 *mai* 1817 ; 14 *octobre* 1822, 13 *janvier* 1826, 17 *mars* 1830.)

CHAPITRE II. — PRODUITS.

2317. Examiner, en comparant les recettes effectuées sur chaque branche d'impôt pendant l'année courante, avec celles faites durant les années précédentes, quels sont les produits qui offrent des diminutions sensibles ; rechercher les causes qui ont amené l'affaiblissement, et les faire connaître.

Provoquer, dans le cas où la diminution semblerait devoir être attribuée à des changements de postes ou de bureaux mal entendus, ou à un défaut de surveillance, les mesures jugées nécessaires.

Signaler à l'administration les faits commerciaux de nature à influer sur les perceptions; indiquer les modifications que la législation peut réclamer dans l'intérêt du trésor combiné avec celui du commerce et celui de l'industrie.

(*Circulaires des* 29 *octobre* 1798, 30 *janvier* 1817, *et* 13 *janvier* 1826.)

CHAPITRE III.—FRAUDE ET CONTREBANDE.

2318. S'attacher à connaître les marchandises sur lesquelles la contrebande semble s'exercer le plus particulièrement dans la direction; observer la nature et l'importance des tentatives faites; si des points sont faiblement gardés les signaler.

Se rendre compte par les introductions présumées, par le nombre et l'importance des saisies effectuées, de l'efficacité ou de la non efficacité des mesures de répression employées. Examiner, surtout, si l'avidité des saisies ne ferait pas mettre en usage les moyens répréhensibles que l'administration a signalés.

Recourir, au besoin, au secours des indicateurs, pour connaître les mouvements des contrebandiers; n'accorder à ces agents le tiers qui leur revient, qu'autant qu'ils se sont fait connaître *immédiatement après la saisie.*

S'enquérir du taux de la prime d'assurance, afin de pouvoir juger de l'activité de la contrebande et des moyens de répression qui lui sont opposés.

Rechercher, si des fraudes sont tentées par la voie des bureaux, à *l'importation*, en matière de *primes*, de *transit, etc.*, quelles sont les circonstances qui produisent ces fraudes, et les signaler à l'administration.

(*Circulaires des* 4 *juillet* 1797, 5 *juin* 1800, 23 *février* 1815, 30 *janvier* 1817 *et* 13 *janvier* 1826.)

CHAPITRE IV. — EXÉCUTION DU SERVICE.

2319. Veiller à ce que par leur correspondance ou par leurs rapports périodiques les inspecteurs, les sous-inspecteurs et les contrôleurs de brigades, rendent exactement compte des faits survenus dans leur arrondissement, et des résultats de leur surveillance personnelle.

S'assurer qu'aucune des branches du service n'échappe à l'attention de ces chefs; juger par les points de leur division qu'ils ont parcourus, et les bureaux qu'ils ont visités, s'ils ont déployé l'activité convenable; voir, s'ils ont donné aux opérations intérieures des bureaux, notamment à celles de *transit*, de *primes* et de *réexportation*, l'attention nécessaire.

Suivre avec eux les affaires qui ont de l'intérêt, et discuter leurs propositions.

Soutenir, par des instructions adressées à temps et dans les circonstances qui l'exigent, la marche active et régulière du service; donner aux chefs de tous les degrés les directions dont ils ont besoin.

Dans les ports, se faire remettre journellement la feuille de service; s'assurer que tous les préposés et leurs chefs sont utilement employés à la garde du port et aux chargements et déchargements des navires.

Résumer dans le rapport mensuel adressé à l'administration, et dans la forme qu'elle a indiquée, les faits de service qui méritent de fixer son attention; donner aux observations auxquelles chaque rapport a pu donner lieu de sa part, la suite convenable.

Suivre, sans leur faire éprouver de retards, les affaires spécialement recommandées par l'administration.

(*Circulaires des* 30 *mai* 1795, 5 *juin* 1800, 25 *mars* 1802, 30 *janvier* 1817, 13 *janvier* 1826 *et* 29 *mai* 1831.)

CHAPITRE V.— MATÉRIEL DE LA DIRECTION.

2320. Prendre les mesures propres à empêcher la dégradation ou la détérioration des immeubles dont jouit l'administration, soit qu'ils lui appartiennent, soit qu'elle les possède précairement.

Veiller, dans cette vue, à ce que les ouvrages d'entretien soient faits en temps opportun; prévenir ainsi les frais de reconstruction que des lenteurs à signaler les réparations pourraient entraîner.

Surveiller la rédaction des baux en ce qui concerne notamment les contributions des portes et fenêtres, lesquelles doivent être acquittées par les employés logés gratuitement dans les bâtiments.

Tenir dans un magasin non exposé à l'humidité les registres et impressions de toute nature envoyés par l'administration; justifier leur réception, distribution et emploi, par le compte à ouvrir à chaque espèce d'imprimés. (Registre série E, n° 4.)

Présenter sur deux registres, sur l'un les immeubles et sur l'autre, les embarcations et les meubles existant dans la direction, et payés des deniers de l'administration; y indiquer les dépenses qui ont été successivement faites pour entretien et réparations, etc.

Conserver les minutes des feuilles ayant rapport à chaque immeuble, et fournir chaque année, au 1er avril, l'état de situation de ces propriétés immobilières.

Obtenir des chefs de service, pour les dépenses de loyer, chauffage et éclairage des corps de garde, les justifications légales d'emploi des sommes allouées pour ces frais.

Faire placer dans un magasin convenable les poids, balances, ustensiles de vérification et autres objets de visite restant en dépôt à la direction.

Surveiller la vérification des poids et mesures employés aux visites; pourvoir à cet effet chaque bureau des poids d'étalonnage qui lui sont nécessaires.

Faire la remise au directeur des domaines, aux époques prescrites, des papiers et registres hors de service susceptibles d'être vendus au profit de l'État. (*Circulaires des* 5 *juin* 1800, 29 *février* 1816, 10 *janvier* 1817, 7 *novembre* 1821, 20 *octobre* 1823, 17 *janvier et* 28 *octobre* 1823, 2 *août* 1827, 14 *février* 1833, 4 *avril* 1834 *et* 22 *octobre* 1835.)

CHAPITRE VI.— MASSE D'HABILLEMENT.

2321. Observer la règle qui veut que les commandes et marchés pour l'achat des objets d'armement et d'équipement des préposés ne soient faits ou passés qu'après discussion et qu'avec le concours des employés supérieurs composant le conseil d'équipement.

Résumer au registre des procès-verbaux toutes les observations faites en conseil dans l'intérêt des préposés de la direction, et donner à ces observations la suite convenable.

Présenter sur un registre spécial les recettes et les dépenses successivement faites pour le compte de la masse; n'autoriser que les dépenses indispensables.

Faire tenir un compte, par feuilles, pour chaque employé, des retenues qu'il a successivement supportées et des fournitures qu'il a reçues; faire rapprocher ces comptes individuels des états mensuels que remettent les contrôleurs.

Conserver état de tous les objets achetés, confectionnés, et fournis aux contrôleurs de brigades; y mentionner ceux que ces chefs ont distribués aux préposés et ceux qui leur restent; faire vérifier par les inspecteurs si les articles indiqués comme restant en magasin chez les contrôleurs de brigades s'y trouvent réellement (1).

S'assurer, par des renseignements recueillis avec soin, que les fournitures d'équipement faites dans les brigades ne donnent lieu à aucune réclamation fondée, et que les articles repris aux préposés qui se retirent du service sont payés leur valeur.

Faire tenir un registre des armes et effets repris aux préposés démissionnaires, et des distributions qui ont été ultérieurement faites de ces objets aux nouveaux admis.

Faire préparer dans les 3 premiers mois de l'année, pour être vérifié et soumis ensuite à la cour des comptes, dans le délai voulu, le compte annuel des recettes et dépenses de la masse d'équipement, appuyé de toutes les pièces dont la production est ordonnée.

N'autoriser de prélèvement sur le bon de masse que dans les cas déterminés, et pour des dépenses concernant les préposés.

(*Règlement du* 25 *février* 1815, *et circulaires des* 12 *avril,* 15 *octobre* 1827, 30 *mars et* 30 *novembre* 1829, 2 *mars et* 9 *novembre* 1832.)

CHAPITRE VII. — CASERNEMENT.

2322. Régler, de concert avec les employés supérieurs, et dans une proportion convenable, le taux des retenues que doivent supporter les préposés casernés, pour leur logement; veiller à ce qu'il n'en soit pas exercé d'autres, et s'assurer du versement de leur montant intégral à la recette principale.

Faire tenir: 1° un registre des fournitures de casernement reçues à la direction, et de celles envoyées aux contrôleurs de brigades; 2° un registre des recettes et dépenses; 3 un dossier pour chaque caserne.

Surveiller l'achat des meubles, et leur distribution dans les postes.

N'admettre pour meubler les casernes que des objets de bonne qualité dont les prix aient été discutés et légalement réglés par les inspecteurs.

---

(1) Il est tenu pour cette comptabilité un registre présentant *en recette* tous les objets indiqués par les factures ou fournis par la direction, et *en dépense*, les envois faits aux contrôleurs.

Un autre registre indique les demandes faites par les contrôleurs de brigades, et l'époque à laquelle il a été satisfait à ces demandes par les fournisseurs.

S'assurer, en le faisant vérifier par les inspecteurs, que les objets non distribués existent réellement chez les contrôleurs de brigades.

Faire surveiller lès recettes et les dépenses effectuées *pour l'ordinaire* dans les casernes où les préposés vivent en commun ; veiller à ce que le montant des objets livrés pour la nourriture des préposés soit exactement acquitté aux fournisseurs.

Prévenir, par des mesures de police, la dégradation du mobilier des casernes.

(*Circulaires des* 5 *août* 1814, 26 *novembre* 1817, *et* 12 *décembre* 1832.)

CHAPITRE VIII. — SERVICE DE SANTÉ.

2323. Régler, avec les divers médecins choisis pour donner leurs soins aux préposés, la rétribution qui doit leur être allouée; déterminer les époques auxquelles chaque médecin doit se rendre dans les postes ; veiller à ce que les médicaments fournis soient de bonne qualité, et faire établir avec exactitude les comptes dse retenues.

(*Circulaires des* 5 *août* 1814, 26 *novembre* 1817, *et* 12 *décembre* 1832.)

CHAPITRE IX. — SAISIES.

2324. Faire présenter, sur le registre tenu à cet effet (modèle n° 70), la situation de chacune des affaires contentieuses suivies dans la direction.

Veiller à ce que les receveurs principaux donnent aux procès-verbaux qui leur ont été remis les suites que ces actes comportent; les diriger, lorsque le cas l'exigent, dans l'intérêt de l'administration et des saisissants; leur signaler les vices dont les actes rédigés peuvent être entachés.

Provoquer la conclusion des affaires dont la solution serait retardée; aviser aux moyens d'aplanir les difficultés qui pourraient exister à l'égard de ces instances.

N'admettre de transactions avec les prévenus, qu'autant que les sommes offertes pour tenir lieu des amendes encourues sont en rapport avec la nature et l'importance des délits et contraventions, et que l'avis de l'inspecteur et celui du sous-inspecteur, ainsi que les renseignemens qu'ont à fournir les chefs de service, ont été préalablement obtenus.

Ne pas différer la mise en répartition du produit de chaque saisie ; empêcher que les sommes revenant aux employés ne supportent des prélèvements illégaux. (*Circulaires des* 5 *juin* 1800, 23 *février* 1815, 30 *janvier* 1817, 3 *mars* 1818, *et* 5 *mai* 1834.)

CHAPITRE X. — PROPOSITION ET ORDONNANCEMENT DES DÉPENSES.

2325. Ne proposer des dépenses pour achats, réparations, entretien, etc., qu'après que leur nécessité a été entièrement reconnue; que la concurrence a été établie pour obtenir des prix favorables, et que ces prix ont été discutés par les chefs de service.

Ne demander à l'administration l'autorisation de faire payer les sommes portées aux devis, qu'après avoir obtenu des chefs locaux l'assurance que les conditions établies aux marchés ont été remplies, et que les ouvrages ont été bien conditionnés.

Faire tenir avec soin le registre des ordonnances de délégation reçues, celui des mandats délivrés, et celui des comptes par nature de dépenses.

Faire ouvrir le livre d'enregistrement des droits constatés au profit des créanciers de et produire quant aux dépenses concernant les exercices clos, les renseignements nécessaires à l'apurement de la comptabilité de chaque exercice.

N'autoriser l'acquittement d'aucune dépense, avant qu'elle n'ait été ordonnancée, excepté celles de 50 francs et au-dessous, les traitements de non-activité pour lesquels les états ont été préalablement arrêtés, et les frais de saisie.

S'assurer, avant de faire former la liquidation des primes à allouer pour les marchandises exportées, que toutes les formalités prescrites pour constater l'expédition et la sortie effective de ces marchandises ont été remplies; qu'aucun des faits n'est contredit ; que les signatures sont véritables; qu'aux projets de liquidation adressés jour par jour sont joints, 1° le certificat d'origine; 2° le passavant du premier bureau; 3° le certificat de contre-vérification opérée à l'extrême frontière; 4° le visa des préposés commis à l'embarquement ou au passage définitif à l'étranger; 5° les échantillons lorsqu'il y a lieu. (*Circulaires des* 20 *octobre* 1823, 17 *janvier* 1825, 10 *décembre* 1827, 14 *mai* 1832 *et* 25 *octobre* 1834.)

CHAPITRE XI. — DÉBETS DE COMPTABLES ET TRAITES EN SOUFFRANCE.

2326. S'il existe des débets de comptables, ou si des effets protestés sont à recevoir, veiller à ce que les inspecteurs et les receveurs fassent toutes les diligences propres à amener la rentrée des sommes dues.

Recommander aux inspecteurs de s'assurer, dans leurs vérifications, que les effets présentés comme non payés existent réellement en portefeuille chez les comptables. (*Circulaires des* 22 *février* 1821, 30 *mars* 1822, *et* 8 *janvier* 1826.)

CHAPITRE XII. — TOURNÉE ANNUELLE.

2327. Faire, au moins une fois par an, une tournée générale dans les postes et bureaux de la direction, et examiner, dans cette tournée, la situation du service dans toutes ses parties.

Signaler à l'administration, dans le rapport spécial qui lui est adressé, les faits de quelque importance, qu'il convient de porter à sa connaissance; lui proposer les améliorations dont le service paraît susceptible.

Se concerter avec l'inspection générale des finances, si elle se trouve dans la direction, sur les points de surveillance qui peuvent appeler son attention; porter à sa connaissance les faits qui intéressent le service; l'informer des motifs qui retarderaient ou empêcheraient l'établissement de mesures jugées utiles. (*Arrêté du* 22 *avril* 1795, *circulaires des* 9 *mai suivant*, 4 *juillet* 1797, 5 *juin* 1800, 20 *septembre* 1815, *et* 29 *mai* 1831.)

CHAPITRE XIII. — TRAVAIL INTÉRIEUR.

2328. Répartir le travail entre les commis attachés à la direction, de manière à ce que chaque partie de service soit suivie avec la célérité convenable.

Ne recevoir les pétitions et mémoires qu'autant que ces pièces sont sur papier timbré.

A moins de travaux extraordinaires et temporaires, n'attacher à la direction aucun employé de la partie active ni du service sédentaire.

44

Veiller à ce que les états, les rapports spéciaux et les comptes périodiques à adresser à l'administration et au ministère soient fournis aux époques voulues par les réglements.

Faire tenir exactement :

Le sommier de signalements des employés à la nomination du ministre ou du directeur de l'administration, série E 77;

Les dossiers individuels, série E 78;

Le sommier de signalement des employés à la nomination du directeur, série E 83;

Les dossiers individuels de ces derniers, série E 84;

Le registre des cautionnements et tous les autres registres concernant le service intérieur de la direction.

Faire classer la correspondance et les circulaires avec ordre. (*Circulaires des 7 juillet 1801, 24 septembre 1802, 9 juin 1829, 17 mars 1830.*)

CHAPITRE XIV. — PERSONNEL.

2329. Signaler chaque année, par feuilles individuelles, la moralité, la conduite, le zèle et la capacité des employés à la nomination du ministre ou à celle du chef de l'administration.

Indiquer spécialement les employés supérieurs, et ceux de bureaux ou de brigades qui seraient jugés impropres au service pour lequel ils sont commissionnés; provoquer les dispositions que l'intérêt du service peut réclamer.

Adresser au commencement de chaque année, au directeur de l'administration l'état général de signalement (série E 80) des employés; y comprendre les brigadiers capables d'être promus au grade de lieutenants d'ordre, faire figurer également les surnuméraires, et indiquer les contrôleurs, lieutenants principaux et d'ordre qui, à raison de leur ancienneté ou de leurs infirmités, sont susceptibles de passer dans le service sédentaire. (*Circulaires des 24 avril 1812, 14 janvier 1815, 23 avril 1816, et 9 décembre 1831.*)

TITRE XXV.

INSPECTION GÉNÉRALE.

2330. L'inspection générale des finances est chargée de la surveillance supérieure du service des douanes, telle qu'elle était attribuée au corps spécial d'inspection générale attaché à l'administration par l'arrêté ministériel du 15 septembre 1815. (*Ordonnance des 10 mars et 9 mai 1831.*)

2331. Le droit de vérification attribué à l'inspection des finances s'étend aux employés des douanes de tous grades, et à toutes les parties du service des bureaux et des briga-des. Il ne souffre aucune exception; il est illimité. (*Arrêté du ministre des finances du 15 septembre 1815; art. 11, et circulaire du 29 mai 1831, transmissive de l'ordonnance du 9 du même mois.*)

2332. Les agents préposés et comptables sont tenus d'ouvrir leur caisse et leur porte-feuille; de représenter les valeurs de toute nature dont ils sont dépositaires, ainsi que les pièces justificatives de leur gestion, livres, registres, correspondance, et autres documents qui peuvent mettre les inspecteurs à portée de prendre une connaissance complète du service. (*Arrêté du ministre des finances du 6 mars 1830, art. 4.*)

2333. Les directeurs des douanes, dont les inspecteurs des finances vérifient le ser-vice, ont à communiquer à ces derniers, lorsqu'ils sont en tournée dans leur direction, tous les documents, journaux, correspondance qui se rapportent à ce service. (*Arrêté du ministre des finances des 15 septembre 1815, art. 11, circulaire du 29.*)

2334. Les déficits en deniers, valeurs ou matières, et toutes infractions graves aux lois et règlements généraux ou spéciaux, sont constatés par procès-verbaux contradictoires. Une expédition de ces procès-verbaux est laissée à l'agent ou au comptable vérifié. (*Ar-rêté du ministre des finances du 6 mars 1830, art. 7.*)

2335. Lorsqu'il n'existe pas de circonstances de la nature de celles indiquées à l'article précédent, le résultat de la vérification est constaté par un rapport. L'agent vérifié est appelé à donner, relativement aux faits établis à sa charge, les explications que compor-tent ces faits, ou à déclarer qu'il n'a aucune observation à présenter. (*Instruction minis-térielle du 28 mars 1834.*)

2336. Lorsqu'il a été reconnu chez un comptable des irrégularités qui peuvent com-promettre les fonds publics, ou le service qui lui est confié, l'agent supérieur des doua-nes dans la localité est appelé à prendre connaissance de ces irrégularités, et il peut être requis par l'inspecteur des finances de pourvoir sous sa responsabilité au rempla-cement du comptable.

S'il y a dissentiment entre l'inspecteur des finances et l'employé supérieur des doua-nes, celui-ci doit constater par écrit au procès-verbal son refus de souscrire à la ré-quisition qui lui a été faite. (*Arrêté du ministre des finances du 6 mars 1830, art. 8.*)

2337. Lorsqu'il est établi un agent intérimaire, l'inspecteur des finances peut, si cela est jugé utile, demeurer auprès de cet agent. (*Même arrêté*, *art.* 9.)

2338. Les inspecteurs des finances, chargés de surveiller à la fois l'exécution des lois et réglements sur la perception des droits, et l'accomplissement des obligations imposées aux divers agents des douanes, trouvent dans l'analyse des dispositions législatives (1ʳᵉ partie du Recueil), et dans le rappel des devoirs imposés à chacun de ces agents (2ᵉ partie), une indication des points sur lesquels ils ont à porter leurs investigations.

Nota. L'instruction du 30 janvier 1818, spécifie quelques points particuliers qui doivent fixer leur attention.

TITRE XXVI.

DOUANES ÉTABLIES HORS D'EUROPE.

CHAPITRE Ier. — DOUANES COLONIALES.

ORGANISATION.

2339. Un service des douanes est établi dans chacune des colonies de la *Martinique* et de la *Guadeloupe*; il est divisé en deux parties, savoir : le service des *bureaux* et le service *actif* à terre et à la mer. (*Ordonnance du 25 octobre 1829; circulaire du 14 décembre suivant.*)

2340. Le personnel des douanes coloniales se compose comme suit :

ILE DE LA MARTINIQUE.

Bureaux.

1 Directeur.
1 Inspecteur.
2 Sous-inspecteurs.
2 Commis de direction.
1 Vérificateur liquidateur.
6 Vérificateurs.
2 Receveurs aux déclarations, chefs de bureau.
3 Receveurs aux déclarations.
3 Commis aux expéditions.

Brigades.

1 Capitaine.
1 Lieutenant principal à terre.
1 Lieutenant principal de patache.
7 Brigadiers.
18. Préposés.
1 Patron.
18 Matelots.

ILE GUADELOUPE.

(Même composition, seulement il y a 4 receveurs aux déclarations au lieu de 3 et 19 préposés au lieu de 18.)

2341. Les chefs et employés de tous grades font partie du personnel des douanes de France, mais ils sont sous les ordres du ministre de la marine. (*Idem.*)

Direction et inspection.

2342. Le directeur établi dans chacune des colonies reçoit les instructions générales de l'administration, par l'intermédiaire du ministre de la marine; il maintient l'exécution des réglements, et donne seul des ordres aux employés. (*Ordonnance du 25 octobre 1829; circulaire du 14 décembre suivant.*)

2343. L'inspecteur placé dans chaque colonie est chargé de vérifier le service des bureaux et de surveiller le service des brigades. Il rend compte au directeur des résultats de son inspection. (*Idem.*)

Nota. L'ordonnance précitée contient divers détails relatifs à l'organisation intérieure.

2344. Les dispositions qui régissent les pensions de retraite des employés des douanes sont applicables aux employés placés dans les colonies de la Martinique et de la Guadeloupe, sauf les exceptions suivantes :

1° Le service, dans ces deux colonies, est compté pour moitié en sus de sa durée effective aux employés venus d'Europe;

2° Les traitements des employés des douanes, dans ces deux colonies, sont comptés pour moitié dans le calcul qui détermine la quotité de la pension. (*Ordonnance du 8 juin 1834.*)

CHAPITRE II. — DOUANES DES POSSESSIONS FRANÇAISES AU NORD DE L'AFRIQUE.

2245. Le service des douanes établi dans les pays que la France possède au nord de l'Afrique s'exécute sous l'autorité du ministre de la guerre ; les chefs et employés font partie du personnel des douanes de France. (*Ordonnance du 22 juillet 1834.*)

ORGANISATION.

2346. Le personnel attaché aux établissements d'Afrique est composé comme suit :

Bureaux.

A *Alger.* — 1 Inspecteur chef de service.
    1 Sous-inspecteur sédentaire.
    1 Receveur principal.
    5 Vérificateurs.
    2 Receveurs aux déclarations.
    6 Expéditionnaires

A *Oran.* — 1 Sous-inspecteur.
    1 Receveur.
    1 Vérificateur.
    2 Expéditionnaires.

A *Bone.* — 1 Sous-inspecteur.
    1 Receveur.
    1 Vérificateur.
    1 Expéditionnaire.

A *Arzew.* — 1 Receveur.

Brigades.

Pour toute la colonie. — 1 Capitaine.
    2 Lieutenants principaux.
    1 Lieutenant d'ordre.

9 Brigadiers.
13 Sous-brigadiers.
62 Préposés.
1 Préposé garde-magasin.
1 Préposé peseur.

PERCEPTION DES DROITS.

Navigation.

2347. Tout transport entre la France et les possessions françaises du nord de l'Afrique ne peut s'effectuer que par navires français. (*Ordonnance du* 11 *novembre* 1835 , *art.* 1er.)

2348. Les transports par cabotage d'un port à un autre des possessions françaises du nord de l'Afrique ne peuvent, sous les peines portées par la loi du 21 septembre 1793 (voir n° 1084), s'effectuer que par navires français ou par les embarcations africaines, nommées *sandales*, appartenant aux habitants français ou indigènes des lieux occupés par l'armée française, et ne jaugeant pas plus de trente tonneaux. (*Idem , art.* 2.)

2349. Les douanes de France devraient refuser des expéditions à tout capitaine de navire étranger qui voudrait se rendre dans les possessions indiquées en l'article précédent, comme aussi les receveurs qui y sont établis, doivent veiller à ce qu'aucun bâtiment étranger ne soit expédié pour France. (*Circulaire du* 26 *novembre* 1835.)

2350. Les capitaines, propriétaires ou armateurs des embarcations africaines désignées en l'article précédent, sont tenus, dans les trois mois de la publication de la présente ordonnance, d'en faire constater la nationalité par la douane d'un des ports occupés par l'armée française, suivant la forme réglée par les articles 4 et 5 de la loi du 27 vendémiaire an 2.

Les contraventions sont punies d'une amende de mille francs, et de la confiscation des embarcations et de la cargaison. (*Ordonnance du* 11 *novembre* 1835 , *art.* 3.)

2351. Les bâtiments français et les embarcations africaines, remplissant les conditions prescrites par les articles ci-dessus, sont affranchis de tous droits de navigation dans les ports des possessions françaises du nord de l'Afrique. (*Idem , art.* 4.)

2352. Les navires étrangers, chargés ou non, sont tenus de payer à leur entrée dans ces mêmes ports un droit de deux francs par tonneau de jauge.

Le droit du *passe-port* dont ils sont tenus de se pourvoir à la sortie, et celui du *permis* délivré pour l'embarquement ou le débarquement des marchandises, est fixé à cinquante centimes. (*Idem , art.* 5.)

Il n'est pas exigé de droit d'*expédition*, d'*acquit* ou de *certificat*.

2353. Les droits à percevoir sur les bateaux employés à la pêche du corail continuent à faire l'objet de réglemens particuliers. (*Idem , art.* 6.)

IMPORTATIONS.

Importations des marchandises provenant de France.

2354. Les produits de France, à l'exception des sucres, et les produits étrangers nationalisés en France par le paiement des droits, sont admis en franchise dans les possessions françaises du nord de l'Afrique, sur la présentation de l'expédition de douane délivrée à leur sortie de France. (*Ordonnance du 11 novembre 1835, art. 7.*)

Marchandises étrangères et productions des colonies françaises venant de l'étranger ou des ports de France.

2355. Sont également admises en franchise, venant de l'étranger ou des ports de France, les marchandises étrangères et productions des colonies françaises énumérées ci-après :

Grains et farines; foin, paille et fourrages; légumes frais; fruits frais;

Bois à brûler, charbon de bois et de terre;

Bois de construction et de menuiserie; pierre à bâtir; chaux, plâtre, pouzzolane, briques, tuiles, ardoises, carreaux en terre cuite ou en faïence, verres à vitres, fonte, fers et aciers fondus ou forgés; fer-blanc; plomb, cuivre, zinc, étain, à l'état brut et simplement étirés ou laminés;

Chevaux et bestiaux; plants d'arbres, graines pour semences. (*Idem, art. 8.*)

2356. Les sucres de toute sorte, bruts, terrés ou raffinés, et les cafés, acquittent à l'importation les droits suivants :

Sucres { français......................... 10ᶠ }
{ étrangers { venant des entrepôts de France 16 }
{ { d'ailleurs.............. 20 } par 100 kilog.
Cafés.. { venant des entrepôts de France....... 12 }
{ d'ailleurs.................. 15 }

(*Idem, art. 9.*)

2357. Les autres marchandises étrangères non prohibées à l'entrée en France acquittent :

à leur importation.... { d'un port de France... 1/5 } des droits fixées par le tarif
{ d'un port étranger...... 1/4 } général de France. (*Idem.*)

2358. Les marchandises étrangères prohibées à l'entrée en France, autres que les sucres raffinés, sont admises dans les ports de possessions françaises du nord de l'Afrique, moyennant le paiement des droits ci-après :

venant. ... { d'un port de France......... 12 } pour 100 de leur valeur.
{ d'un port étranger.......... 15 }

2359. L'embarquement et le départ des denrées coloniales françaises et des marchandises étrangères prises dans les ports de France doivent être justifiés par un manifeste de sortie certifié par la douane. (*Même ordonnance, art. 12.*)

EXPORTATIONS.

Marchandises expédiées pour la France.

2360. Les marchandises expédiées, sous les formalités prescrites en France pour le cabotage, à destination d'un port de France, sont affranchies de tous droits de sortie. (*Idem, art. 13.*)

Marchandises expédiées pour l'étranger.

2361. A l'exception des grains et des farines, dont l'exportation demeure affranchie de tous droits, les marchandises expédiées pour l'étranger paient, à leur sortie des ports des possessions françaises du nord de l'Afrique, les droits établis par le tarif de sortie de France, ou quinze pour cent de leur valeur, si, d'après ce tarif, leur sortie de France est prohibée. (*Ordonnance du* 11 *novembre* 1835, *art.* 13.)

CABOTAGE.

2362. Les marchandises provenant des possessions françaises du nord de l'Afrique, celles qui, en vertu des articles 7 et 8 de la présente ordonnance, y auront été admises en franchise, et celles qui, passibles des droits, les auront acquittés, peuvent être transportées en franchise de tous droits d'entrée et de sortie d'un port à un autre desdites possessions, moyennant l'accomplissement des formalités prescrites en France pour le cabotage. (*Idem, art.* 15.)

2363. A l'égard des ports où il n'existe pas d'établissement de douanes, le gouverneur général peut déterminer, par arrêtés délibérés en conseil d'administration, ceux dont les provenances seront néanmoins admises en franchise, en ce qui concerne les objets ci-après :

Animaux vivants, os et cornes de bétail, peaux vertes et sèches, laine en suint, huiles d'olive en outre, cire, miel, kermès, fruits frais, figues sèches, légumes verts, lait, beurre, fromages frais, œufs, volaille, gibier.

Toutes les autres marchandises venant de ces ports, ou qui y seraient expédiées, sont traitées comme venant de l'étranger ou y allant. (*Idem, art.* 16.)

ENTREPÔTS.

2364. Il peut être établi, pour les marchandises etrangères et les productions des colonies françaises, un entrepôt réel dans les villes d'Alger, Bone et Oran, à charge par ces villes de se conformer à l'article 25 de la loi du 8 floréal an 11 (voir n° 533). (*Idem, art.* 17.)

2365. Jusqu'à ce que ces entrepôts soient constitués, les marchandises peuvent être admises en entrepôt fictif, sous les formalités prescrites par l'article 15 de la loi du 8 floréal an 11 (voir n° 622), et sous la condition de renoncer à la faculté de la réexportation.

La durée de cet entrepôt est fixée à six mois. Toutefois, sur la demande motivée de l'entrepositaire, elle peut être prolongée de six mois. (*Idem, art.* 18.)

2366. Les marchandises extraites de l'entrepôt pour l'étranger, pour la France ou pour un autre entrepôt, sont exemptes de tous droits de réexportation. (*Idem, art.* 19.)

DISPOSITIONS GÉNÉRALES.

2367. Les lois, décrets, ordonnances et généralement tous les réglements et instructions qui régissent les douanes de France, sont applicables dans les ports des possessions françaises du nord de l'Afrique, en tout ce qui n'est pas contraire aux dispositions ci-dessus rappelées. (*Idem, art.* 20.)

2368. Tous les arrêtés ou réglements sur les douanes de ces possessions rendus antérieurement, à l'exception de celui du 27 novembre 1834, sont abrogés. (*Idem, art.* 21.)

FIN.

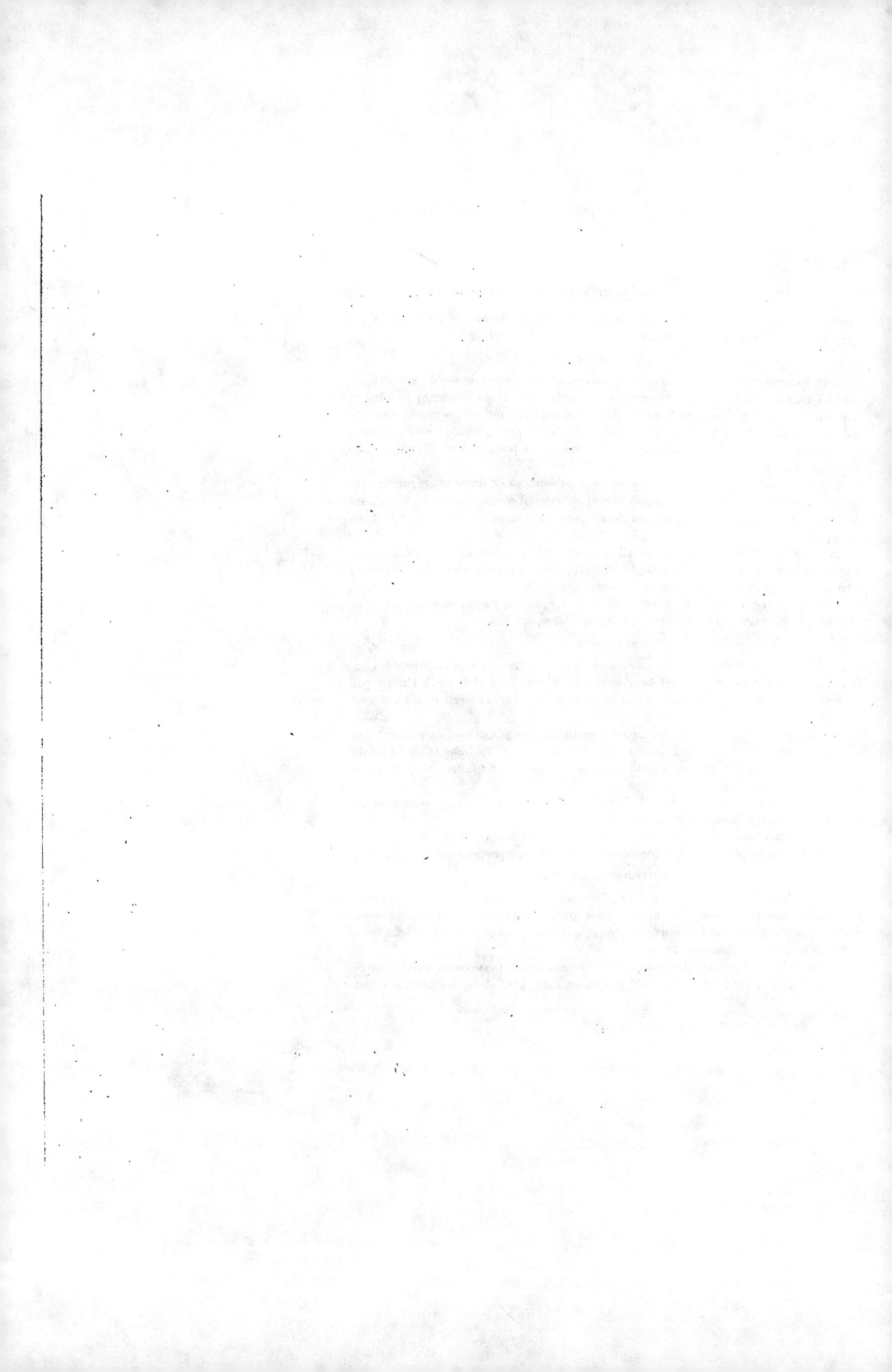

TABLE DES MATIÈRES.

PREMIÈRE PARTIE.

DEUXIÈME PARTIE.

TABLE ALPHABÉTIQUE.

A

C

E

F

M

N

O

P

Q

R

459. — Doivent l'intérêt des sommes qu'ils n'ont pas payées, 460. — Poursuites à exercer contre eux s'ils ne se libèrent pas, 460 et suiv.

RÉDUCTION DES DROITS. (Voyez *Marchandises avariées*.)

RÉEXPORTATIONS. Des marchandises provenant de saisies, 1971. — Des marchandises prohibées, importées accidentellement dans un port non autorisé à les recevoir, 152 et suiv. — Des marchandises naufragées, 314.— Des marchandises prohibées reçues en entrepôt, 524. — Des tabacs, 526. — Tonnage que doivent avoir les bâtiments qui réexportent du prohibé, 524, 566. — Des marchandises non prohibées, 566.— Des sels entreposés lorsque la sortie a lieu par des ports situés en rivières, 1709.— Des marchandises de transit, 793 et suiv.

RÉFACTION DE DROITS. Sur les marchandises avariées importées par mer, 487 et suiv.—Sur les sels avariés, 1630.—Est interdite pour les sels allant dans les entrepôts intérieurs, 1730.

RÉGIE DES CONTRIBUTIONS INDIRECTES. (Voyez *Administration des contributions indirectes*.)

REGISTRES DES DOUANES. Ceux cotés par le juge de paix, 69.—Sont continués jusqu'à épuisement et vendus après trois ans, 69, 2134.—Registres de recette, 2182.—Jusqu'à quelle époque ils sont représentés aux redevables, 71.—Doivent être remis par les employés démissionnaires ou révoqués, 2060.—Vieux registres dont il faut provoquer la vente, 2134.—Compte à tenir de ceux reçus, 2140 *bis*.—Nomenclature générale de ceux en usage dans les douanes, 2141.—Ceux concernant les crédits, 457.

REGISTRE-JOURNAL. Tenue de ce registre, 2153.

RÉIMPORTATIONS. Des marchandises expédiées pour l'étranger, 421 et suiv.—Des chevaux et bêtes de somme, 1292 et suiv.—Des voitures, 1345.— De l'argenterie, 1410.—Des marchandises invendues aux colonies, 1562 *bis*.

RÉINTÉGRATION DES NAVIRES. Vérification pour s'assurer de l'existence des navires, 1201 et 1202.

RÉINTRODUCTIONS. Celles autorisées, 421. (Voyez *Réimportations*.) Empêcher celles des marchandises saisies réexportées par terre, 1971.—*Idem* des marchandises réexportées par mer, 532.

RELACHES. Volontaire et ses suites, 279.—Forcée et ses suites, 284.—Des bâtiments faisant le cabotage, 877.—Des bâtiments chargés de sel, 1620.—Exemptions de droits de navigation pour les bâtiments en relâche, 1159, 1160.

REMBALLAGE DES MARCHANDISES. Frais qu'il occasionne ; par qui supportés, 209, 934.

REMBOURSEMENTS. Des droits faussement perçus, 513.—Délai pendant lequel on peut réclamer, 514. —Du droit des sels employés en salaisons, 1835.—Des traites protestées en matière de crédits, 1407, 460.—Des droits consignés pour divers cas, 1300, 1350, 1402.

REMISE. Accordée sur les crédits, 439.—Allouée sur les sels, 2121.

REPACQUAGE DE LA MORUE, 1770.

RÉPARATIONS ET CONSTRUCTIONS. Dispositions sur cette partie de service, 2129.—Obligations des inspecteurs relativement aux travaux et fournitures, 2307.—*Idem* des directeurs, 2320.

RÉPARATIONS. Que subissent les navires étrangers pour être francisés, 1092.

RÉPARTITION DU PRODUIT DES PLOMBS. (Voyez *Plombage*.)

RÉPARTITION DU PRODUIT DES SAISIES. Mode de répartition, 2036 *bis*.

RESPONSABILITÉ. Des communes, 40.—Des comptables pour les sommes dont il est illégalement disposé, 2083.—Des receveurs relativement aux soumissionnaires d'acquits-à-caution, 2084.—De l'administration à l'égard de ses préposés, 63.—Des propriétaires, 66.—Des détenteurs de marchandises saisies, 1953.—En matière de débarquement de marchandises, 200.— Des receveurs pour les droits crédités, 452.—Des inspecteurs et directeurs, *idem*, 454.—Des directeurs relativement à la masse d'équipement, 2286.

RESTRICTIONS. Ayant rapport au tonnage des bâtiments à l'importation par mer, 249.—Concernant

49

T

Y

FIN DE LA TABLE.

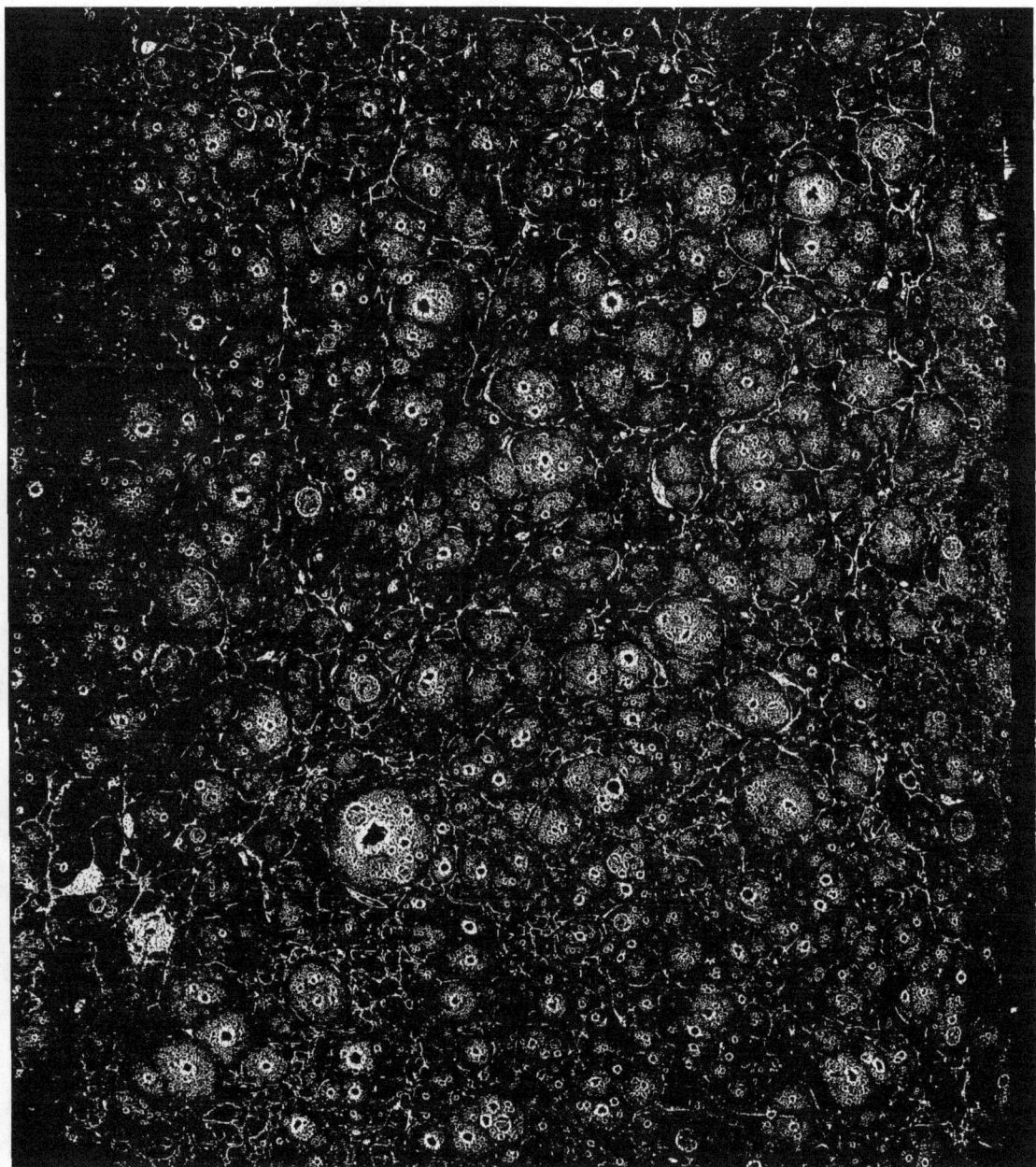

www.ingramcontent.com/pod-product-compliance
Lightning Source LLC
Chambersburg PA
CBHW061003220326
41599CB00023B/3814